KB165480

유통관리사 1급
기출문제해설

(주)시대고시기획

Always **with you**

사람의 인연은 길에서 우연하게 만나거나 함께 살아가는 것만을 의미하지는 않습니다.
책을 펴내는 출판사와 그 책을 읽는 독자의 만남도 소중한 인연입니다.
SD에듀는 항상 독자의 마음을 헤아리기 위해 노력하고 있습니다. 늘 독자와 함께하겠습니다.

머리말

유통 업체의 대형화, 전문화와 국내 유통시장의 완전 개방으로 외국 유통회사와의 경쟁력 제고와 판매·유통 전문가의 양성이 필수적인 과제가 됨에 따라 국가에서는 유통업 경영에 관한 전문적인 지식을 터득하고 경영 계획의 입안과 종합적인 관리업무를 수행할 수 있으며 중소유통업의 경영지도능력을 갖춘 자를 양성하기 위해 "유통관리사" 자격시험제도를 시행하고 있다.

유통관리사 시험은 소비자와 생산자 간의 커뮤니케이션과 소비자 동향 파악 등 판매 현장에서 활약할 전문가의 능력제반을 평가하는 국가공인자격시험으로서 유통관리사 2급은 많이 활성화되어 이제는 인기자격증으로 자리를 잡았고 그에 따라 관련 수험서시장도 급격히 팽창하여 현재는 거의 포화수준이 되었다. 그러나 이러한 2급에 비해 1급의 경우에는 이에 걸맞은 수험서가 시중에 나와 있지 않은 실정이다. 이에 SD에듀에서는 1급을 준비하는 수험생 여러분의 효과적인 학습을 돕기 위해 최신기출을 년도 순으로 총 7개년을 수록한 기출문제집을 출간하게 되었다.

본서가 유통관리사 1급 자격시험에 도전하는 수험생 여러분에게 최종 합격의 길잡이가 되기를 바라며, 다소나마 미흡한 부분에 대해서는 아낌없는 질책을 해주길 바란다. 끝으로, 본서를 통해 모든 수험생 여러분이 뜻하는 목표를 이룰 수 있게 되기를 진심으로 바라는 바이다.

편저자 씀

주 관 : 산업통상자원부

시행처 : 대한상공회의소

응시자격

① 유통분야에서 7년 이상의 실무경력이 있는 자

② 유통관리사 2급 자격을 취득한 후 5년 이상의 실무경력이 있는 자

③ 경영지도사 자격을 취득한 자로서 실무경력이 3년 이상인 자

가점혜택

1급 : 유통산업분야의 법인에서 10년 이상 근무하거나 2급 자격을 취득하고 도·소매업을 영위하는 법인에서
5년 이상 근무한 자에 대해 5점 가산

합격기준

매 과목 100점 만점에 과목당 40점 이상, 전 과목 평균 60점 이상

2024년 시험일정

회 차	원서접수(인터넷)	시험일	합격자발표	시행지역
1회(2·3급)	04.11~04.17	05.04	06.04	전국상이
2회(1·2·3급)	08.01~08.07	08.24	09.24	
3회(2·3급)	10.24~10.30	11.16	12.17	

※ 시험일정은 변경될 수 있으니 시행처의 확정공고를 확인하시기 바랍니다.

원서접수방법 : 인터넷 접수 – 대한상공회의소 자격평가사업단(http://license.korcham.net)

시험과목 및 시행방법

등 급	검정방법	시험과목	문제수	총문항수	제한시간(분)	출제방법
1급	필기시험	유통경영	20	100	100	객관식 5지선다
		물류경영	20			
		상권분석	20			
		유통마케팅	20			
		유통정보	20			

과목별 세부 출제기준

※ 출제기준에 대한 세부내용은 대한상공회의소 자격사업평가단 홈페이지에서 확인하시길 바랍니다.

과 목	대분류	중분류		
유통경영	유통전략수립	•환경분석 •성장전략	•사업 설정 •기업윤리	•경쟁우위 확보
	인사조직관리	•조직관리	•인적자원관리	
	경영분석	•경영분석		
	유통법규	•유통관련법규	•기타관련법규	
물류경영	물류관리	•물류일반 •물류정보	•물류비 관리 •국제물류	•물류조직
	물류기능	•화물운송	•보관 하역	
	도소매물류	•도매물류와 소매물류		
상권분석	상권설정 및 매출추정	•상권설정	•상권조사	•매출추정
	입지분석	•입지영향인자	•소매입지별 유형	•업태와 소매입지
	개점전략	•개점전략	•유통시설 인허가 절차	
유통마케팅	소매마케팅전략	•목표시장 설정	•시장세분화	
	가격관리	•가격정책과 가격관리		
	온라인 마케팅	•소매점의 디지털 마케팅 전략 •소셜미디어 마케팅	•웹사이트 및 온라인쇼핑몰 관리 •데이터분석과 성과측정	
	점포관리	•점포운영 •무점포 소매업의 관리	•점포구성, 디자인, VMD	
	촉진관리전략	•프로모션 믹스	•고객서비스 관리	
	머천다이징	•상품계획	•매입관리	•재고관리
유통정보	유통정보의 이해	•정보의 이해	•유통정보화 기술	•유통정보의 활용
	유통정보시스템	•유통 및 물류정보시스템 구축과 활용 •개인정보보호와 프라이버시		
	전자상거래시스템	•전자상거래시스템		
	통합정보자원관리 시스템	•ERP 시스템	•CRM 시스템	•SCM 시스템
	신융합기술의 유통분야에서의 응용	•신융합기술	•신융합기술의 개념 및 활용	

1과목 유통경영

출제영역	2019	2020	2021	2022	2023	비율(%)
유통전략수립	10	7	7	5	7	36
인사조직관리	1	5	5	10	8	29
경영분석	6	5	6	4	3	24
유통법규	3	3	2	1	2	11
합계(문항 수)	20	20	20	20	20	100

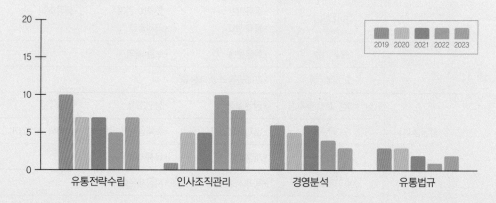

영역별 평균 출제비율

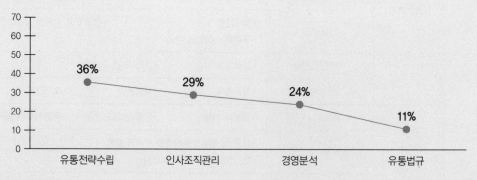

최신 출제경향

2022년에 비해 2023년에는 유통전략수립에서 2문제 증가, 인사조직관리에서 2문제 감소한 것을 제외하고는 출제비중에 큰 차이가 없다. 특히 변경된 2024 출제기준에서 법규범위가 크게 축소되어 기타 관련법규로 통합되었으니 이를 유념하여 학습하는 것이 좋다.

📊 2과목 물류경영

출제영역	2019	2020	2021	2022	2023	비율(%)
물류관리	6	9	10	11	10	46
물류기능	8	6	6	6	5	31
도소매물류	6	5	4	3	5	23
합계(문항 수)	20	20	20	20	20	100

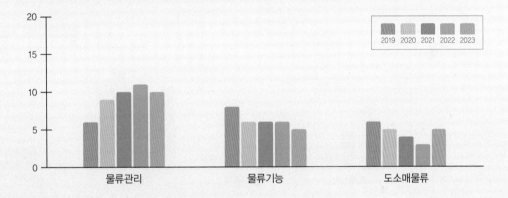

🔵 영역별 평균 출제비율

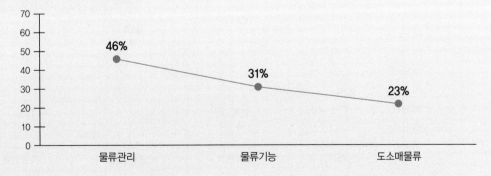

🔍 최신 출제경향

2023년에는 2022년에 비해 물류관리와 물류기능에서 각각 1문제 감소, 도소매물류에서는 2문제가 증가하는 출제경향을 보였다. 최근 5년간 영역별 출제비중 변화 편차가 크지 않은 편이므로 균형 있는 학습전략이 요구된다.

5개년 출제빈도표

3과목 상권분석

출제영역	2019	2020	2021	2022	2023	비율(%)
소매입지	3	8	5	3	3	22
입지분석	5	1	2	1	2	11
상권조사	11	10	10	13	12	56
개점전략	1	1	3	3	3	11
합계(문항 수)	20	20	20	20	20	100

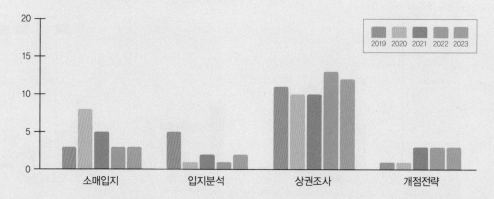

영역별 평균 출제비율

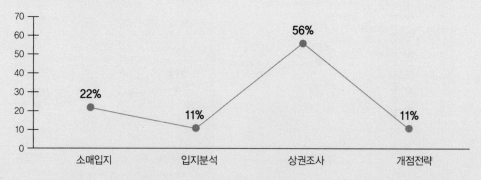

최신 출제경향

최근 5년간 영역별 출제비중 변화 편차가 크지 않은 편이지만, 상권조사 영역의 출제문항 수가 압도적으로 높기 때문에 가장 중점을 두고 학습해야 한다. 개점전략 영역에 해당하는 법률 관련 문제는 출제되지 않은 연도도 있고, 많아야 최근에 1~2문제 정도만 출제되었기 때문에 기출문제 중심으로 간략하게 학습하고 넘어가야 학습 효율을 높일 수 있다.

4과목 유통마케팅

출제영역	2019	2020	2021	2022	2023	비율(%)
소매마케팅전략	3	6	4	5	3	21
온라인 마케팅	0	0	0	0	2	2
점포관리	5	5	2	3	0	15
촉진관리전략	6	3	7	5	6	27
머천다이징	6	6	7	7	9	35
합계(문항 수)	20	20	20	20	20	100

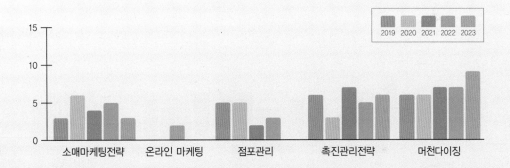

영역별 평균 출제비율

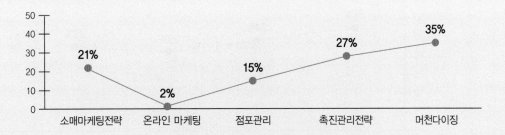

최신 출제경향

변경된 2024 출제기준에서 '온라인 마케팅' 영역이 새롭게 추가되었다. 이로 인해 2023년 기출문제에서도 온라인 마케팅 관련 문제가 2문제 출제되었으며, 점포관리 영역은 상대적으로 중요도가 현저히 낮아져 한 문제도 출제되지 않았다.

5과목 유통정보

출제영역	2019	2020	2021	2022	2023	비율(%)
유통정보의 이해	8	6	6	3	4	27
유통정보시스템	5	4	4	6	5	24
전자상거래시스템	6	4	4	5	2	21
통합정보자원관리시스템	1	6	6	6	4	23
신용합기술의 유통분야에서의 응용	0	0	0	0	5	5
합계(문항 수)	20	20	20	20	20	100

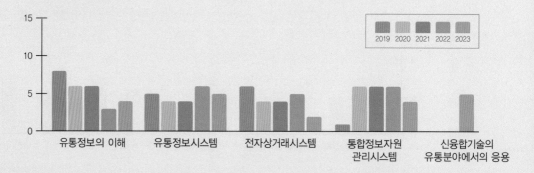

영역별 평균 출제비율

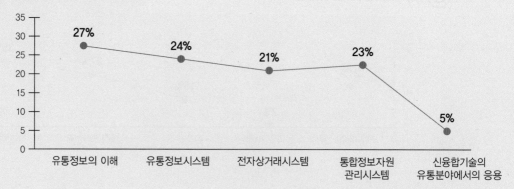

최신 출제경향

2024 출제기준 변경안에서 가장 개정 폭이 큰 과목이다. 특히 '신용합기술의 유통분야에서의 응용' 영역이 신설되어 인공지능, 자율주행, 사물인터넷, 메타버스 등과 관련된 문제가 2023년 기출문제에 다수 출제되었으니 이에 유념하여 최근 이슈가 되고 있는 신용합기술에 관심을 두고 학습하는 것이 좋다.

과목별 합격전략

 1과목 유통경영

유통전략수립, 인사조직관리 및 경영분석과 유통 및 기타관련법규의 네 영역으로 구성되어 유통법규를 제외하고는 학술적인 내용이 대부분으로 관련 이론의 정리와 이해가 필수적이다. 법규의 경우 2024 출제 기준 변경안에서 내용이 대폭 축소되어 출제비중이 높지 않으므로 적절한 수준에서 정리하는 것이 필요하다.

 2과목 물류경영

물류에 관한 전반적인 이해를 바탕으로 2급에서보다 추가적으로 깊게 들어간다. 도소매물류를 제외한 나머지는 2급에서 거의 다루지 않은 내용이므로 단원별 내용을 꼼꼼하게 정리하고, 화물운송 및 보관하역 부분은 물류관리사 기출문제를 풀어보는 것이 도움이 될 것이다.

 3과목 상권분석

2급에서 공부한 상권분석 관련 내용에서 크게 벗어나지는 않지만 임대차 계약과 권리금 등과 같이 상식적인 지식에 대해 묻는 문제도 종종 출제되는 편이다. 법률 부분은 기존 유통과목과는 생소한 내용이 대부분이지만 출제비중이 매우 낮기 때문에 기본적인 용어에 대한 개념 정리 수준 정도로만 학습하는 것이 좋다.

 4과목 유통마케팅

소매마케팅전략, 온라인 마케팅, 점포관리, 촉진관리전략, 머천다이징의 다섯 영역으로 구성되는데 특히 유통마케팅 과목은 실제 점포를 운영하는 데 있어 세부적인 실무사항까지 다루게 되는 과목이기 때문에 실무자적인 관점에서 전체 프로세스를 이해하고 세부 개념을 이해하는 하향식 접근방식으로 학습하는 것이 효율적이다. 범위가 넓기 때문에 기출문제 풀이를 통해 출제경향을 파악하는 것이 합격으로 가는 지름길이라고 할 수 있다.

 5과목 유통정보

유통 및 물류정보시스템, 전자상거래 등에 관련한 내용으로 전문적인 용어가 많이 들어 있을 뿐만 아니라 신용합기술에 대한 내용이 신설되었기 때문에 최신 기술의 개념 및 특징에 대한 철저한 이해가 필요한 과목이다.

이 책의 차례

DISTRIBUTION MANAGER

유통관리사 1급 기출문제해설

2017년

기출문제해설

제2회 기출문제해설[2017. 07. 02 시행]

행운이란 100%의 노력 뒤에 남는 것이다.

– 랭스턴 콜만 –

제 **2**회 기출문제해설

1급	A형	소요시간	문항수
		100분	100문항

01 유통경영(1~20)

01 카플란(Kaplan)과 노튼(Norton)이 제시한 균형성과표(BSC ; Balanced Score Card)의 4가지 관점으로 옳지 않은 것은?

① 재무적 관점

② 생산적 관점

③ 내부 프로세스 관점

④ 학습 및 성장 관점

⑤ 고객관점

해 설 균형성과표(BSC ; Balanced Score Card)의 4가지 관점

관 점	설 명
재무적 관점	회사의 전략과 실행이 순이익 개선에 얼마나 기여했는지를 나타내는 것으로 기업의 주요 이해관계자들에게 재무적인 지표를 통해 조직의 성과를 보여주기 위한 것이다.
고객관점	기업가치 창출의 가장 큰 원천은 고객이므로, 고객관점에서 기업이 선택한 목표 고객과 세분 시장을 파악하고, 시장에서 목표 고객의 기업에 대한 성과를 파악하기 위해 고객만족도, 고객확보율, 기존 고객유지율, 고객별 수익성 등과 같은 핵심고객 평가지표를 사용한다.
내부 프로세스 관점	성과를 극대화하기 위하여 기업의 핵심 프로세스 및 핵심 역량을 규명하는 과정과 관련된 관점이다. 즉, 기업의 가치사슬 내에서 제품 및 서비스가 고객들의 욕구를 신속하게 파악하고 그들의 기대를 충족시키고, 경쟁사를 앞서기 위해 이와 관련된 프로세스가 효율적으로 운영되기 위해서 무엇을 해야 하는지를 구체화 하는 과정이다.
학습 및 성장 관점	위 3가지 관점에서 수립한 목표를 성취할 수 있도록 조직 하부구조를 제공한다. 기업의 비전을 달성하기 위해 조직이 어떠한 학습을 하고 무엇을 개선해야 하는지 측정한다.

02 유통산업발전법에서 규정된 조항들의 내용으로 옳지 않은 것은?

① 직영점형 체인사업이란 체인본부가 주로 소매점포를 직영하되, 가맹계약을 체결한 일부 소매
점포에 대하여 상품의 공급 및 경영지도를 계속하는 형태의 체인사업을 말한다.

② 임의가맹점형 체인사업이란 체인본부의 계속적인 경영지도 및 체인본부와 가맹점 간의 협업
에 의하여 가맹점의 취급품목·영업방식 등의 표준화사업과 공동구매·공동 판매·공동시설
활용 등 공동사업을 수행하는 형태의 체인사업을 말한다.

③ 산업통상자원부장관은 기본계획에 따라 매년 유통산업발전시행계획을 관계 중앙행정기관의
장과 협의를 거쳐 세워야 한다.

④ 산업통상자원부장관은 기본계획 및 시행계획 등을 효율적으로 수립·추진하기 위하여 유통
산업에 대한 실태조사를 할 수 있다.

⑤ 산업통상자원부장관은 대규모점포 등 개설자가 대규모점포 등의 영업을 정당한 사유 없이 1
년 이상 계속하여 휴업한 경우 그 등록을 취소하여야 한다.

> **해 설** ⑤ 등록의 취소권자는 산업통상자원부장관이 아니라 특별자치시장·시장·군수·구청장이다(유통산업발전법 제11조
> 제1항 제2호).
> ① 유통산업발전법 제2조 제6호 가목
> ② 유통산업발전법 제2조 제6호 다목
> ③ 유통산업발전법 제6조 제1항
> ④ 유통산업발전법 제7조의4 제1항

03 다음 사례에 해당하는 복지후생 방안은?

> A백화점은 종업원 전체에 필요한 복지후생 항목은 기업이 우선 설정하고, 추가적으로 교육, 건강검
> 진, 오락시설 등의 복지후생은 종업원에게 선택권을 부여하여 운영하고 있다.

① 필수식 복지후생
② 유연식 복지후생
③ 카페테리아식 복지후생
④ 참여식 복지후생
⑤ 자율식 복지후생

> **해 설** 카페테리아식 복지후생제도(Cafeteria Benefits Plan)는 선택적 복지후생제도(Flexible Benefits Plan)라고도 하며,
> 종업원으로 하여금 복지후생제도를 각자의 필요에 따라 자유롭게 선택할 수 있도록 한 제도이다. 전통적인 복지후생
> 제도가 어떤 혜택을 종업원들에게 제공할 것인가에 대한 모든 결정을 기업에서 내리는 것과는 달리 카페테리아식 복
> 지후생제도는 종업원 개개인의 취향과 필요에 의해 종업원 자신들이 복지후생제도를 선택하게 함으로써 복지후생에
> 대한 만족도를 높일 수 있다.

04 **재고조사방법 중 계속기록법에 대한 설명으로 가장 옳지 않은 것은?**

① 기말재고액은 기초재고액에 당기매입액을 합한 뒤 매출원가를 차감하여 계산한다.

② 저가상품을 대량으로 취급할 경우 유용하다.

③ 장부상 재고기록이 정확하게 유지된다는 장점이 있다.

④ 실지재고조사법보다 실무상 기록면에서 불편할 수 있다.

⑤ 재고자산의 매출원가를 수시로 추정하는데 용이하다.

해 설 저가상품을 대량으로 취급할 경우 유용한 재고조사방법은 실지재고조사법이다. 실지재고조사법은 기말 재고수량을 정확히 산정한다는 장점이 있지만, 파손·도난·증발 등에 의한 재고감모손실의 계산이 불가능하고, 기말에 실지재고조사에 많은 시간과 비용이 소요되며 재고조사로 인하여 영업활동에 지장을 준다는 단점이 있다.
계속기록법은 기말자산의 매입과 매출이 발생할 때마다 장부에 증가와 감소를 기록하는 방법이다. 실지재고조사법보다 실무상 번거롭지만 언제든지 재고자산 및 매출원가를 파악할 수 있고, 실지재고조사법과 병행하는 경우에는 재고자산감모손실을 산정할 수 있어 재고자산의 관리에 유용하다는 장점이 있다.

> 기말재고액 = 기초재고액 + 당기매입액 − 매출원가

05 **임금체계에 대한 설명으로 옳지 않은 것은?**

① 직무급은 종업원이 맡은 직무의 상대적 가치에 따라 임금을 결정하는 방식이다.

② 연봉제란 개인의 능력발휘와 기여도(업적평가결과)에 따라 차등적인 임금을 결정하는 방식이다.

③ 직무성과급이란 기본급이 직무급이고, 고과승급과 인센티브를 운영하는 임금체계이다.

④ 직능급은 종업원이 수행하는 직무의 난이도를 기준으로 임금을 결정하는 방식이다.

⑤ 연공급이란 임금을 종업원의 근속년수를 기준으로 차별화하여 결정하는 제도이다.

해 설 직능급은 종업원이 직무를 수행하는 요구되는 능력을 기준으로 임금을 결정하는 방식이다. 종업원이 수행하는 직무의 난이도를 기준으로 임금을 결정하는 방식은 '직무급'이다.

06 **소매점포내 종업원간 발생할 수 있는 갈등을 해결하는 방법에 대한 설명으로 옳지 않은 것은?**

① 문제해결 : 갈등의 원인이 되는 문제를 공동으로 해결하게 함

② 상위목표 제시 : 갈등 당사자간 함께 추구해야 할 상위목표를 제시함

③ 공동의 적 제시 : 갈등 당사자에게 공동의 적을 확인해주고 이를 강조함

④ 협상 : 갈등 당사자들이 서로 다른 선호를 가지고 있을 때 공동의 결정을 해나감

⑤ 성과통제 : 갈등 당사자들을 대상으로 행위보다는 성과평가를 엄격하게 함

해 설 성과통제를 하게 되면 종업원간 갈등을 더욱 유발할 수 있다.
※ 갈등의 해소방안
• 문제해결 : 갈등을 일으키고 있는 당사자들이 직접 접촉하여 갈등 원인을 공동으로 해결한다.
• 상위목표 제시 : 갈등 당사자들이 공동적으로 추구해야 할 상위목표를 제시함으로써 갈등을 완화한다.
• 자원의 증대 : 희소자원의 획득을 위한 갈등해소를 위해 자원을 증대한다.
• 회피 : 갈등을 야기할 수 있는 의사결정을 보류하거나 갈등행동을 억압하고 갈등 당사자들의 접촉을 회피시킨다.
• 공동의 적 제시 : 갈등 당사자들에게 공동의 적을 확인해 주고 이를 강조한다.

- 완화 : 갈등 당사자들의 이질성을 약화시키고 유사성이나 공동이익을 강조한다.
- 타협 : 대립되는 주장을 부분적으로 양보하여 공동의 결정에 도달하도록 한다.
- 협상 : 당사자들이 서로 다른 선호를 가지고 있을 때 공동의 결정을 해나가는 과정이다.
- 상관의 명령 : 부하들의 의견대립에 의한 갈등을 공식적 권한에 근거한 상관의 명령으로 해소한다.
- 갈등당사자의 행태개선 : 갈등을 일으키거나 일으킬 가능성이 있는 사람들의 인적 변수를 변화시키는 교육훈련을 실시한다.
- 구조적 요인의 개편 : 인사교류, 조정기구의 신설, 갈등을 조성하는 조직단위의 합병, 지위체제의 개편, 보상체계의 개편 등을 실시한다.

07 (   ) 안에 들어갈 성과평가 평정오류를 올바르게 나열한 것은?

> J홈쇼핑은 최근 인사평가 결과에 대한 내부적 반발로 몸살을 앓고 있다. 평가자인 일부 영업팀장들이 매출 실적이 좋은 팀내 머천다이저들에 대해 리더십, 협조성, 직무 태도 등도 높게 평가하는 (㉠), 또 다른 평가자인 일부 방송팀장은 피평가자인 쇼핑호스트들 간의 성과의 편차를 두지 않고 보통 내외로 평가하는 (㉡)로 인해 내부적으로 평가결과에 대한 불신이 높아지고 있다.

① ㉠ 후광오류, ㉡ 중앙집중오류
② ㉠ 관대화오류, ㉡ 분포오류
③ ㉠ 비체계적오류, ㉡ 체계적오류
④ ㉠ 대비오류, ㉡ 관대화오류
⑤ ㉠ 경적효과오류, ㉡ 복제오류

해 설 ㉠ 후광오류 : 평가자가 어느 한면을 기준으로 다른 것까지 함께 평가해버리는 오류를 말한다. 좋은 매출 실적에 현혹되어 리더십, 협조성, 직무 태도 등도 함께 높게 평가하는 것은 후광오류와 관련이 있다.
㉡ 중앙집중오류 : 피평가자에 대한 극단적인 평가를 회피하고 보통 내외로 평가하는 오류를 말한다.

※ **용어정리**
- 관대화오류 : 평가자가 피평가자의 실제 업적이나 능력을 더 높게 평가하는 오류
- 분포오류 : 관대화 경향, 중심화 경향으로 나타나는 오류
- 대비오류 : 평가자는 피평가자의 근무성적을 아무런 사심 없이 일정한 기준에 의해 평가해야 하지만 평가자 자신과 대비하여 평가하여 발생하는 오류
- 경적효과오류 : 후광효과와 반대되는 개념으로 하나의 요소에 대한 평가자의 판단이 다른 요소의 근무성적 평정에 부정적인 영향을 주는 현상
- 복제오류 : 평가자가 비슷한 행태를 하거나 비슷한 성격을 가진 피평가자에게 호의적인 평가를 하게 되는 오류

08 학습이론의 하나인 작동적 조건화(Operant Conditioning)와 관련이 없는 것은?

① 행위수정(Behavior Modification)
② 보상과 강화
③ 스키너(B. F. Skinner)
④ 조건자극과 무조건자극
⑤ 긍정적 강화와 부정적 강화

해 설 조건자극과 무조건자극은 파블로브(I. Pavlov)의 고전적 조건형성(Classical Conditioning) 이론과 관련이 있다. 파블로프는 조건 형성이라는 과정을 통해 행동의 수정이 이루어질 수 있다고 보았다. 조건 형성이란 평소 특정한 반응을 이끌어내지 못했던 자극(중성자극, Neutral Stimulus ; NS)이 무조건적인 반응(무조건반응, UnConditioned Response ; UCR)을 이끌어내는 자극(무조건자극, UnConditioned Stimulus ; UCS)과 연합하는 과정을 말한다.

※ 작동적 조건화(operant conditioning) = 도구적 조건화(instrumental conditioning)

작동적 조건화는 스키너(B. F. Skinner)가 주장한 행동주의 심리학의 이론으로, 어떤 반응에 대해 선택적으로 보상함으로써 그 반응이 일어날 확률을 증가시키거나 감소시키는 방법을 말한다. 여기서 선택적 보상이란 강화와 벌을 의미한다. 스키너는 "학습은 긍정적 강화이든 부정적 강화이든 강화 없이는 일어날 수 없다"고 주장하며, 강화된 행동은 반복되고 그렇지 않은 행동은 소거된다고 주장하였다. 긍정적 강화는 반응의 빈도를 증가시키는 모든 형태의 자극을 말하며, 부정적 강화는 어떤 반응이 조건부로 제거되었을 때 반응을 강화하는 모든 자극을 의미한다.

09 다음은 각 의사결정모형에 대한 설명이다. 올바르게 설명한 것은 모두 몇 개인가?

> 가. 합리적 의사결정모형 : 인간과 조직의 합리성, 완전한 지식과 정보의 가용성을 전제로 개인과 조직의 의사 결정을 구분한다.
>
> 나. 만족모형 : 제한된 합리성, 주관적 합리성, 대안선택에 있어서 최적 대안이 아니라 만족할 만한 대안을 선택한다.
>
> 다. 타협모형 : 목표는 협상과 타협을 통해 설정, 복수의 목표, 불확실성 회피노력, 경험을 통한 학습 등이 특징이다.
>
> 라. 중복탐색모형 : 개괄적 탐색과 면밀한 탐색, 탐색 횟수의 신축성, 의사결정자의 능력에 관한 절충적 관점 등이 특징이다.

① 0개   ② 1개
③ 2개   ④ 3개
⑤ 4개

해 설 가. 합리적 의사결정모형(×)

합리적 의사결정모형은 인간과 조직의 합리성, 완전한 지식과 정보의 가용성을 전제하는 모형이다. 이 모형은 개인적 의사결정과 조직의 의사결정을 동일시 하며, 의사결정자의 전지 전능성을 전제하고 있다. 그러나 의사결정자는 문제의 복잡성, 미래상황의 불투명성, 적절한 정보의 부족 등으로 많은 장애요인을 가지고 있다. 이 같은 장애를 극복하기 위하여 최근에는 선형계획, 기대행렬이론, 게임이론, 비용-수익 분석법, PERT/CPM 등 발전된 과학적 기법들이 활용되고 있다.

10 조직 내 구성원 간의 커뮤니케이션 네트워크는 사슬형(Chain Type), 원형(Circle Type), Y형(Y-Type), 수레바퀴형(Wheel of Star Type), 완전연결형(All Channel Type) 등이 있다. 이중 수레바퀴형 네트워크에 대한 설명으로 옳은 것은?

① 일원화되어 있는 계통을 통해서 최고경영자의 의사가 일선 작업자에게까지 전달된다.
② 리더에게 정보가 집중되어 구성원 간에 정보공유가 안 되는 단점이 있다.
③ 그레이프바인(Grapevine)과 같은 비공식적 커뮤니케이션이 좋은 예이다.

④ 집단 내에서 특정의 리더가 없이 비공식적 의견선도자가 있을 경우의 커뮤니케이션 네트워크
이다.

⑤ 위원회조직이나 태스크포스(Task Force) 같이 권한의 집중이나 지위의 고하가 크게 문제되
지 않는 조직에서의 커뮤니케이션 네트워크이다.

해설 ② 수레바퀴형(Wheel of Star Type)은 특정 리더가 중심이며, 그 리더에게 정보가 집중되어 구성원 간에 정보공유가
안 되는 단점이 있다.
① 사슬형(Chain Type)
③ 완전연결형(All Channel Type)
④ Y형(Y-Type)
⑤ 원형(Circle Type)

11 ( ) 안에 들어갈 용어를 올바르게 나열한 것은?

> D 백화점의 인사팀장은 우수한 신입사원을 선발하기 위해 기존 방법이 아닌 새로운 방법을 개발하
> 고자 여러 측면을 고려하고 있다. 일반적으로 시험이나 면접, 적성검사 등의 선발도구는 구비해야 할
> 요건이 있다. 특히, 면접에서 면접위원간 동일 지원자에 대한 편차가 심각하게 차이나서 발생하는
> (㉠)문제와 직무적성검사와 같은 심리검사가 지원자의 미래 직무성취나 성과를 얼마나 정확하게
> 반영하는가와 같은 (㉡)문제를 고민하고 있다.

① ㉠ 일관성, ㉡ 구성타당성
② ㉠ 신뢰성, ㉡ 판별타당성
③ ㉠ 일관성, ㉡ 내용타당성
④ ㉠ 신뢰성, ㉡ 예측타당성
⑤ ㉠ 안정성, ㉡ 수렴타당성

해설 ㉠ 신뢰성은 동일한 개념에 대해 측정을 반복했을 때 동일한 측정값을 얻을 가능성을 의미한다. 즉 신뢰성은 안정성
과 일관성 그리고 예측가능성과 정확성, 의존가능성 등으로 표현될 수 있는 개념이다.
㉡ 예측타당성은 통계적인 유의성을 평가하는 것으로 어떤 측정도구가 타당성이 높다고 한다면 측정도구에 의해 얻어
진 결과와 관련된 기준 또는 변수 간에 높은 상관관계가 존재해야 한다는 것이다. 즉, 속성을 측정해 줄 것으로 알
려진 기준과 측정도구의 측정결과인 점수 간의 관계를 비교함으로써 타당성을 파악하는 방법이다(기준에 의한 타
당성).

12 다양한 종업원 보상프로그램 중 부가급부(Fringe Benefit)에 해당되지 않는 것은?

① 병가
② 유급휴가
③ 연금제도
④ 주식매입선택권
⑤ 건강보험제도

해설 부가급부(Fringe Benefits)는 직원들에게 기본 급여 외에 추가적으로 제공하는 보상으로 병가, 유급휴가, 연금제도 및
건강보험제도를 포함한다.
주식매입선택권(stock options)은 회사가 임직원에게 일정기간 내에 자기회사의 주식을 사전에 약정한 가격으로 일
정 수량만큼 매수할 수 있는 권리를 주는 제도로 주식매입선택권의 행사이익은 근로소득(급여)에 해당한다.

13 재무비율 중에서 기업의 안정성과 지급능력을 나타내는 비율 중의 하나로 볼 수 있는 것은?

① 레버리지비율　　　　　　　　　　　② 투자성비율
③ 수익성비율　　　　　　　　　　　　④ 성장성비율
⑤ 활동성비율

해 설 ① 레버리지비율 : 기업의 타인자본 의존도를 말한다(= 부채비율). 기업의 안정성과 지급능력을 나타내는 비율로 그 수치가 낮을수록 재무구조가 건전하다.
③ 수익성비율 : 기업이 얼마나 효율적으로 관리되고 있는지를 나타내는 지표이다(총자산순이익률, 매출액영업이익률 등).
④ 성장성비율 : 기업의 경영규모나 영업성과가 어느 정도 증대되었는지 나타내는 지표이다(매출액증가율, 순이익증가율 등).
⑤ 활동성비율 : 기업에 투하된 자본이 일정기간 중에 얼마나 활발하게 운용되었는가를 표시하는 지표이다(총자산회전율, 재고자산회전율, 매출채권회전율 등).

14 태도(Attitude)를 다차원적 개념으로 접근할 경우, 3가지 구성요소를 올바르게 나열한 것은?

① 인지(Cognition)적 요소 – 감정(Affection)적 요소 – 행동(Behavior)적 요소
② 지각(Perception)적 요소 – 감정(Affection)적 요소 – 평가(Evaluation)적 요소
③ 인지(Cognition)적 요소 – 감정(Affection)적 요소 – 평가(Evaluation)적 요소
④ 지각(Perception)적 요소 – 인지(Cognition)적 요소 – 행동(Behavior)적 요소
⑤ 지각(Perception)적 요소 – 감정(Affection)적 요소 – 행동(Behavior)적 요소

해 설 태도(Attitude)는 "인지(Cognition), 감정(Affection), 행동의도(Behavioral Intention)의 3요소(태도의 ABC)를 지니는 지속적인 경향[Rosenberg & Hovland(1960)]"이라고 정의할 수 있다.

15 노사협의제와 단체교섭을 비교하여 설명한 내용으로 옳지 않은 것은?

구 분	노사협의제	단체교섭
㉠ 목적	노사 공동의 이익 증진	근로조건의 유지와 개선
㉡ 배경	노동조합의 설립 여부나 쟁의행위의 위협 없이 진행	노동조합의 존립을 전제로 노동쟁의를 수단으로 전개
㉢ 당사자	노동조합대표와 사용자	근로자 대표와 사용자
㉣ 대상	기업경영, 생산성 향상 등	임금, 근로시간, 근로조건 등
㉤ 결과	법적 구속력 없는 합의	단체협약 체결, 법적 효력

① ㉠　　　　　　　　　　　　　　　　② ㉡
③ ㉢　　　　　　　　　　　　　　　　④ ㉣
⑤ ㉤

해 설 ㉢ 노사협의제의 당사자는 '근로자 대표와 사용자'이며, 단체교섭의 당사자는 '노동조합대표와 사용자'이다.

16 한 번 학습된 것은 다른 쪽으로도 전이되어 그곳의 학습을 돕는다는 것을 학습의 전이라고 한다. 학습의 전이 유형에 해당하지 않는 것은?

① 수평적 전이   ② 부정적 전이

③ 인과적 전이   ④ 연속적 전이

⑤ 수직적 전이

해설 **학습의 전이 유형**
- 수평적 전이 : 한 분야에서 학습된 것이 다른 분야나 또는 실생활에 응용되는 것을 의미한다.
- 수직적 전이 : 낮은 수준에서의 학습이 그보다 고차적인 정신활동을 요구하는 수준에서의 학습을 촉진시키는 것을 의미한다.
- 긍정적 전이 : 이전의 학습이 그 다음의 학습에 촉진적인 영향을 미치는 경우이다.
- 부정적 전이 : 이전의 학습이 그 다음의 학습에 장애를 초래하는 경우이다.
- 연속적 전이 : 오늘의 학습이 내일의 학습에 도움이 되는 경우이다.

17 다음의 사례 내용과 가장 관련성이 높은 동기부여이론은?

> A대형마트의 대전시 B지점의 점장인 정영훈씨는 부하 직원의 욕구유형에 따라 동기부여방식을 다르게 하고 있다. 성장욕구가 높은 부하직원에게는 자기계발의 기회를 많이 제공하고, 관계욕구가 높은 부하직원에게는 고객 관련 업무를 맡기고, 생존욕구가 많은 부하직원에게는 수당을 많이 받을 수 있는 일을 제공하여 관리하고 있다.

① 매슬로우(Maslow)의 욕구단계이론
② 알더퍼(Alderfer) 의 ERG이론
③ 허즈버그(Herzberg)의 2요인 이론
④ 맥클리랜드(McClelland)의 성취동기이론
⑤ 브룸(Vroom)의 기대이론

해설 **알더퍼(Alderfer)의 ERG이론**
알더퍼(Alderfer)의 ERG 이론은 매슬로우(Maslow)의 욕구단계이론을 발전시켜 인간의 욕구를 존재욕구(E ; Existence), 관계욕구(R ; Relatedness), 성장욕구(G ; Growth)의 세 범주로 구분하였다.
- 존재욕구(생존욕구)
  배고픔, 갈증, 안식처 등과 같은 생존과 관련된 욕구, 생리적 욕구, 안전욕구, 물질적 욕구(봉급)가 속한다. 존재욕구는 매슬로우(Maslow)의 생리적 욕구와 안전욕구의 일부에 해당한다.
- 관계욕구
  직장에서 타인과의 대인관계욕구, 가족·친구 등과 관련된 욕구를 포괄한다. 관계욕구는 매슬로우(Maslow)의 안전욕구와 사회적 욕구, 그리고 존경욕구의 일부를 포함한다.
- 성장욕구
  창조적 능력을 완성하고 싶은 욕구, 개인의 잠재력을 발휘해 보고 싶은 욕구를 가리킨다. 이러한 욕구는 한 개인이 자기 능력을 극대화할 뿐만 아니라 능력개발을 필요로 하는 일에 종사함으로써 욕구충족이 가능하다. 성장욕구는 매슬로우(Maslow)의 자아실현 욕구와 존경욕구에 해당한다.

18 유통기업의 경영자에게 요구되는 변혁적 리더십(Transformational Leadership)에 대한 내용으로 옳지 않은 것은?

① 변혁적 리더들은 부하들의 본보기가 될 수 있도록 행동하여 부하들로부터 존경과 신뢰를 받는다.

② 변혁적 리더들은 부하들에게 일에 대한 의미와 도전을 제공하여 자신의 주변 사람들에게 동기를 부여한다.

③ 변혁적 리더들은 부하들로 하여금 새로운 아이디어와 창의적 문제해결을 요구하며, 부하들이 문제해결과정에 참여하도록 한다.

④ 변혁적 리더들은 부하들을 개인적으로 지도하면서 부하 개개인의 발전 및 성장에 대한 욕구에 특별한 관심을 기울인다.

⑤ 변혁적 리더들은 부하들에게 보상과 처벌을 통한 동기부여 방법으로 목표를 달성할 수 있도록 한다.

해 설 부하들에게 보상과 처벌을 통한 동기부여 방법으로 목표를 달성할 수 있도록 하는 것은 '거래적 리더십'에 대한 내용이다.
변혁적 리더십은 동기부여 방법에서 거래적 리더십과 달리 자아실현과 같은 높은 수준의 개인적 욕구나 목표를 자극하며, 새로운 시도에 도전하는 조직원을 격려한다.

19 학습조직이론에 관한 내용으로 옳은 것을 모두 고르면?

> 가. P. M. Senge는 학습조직을 구성하는 핵심요인으로 시스템사고, 개인숙련, 사고모형, 공유비전, 개인학습의 5가지를 제시하고 있다.
> 나. 시스템사고란 현상을 전체로 이해하고 전체에 포함된 부분들 사이의 순환적·정태적 인과관계를 이해하는 문제해결 수단이다.
> 다. 개인숙련이란 개인이 진정으로 지향하는 본질적인 가치를 추구하기 위해 현재의 자기능력을 심화시켜 나가는 행위를 의미한다.
> 라. 공유비전이란 조직이 추구하는 방향이 무엇이며, 왜 중요한 것인지에 대해 구성원이 공감대를 형성하는 것이다.

① 가, 나　　　　　　　　　　　② 나, 다
③ 다, 라　　　　　　　　　　　④ 가, 나, 다
⑤ 가, 나, 다, 라

해 설 가. (×) P. M. Senge는 학습조직을 구성하는 핵심요인으로 시스템사고, 개인숙련(자아완성), 사고모형, 공유비전, 팀학습의 5가지를 제시하고 있다.
나. (×) 시스템사고란 현상을 전체로 이해하고 전체에 포함된 부분들 사이의 순환적 인과관계 또는 역동적인 관계를 이해할 수 있게 하는 사고의 틀을 의미한다.

20 다음 내용은 무엇에 대한 설명인가?

> 특정한 범위의 조업도에서는 일정한 금액으로 발생하지만, 조업도가 이 범위를 초과 또는 미달하면 일정액만큼 증가 또는 감소하는 비용이다. 예를 들어, 제품의 생산량이 일정 수준을 초과하여 현재의 설비로 모두 생산할 수 없는 경우에 발생한다. 즉, 추가로 설비투자를 하여 구입한 기계장치의 감가상각비나 추가로 감독자를 고용함으로써 발생하는 급료 등의 비용을 말한다.

① 준변동비
② 준고정비
③ 고정비
④ 변동비
⑤ 비대칭 변동비

해 설 ② 준고정비 : 고정비가 일정한 조업도의 범위를 초과하면 일정한 금액으로 증가하는 행태를 가진 원가를 말한다(계단원가).
① 준변동비 : 고정비와 변동비가 혼합된 형태로 조업도가 "0"인 상태에서도 일정한 고정비가 발생하며, 조업도의 증가에 따라 총원가가 증가하는 행태를 가진 원가를 말한다.
③ 고정비 : 조업도의 수준과 무관하게 총원가가 일정한 원가를 말한다.
④ 변동비 : 조업도의 수준에 따라 총원가가 비례하여 변동하는 원가를 말한다.

---

02 물류경영(21~40)

21 재고의 공간적 배치와 관련된 기능으로, 물류거점별로 소비자의 요구에 부응하는 형태별 분류와 배송을 가능하게 해 주는 재고관리의 기능은?
① 유통가공기능
② 경제적 발주기능
③ 운송합리화기능
④ 수급적합기능
⑤ 생산의 계획 및 평준화기능

해 설 운송합리화 기능은 재고의 공간적 배치를 통해 운송비 절감요인을 결정하는 기능이다.
① 유통가공기능은 상품이나 화물의 유통과정에서 물류효율을 더욱 향상시키기 위해 가공하는 활동이다.
② 경제적 발주기능은 재고관리비용을 최소화하는 경제발주량을 구해 물류비용을 절감하는 기능이다.
④ 수급적합기능은 품절로 인한 판매기회의 상실을 방지하는 기능이다.
⑤ 생산의 계획 및 평준화기능은 재고를 통해 수요의 변동을 완충하는 기능이다.

22 다음은 컨테이너(Container) 종류 중 무엇에 대한 특징을 설명한 것인가?

> 용도에 따른 컨테이너의 분류 중에서 목재, 승용차, 기계류 등과 같은 중량화물을 운송하기 위한 컨테이너로서 지붕과 벽을 제거하고 기둥과 버팀대만 두어 전후좌우 및 쌍방에서 하역을 가능하게 한 컨테이너

① 서멀 컨테이너(Thermal Container)
② 사이드 오픈 컨테이너(Side Open Container)
③ 오픈 톱 컨테이너(Open Top Container)
④ 플랫 랙 컨테이너(Flat Rack Container)
⑤ 드라이 벌크 컨테이너(Dry Bulk Container)

해 설 ④ 플랫 랙 컨테이너(Flat Rack Container)는 드라이 컨테이너(Dry Container)의 지붕과 벽을 없앤 후 기둥과 버팀대만을 둔 컨테이너로서 전후좌우 및 상하로 하역이 가능하다는 특징이 있다.

① 서멀 컨테이너(Thermal Container) : 온도조절 컨테이너로서 단열된 벽, 문, 지붕 및 바닥으로 구성되는 컨테이너
② 사이드 오픈 컨테이너(Side Open Container) : 옆으로 열리는 컨테이너
③ 오픈 톱 컨테이너(Open Top Container) : 무거운 화물이나 길이가 긴 장척물(철근, 기둥, 파이프나 나무 등)을 탑재하기 위해 상부가 열린 컨테이너
⑤ 드라이 벌크 컨테이너(Dry Bulk Container) : 곡류와 같은 분체(粉體) 화물을 수송하기 위하여 설계된 컨테이너

23 운송(Transportation)에서 수요지, 공급지, 수요량, 공급량 등이 다음과 같을 때 최소비용법을 이용하여 산출한 총운송비용은?

수요지 공급지	A	B	C	공급량
1	20원/톤	50원/톤	15원/톤	300톤
2	40원/톤	30원/톤	60원/톤	450톤
수요량	300톤	250톤	200톤	750톤

① 20,500원
② 21,000원
③ 21,500원
④ 22,000원
⑤ 22,500원

최소비용법
- 공급지 1 → 수요지 C ; 15원/톤 × 200톤 = 3,000원
- 공급지 1 → 수요지 A ; 20원/톤 × 100톤 = 2,000원
- 공급지 2 → 수요지 B ; 30원/톤 × 250톤 = 7,500원
- 공급지 2 → 수요지 A ; 40원/톤 × 200톤 = 8,000원
모두 합하면,
총운송비용 = 3,000원 + 2,000원 + 7,500원 + 8,000원 = 20,500원

24 하역에 관련된 내용으로 옳지 않은 것은?

① 하역은 물품의 생산과 소비의 거리를 조정하여 시간적 효용을 창출한다.
② Stacking은 보관위치에서 물품을 쌓는 작업이다.
③ Picking은 보관장소에서 물건을 꺼내는 작업이다.
④ Loading & Unloading은 운송기기 등에 화물을 싣고 내리는 것이다.
⑤ Sorting은 화물을 품종별, 발송처별, 고객별 등으로 나누는 것이다.

물품의 생산과 소비의 거리를 조정하여 시간적 효용을 창출하는 것은 '보관'이다.
하역은 수송과 보관을 연결하는 기능을 한다.

25 파렛트에 대한 내용으로 옳지 않은 것은?

① 우리나라 국가표준일관 파렛트 중 T-11은 가로×세로 길이가 1,100mm×1,100mm 이다.
② 우리나라 국가표준일관 파렛트 중 T-12은 가로×세로 길이가 1,200mm×1,200mm 이다.
③ 파렛트를 사용하면 하역 및 작업능률이 향상될 뿐만 아니라 화물파손방지를 통한 물품보호 효과도 있다.
④ 파렛트를 사용하면 비용이 소요되며, 화물 무너짐 방지대책이 필요하다는 단점이 있다.
⑤ 화물이 발송인으로부터 수취인에게 인도될 때까지 전 운송과정을 일관되게 파렛트로 운송하는 것을 일관 파렛트화(Palletization) 라고 한다.

우리나라 국가표준일관 파렛트 중 T-12은 가로×세로 길이가 1,200mm×1,000mm 이다.

26 ( ) 안에 알맞은 SCM 기법은?

> ( )은/는 소매업자와 제조업자의 정보공유를 통해 효과적으로 제품을 제조하고 유통하여 효율적인 생산과 공급체인 재고량을 최소화시키려는 전략으로 패션어패럴 산업에서 사용되기 시작했던 기법이다.

① QR(Quick Response)
② BPR(Business Process Reengineering)
③ ECR(Efficient Consumer Response)
④ CMI(Computer Managed Inventory)
⑤ Cross Docking

해설 ① QR(Quick Response)은 패션의류 산업에 적용된 SCM 기법으로, 생산·유통관계의 거래 당사자가 협력하여 소비자에게 적절한 시기에, 적절한 양을, 적정한 가격으로 제공하는 것을 목표로 한다.
② BPR(Business Process Reengineering)은 경영혁신기법의 하나로서, 기업의 활동이나 업무의 전반적인 흐름을 분석하고, 경영 목표에 맞도록 조직과 사업을 최적으로 다시 설계하여 구성하는 업무재설계 기법이다.
③ ECR(Efficient Consumer Response)은 소비자에게 보다 나은 가치를 제공하기 위해 제조업체와 유통업체가 상호 밀접하게 협력을 하는 경영전략으로 식품산업에서 출발하였다.
④ CMI(Computer Managed Inventory)는 제조업체와 유통업체 상호간 제품정보를 공유하고 공동으로 재고관리를 하는 것이다.
⑤ Cross Docking은 창고나 물류센터로 입고되는 상품을 보관하는 것이 아니라 곧바로 소매점포에 배송하는 물류 시스템이다.

27 물류관련 용어에 대한 내용으로 옳은 것을 모두 고르면?

> ㉠ ICD : 컨테이너의 장치보관, 집화, 통관, 본선선적기능 등을 내륙에서 이루어지도록 한 컨테이너 취급기지
> ㉡ CY : Container Yard로서, 컨테이너를 보관·취급하는 장소로서 LCL 화물이 반입됨
> ㉢ CFS : Container Freight Station로서 FCL 화물을 모아서 LCL 화물로 만드는 취급장
> ㉣ FCL : Full Container Load의 약자
> ㉤ LCL : Less than Container Load의 약자로서 LCL은 CY에서 혼재작업 후 CFS로 보내짐

① ㉠   ② ㉣
③ ㉡, ㉢   ④ ㉢, ㉣
⑤ ㉣, ㉤

해설 ㉠ ICD의 주요 기능은 수출입화물 통관, 화물집하, 보관, 분류, 간이 보세운송, 관세환급, 선사 B/L발급 등이다. 컨테이너의 장치보관은 CY(Container Yard)의 기능이다.
㉡ CY는 컨테이너를 보관·취급하는 장소로서 FCL 화물이 반입된다.
㉢ CFS(Container Freight Station)는 컨테이너 한 개를 채울 수 없는 소량화물(LCL화물)을 인수, 인도하여 FCL 화물로 만드는 장소이다.
㉤ LCL(Less than Container Load)은 CFS에서 혼재작업 후 CY로 보내진다.

28 재고에 관련된 내용으로 옳지 않은 것은?

① 재고량이 일정수준에 도달하였을 때 일정량을 주문하여 재고관리하는 방식은 정량발주방법이다.
② 정해진 일정기간이 되었을 때 수요량에 맞는 양을 주문하여 재고관리하는 방식은 정기발주법이다.
③ 정기발주법은 발주시기는 일정하나 발주량이 일정하지 않기 때문에 발주량 결정이 중요하다.
④ 재고를 관리·유지하는데 발생되는 이자, 창고료, 보험료, 세금 등은 재고유지비용이다.
⑤ 안전재고량은 '안전계수×수요의 표준편차×조달기간' 으로 계산할 수 있다.

해설 안전재고량은 '안전계수×수요의 표준편차×$\sqrt{조달기간}$' 으로 계산할 수 있다.

29 물류공동화의 효과로 옳지 않은 것은?

① 화주 측면 : 물류비용 절감

② 물류업자 측면 : 안정적 경영기반확보 가능

③ 사회적 측면 : 공차율 증가와 적재율 향상에 따른 운행대수 감소로 교통체증 감소

④ 화주 측면 : 판매영업 등 본연의 업무에 전념할 수 있음에 따라 영업력이 강화되거나 경영개선 촉진 가능

⑤ 물류업자 측면 : 계획적인 물류업무수행

해 설 사회적 측면 : 공차율 감소와 적재율 향상에 따른 운행대수 감소로 교통체증 감소

30 물류정책기본법에서 규정하는 '물류사업'의 정의부분이다. ( ) 안에 들어갈 용어로 옳지 않은 것은?

> 물류사업이란 화주의 수요에 따라 (㉠)으로 물류활동을 영위하는 것을 업으로 하는 것으로 다음 각목의 사업을 말한다.
> 가. 자동차 · 철도차량 · 선박 · 항공기 또는 파이프라인 등의 운송수단을 통하여 화물을 운송하는 (㉡)
> 나. 물류터미널이나 창고 등의 물류시설을 운영하는 (㉢)
> 다. 화물운송의 주선, 물류장비의 임대, 물류정보의 처리 또는 물류컨설팅 등의 업무를 하는 (㉣)
> 라. 가목부터 다목까지의 물류사업을 종합적 · 복합적으로 영위하는 (㉤)

① ㉠ 유상

② ㉡ 국제물류주선업

③ ㉢ 물류시설운영업

④ ㉣ 물류서비스업

⑤ ㉤ 종합물류서비스업

해 설 "물류사업"이란 화주(貨主)의 수요에 따라 유상(有償)으로 물류활동을 영위하는 것을 업(業)으로 하는 것으로 다음 각목의 사업을 말한다(물류정책기본법 제2조 제1항 제2호).
가. 자동차 · 철도차량 · 선박 · 항공기 또는 파이프라인 등의 운송수단을 통하여 화물을 운송하는 화물운송업
나. 물류터미널이나 창고 등의 물류시설을 운영하는 물류시설운영업
다. 화물운송의 주선(周旋), 물류장비의 임대, 물류정보의 처리 또는 물류컨설팅 등의 업무를 하는 물류서비스업
라. 가목부터 다목까지의 물류사업을 종합적 · 복합적으로 영위하는 종합물류서비스업

31 물류센터 운영 효과에 대한 내용으로 옳지 않은 것은?

① 효과적인 배송체제 구축

② 공장과 물류센터 간에 대량 및 계획운송을 통한 운송비 절감효과

③ 물류거점의 조정을 통해 중복운송이나 교차운송 방지

④ 과잉재고 및 재고편재 방지

⑤ 물류센터를 판매거점화하면 제조업체의 직판체제 확립은 가능하나, 유통경로는 복잡해지고 길어지는 문제 발생

해설 물류센터를 판매거점화함으로써 제조업체의 직판체제를 확립하고, 유통경로의 단축 및 유통의 간소화를 통해 비용을 절감할 수 있다.

32 3PL(Third Party Logistics)에 대한 내용으로 옳지 않은 것은?

① 3PL이란 화주기업이 물류서비스의 향상, 물류비용절감, 물류활동 효율향상 등을 목적으로 물류활동 일부나 전부를 제3의 업체에게 위탁하는 것이다.
② 3PL에 물류를 위탁하는 회사는 물류를 위탁함으로써 그 회사 본연의 사업에 집중할 수 있다.
③ 3PL 제공자들은 물류정보기술과 장비를 보유하기 때문에 고객의 필요성에 빠르게 부응할 수 있다.
④ 물류가 회사의 핵심경쟁력의 하나인 경우라면 모든 물류활동을 3PL에 위탁하는 것이 좋다.
⑤ 3PL을 사용할 경우 특정한 기능의 아웃소싱에서 오는 통제 상실이 발생할 수 있다.

해설 3PL(Third Party Logistics, 제3자 물류)는 회사의 핵심역량에 집중하기 위해 물류전문업체(제3자)에게 물류 전반의 업무를 위탁하여 처리하는 것을 말한다. 그런데 물류가 회사의 핵심경쟁력의 하나인 경우라면 회사의 비밀이 누설될 우려가 있기 때문에 모든 물류활동을 3PL에 위탁하는 것은 바람직하지 않다.

33 해상운송이 포함되지 않는 운송형태를 모두 고르면?

㉠ Piggy back	㉡ Birdy back
㉢ 한국발 TCR	㉣ American Land Bridge

① ㉠
② ㉠, ㉡
③ ㉡, ㉢
④ ㉠, ㉡, ㉢
⑤ ㉡, ㉢, ㉣

해설 ㉠ Piggy back : 트럭운송과 철도운송을 결합하여 일관운송하는 방식이다.
㉡ Birdy back : 트럭운송과 항공운송을 결합한 방식이다.
㉢ 한국발 TCR : TCR(Trans China Railway, 중국횡단철도)을 이용하기 위해서는 인천 또는 부산에서 중국의 연운(連雲)항까지 해상으로 운송하여야 한다.
㉣ American Land Bridge : 우리나라의 항만으로부터 북미 서안의 주요 항만까지 선박을 통한 해상운송을 한 뒤에 철도운송으로 연계하여 북미 동안/남동부 항만으로 운송하고, 그 후에 다시 해상운송으로 유럽지역 항만내지 유럽 내륙까지 운송하는 복합일관운송방식이다.

34 VMI에 대한 설명으로 옳은 것은?

① Visual Managed Inventory의 약자이다.

② 공급업체의 재고보충권한을 유통업체에게 이관하여 유통업체가 공급업체 창고의 재고수준을 관리하도록 하는 것이다.

③ 공급업체가 유통업체의 재고정보를 공유하여 이를 바탕으로 효율적으로 재고보충을 한다.

④ VMI로 인해 재고관리비용이 감소될 수 있으나 발주 · 입고 · 재고관리 등의 오류감소로 인한 관리 업무의 효율성이 증대될 수 있는 것은 아니다.

⑤ 구조화된 형태의 데이터인 표준전자문서를 컴퓨터와 컴퓨터 간에 교환하여 재입력과정 없이 업무에 활용할 수 있도록 하는 정보전달방식을 의미한다.

해 설 ① Vendor Managed Inventory의 약자이다.
② 유통업체의 재고보충권한을 공급업체에게 이관하여 공급업체가 유통업체 창고의 재고수준을 관리하도록 하는 것이다.
④ VMI로 인해 유통업체의 재고관리비용이 감소될 수 있으며, 발주 · 입고 · 재고관리 등의 오류감소로 인한 관리 업무의 효율성이 증대될 수 있다.
⑤ EDI(Electronic Data Interchange, 전자 문서 교환)에 대한 설명이다.

35 보관과 관련한 각종 원칙에 대한 설명으로 옳지 않은 것은?

① 통로대면 보관의 원칙 : 물품 입출고가 용이하도록 통로에 접하도록 보관한다.

② 회전대응보관의 원칙 : 재고회전율에 맞게 입출하 빈도가 높은 물품은 출구 가까이 배치한다.

③ 동일성의 원칙 : 동일품목이나 유사품목은 동일장소에 보관한다.

④ 형상특성의 원칙 : 표준품은 컨테이너에, 비표준품은 선반이나 용기에 보관한다.

⑤ 선입선출의 원칙 : 먼저 입고시킨 물건을 먼저 출고시킨다.

해 설 형상특성의 원칙 : 표준품은 선반이나 용기에 보관하고, 비표준품은 형상의 특성에 따라서 보관방법을 결정한다는 원칙이다.

36 물류의 목표를 달성하기 위한 고객서비스를 구현하기 위해 고려해야 하는 물류의 7R 원칙으로만 바르게 짝지어진 것은?

가. Right Price	나. Right Quality
다. Right Safety	라. Right Time
마. Right Speed	바. Right Impression

① 다, 라

② 가, 나, 라, 바

③ 다, 라, 마, 바

④ 가, 나, 라, 마, 바

⑤ 가, 나, 다, 라, 마, 바

해설 물류의 7R 원칙

3S 1L의 원칙	물류의 7R 원칙
• 신속성(Speedy) • 확실성(Surely, 정확성) • 안전성(Safety) • 경제성(Low)	• 적절한 상품(Right Commodity) • 적절한 품질(Right Quality) • 적절한 가격(Right Price) • 적절한 양(Right Quantity) • 적절한 시기(Right Time) • 적절한 장소(Right Place) • 좋은 인상(Right Impression)

37 기업물류비 산정지침에 따른 물류비 분류체계를 기준으로 했을 때 옳은 것은?

① 기능별 분류 : 자가물류비, 위탁물류비

② 영역별 분류 : 운송비, 보관비, 포장비, 하역비, 물류정보 및 관리비

③ 지급형태별 분류 : 재료비, 노무비, 경비, 이자

④ 세목별 분류 : 조달물류비, 사내물류비, 판매물류비

⑤ 조업도별 분류 : 고정물류비, 변동물류비

해설 ① 기능별 분류 : 운송비, 보관비, 포장비, 하역비, 물류정보 및 관리비
② 영역별 분류 : 조달물류비, 사내물류비, 판매물류비
③ 지급형태별 분류 : 자가물류비, 위탁물류비
④ 세목별 분류 : 재료비, 노무비, 경비, 이자

38 물류시스템을 구성하는 각종 요소의 규격과 치수에 관한 기준을 표준화하는 물류모듈(Physical Distribution Module)화에 관한 설명으로 가장 옳지 않은 것은?

① 포장모듈화는 개장치수, 외장치수 같은 포장치수 모듈화를 말한다.

② 운송모듈화는 트럭이나 화차 같은 운송단위의 모듈화를 말한다.

③ 분배모듈화는 컨테이너나 파렛트 같은 용기모듈화를 말한다.

④ 보관모듈화는 창고나 물류센터 같은 보관단위의 모듈화를 말한다.

⑤ 하역모듈화는 하역시설과 장비의 모듈화를 말한다.

해설 물류모듈화
• 포장모듈화 : 포장치수의 모듈화(개장치수, 외장치수)
• 운송모듈화 : 운송단위의 모듈화(트럭, 화차, 컨테이너)
• 보관모듈화 : 보관단위의 모듈화(창고, 물류센터)
• 하역모듈화 : 하역설비의 모듈화(하역시설, 장비, 기기, 용기)

39 재고결정과 관련된 내용으로 옳은 것은?

① 주문처리시간이 길고 사용률이 높고 서비스기준이 높을수록 재주문점이 낮아야 한다.

② 재고유지비, 주문비를 고려하여 적정주문량을 결정하는데 총 재고비용이 최대가 되는 점이 최적주문량이 된다.

③ 최적재고량은 EOQ(Economic Order Quantity) 공식을 사용함으로써 알 수 있다.

④ EOQ는 1회 주문비와 단위당 재고유지비가 항상 일정하다고 가정하기 때문에 실제 업무와는 차이가 있다.

⑤ EOQ 공식은 간단한 공식을 통해 쉽게 산출할 수 있다는 이점 덕분에 소매업자들에 의해 사용되고 있으나 제조업체나 대형도매업자에게는 큰 도움이 되지 않는다.

해 설 ① 주문처리시간이 길고 사용률이 높고 서비스기준이 높을수록 재주문점이 높아야 한다.
② 총 재고비용이 최소가 되는 점이 최적주문량이 된다.
③ 최적주문량은 EOQ(Economic Order Quantity) 공식을 사용함으로써 알 수 있다.
⑤ EOQ 공식은 간단한 공식을 통해 쉽게 산출할 수 있다는 이점 덕분에 제조업체나 대형도매업자에 의해 사용되고 있으나, 소매업자들에게는 큰 도움이 되지 않는다.

40 물류합리화의 대상 중 하나인 포장의 개선에 관한 설명으로 가장 옳지 않은 것은?

① 포장의 합리화는 적정포장의 토대에서 이루어져야 한다.

② 국내외에서 생산·유통되는 각종 포장용기의 규격을 표준화해야 한다.

③ 포장의 보호성을 해치지 않는 범위에서 사양의 변경을 통해 비용을 절감해야 한다.

④ 포장작업의 집중화보다 분산화를 통해 유연성을 높여야 한다.

⑤ 단기적, 부분적 개선이라도 규격화를 지향하는 전체 시스템을 고려해야 한다.

해 설 포장작업의 분산화보다 집중화를 통해 유연성을 높여야 한다.

41 상권분석 기법의 하나로 점포선택행동을 확률적 현상으로 보는 Huff모델과 관련한 설명으로 옳지 않은 것은?

① 특정 점포의 효용이 다른 점포들의 효용보다 크면 효용이 큰 점포를 선택할 가능성이 높아진다.

② 소비자로부터 점포까지의 이동거리는 소요시간으로 대체하여 계산하기도 한다.

③ 공간상에서 소매상권이 연속적이고 중복적인 성격이 있다는 것을 인정한다.

④ 조사지역 개별 소비자의 점포 이용자료보다는 평균적이고 객관적인 통계자료를 이용한다.

⑤ 점포면적 및 거리에 대한 민감도계수는 상권마다 소비자의 구매행동 자료를 통해 추정한다.

해 설 허프(Huff)모델은 특정 지역 내의 복수 점포 중에서 소비자가 특정 점포를 선택할 확률을 계산하는 공식을 제시하고 있기 때문에 평균적이고 객관적인 통계자료보다는 개별 소비자의 점포 이용자료를 이용한다.

42 소매포화지수(IRS)와 시장성장잠재력지수(MEP)에 대한 설명으로 옳은 것은?

① 소매포화지수는 한 시장지역 내에서 특정 소매업태의 소비자 1인의 잠재수요크기이다.

② 시장성장잠재력지수는 지역시장이 현재 창출하고 있는 시장수요측정지표이다.

③ 소매포화지수가 크면 시장의 포화정도가 높아 아직 경쟁이 치열하지 않음을 의미한다.

④ 소매포화지수는 작을수록 신규점포에 대한 시장잠재력이 높다고 볼 수 있다.

⑤ 상권내 거주자들의 지역외구매(outshopping)정도가 높을수록 시장성장잠재력지수가 커진다.

해 설 시장성장잠재력지수(MEP)는 지역시장이 미래에 신규수요를 창출할 수 있는 잠재력으로 거주자들의 지역시장 이외에 다른 지역에서의 쇼핑지출액을 추정할 수 있다. 시장성장잠재력지수가 크면 상권내 거주자들의 지역외구매(Outshopping)정도가 높음을 의미한다.
① 시장성장잠재력지수는 한 시장지역 내에서 특정 소매업태의 소비자 1인의 잠재수요크기이다.
② 소매포화지수는 지역시장이 현재 창출하고 있는 시장수요측정지표이다.
③ 소매포화지수가 크면 시장의 포화정도가 낮아 아직 경쟁이 치열하지 않음을 의미한다.
④ 소매포화지수가 작을수록 시장의 포화정도가 높으므로 신규점포에 대한 시장잠재력이 낮다고 볼 수 있다.

43 점포 외부의 동선 즉, 점외동선은 점포의 매출에 영향을 준다. 사람들이 통행하는 뒷골목은 다음 중 어떤 점외동선 유형에 해당하는가?

① 주동선 ② 복수동선
③ 부동선 ④ 접근동선
⑤ 유희동선

해 설 주동선은 지하철역, 백화점, 대형교차로 등 사람이 집중적으로 모이는 장소 또는 유인하는 시설을 연결하며, 부동선은 주동선을 벗어난 동선으로 상가의 뒷골목이라 할 수 있다. 접근동선은 주동선까지 이어주는 이동선을 말하며, 복수동선은 동선이 복합적으로 혼재하고 있는 경우를 말한다. 유희동선은 산책, 조깅 등 비목적성 동선을 말한다.

44 특정지역의 개략적인 수요를 측정하기 위해 사용되는 구매력지수(BPI)를 계산하는 과정에서 필요성이 가장 낮은 자료는?

① 전체 지역의 인구수(Population)
② 해당 지역의 인구수(Population)
③ 해당 지역의 소매점면적(Sales space)
④ 해당 지역의 소매매출액(Retail sales)
⑤ 해당 지역의 가처분소득(Effective Buying Income)

해 설 구매력지수(BPI)는 해당 지역시장의 구매력을 측정하는 기준으로 인구 및 소매매출, 유효소득에 대해 전체규모 및 특정지역에서의 규모를 활용해서 계산한다.

※ **구매력지수(BPI) 공식**
구매력지수(BPI)를 산출하기 위해서는 다음과 같은 3가지 요소에 가중치를 곱하여 합산하는 공식을 사용한다.

구매력지수(BPI) = (인구비 × 0.2) + (소매매출액비 × 0.3) + (유효구매 소득비 × 0.5)

45 다음 설명에 해당하는 소매상권의 매력도 평가 지수는?

특정 시장 내에서 주어진 제품계열에 대한 점포면적당 잠재매출액의 크기를 말하며, 상권의 소비자 수요와 공급량의 비율을 의미한다.

① 구매력지수(BPI ; Buying Power Index)
② 판매활동지수(SAI ; Sales Activity Index)
③ 소매포화지수(IRS ; Index Retail Saturation)
④ 상권매력도지수(RAI ; Retail Attractiveness Index)
⑤ 시장성장잠재력지수(MEP ; Market Expansion Index)

해 설 소매포화지수(IRS : Index Retail Saturation)는 지역시장의 매력도를 측정하는 것으로, 한 지역시장에서 수요 및 공급의 현 수준을 반영하는 척도임과 동시에 특정소매업태 또는 집적소매시설의 단위면적당 잠재수요(또는 잠재매출액)를 나타낸다.

46 다음 설명에 해당하는 입지대안 평가의 원칙은?

인접한 지역의 사업들이 서로 고객을 교환할 수 있으면 개별 점포의 매력도가 높아진다.

① 고객차단원칙(Principle of Interception)
② 접근가능성의 원칙(Principle of Accessibility)
③ 동반유인원칙(Principle of Cumulative Attraction)
④ 보충가능성의 원칙(Principle of Compatibility)
⑤ 점포밀집의 원칙(Principle of Store Congestion)

입지매력도 평가원칙

고객차단원칙	사무실밀집지역, 쇼핑지역 등은 고객이 특정지역에서 타 지역으로 이동시 점포를 방문하게 한다.
동반유인원칙	유사하거나 보충적인 소매업이 흩어진 것보다 군집해서 더 큰 유인잠 재력을 갖게 한다.
보충가능성원칙	두 개의 사업이 고객을 서로 교환할 수 있을 정도로 인접한 지역에 위치하면 매출액이 높아진다.
점포밀집원칙	지나치게 유사한 점포나 보충 가능한 점포는 밀집하면 매출액이 감소한다.
접근가능성원칙	지리적으로 인접하거나 또는 교통이 편리하면 매출을 증대시킨다.

47 소비자가 상권내의 세 점포 중에서 하나를 골라 어떤 상품을 구매하려고 한다. 점포의 크기와 그 소비자의 집에서 점포까지의 거리는 아래의 표와 같다. 수정Huff모형에 따라 세 점포에 대해 이 소비자가 느끼는 매력도의 크기를 올바르게 나타낸 것은?

점 포	거리(km)	점포크기(m²)
A	4	50,000
B	6	70,000
C	3	40,000

① C > A > B
② A > B > C
③ B > A > C
④ A > C > B
⑤ B > C > A

수정 허프모델
소비자가 어느 상업지에서 구매하는 확률은 그 상업 집적의 매장면적에 비례하고 그곳에 도달하는 거리의 제곱에 반비례한다.

- 점포 A : $P_A = \dfrac{\dfrac{50,000}{4^2}}{\dfrac{50,000}{4^2} + \dfrac{70,000}{6^2} + \dfrac{40,000}{3^2}} = 32.85\%$

- 점포 B : $P_B = \dfrac{\dfrac{70,000}{6^2}}{\dfrac{50,000}{4^2} + \dfrac{70,000}{6^2} + \dfrac{40,000}{3^2}} = 20.45\%$

- 점포 C : $P_C = \dfrac{\dfrac{40,000}{3^2}}{\dfrac{50,000}{4^2} + \dfrac{70,000}{6^2} + \dfrac{40,000}{3^2}} = 46.7\%$

- 매력도의 크기 : C > A > B

48 인구 9만명인 도시 A와 인구 1만명인 도시 B사이의 거리는 20km이다. Converse의 공식에 의하면 두 도시간의 상권경계(상권분기점)는 도시 A로부터 몇 km 떨어진 곳이 되는가?

① 10km

② 5km

③ 15km

④ 12km

⑤ 8km

해 설 컨버스의 제1법칙의 공식

$$D_a = \frac{D_{ab}}{1 + \sqrt{\frac{P_b}{P_a}}} = \frac{20}{1 + \sqrt{\frac{10,000}{90,000}}} = 15km$$

49 상권분석에 관한 주요이론들에 대한 설명으로 옳지 않은 것은?

① Christaller의 중심지이론에 따르면, 소비자들이 유사점포 중의 한 점포를 선택할 때 그 중 가장 가까운 점포를 선택한다.

② Reilly의 소매중력이론에 따르면, 다양한 점포 간의 밀집이 개별점포의 매력도를 증가시킨다.

③ Huff의 소매인력이론은 도시 간의 상권경계를 확률적 접근으로 설명하고 있다.

④ Reilly의 소매중력이론은 Converse가 개발한 분기점 공식으로도 나타낼 수 있다.

⑤ Luce의 확률적 선택모델을 이용하면 특정 점포에 대한 매력 평가라는 소비자행동적 요소를 포함시킬 수 있다.

해 설 도시 간의 상권경계 모델은 레일리(W. J. Reily)나 컨버스(P. D Converse)의 소매인력이론과 관련이 있다. 허프 (Huff)는 확률 모델에 의한 신규점포의 상권을 설명하였다.

50 Christaller의 중심지이론에 대한 내용으로 옳지 않은 것은?

① 중심지의 정상이윤 확보에 필요한 최소한의 수요를 발생시키는 상권범위를 최소수요충족거리(Threshold)라 한다.

② 상업중심지간에도 위계구조가 있다.

③ 상업중심지가 포괄하는 상권의 규모는 도시 내의 소득수준에 따라 결정된다.

④ 중심지의 최대도달거리는 중심지에서 제공하는 상품의 가격과 소비자가 그것을 구입하는데 드는 교통비의 영향을 받는다.

⑤ 중심지란 배후주거지역에 대해 다양한 상품과 서비스를 제공하며 상업, 행정 기능이 밀집된 장소를 말한다.

해 설 상업중심지가 포괄하는 상권의 규모는 도시 내의 소득수준이 아니라 인구규모에 의하여 커진다.

51 상권 매력도를 평가할 때 평가요인이 되는 지역외구매(Outshopping)에 대한 내용으로 옳지 않은 것은?

① 지역외구매란 해당지역에 거주하는 소비자들이 상권 외부지역에서 구매하는 현상을 말한다.

② 해당 지역에서의 가구당(혹은 1인당) 예상지출액과 실제지출액의 차이를 유발한다.

③ 시장성장잠재력지수(MEP ; Market Expansion Index)가 높으면 지역외구매 현상이 많아 신규수요창출 가능성이 크다고 본다.

④ 해당 지역과 타지역간 소매점의 마케팅능력 차이는 반영되지 않는다.

⑤ 교통수단의 발달은 소비자의 이동가능성을 높여 지역외구매 현상을 촉진한다.

해 설 소비자는 그들의 욕구가 특정 지역내에서는 충족되지 않기 때문에 종종 다른 지역에서 쇼핑을 하는 경우가 있는데, 이를 지역외구매(Outshopping)이라 한다. 지역외구매는 해당 지역과 다른 지역간 소매점의 마케팅능력 차이를 반영한다.

52 상가를 신설하기 위해 기존의 건물을 인수하기로 했다. 면적이 2,000㎡의 대지위에 건물은 A동, B동으로 총 2개동이다. A동은 각 층의 면적이 200㎡인 지상3층과 지하1층, B동은 각 층의 면적이 300㎡인 지상6층과 지하2층으로 구성되어 있다. 이 때의 용적률은 얼마인가? [단, 건물외부에 200㎡의 지상주차장(건물부속)이 있고 건물내부 주민공동시설 면적의 합이 200㎡임]

① 100% ② 110%

③ 120% ④ 140%

⑤ 160%

해 설 용적률 = (건축물의 연면적 / 대지면적) × 100

건축물의 연면적 = (200㎡ × 3 + 300㎡ × 6) − 200㎡ = 2,200㎡

※ 용적률 계산시 건축물의 연면적에는 지하층, 주민공동시설, 지상주차장(건물부속)이 포함되지 않는다.

용적률 = (2,2000㎡ / 2,000㎡) × 100 = 110%

53 점포와의 거리에 따라 상권을 구분할 때 각 상권의 개념과 특성을 상대적으로 비교·설명한 내용으로 옳지 않은 것은?

① 1차상권은 전체상권 중에서 점포에 가장 가까운 지역을 말하는데 매출액이나 소비자의 수에서 일반적으로 60~70% 정도를 차지하는 지역으로 그 비율은 절대적이지 않다.

② 2차상권은 1차상권을 둘러싸는 형태로 주변에 위치하며, 소비자의 일정비율을 추가로 흡인하는 지역이다.

③ 3차상권은 소비자의 내점빈도가 비교적 낮으며 1, 2차상권에 비해 주변에 위치한 경쟁점포들과 상권중복 또는 상권잠식의 가능성이 낮은 지역이다.

④ 1차상권이 중요한 이유는 소비자의 밀도가 가장 높은 곳이고 소비자의 충성도가 높으며, 1인당 판매액이 가장 큰 핵심적인 지역이기 때문이다.

⑤ 3차상권은 상권으로 인정하는 한계(Fringe)가 되는 지역범위이며, 지역적으로 넓게 분산되어 해당 점포를 이용하는 소비자의 밀도가 낮다.

3차상권은 점포고객의 약 5~10%를 포함하고 있는 지역으로 소비자의 내점빈도가 비교적 낮으며 1, 2차상권에 비해 주변에 위치한 경쟁점포들과 상권중복 또는 상권잠식의 가능성이 높은 지역이다.

54 다음은 신규점포를 개설하는 과정에서 Huff모델을 활용해 상권을 분석하는 세부과정을 기술한 것이다. 일반적으로 적용되는 분석과정을 순서대로 올바르게 나열한 것은?

> ㄱ. 점포크기 및 거리에 대한 민감도계수를 추정한다.
> ㄴ. 소규모 고객집단지역(Zone)으로 나눈다.
> ㄷ. 신규점포가 각 지역(Zone)별 예상매출액을 추정한다.
> ㄹ. 전체시장 즉, 조사할 잠재상권의 범위를 결정한다.
> ㅁ. 각 지역(Zone)에서 점포까지의 거리를 측정한다.

① ㄱ → ㅁ → ㄴ → ㄷ → ㄹ
② ㄴ → ㅁ → ㄹ → ㄱ → ㄷ
③ ㄹ → ㄷ → ㅁ → ㄱ → ㄴ
④ ㄹ → ㄴ → ㅁ → ㄱ → ㄷ
⑤ ㄱ → ㄹ → ㄴ → ㅁ → ㄷ

Huff모델을 활용한 예상매출액 추정절차
1. 신규점포를 포함하여 분석 대상지역 내의 점포수와 규모를 파악한다(잠재상권의 범위 결정).
2. 전체시장을 소규모 고객집단지역(Zone)으로 나눈다.
3. 각 구역(Zone)의 중심지에서 개별점포까지의 거리를 측정한다.
4. 점포크기 및 거리에 대한 민감도계수를 추정한다.
5. 각 구역별로 허프모형의 공식을 활용하여 점포별 이용확률을 계산한다.
6. 구역별 소매 지출액에 신규점포의 이용 확률을 곱하여 구역별로 신규점의 예상매출액을 구하고 이를 합산한다.

55 체인점의 도미넌트(Dominant) 출점전략에 대한 설명으로 옳지 않은 것은?

① 여러 지역에 걸쳐서 점포를 분산출점시킴으로써 단기간에 전체 시장에 진입하려는 전략이다.
② 도미넌트 출점전략의 효과를 높이기 위해서는 점포규모의 표준화가 필요하다.
③ 도미넌트 출점전략의 효과를 높이기 위해서는 상품구색과 매장구성의 표준화가 필요하다.
④ 도미넌트 출점전략은 주요 간선도로를 따라 출점하는 선적전개와 주택지역 등을 중심으로 전개하는 면적전개로 구분된다.
⑤ 도미넌트 출점전략은 지명도 향상, 물류비감소, 경쟁자의 출점가능성 감소 등의 장점을 갖는다.

도미넌트(Dominant) 출점전략은 일정 지역에 다수점을 동시에 출점하여 특정지역을 선점함으로써 경쟁사의 출점을 억제하는 전략으로, 물류·배송비용 절감, 브랜드 인지도 확산 등의 효과가 크다.

56 용도지역 및 용도지구에 대한 설명으로 옳지 않은 것은?

① 건폐율은 대지면적에 대한 건축면적의 비율로서 건축물의 과밀을 방지하고자 설정된다.

② 용적률은 대지면적에 대한 건축 연면적의 비율을 의미한다.

③ 도시지역의 용도지역은 주거지역, 상업지역, 공업지역, 녹지지역으로 구분된다.

④ 용도지역은 중첩하여 지정될 수 있는 반면, 용도지구는 중첩하여 지정될 수 없다.

⑤ 개발진흥지구는 주거, 상업, 공업, 유통물류, 관광휴양 등의 기능을 집중적으로 개발·정비하기 위해 지정된다.

해 설 용도지역은 중첩하여 지정될 수 없는 반면, 용도지구는 중첩하여 지정될 수 있다.
- "용도지역"이란 토지의 이용 및 건축물의 용도, 건폐율, 용적률, 높이 등을 제한함으로써 토지를 경제적·효율적으로 이용하고 공공복리의 증진을 도모하기 위하여 서로 중복되지 아니하게 도시·군관리계획으로 결정하는 지역을 말한다(국토의 계획 및 이용에 관한 법률 제2조 제15호).
- "용도지구"란 토지의 이용 및 건축물의 용도, 건폐율, 용적률, 높이 등에 대한 용도지역의 제한을 강화하거나 완화하여 적용함으로써 용도지역의 기능을 증진시키고 미관·경관·안전 등을 도모하기 위하여 도시·군관리계획으로 결정하는 지역을 말한다(국토의 계획 및 이용에 관한 법률 제2조 제16호).

57 중심성지수에 대한 설명으로 옳지 않은 것은?

① 중심성지수는 소매업의 공간적 분포를 설명하는 데에 도움을 주는 지표이다.

② 중심성지수는 소매업이 균등하게 분포되어 있다는 것을 기본 가정으로 하고 있다.

③ 특정지역의 총 소매판매액을 1인당 구매액으로 나눈 값과 거주인구를 비교한 값이다.

④ 중심성지수의 값이 1이 되는 경우는 지역이 외부유동인구가 없는 고립된 지역일수도 있다.

⑤ 일반적으로 주위에 점포가 많이 없는 지역은 1보다 낮은 값을 가지게 된다.

해 설 중심성지수는 소매업의 공간적 분포를 설명하는 데에 도움을 주는 지표로서 소매업이 불균등하게 분포되어 있다는 것을 기본 가정으로 하고 있다. 특정지역의 총 소매판매액을 1인당 구매액으로 나눈 값을 상업인구라 하고, 상업인구를 거주인구로 나눈 값이다.

58 상권분석시 관심을 가져야 할 공간적 불안정성(Spatial Non-stability)에 관한 설명으로 옳지 않은 것은?

① 지역별 교통상황의 차이나 점포의 밀도가 원인이 될 수 있다.

② 공간상호작용 모델의 모수들이 공간적으로 차이나는 것과는 관련이 없다.

③ 각 지역에 거주하는 사람들의 사회경제적 특성의 차이로 인해 발생할 수 있다.

④ 세분시장별 모델추정방법으로 공간적 불안정성의 발생가능성을 줄일 수 있다.

⑤ 공간적 불안정성이 크면 통계적 적합도가 높은 경우에도 분석과정에서 오차가 발생할 수 있다.

해 설 공간상호작용 모델의 모수는 점포크기 또는 점포까지의 거리에 대한 소비자의 민감도(중요도)를 반영하기 때문에 공간적 불안정성과 관련이 있다.

59 상권과 고객침투율과의 관계 및 이를 통해 얻을 수 있는 개념에 대한 설명으로 옳지 않은 것은?

① 점포출점의 관점에서 살펴본다면 상권은 해당지역의 고객침투율로 살펴볼 수 있다.

② 고객침투율로 상권을 설정하면 상권인구, 상권 내 매출비율 등을 산출할 수 있다.

③ 상권인구는 일정 이상의 고객침투율이 있는 범위 내의 인구를 의미한다.

④ 상권 내 매출비율은 전체 매출에서 상권 내 매출의 비율로 설명한다.

⑤ 확장상권인구란 상권 내 매출비율을 상권인구로 나누어 구한 매출에 기여할 수 있는 최대 인원이다.

해설 확장상권인구란 상권내 매출비율을 상권인구로 곱하여 구한 매출에 기여할 수 있는 최대 인원이다.

60 다점포 소매네트워크의 설계, 신규점포 추가시의 영향분석, 기존점포의 재입지 및 폐점 등의 상황을 분석할 때 입지배정모형(Location Allocation Model)이 활용될 수 있다. 이 모형의 5가지 주요 구성요소에 해당하지 않는 것은?

① 지점간 거리자료   ② 배정규칙
③ 수요지점   ④ 교통량자료
⑤ 실행가능한 부지

해설 입지배정모형의 주요 구성요소는 교통망, 지점간 거리자료, 수요지점, 실행가능한 부지, 배정규칙 등 5가지로 이루어진다.

04 유통마케팅(61~80)

61 서비스마케팅에 관한 설명으로 가장 옳지 않은 것은?

① 제품과 달리 서비스에 고객이 생산과정에 참여할 수 있고, 고객도 상품의 일부분이 될 수도 있다.

② 서비스는 무형성, 생산과 소비의 비분리성, 동질성, 소멸성의 네 가지 특성으로 요약된다.

③ 서비스경제에서는 제조기업의 서비스기업화, 서비스기업의 보조서비스 확대, 제조기업의 부가서비스 증가 등이 확대된다.

④ 서비스마케팅믹스는 전통적 마케팅믹스에 사람, 프로세스, 물리적 증거관리가 추가되었다.

⑤ 서비스마케팅은 외부 마케팅, 내부 마케팅, 상호작용적 마케팅의 삼위일체적 관점을 지향한다.

해설 서비스는 무형성, 생산과 소비의 비분리성, 이질성(비표준적이며 가변성), 소멸성의 네 가지 특성으로 요약된다.

62 심리적 가격결정에 대한 설명으로 옳지 않은 것은?

① 백화점이 특정 제품의 세일을 자주하게 되면, 소비자는 그 제품의 준거가격을 낮출 가능성이 높아진다.

② 구매자가 어떤 상품에 대하여 지불할 용의가 있는 최저가격을 유보가격이라고 하며, 이보다 싸게 되면 품질을 의심하게 된다.

③ 구매자들이 이득보다 손실에 더 민감하게 반응하는 현상을 손실회피(Loss Aversion)라고 하며, 가격인하보다 가격인상에 더 민감함을 의미한다.

④ 구매자들이 가격이 높을수록 품질이 높을 것이라고 기대하는 것이 가격-품질 연상이다.

⑤ 베버(Weber)의 법칙이란 '가격변화의 지각이 가격 수준에 따라 달라진다는 것'을 말한다.

해 설 유보가격이란 구매자가 특정 상품을 사기 위하여 지불할 용의가 있는 최대가격을 말한다. 일반적으로 구매자는 상품의 판매가가 유보가격보다 낮을 경우 구매를 하게 된다.

63 다음에서 설명하고 있는 서비스 방식은 무엇인가?

- 고객의 자유로운 상품선택이 가능하도록 진열한다.
- 계산대는 출구가 아닌 개별 코너 가까이 설치한다.
- 주로 백화점 및 전문점에서 실시하는 서비스이다.

① 셀프 서비스(Self Service) 방식

② 준 셀프 서비스(Semi Self Service) 방식

③ 자기선택 서비스(Self Selection Service) 방식

④ 신용서비스(Credit Service) 방식

⑤ 자동판매기(Vending Service) 방식

해 설 자기선택 서비스(Self Selection Service) 방식은 고객이 자유롭게 상품을 선택하여 점내 매장별 또는 부문별로 설치된 계산대에서 정산하는 방식으로, 이를 '체크아웃 인 에어리어'라 한다. 미국의 디스카운트 스토어(Discount Store)는 셀프 서비스(Self Service) 방식과 자기선택 서비스(Self Selection Service) 방식을 채용하고 있다.

64 점포 내 상품 진열방법에 대한 설명의 짝으로 옳은 것은?

㉠ 조정형 진열	a. 상품계열에 속한 상품들을 분류하여 진열하는 방식
㉡ 개방형 진열	b. 고객이 상품을 자유롭게 선택할 수 있도록 진열하는 방식
㉢ 임의적 분류 진열	c. 연관되는 상품을 하나의 세트로 진열하는 방식

① ㉠ - a, ㉡ - b, ㉢ - c

② ㉠ - b, ㉡ - a, ㉢ - c

③ ㉠ - a, ㉡ - c, ㉢ - b

④ ㉠ - c, ㉡ - a, ㉢ - b

⑤ ㉠ - c, ㉡ - b, ㉢ - a

⑦ 조정형 진열(Coordinated Display) - 관련 있는 상품을 함께 진열하는 것으로, 예를 들면 신사복을 진열할 때 신사용 구두를 한 군데 같이 진열하는 방식이다(c).
ⓒ 개방형 진열 - 구매자 스스로가 자유로이 만져 볼 수 있도록 하여 구매를 촉진시키는 형태의 진열방식이다(b).
ⓒ 임의적 분류 진열 - 특정 상품계열의 구색이 특별한 깊이나 넓이를 가졌다는 인상을 주기 위한 진열방식이다(a).

65 벤더(Vendor)에 대한 설명으로 옳지 않은 것은?

① 벤더란 소매업자가 제품을 판매하는 회사를 말한다.
② 소매업자는 보통 제조업자상표 벤더, 소매업자상표 벤더, 라이선스상표의 벤더, 무상표 벤더와 거래한다.
③ 라이선스(Licence)상표의 벤더란 유명업체의 상표를 빌려서 제품을 개발, 생산, 판매하는 회사를 말한다.
④ 벤더와 소매업체가 전략적 관계라면, 장기적이며 관계투자가 상당하다.
⑤ 제조업자상표의 벤더는 일반적인 내셔널 브랜드(National Brand)를 취급하는 회사를 말한다.

벤더(Vendor)란 제품을 판매하는 회사, 제품 메이커나 판매 대리점을 말한다. 사전적 의미에서 본다면, 기존의 도매상들과는 달리 POS, 자동주문시스템 등 전산화된 물류체계를 갖춰 소매업자에게 분야별로 특화된 상품들을 공급해주는 다품종 중간상이라고 할 수 있다.

66 소매 점포의 직원을 선발하기 위한 수요예측방법에 대한 설명으로 옳지 않은 것은?

① 인적자원의 수요예측은 과거 추세, 현재 상황, 미래 가정에 입각하여 이루어진다.
② 정성적 방법으로 추세분석이나 델파이 기법 등이 주로 사용된다.
③ 정성적 방법의 하나인 명목집단법은 의사결정하는데 시간이 짧다는 장점이 있다.
④ 명목집단법은 브레인스토밍과 브레인라이팅 기법의 장점들을 살리기 위해 고안되었고, 브레인스토밍 기법에 토의 및 투표 기법 등의 요소를 결합하여 만들어진 것이다.
⑤ 델파이 기법은 어떠한 문제에 관하여 전문가들의 견해를 유도하고 종합하여 집단적 판단으로 정리하는 일련의 절차라고 정의할 수 있다.

추세분석법은 시계열 분석방법으로 '정량적' 방법에 해당한다.

67 다음과 같이 옷 구매를 고민하는 소비자 A를 가장 적합하게 설명할 수 있는 모형은?

> "대형마트에서 여름 옷을 구매하면 저렴하긴 한데 직장 동료들이 뭐라고 생각할까?"
> "백화점 옷들이 좋긴 한데 나한테는 잘 안 어울려."

① 정교화가능성모형   ② 저관여 하이어라키모형
③ 다속성태도모형   ④ 확장된 Fishbein 모형
⑤ 인지적 학습모형

해 설 확장된 Fishbein 모형

• 구매행동에 영향을 미치는 것은 대상(브랜드)에 대한 태도보다는 대상과 관련된 행동에 대한 태도이다. 행동에 대한 태도는 그 제품을 소비 · 사용하는 소비자가 얻을 수 있는 편익에 의해 결정된다.

• 어떤 행동의 수행 여부는 그 행동에 대한 타인들의 생각에 의해서도 영향을 받는데 Fishbein은 이를 주관적 규범(Subjective Norm)이라 하였다. 주관적 규범은 어떤 행동에 대한 타인들의 영향정도를 말하며, 규범적 신념과 순응동기의 두 요소에 의해 결정된다.

규범적 신념	준거집단이 자신의 행동을 지지 혹은 반대할 것인지에 대한 개인의 생각을 의미한다.
순응동기	그 준거집단의 의견을 수용하려는 정도를 의미한다.

① 정교화가능성모형 : 설득 메시지에 노출된 소비자가 태도를 형성하는 두 가지 과정, 즉 중심경로(Central Route ; CR)와 주변경로(Peripheral Route ; PR)를 제시하였다. 메시지의 정교화가 높을 때(고관여)는 중심경로를 통해 태도를 결정하고, 메시지의 정교화가 낮을 때(저관여)는 정보원의 외모, 화법, 배경 등의 주변 단서를 고려하여 주변경로를 선택한다.

② 저관여 하이어라키모형 : 제품정보(광고)에 반복적으로 노출된 저관여 소비자는 제품속성에 대한 구체적 신념을 형성하지 않은 상태에서 광고된 상표를 구매하고 사용경험을 통해 그 상표를 평가한다.

③ 다속성태도모형 : 인지적 학습이론에 근거한 태도모형으로 태도대상(브랜드, 점포 등)은 여러 속성을 가지며, 대상에 대한 태도는 각 속성에 대한 소비자의 평가에 의해 결정된다. 즉 소비자는 부각되는 신념들(Salient Beliefs)만을 바탕으로 태도를 형성한다.

⑤ 인지적 학습모형 : 인지적 과정(사고과정)을 통해 어떤 대상에 대한 태도가 형성되는 이론이다. 즉 소비자는 구매에 선행하여 속성신념-태도-구매의도의 단계를 거치는 것으로 가정한다.

68 다음 사례의 소매기업이 해외 시장으로 진입하려는 방식의 장점은?

> ○○홈쇼핑은 베트남에 진출하기 위해 여러 방법을 조사한 결과, 베트남에서 전국적인 방송 네트워크를 보유한 A방송과 함께 자원을 공동으로 이용하여 소유권, 통제권, 이익 공유의 새로운 회사를 설립하여 진출하는 것이 여러모로 유리할 것이라는 결론을 내렸다.

① 현지 경쟁업체의 탄생 위험을 증가시키는 반면, 이익의 빠른 회수가 가능하다.

② 해외에 점포를 직접 운영하기 때문에 통제권이 매우 높다.

③ 진입업체의 위험을 줄이고 지역시장에 대한 정보를 비교적 정확하게 파악할 수 있다.

④ 가장 높은 잠재적 수익을 누릴 수 있는 해외 진입전략이다.

⑤ 위험이 가장 낮고 투자도 가장 적게 요구된다.

해 설 문제의 지문은 합작투자(Joint Venture)를 통한 진입방식이다.

장 점	• 현지파트너의 지식 활용 • 비용과 위험을 파트너와 공유 • 정치적 용인 가능성
단 점	• 기술보호의 어려움 • 글로벌 전략을 위한 조정이 어려움 • 파트너간 이견발생시 갈등과 충돌 가능성

① · ⑤ 라이센싱(프랜차이즈) 방식
② · ④ 단독투자방식

69 소매업체들의 성장전략에 대한 설명의 짝으로 옳은 것은?

㉠ 시장 침투	a. 동일한 표적시장의 고객에게 다른 소매믹스를 가진 새로운 소매업태를 제공하는 전략
㉡ 시장 확장	b. 자사 점포에서 쇼핑하지 않는 고객을 유인하고 기존 고객들은 더 자주 점포를 방문하여 더 많은 상품을 구매하도록 유인하는 전략
㉢ 소매업태 개발	c. 새로운 시장에서 기존의 소매업태를 이용하는 전략

① ㉠ - a, ㉡ - b, ㉢ - c   ② ㉠ - a, ㉡ - c, ㉢ - b

③ ㉠ - b, ㉡ - a, ㉢ - c   ④ ㉠ - b, ㉡ - c, ㉢ - a

⑤ ㉠ - c, ㉡ - a, ㉢ - b

해 설 ㉠ 시장 침투 - b. 기존 제품으로 기존 시장에서 매출액이나 시장점유율을 높이기 위한 전략이다.
　　　 예 자사 점포에서 쇼핑하지 않는 고객을 유인하거나 기존 고객들이 더 많은 상품을 구매하도록 유인하는 전략
㉡ 시장 확장 - c. 기존의 제품으로 새로운 유통경로를 개척하여 시장을 확장하는 전략이다.
　　　 예 새로운 시장에서 기존의 소매업태를 이용하는 전략(Gap의 사례)
㉢ 소매업태 개발 - a. 동일한 표적시장의 고객에게 다른 소매믹스를 가진 새로운 소매업태를 제공하는 전략이다.
　　　 예 책, CD, 비디오, 선물 등을 함께 판매하는 전략

70 무점포 소매상에 대한 내용으로 옳지 않은 것은?

① 텔레비전 마케팅은 크게 TV 광고에서 직접 주문에 관한 정보를 제공하여 주문을 받는 홈쇼핑 채널방식과 쇼핑만을 전담하는 채널에서 정규방송시간 내내 상품 안내와 주문을 받는 인포머셜방식이 있다.

② 모바일 커머스(Mobile Commerce)는 '무선통신기술을 이용하여 소비자나 기업이 안전하게 상품이나 서비스를 구매할 수 있도록 하는 것'이라고 정의할 수 있다.

③ 국내에서 인터넷 쇼핑몰의 성장세는 하향하는 반면, 모바일 쇼핑은 빠르게 성장하고 있다.

④ 방문판매와 다단계판매는 판매원을 관리하고 보상하는 방식에서만 차이가 있을 뿐 판매원이라는 인적 네트워크를 판매수단으로 활용한다는 점에서는 차이가 없다.

⑤ 직접판매란 '장소의 구애 없이 대면방식으로 제품과 서비스를 소비자에게 판매하는 행위를 총칭하는 것'이다.

해 설 인포머셜방식은 케이블 TV의 광고방송 시간대에 상품에 관한 정보를 비교적 장시간에 걸쳐 제공하는 방식이며, 홈쇼핑 채널방식은 쇼핑만을 전담하는 채널에서 정규방송시간 내내 상품 안내와 주문을 받는 방식이다.

71 인터넷 소매업의 유형에 대한 설명으로 가장 옳지 않은 것은?

① 인터넷 웹페이지를 통해 제품주문을 받고 오프라인 매장을 통해 제품을 제공하는 인터넷 소매업은 채널지원형에 해당한다.

② 온라인 카테고리 킬러는 높은 브랜드 인지도를 확보하고 있어야 유리하다.

③ 오픈마켓, 소셜커머스 등의 온라인 쇼핑업체는 상품을 구매하여 판매함으로써 마진을 수입원으로 한다.

④ 입찰에 의해 가격결정이 이루어지는 온라인 경매형의 경우, 수익은 커미션과 광고수입으로 실현된다.

⑤ 수직적 포탈형은 구체적인 상품의 정보를 제공하면서 소비자가 자사 사이트에서 상품을 구매하도록 유도한다.

해 설 오픈마켓(G마켓, 11번가, 인터파크), 소셜커머스(쿠팡, 티켓몬스터, 위메프) 등의 온라인 쇼핑업체는 상품을 구매하여 판매하는 것보다는 판매자에게 플랫폼을 제공해주고 얻는 수수료와 광고수입을 수입원으로 한다.

72 TV홈쇼핑이 원활하게 이루어지기 위해서는 많은 참여자가 필요한데 그 중에서도 핵심적인 참여자인 아래의 사업자를 순서대로 올바르게 나열한 것은?

> ㉠ PP : Program Provider
> ㉡ SO : System Operator
> ㉢ NO : Network Operator

① ㉠ 방송채널사용사업자, ㉡ 종합유선방송사업자, ㉢ 전송망사업자
② ㉠ 종합유선방송사업자, ㉡ 방송채널사용사업자, ㉢ 전송망사업자
③ ㉠ 전송망사업자, ㉡ 종합유선방송사업자, ㉢ 방송채널사용사업자
④ ㉠ 방송채널사용사업자, ㉡ 전송망사업자, ㉢ 종합유선방송사업자
⑤ ㉠ 종합유선방송사업자, ㉡ 전송망사업자, ㉢ 방송채널사용사업자

해 설 ㉠ PP(Program Provider) : 고유의 방송채널을 소유하고 방송프로그램을 제작하여 방송하는 방송채널사용사업자 **예** JTBC
㉡ SO(System Operator) : 독점사업구역별로 케이블TV를 송출하는 종합유선방송사업자 **예** 씨앤앰(C&M)
㉢ NO(Network Operator) : 케이블TV 방송에 필요한 전송망을 설치하는 전송망사업자 **예** KT

73 제품믹스의 가격 결정 방법에 대한 설명으로 가장 옳지 않은 것은?

① 제품라인 가격결정법 : 제품계열간 동일 수준 제품들의 묶음을 개별 품목으로 구매하는 것보다 낮은 가격으로 제시하는 방법
② 선택사양 가격결정법 : 주력제품에다 선택제품, 사양 및 서비스를 붙여서 제시하는 가격결정 방법
③ 종속제품 가격결정법 : 주요제품과 함께 사용해야 하는 종속제품에 대한 가격을 결정하는 방법
④ 이분 가격결정법 : 고정된 요금과 추가적 서비스 사용에 대한 가격으로 나누어 가격을 결정하는 방법
⑤ 부산물 가격결정법 : 주요제품의 가격이 보다 경쟁적 우위를 차지할 수 있도록 부산물의 가격을 결정하는 방법

해 설 제품라인 가격결정법은 특정 제품계열내 제품들 간에 가격단계를 설정하는 방법이다. 예를 들면, 의류소매상의 경우 옷의 가격을 15만원, 25만원, 35만원 등으로 구분하여 설정하는 것이다.

74 다음 글상자에서 제시된 방안은 서비스 갭 모형에서 어떤 갭을 주로 해소하기 위한 것인가?

- 팀워크의 향상
- 직원–직무적합성 보장
- 기술–직무적합성 보장
- 역할갈등 및 역할모호성 해소

① GAPⅠ : 고객기대와 경영자 인식의 차이
② GAPⅡ : 경영자 인식과 설계된 서비스의 차이
③ GAPⅢ : 설계된 서비스와 실제 제공된 서비스의 차이
④ GAPⅣ : 외부 커뮤니케이션된 서비스와 실제 제공된 서비스의 차이
⑤ 고객 갭 : 고객의 기대와 지각의 차이

해 설 Gap분석 모형

1. GAPⅠ : 고객기대와 경영자 인식의 차이

원 인	경영자가 고객의 기대를 파악하는데 실패함
해결방안	• 시장조사의 시행 • 상향적 커뮤니케이션 활성화 • 관리층의 축소

2. GAPⅡ : 경영자 인식과 설계된 서비스의 차이

원 인	• 기업자원의 제약 • 시장상황의 분석 미약 • 경영층의 무관심
해결방안	• 최고경영자의 헌신 • 서비스품질 목표 개발 • 업무의 표준화 • 고객기대의 실행가능성 인식

3. GAPⅢ : 설계된 서비스와 실제 제공된 서비스의 차이

원 인	• 직원이 서비스 설계를 숙지하지 못함(인식부족) • 직원이 서비스 설계 수행능력 부족(자질부족) • 직원이 서비스 설계 수행을 꺼림(의지부족)
해결방안	• 팀워크의 형성 • 종업원–직무적합성 보장 • 기술–직무적합성 보장 • 종업원에게 인식된 통제권한 제공 • 경영통제시스템 • 역할갈등 및 역할모호성 해소

4. GAPⅣ : 외부 커뮤니케이션된 서비스와 실제 제공된 서비스의 차이

원 인	• 커뮤니케이션의 부족 • 과대약속
해결방안	• 수평적 커뮤니케이션 증대 • 과대약속의 유혹 거절

5. GAP Ⅴ : 서비스 기대와 서비스 인식의 차이(= 고객 갭)

75 유통업체가 CRM(Customer Relationship Management)을 통해 얻을 수 있는 효과들을 모두 고르면?

> ㉠ 고객별로 맞춤화된 커뮤니케이션의 제공
> ㉡ 고객의 획득비용 및 유지비용의 감소
> ㉢ 이탈 우려가 있는 고객의 사전 파악 및 대응
> ㉣ 고객의 등급화 및 등급별로 차별화된 충성도 프로그램의 운영

① ㉠, ㉡   ② ㉡, ㉢
③ ㉢, ㉣   ④ ㉠, ㉡, ㉢
⑤ ㉠, ㉡, ㉢, ㉣

해 설 CRM은 고객이 무엇을 원하는지를 파악하여 고객이 원하는 제품과 서비스를 지속적으로 제공함으로써 고객을 오래 유지시키고 이를 통해 고객의 평생가치를 극대화하여 수익성을 높이는 통합된 고객관계관리 프로세스이다. 즉, 고객데이터와 정보를 분석·통합하여 개별 고객의 특성에 기초한 마케팅활동을 계획·지원·평가하는 과정이다. 따라서 CRM을 통해 얻을 수 있는 효과는 ㉠, ㉡, ㉢, ㉣ 모두이다.

76 단속형 거래와 관계형 거래를 비교한 내용으로 옳지 않은 것은?

① 단속형 거래는 단순한 요구나 제안으로부터 의무 조항이 발생하지만, 관계형 거래는 기존 거래관계, 상관습, 법률에 의해 형성된 약속에 의해 의무가 발생한다.
② 단속형 거래는 권리와 의무 등이 완전 양도가능하지만, 관계형 거래는 제한적으로 양도가능하다.
③ 단속형 거래는 거래처에 대한 상대적 의존도가 높지만, 관계형 거래는 상대적 의존도가 낮다.
④ 단속형 거래는 거래처를 단순고객으로 보지만, 관계형 거래는 동반관계로 본다.
⑤ 단속형 거래는 이익과 부담이 명확하게 구분되지만, 관계형 거래는 이익과 부담의 일부를 공유한다.

단속형 거래는 거래처에 대한 상대적 의존도가 낮지만, 관계형 거래는 상대적 의존도가 높다.

※ 단속형 거래와 관계형 거래의 비교

구 분	단속형 거래	관계형 거래
거래처에 대한 관점	단순고객으로서의 거래처	동반자로서의 거래처
지배적 거래규범	계 약	거래윤리
거래경험의 중요성	낮 음	높 음
신뢰의 중요성	낮 음	높 음
잠재거래선의 수	다수의 잠재거래선	소수의 잠재거래선
거래선의 차별화정도	낮 음	높 음
상대적 의존도	낮 음	높 음
철수비용(교체비용)	낮 음	높 음
가치창출의 주체	개별기업	공동노력
추구하는 가치	주로 경제적 보상	경제적/심리적 보상
잠재가치의 규모	작 음	큼
가치의 원천	정보불균형	수직적 범위에 의한 규모의 경제
대표적 산업	의류, 완구	자동차, 컴퓨터

77 소매업체의 시장세분화에 대한 설명으로 옳지 않은 것은?

① 세분 소매시장 내 고객의 욕구이질성, 다른 세분시장 고객의 욕구동질성을 조건으로 한다.

② 세분시장의 규모를 확인할 수 있어야 한다.

③ 세분시장이 결정되면 적절한 소매믹스를 고객에게 전달할 수 있어야 한다.

④ 다속성 태도모형에 의하면, 동일한 편익에 대해 유사한 수준의 중요도를 보인 고객들은 동일한 세분시장에 속할 가능성이 높다.

⑤ 시장세분화는 지리적, 인구통계적, 심리적, 행동적 세분화를 통해 가능하며, 복합적 세분화도 가능하다.

시장을 세분화할 경우 세분시장은 내부적으로 동질적인 성향(욕구동질성)을 가지도록 해야 하며, 다른 세분시장 간에는 이질적인 특성(욕구이질성)을 가지도록 세분화하여야 한다.

78 A고객이 다속성 태도모형 중 보상적 태도모형에 기초하여 점포태도를 결정할 때, 점포운영자의 대응방안으로 옳지 않은 것은?

① 고객이 지각하는 경쟁 점포와 비교한 자사의 점포 약점 자체를 개선한다.

② 우리 점포의 특정 속성은 우수한데 반해, 이를 잘못 알고 있는 고객의 속성 지각을 개선한다.

③ 고객이 정확하게 알지 못하고 있는 경쟁 점포의 약점은 비교광고를 통해 제시한다.

④ 자사 점포가 강점을 지니고 있는 속성인데 반해, 고객이 상대적으로 덜 중요하게 지각하는 속성의 중요도를 부각시킨다.

⑤ 고객이 지각하는 자사 점포의 가장 매력적인 속성만을 강조한다.

해 설 보상적 태도모형은 각 속성에 대한 신념들이 야기시키는 감정적 반응들을 가중합계하여 태도를 형성한다는 관점이다. 즉 하나 또는 그 이상의 상품속성에 대해 지각된 약점은 다른 속성의 장점으로 그 약점을 보상해 준다는 것이다. 따라서 고객이 지각하는 점포의 가장 매력적인 속성만을 강조하는 것이 아니라, 점포의 약점과 장점을 전체적으로 평가하고 각 속성에 대한 평가의 합계로 총평가되어야 한다.

79 저관여제품의 소비자 구매특징 및 유통전략으로 가장 옳지 않은 것은?

① 저관여제품의 구매는 짧은 시간 내에 적은 정보를 근거로 결정된다.
② 주로 단가가 싸고 셀프서비스로 판매될 수 있는 제품들이다.
③ 비누, 치약, 샴푸 등의 생필품은 소비자의 '동반구매욕구'가 강하다.
④ 한정된 품목에서 다양한 모델을 갖춘 카테고리킬러가 주 유통업태가 된다.
⑤ 저관여제품은 소비자의 원스톱 쇼핑의 욕구를 충족시켜주는 것이 중요하다.

해 설 카테고리킬러가 주 유통업태가 되는 것은 고관여제품(전문품)이다. 고관여제품은 소비자가 구매과정에 많은 시간과 노력을 투입하는 제품이며, 쇼핑시 여러 품목의 동반구매보다는 특정 품목의 다양한 모델의 비교구매욕구가 강하다.

80 소비자의 구매동기를 크게 '부정적인 상태를 제거하려는 동기'와 '긍정적인 상태를 추구하려는 동기'로 구분할 경우 '부정적인 상태를 제거하려는 동기'에 해당되지 않는 것은?

① 현재 사용하고 있는 제품(브랜드)의 문제점으로 인해 보다 나은 것을 사용하고자 하는 욕구
② 현재 사용하는 제품(브랜드)이 소비되어 고갈되지 않도록 추가 구매하여 재고를 유지
③ 당면한 문제를 해결해 줄 수 있는 제품(브랜드)의 탐색
④ 해당 제품(브랜드)을 구매하고 사용함으로써 자긍심을 느끼고 싶은 욕구
⑤ 미래에 발생할 문제를 피하는 데 도움이 되는 제품(브랜드)의 탐색

해 설 소비자의 구매동기

구 분		설 명
부정적 상태를 제거하려는 동기 (Negative Motives)	문제의 제거	당면한 문제를 해결해 줄 수 있는 제품(브랜드)의 탐색
	문제의 회피	미래에 발생될 문제를 피하는 데 도움이 되는 제품(브랜드)의 탐색
	충분치 않은 만족	현재 사용하고 있는 것보다 더 나은 제품(브랜드)의 탐색
	접근·회피동시 추구	현재 사용하고 있는 제품의 좋은 점과 싫은 점을 동시에 해소해 줄 수 있는 제품(브랜드)의 탐색
	재고의 고갈	재고를 유지하기 위해 제품(브랜드)을 탐색
긍정적 상태를 추구하려는 동기 (Positive Motives)	감각적 즐거움	제품사용과정에서 즐거움을 느끼고 싶은 욕구
	지적 자극	새로운 제품이나 서비스를 탐색하거나 이의 사용방법을 습득하고 싶은 욕구
	사회적 인정	제품의 구매·사용을 통해 자긍심을 느끼고 싶은 욕구

81 XML에 대한 설명으로 가장 옳지 않은 것은?

① XML 문서는 웹에서 구조화된 문서를 전송할 수 있도록 내용과 구조, 표현이 분리된 구조적 문서이다.

② XML을 이용하면 데이터베이스 조작이나 환경 설정, 서비스 관련 설정을 더 쉽게 처리할 수 있다.

③ SGML처럼 확장이 가능해 HTML보다 표현력이 좋다.

④ 규정된 태그만 사용할 수 있도록 하여 표준화 및 융통성이 좋다.

⑤ XML 스키마, 스키마 규칙에 따라 표현하여 데이터베이스에 들어있는 데이터까지 표현이 가능하다.

해 설 XML(eXtensible Markup Language)은 구조화된 문서를 정의하여 태그를 자유롭게 정의할 수 있는 SGML의 장점과 인터넷상에서 손쉽게 하이퍼미디어 문서를 제공할 수 있는 HTML의 장점을 모두 가진 웹 표준 문서포맷이다. 태그를 자유롭게 사용할 수 있으므로 유연성과 융통성이 좋다.

82 3D프린팅이 기존 제조업과 공급사슬에 미치는 영향에 대한 설명으로 가장 옳지 않은 것은?

① 다품종 소량생산 및 개인 맞춤형 제작이 용이하도록 지원한다.

② 기존의 밀기방식의 제조 및 생산 산업체계보다 끌기방식의 선주문, 후생산 방식으로 기존 제조업의 확장을 유도한다.

③ 금형투자에 대한 고정비용을 낮추고, 시장반응을 확인하기 위해 소량생산을 가능하게 지원하여 경영 리스크를 감소시킬 수 있다.

④ SCM의 관리 범위가 광범위하게 커져 복잡성이 증가된다.

⑤ 제작공정의 간소화를 지원한다.

해 설 기존 SCM의 단순화로 복잡성이 감소한다.

83 다음은 전자상거래 시스템의 보안에 위협이 되는 악성코드 중 무엇에 관한 설명인가?

> 사용자의 동의 없이 인터넷 웹브라우저 사용내역 기록, 컴퓨터 하드디스크 문서의 탐색 등 다양한 방법으로 개인적인 정보를 수집하는 컴퓨터 소프트웨어를 말한다.

① 트로이 목마(Trojan horse)　　② 스파이웨어(Spyware)

③ 바이러스(Virus)　　④ 워엄(Worm)

⑤ 랜섬웨어(Ransomware)

① 트로이 목마(Trojan horse) : 겉보기에는 정상적인 프로그램으로 보이지만 실행하면 악성 코드를 실행하는 프로그램이다.

③ 바이러스(Virus) : 기존 파일을 변형시키거나 다른 프로그램을 파괴하여 작동할 수 없도록 하는 컴퓨터 악성코드이다.

④ 워엄(Worm) : 스스로를 복제하는 컴퓨터 프로그램으로 독자적으로 실행되며, 다른 실행 프로그램이 필요하지 않다.

⑤ 랜섬웨어(Ransomware) : 사용자가 이메일 메시지에 첨부된 악성 파일을 열거나 이메일 메시지, 인스턴트 메시지, 소셜 네트워킹 사이트 또는 기타 웹사이트에서 악성 링크를 클릭할 때 설치되어 다양한 방법으로 사용자 컴퓨터의 데이터를 암호화하여 금전을 요구하는 악성 프로그램이다.

84 대표적인 인터넷 프로토콜에 대한 설명으로 가장 옳지 않은 것은?

① HTTP : 웹 환경에서 문서를 전송하기 위해 이용되는 인터넷 프로토콜이다.

② SMFTP : 보안이 강화된 파일전송 프로토콜이다.

③ POP : 전송된 메일을 수신하는데 사용되는 프로토콜이다.

④ IMAP : 모든 유형의 브라우저 및 서버들을 지원하는 최신의 이메일 프로토콜이다.

⑤ FTP : 서버와 클라이언트 컴퓨터 사이에 파일을 서로 주고받을 수 있는 프로토콜이다.

보안이 강화된 파일전송 프로토콜은 SFTP(Secure FTP)이다.

85 인터넷 조사방법의 일환인 쿠키(Cookie)를 활용하는 방법으로 가장 옳지 않은 것은?

① 쿠키는 특정 웹사이트를 방문한 소비자가 어떠한 페이지를 보았는지를 파악하는데 사용된다.

② 어떤 사이트들은 쿠키를 자사의 서비스를 이용하는 고객의 특성 및 욕구에 맞추어 고객화하는데 사용된다.

③ 쿠키는 소비자들이 어떠한 사이트를 방문했는지를 파악하여 관련된 광고나 판촉활동을 지원하는데 활용될 수 있다.

④ 쿠키는 동일 사용자가 여러 번 Reload하게 되면 여러 번 카운트되는 한계는 있으나 방문자 수 통계자료로 활용되고 있다.

⑤ 쿠키는 개인정보를 보관하여 재방문할 때마다 방문자가 이름과 주소 등을 되풀이하여 입력할 필요가 없도록 해준다.

쿠키는 동일 사용자가 여러 번 Reload하게 되더라도 여러 번 카운트되지 않으므로 정확한 방문자 수를 알 수 있는 통계자료로 활용되고 있다.

※ **쿠키(Cookie)**
쿠키는 인터넷 사용자가 웹사이트를 방문할 때 사용자의 컴퓨터에 자동으로 설치되는 작은 임시 파일이다. 웹사이트는 쿠키파일을 이용하여 사용자의 활동 기록들을 수집하고, 사용자가 다시 웹사이트에 접속하면 쿠키정보를 이용하여 사용자에게 맞춤형 광고 등을 제공한다. 이렇게 수집된 정보는 사용자의 소비패턴, 관심분야 등의 정보들을 조합하여 사용자의 행태정보를 추측할 수도 있다.

86 저장소로서의 하둡(Hadoop)의 장점으로 가장 옳지 않은 것은?

① 대용량 파일을 저장할 수 있는 분산 파일 시스템을 제공한다.

② 클러스터 구성을 통해 멀티 노드로 부하를 분산시켜 처리한다.

③ 장비를 증가시킬수록 성능이 Linear에 가깝게 향상된다.

④ 오픈소스, Insol Core 머신과 리눅스와 같은 저렴한 장비에 사용이 가능하다.

⑤ 하둡의 부족한 기능 보완을 위해 하이레벨 스크립트를 이용한 데이터 처리를 지원하는 '스쿱' 등 에코시스템이 등장하여 완전성을 높이고 있다.

해 설 하이레벨 스크립트를 이용하여 데이터 처리를 지원하는 에코시스템은 '피그(Pig)'이다. '스쿱(Sqoop)'은 구조화된 관계형 데이터베이스와 하둡(Hadoop) 간의 대용량 데이터들을 효율적으로 변환하여 주는 에코시스템이다.

87 좋은 데이터와 나쁜 데이터를 가르는 기준에 대한 설명과 관련된 질문이다. 다음 사례에서 확보하지 못한 데이터 품질 기준으로 가장 옳은 것은?

> 아시아 국가들의 경제성장에 대해 분석하고자 한다. 각 아시아 국가들의 GDP(국민총생산)를 조사한 자료에 2016년 중국, 일본 등 5개 국가의 GDP데이터가 누락되어 있고, 2015년에는 대한민국, 일본 등 9개 국가의 GDP가 누락되어 있다.

① 완전성

② 일관성

③ 정량성

④ 정확성

⑤ 논리성

해 설 '데이터 품질'이란 데이터의 유효성, 정확성, 일관성, 완전성, 적시성을 확보하여 사용자에게 유용한 가치를 줄 수 있는 수준을 말한다. 데이터의 '완전성'은 있어야 할 데이터가 모두 있는지를 묻는 것이다. 즉 주어진 데이터가 문제 해결에 필요한 모든 대상과 속성을 포함하고 있어야 한다는 의미이다. 핵심이 빠진 데이터를 가지고 제대로 된 분석을 하는 것은 불가능하다. 예를 들어 아시아 국가들의 경제 성장에 대한 분석을 하면서 일부 나라의 GDP데이터가 누락되었다면 제대로 된 결과를 얻을 수 없을 것이다.

88 서버를 보유하거나 고객관리시스템을 직접 개발하는 일은 자사의 경쟁력 강화에 도움이 안 되는 '비경쟁 영역'이라는 생각 때문에 발생하는 클라우드 서비스 이용으로 이 부문들을 모두 포함하는 클라우드 서비스로 가장 적합한 것은?

① CaaS, HaaS

② IaaS, HaaS

③ HaaS, SaaS

④ PaaS, SaaS

⑤ IaaS, PaaS

해설 현재 '비경쟁 영역' 이라고 생각되는 클라우드 서비스는 HaaS(Hardware as a Service), SaaS(Software as a Service)이다.

※ 클라우드 서비스의 종류
- HaaS(Hardware as a Service)
  HaaS는 특정 하드웨어가 필요한 경우 제공업체로부터 하드웨어를 서비스 받는 것이다. 특정 하드웨어를 자체 구축이 어려운 경우 서비스를 받을 수 있다. HaaS와 PaaS는 필요에 따라 같이 서비스 받기도 한다.
- SaaS(Software as a Service)
  SaaS는 인터넷, 클라우드 등 네트워크를 통해서 애플리케이션의 기능을 이용할 수 있는 서비스이다. 조직이나 개인이 쉽게 애플리케이션을 사용하고 소비할 수 있도록 전달 가능한 애플리케이션 서비스가 대표적이다. 클라우드 서비스를 통해 필요한 소프트웨어를 서비스 받을 수 있는데 스마트폰 앱처럼 소프트웨어를 다운받아 사용할 수도 있고, 제공업체에서 소프트웨어를 실행시켜 진행화면만 보게 할 수도 있다.
- PaaS(Platform as a Service)
  개발자가 애플리케이션을 개발, 서비스하기 위해 사용가능한 서비스(윈도우, 리눅스)와 기능들이 제공되는 클라우드 서비스이다. 특히, 이미 구축 후 제공되는 인프라가 존재하기에 개발자는 상위의 플랫폼에서 빠르게 애플리케이션을 개발 및 서비스 가능하다. PaaS는 주로 데이터베이스를 포함하여 특정 개발 환경 플랫폼을 서비스 받아 개발하는데 사용된다.
- IaaS(Infrastructure as a Service)
  IaaS는 인프라스트럭쳐 레벨을 제공하는 서비스를 의미하며, 특히 기업에 제공되는 서비스 종류이다. 클라우드 서비스 제공자는 관리 부담이 적지만 고객은 여전히 직접 OS와 애플리케이션을 직접 관리해야 한다. 서버, 스토리지, 네트워크를 가상화 환경을 만들어 필요에 따라 자원을 제공해준다.

89 의사결정과정 단계 중 가상적 상황에 대한 민감도 분석 결과를 활용하는 단계로 가장 옳은 것은?

① 탐색단계   ② 설계단계
③ 선택단계   ④ 실행단계
⑤ 피드백단계

해설 의사결정단계
1. 탐색(intelligence) 단계 : 조직 내에 발생한 문제 인식, 이해
   - 조직목표   - 탐색과 스캐닝 절차
   - 데이터수집   - 문제인식
   - 문제보류   - 문제진술
2. 설계(design) 단계 : 문제해결을 위한 여러 가지 대안들을 계획
   - 모델구축   - 선택기준의 설정
   - 선택대안의 탐색   - 결과물의 예측과 측정
3. 선택(decision) 단계 : 대안들을 평가하여 최적의 대안을 선택
   - 모델의 해(解)   - 민감도분석
   - 최적 선택대안의 선택   - 구현계획
   - 통제시스템의 설계
4. 실행(implementation) 단계 : 선택된 최적의 대안들을 실행
※ 민감도 분석(sensitivity analysis)
   모델의 한 부분에서의 변화가 다른 부분에 미치는 영향에 대한 분석을 말한다.

90 ( )에 들어갈 용어로 옳은 것은?

> - 아마존 : 2013년 소형 택배 전달에 '아마존 프라임 에어'라는 ( )을 활용하는 테스트 진행
> - 월마트 : ( )을 이용한 홈딜리버리 서비스, 차도에서 픽업, 재고조사 등에 활용하는 등 다양한 방면으로 활용방안을 모색하고 있으며, 최근 실외테스트를 위해 미연방항공청에 시험 허가 요청
> - DHL : 자체 개발한 ( )인 파슬콥터를 이용하여 독일 북부 노르덴시의 노르트다이흐 항구에서 12km 떨어진 북해의 위스트 섬에 의약품 배송 성공

① 딥러닝
② 드론
③ LBS
④ 핀테크
⑤ LPWAN

해 설 괄호 안에 공통적으로 들어갈 용어는 '드론'이다.
- 2013년 아마존은 드론으로 물품을 배송하겠다는 내용의 '아마존 프라임 에어'를 발표하였다.
- 월마트는 그동안 드론 기반 배송 서비스를 위해 실내에서 테스트를 진행해 오다 최근 미연방항공청에 시험 허가를 요청(드론을 이용한 홈딜리버리 서비스, 차도에 픽업하는 것, 재고조사 등)한 상태이다.
- DHL은 2014년 9월 27일 DHL이 자체 개발한 파슬콥터(Parcelcopter)를 이용하여 독일 북부 노르덴시의 노르트 다이흐 항구에서 12km 떨어진 북해의 위스트 섬에 의약품을 배송하는데 성공하였다.

91 공급사슬관리 성과측정을 위해 활용되는 SCOR 모델의 프로세스에 대한 설명으로 가장 옳지 않은 것은?

① 레벨 1, 계획 – SCM 추진 기업들이 비즈니스 목표 달성을 위한 수요와 공급의 균형을 맞추는 프로세스
② 레벨 2, 계획 – SCM 추진 기업들의 예산 자원 할당 프로세스
③ 레벨 1, 제조 – SCM 추진 기업들이 조달된 재화와 용역을 완성하는 단계로 변환하는 프로세스
④ 레벨 1, 실행 – SCM 추진 기업들의 자재 상태를 변경하는 계획의 수행 프로세스
⑤ 레벨 1, 인도 – SCM 추진 기업들이 완성된 재화나 용역을 제공하는 프로세스

해 설 SCOR 모델 Level 1에서는 계획(Plan), 구매(Source), 제조(Make), 인도(Deliver), 반품(Return) 등 5가지 핵심 프로세스를 제시하였다.
- Plan(계획) : 설정된 비즈니스 목표를 가장 잘 달성하기 위한 실행과정의 개발을 위해 총괄적인 수요와 공급의 균형을 맞추는 프로세스
- Source(공급) : 계획 또는 실질수요를 충족하기 위해 상품과 서비스를 구매하는 프로세스
- Make(제조) : 계획 또는 실질수요를 충족하기 위해 공급된 상품을 완제품으로 변환하는 프로세스
- Deliver(인도) : 계획 또는 실질수요를 충족하기 위해 완제품을 제공하는 프로세스
- Return(반품) : 완제품을 제공한 후의 반품 프로세스

수준(Level)	내 용	설 명
1	최상위 수준 (프로세스 유형)	SCOR 모델의 적용 범위와 내용을 정의하는 단계로 경쟁 전략과 성과 목표를 설정함
2	구성 수준 (프로세스 카테고리)	핵심 프로세스 카테고리를 배열하여 해당 기업의 공급사슬을 구성하는 단계로 공급사슬의 구성을 기초로 운영 전략을 설정함
3	프로세스 요소 수준 (프로세스 분해)	선택된 시장에서 성공적으로 경쟁하기 위한 해당 기업의 운영 능력을 정의하는 단계로 공급사슬의 운영 전략을 세밀하게 조정함
4	실행 수준 (프로세스 요소 분해)	경쟁 우위를 달성하고 변화하는 경영환경에 대응하기 위한 실행 활동을 정의하는 단계로 구체적인 공급사슬관리 실행 활동을 설정함

92 GS1(Global Standard No.1)에 대한 설명으로 가장 옳지 않은 것은?

① GS1은 전 세계 100여개 국가로 구성된 국제표준기구이다.

② GS1은 상품 및 거래처의 식별과 거래정보의 교환을 위한 국제표준 식별코드 및 바코드만 개발·보급·관리하고, RFID/EPC, 전자문서의 개발·보급·관리는 각각의 제조회사가 전담하고 있다.

③ GS1은 수출입이 빈번한 글로벌 경제 시대에 국내는 물론 해외 파트너와의 비즈니스를 지원한다.

④ GS1의 상품식별코드를 사용함으로써 해당 기업은 원재료 구매·생산·물류·판매 등 기업의 업무 프로세스 효율 개선과 비용 절감에 도움이 된다.

⑤ GS1은 상품식별코드 활용을 통해 기업의 유통물류 분야 디지털 시스템 구축의 기반이 되어 신속·정확한 정보의 수집과 경영 전략 수립을 가능하게 한다.

해설 GS1은 상품 및 거래처의 식별과 거래정보의 교환을 위한 국제표준 식별코드 및 바코드, RFID/EPC, 전자문서의 개발·보급·관리를 전담하는 는 각각의 제조회사가 전담하고 있는 국제표준기구이다.

93 다음은 유통정보시스템을 개발할 때 선택하는 방법 중 무엇에 관한 설명인가?

> 적은 비용으로 짧은 시간에 정보시스템의 일부 실험 모형을 개발하고 사용자의 평가와 요구에 의하여 수정·보완해 가는 방법

① 최종 사용자 참여 방법론
② 프로토타이핑 방법론
③ RAD 방법론
④ 객체지향 방법론
⑤ JAD 방법론

해 설 프로토타이핑(Prototyping)은 저렴한 비용으로 신속하게 실험시스템을 만들어 사용자의 평가를 받아보는 접근 방식이다. 정보시스템의 전체 또는 일부 기능이 실제로 작동되도록 구현(단, 예비적인 모델임)한 후 사용자들이 시제품을 사용하면서 반복적으로 수정한다.
- • 1단계 : 사용자의 기본적인 요구사항 파악
- • 2단계 : 초기 시제품의 개발
- • 3단계 : 시제품의 사용
- • 4단계 : 시제품의 수정 및 개선
① 최종 사용자 참여 방법론 : 최종 사용자들이 기술 전문가의 약간의 도움이나 도움 없이 간단한 정보시스템을 개발하는 방법으로 4세대 언어, 그래픽 언어, PC 소프트웨어 도구 등을 활용한다.
③ RAD 방법론 : RAD(Rapid Application Development) 모형은 강력한 소프트 개발 도구(CASE 도구) 를 이용하여 매우 짧은 주기로 개발을 진행하는 순차적 소프트웨어 개발 프로세스이다. RAD 모형은 2~3개월 정도의 짧은 기간으로 기술적 위험이 적고 빠른 개발이 요구될 때 적합하다.
④ 객체지향 방법론 : 컴퓨터 프로그램을 명령어의 목록으로 보는 시각에서 벗어나 여러 개의 독립된 단위, 즉 "객체" 들의 상호작용으로 요구 사항을 분석하는 방법이다.
⑤ JAD 방법론 : JAD(Joint Application Design/Development)은 사용자와 개발자가 공동 참여하여 프로토타입 기반의 time-box를 수행함으로써 고객의 비즈니스 요구사항을 명확히 도출하고 그에 따른 시스템을 설계, 개발하는 방법론이다. JAD에서는 사용자들이 시스템 개발 단계부터 개입하기 때문에 개발시간이 단축되면서 최종사용자 만족도는 오히려 높아지는 쪽으로 유도된다.

94 다음은 인터넷을 기반으로 한 유통정보시스템을 구축하는데 있어 회원관리를 위해 논리적 DB설계를 하는 단계에서 회원에 대한 엔티티를 도식화 한 그림이다. 이에 대한 설명으로 옳지 않은 것은?

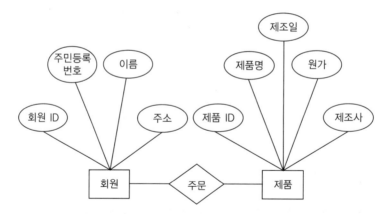

① 회원을 관리하기 위해서 회원ID, 주민등록번호, 이름, 주소를 속성으로 규정하여 논리적으로 설계한 것이다.
② 회원에서 키 속성을 가지는 것은 회원ID 뿐이다.
③ 제품의 기본키(Primary Key)는 제품ID이다.
④ '회원이 제품을 주문한다' 는 실제 일어나는 일을 DB로 구축하기 위한 논리적 설계를 표현한 그림이다.
⑤ 주문을 독립적인 테이블로 구축해야 한다고 가정하면, 반드시 회원ID와 제품ID를 포함시켜야 한다.

95 다음 설명은 노나카 이쿠지로가 설명한 조직에 존재하는 지식의 종류 중 한 가지에 관련된 내용이다. 이에 해당하지 않는 것은?

> 철학자 폴라니에 의하면, "우리는 우리가 말할 수 있는 것 이상의 것을 알 수 있다"고 한다.

① 주방용 신제품 분야 중 가장 인기 있는 제빵기의 제품 규격
② 다년간의 경험을 쌓은 농수산물 관리 팀장의 물품 배치 노하우
③ 비공식적이고 정확히 정의내리기 어려운 종류의 기능을 가리키는 전문적 기능(Skill)
④ 물류창고에 제품을 찾기 쉽게 쌓아놓는 기술
⑤ "손끝에서" 나오는 풍부한 전문성

96 운송형태의 종류에 대한 설명으로 가장 옳지 않은 것은?

① 정형운송 : 컨테이너 등과 같이 화물을 단위(Unit)화 하여 운송하는 형태이다.
② 단일운송 : 출발지에서 도착지까지 하나의 운송수단을 이용하는 운송 형태이다.
③ LCL : 대량화물로서 컨테이너에 혼재하지 않고 운송하는 형태이다.
④ 벌크(Bulk) 운송 : 단위화시킬 수 없는 화물을 특수한 시설과 구조를 갖춘 운송수단으로 운송하는 형태이다.
⑤ 복합운송 : 두 가지 이상의 운송수단을 이용해서 최적의 운송경로로 운송하는 형태이다.

97 노나카는 조직의 지식창출과정을 SECI모형으로 설명하고 있으며, 나선형으로 진화되어짐을 보이고 있다. 나선형 진화과정 중 개인과 개인이 대면접촉을 시작하는 과정으로 지식생성이 이루어지는 과정은?

① 사회화(Socialization)
② 외부화(Externalization)
③ 개인화(Personalization)
④ 내면화(Inernalization)
⑤ 종합화(Combination)

사회화 (Socialization)	• 개인이 가지고 있는 암묵지를 동료들에게 전수하여 여러 사람의 암묵지로 공유해 가는 과정(암묵지→암묵지) • 지식생성을 위하여 사람과 사람이 대면접촉(Face-to-face)을 시작함
외부화 (Externalization)	• 개인의 암묵지가 다른 사람의 암묵지와 공유되고 통합되면서 보다 명시적 형태로 변환되는 과정(암묵지→형식지) • 암묵지를 형식화하는 것으로서 동료 간의 상호 검토(Peer-to- Peer Reflection)를 통하여 지식이 공식화 됨
종합화 (Combination)	• 정형화된 지식이 주변으로 전파되면서 각각의 형식지가 서로 합쳐지고 통합되어 새로운 형식지가 창조되는 과정(형식지→형식지) • 팀과 팀이 시간과 공간으로 초월하여 체계적으로 협력하는 과정(Group-to-Group Systemization)
내면화 (Internalization)	형식지가 각 개인에 의해 체화됨으로써 자신만의 새로운 지식, 즉 암묵지를 창출해 내는 과정(형식지→암묵지)

98 크로스도킹(Cross Docking)의 기대효과로 가장 옳지 않은 것은?

① 물류센터의 물리적 공간이 감소된다.
② 공급체인 전체의 저장로케이션의 수가 증가한다.
③ 물류센터에서의 평방미터당 회전율이 증가한다.
④ 유통업체의 결품률이 감소한다.
⑤ 물류비용과 재고수준이 감소한다.

해설 크로스도킹(Cross Docking)은 창고에 입고되는 상품을 보관하는 것이 아니라, 곧바로 소매점포에 배송하는 물류시스템을 말하므로 공급체인 전체의 저장로케이션의 수가 감소한다.

99 ( ) 안에 들어갈 용어로 옳은 것은?

> 제약조건이론(TOC) 중 ( )은 전체 공정의 종속성과 변동성을 관리하는 기법으로 전체 공정 중 가장 약한 것을 찾아 능력제약자원으로 두고, 이 부분이 최대한 100% 가동할 수 있도록 공정 속도를 조절하여 흐름을 관리하는 기법이다.

① DBR
② JIT
③ QR
④ 6sigma
⑤ ECR

해설 DBR(Drum-Buffer-Rope)

- Drum : 시스템의 제약조건을 고려해서 전체 시스템의 보조(생산속도)를 결정한다.
  → 제약자원이 생산흐름을 통제하는 열쇠의 역할을 하도록 제약자원을 최대한 가동시킬 작업계획을 수립한다.
- Buffer : 어느 시스템에나 내재되어 있는 혼란으로부터 시스템을 보호한다. → 제약자원 앞에 시간 버퍼를 설치함으로써 제약자원의 가동이 끊기지 않도록 한다.
- Rope : 제약조건을 기준으로 원자재 투입시기를 정한다. → 원자재를 투입하는 시기와 제약자원의 가공시기를 연결해서 제약자원 앞에 재공품재고가 쌓이는 것을 방지하고 원자재투입시기를 시간 버퍼를 통해 제약자원과 연결시킨다.
- ※ 제약조건이론(TOC : Theory of Constraints)
  제약조건이론은 조직의 목표를 달성하는데 제약이 되는 요인을 찾아 집중적으로 개선함으로써 단기간에 가시적인 경영개선 성과가 나타나고 장기적으로는 지속적인 경영개선을 추구하여 기업목표를 달성하는데 필요한 전체적 최적화를 달성하는 프로세스중심의 경영혁신기법이다.

100 e-비즈니스에서 거래 상대별 유형과 그 사례를 짝지은 것으로 가장 옳지 않은 것은?

① B2B - e마켓플레이스
② B2C - 인터넷 쇼핑몰
③ C2B - 공공전자조달입찰
④ C2C - 개인간 중고차 거래
⑤ G2C - 통합전자민원창구

해설 공공전자조달입찰은 B2G(Business to Government, 기업과 정부간 전자상거래)의 유형이다.

※ C2B(Customer to Business, 역경매)
C2B는 소비자나 소비자 집단이 주도권을 가지고 거래하는 형태로, 소비자가 개인 혹은 단체를 구성해 상품의 공급자나 생산자에게 가격, 수량, 부대 서비스 조건을 제시하고 구매하는 형태이다. 소비자가 직접 조건을 제시할 수 있다는 점에서 B2C와 다르다.

아이들이 답이 있는
질문을 하기 시작하면
그들이 성장하고 있음을 알 수 있다.

존 J. 플롬프

2018년

기출문제해설

제2회 기출문제해설[2018. 07. 01 시행]

행운이란 100%의 노력 뒤에 남는 것이다.

- 랭스턴 콜만 -

제2회 기출문제해설

1급	A형	소요시간	문항수
		100분	100문항

01 유통경영(1~20)

01 영업사원 성과지표를 과정지표와 결과지표로 구분할 경우, 지표의 이름과 구분의 짝으로 가장 옳지 않은 것은?

① 커뮤니케이션 기술 – 과정지표 ② 1일 방문 고객수 – 결과지표

③ 시간관리기술 – 과정지표 ④ 판매수량 – 결과지표

⑤ 방문 대비 수주율 – 결과지표

해 설 1일 방문 고객수는 영업사원의 활동지표로 과정지표에 해당된다.

※ **영업사원 성과지표**

• 과정지표 : 영업사원의 능력(기술, 지식, 자질)을 나타내는 지표와 영업사원의 활동(판매활동, 지원활동, 지출)을 나타내는 지표로 나누어진다.

• 결과지표 : 크게 고객차원의 결과지표와 회사차원의 결과지표로 나누어지며, 회사차원의 결과지표는 다시 수익, 수주, 계정 등의 영역으로 세분화될 수 있다. 고객차원의 성과지표에는 고객전환율, 고객유지율, 고객만족도, 순추천지수 등이 있다.

02 매출액 예측기법 각각과 그 설명으로 가장 옳지 않은 것은?

① 영업사원 예측합산법 – 정성(주관)적 예측기법으로, 영업사원으로부터 자신이 담당하고 있는 구역에서 향후 일정기간 동안 판매될 것으로 예측되는 제품수량에 대한 자료를 수집한 후, 이를 회사 차원에서 합산하여 판매를 예측하는 기법

② 경영진 의견법 – 정성(주관)적 예측기법으로, 경영진으로부터 판매에 대한 예측치를 수집하여 이를 기반으로 회사의 판매액을 예측하는 기법

③ 델파이기법 – 정량(객관)적 예측기법으로, 여러 명의 전문가로부터 자료를 취합하여 평균을 도출 후 회사의 판매액을 예측하는 기법

④ 이동평균법 - 정량(객관)적 예측기법으로, 제품의 판매량을 기준으로 일정기간별로 산출한 평균추세를 통해 미래수요를 예측하는 기법

⑤ 회귀분석법 - 정량(객관)적 예측기법으로, 매출액에 영향을 미치는 변수들을 독립변수로, 매출액을 종속변수로 선정하여 이들간 (선형)관계의 정도를 추정하기 위한 기법

해 설 델파이기법은 정성(주관)적 예측기법으로 예측하고자 하는 대상의 전문가그룹을 선정한 다음, 전문가들에게 여러 차례 질문지를 돌려 의견을 수렴함으로써 예측치를 구하는 방법이다.

03 재무비율의 이름과 경제적 의미로 가장 옳은 것은?

① 재고자산회전율 - 수익성   ② 매출채권회전율 - 활동성

③ 이자보상비율 - 유동성   ④ 당좌비율 - 안전성

⑤ 매출액영업이익률 - 생산성

해 설 매출채권회전율은 매출액을 매출채권으로 나누어 계산되며, 매출채권이 얼마나 빨리 회수되는가를 보여주는 활동성 지표이다.
① 재고자산회전율 - 활동성
③ 이자보상비율 - 안전성
④ 당좌비율 - 유동성
⑤ 매출액영업이익률 - 수익성

04 한국채택국제회계기준(K-IFRS)상 재무제표에 대한 설명으로 옳지 않은 것은?

① 경영진은 재무제표를 작성할 때 계속기업으로서의 존속가능성을 평가해야 한다.

② 재무제표는 기업의 재무상태, 재무성과 및 현금흐름을 공정하게 표시해야 한다.

③ 재무제표의 목적은 광범위한 정보이용자의 경제적 의사결정에 유용한 기업의 재무상태, 재무성과와 재무상태 변동에 관한 정보를 제공하는 것이다.

④ 전체 재무제표는 대차대조표, 손익계산서, 자본변동표, 현금흐름표를 말한다.

⑤ 각각의 재무제표는 전체 재무제표에서 동등한 비중으로 표시한다.

해 설 한국채택국제회계기준에서는 재무제표를 재무상태표, 포괄손익계산서, 자본변동표, 현금흐름표로 규정하고 있다.

05 근로자참여 및 협력증진에 관한 법률상, 사용자가 노사협의회의 의결을 거쳐야 할 사항이 아닌 것은?

① 생산성 향상과 성과 배분

② 근로자의 교육훈련 및 능력개발 기본계획의 수립

③ 복지시설의 설치와 관리

④ 사내근로복지기금의 설치

⑤ 각종 노사공동위원회의 설치

해설 '생산성 향상과 성과 배분'은 노사협의회가 협의하여야 할 사항에 해당한다(근로자참여 및 협력증진에 관한 법률 제20조 제1항 제1호).

※ 노사협의회의 의결 사항(근로자참여 및 협력증진에 관한 법률 제21조)
1. 근로자의 교육훈련 및 능력개발 기본계획의 수립
2. 복지시설의 설치와 관리
3. 사내근로복지기금의 설치
4. 고충처리위원회에서 의결되지 아니한 사항
5. 각종 노사공동위원회의 설치

06 리더의 역할은 사회 환경에 맞춰 변해오고 있는데 패런(C. Farren)과 케이(B. Kaye)가 주장한 현대적 리더의 특징으로 가장 옳지 않은 것은?

① 직업의 가치와 일에 대한 관심을 가질 수 있도록 돕는 지원자의 역할
② 조직과 관련된 주요 사항을 결정하며 권력에 의존하는 관리자의 역할
③ 직원들의 작업 수행평가 기준과 기대치를 명확히 하는 평가자의 역할
④ 기업이나 해당 산업에 대한 정보를 제공하는 예측자의 역할
⑤ 경력개발을 위한 행동계획을 이행하는 데 필요한 자원을 연계시켜주는 격려자의 역할

해설 조직과 관련된 주요 사항을 결정하며 권력에 의존하는 관리자의 역할은 전통적 리더십의 특징이다.
패런(C. Farren)과 케이(B. Kaye)는 현대적 리더의 특징으로 지원자, 평가자, 예측자, 격려자, 조언자 등 5가지 역할을 주장하였다.

07 고객의 구매행동에 관한 내용으로 옳지 않은 것은?

① 소비자들이 구매에 크게 관여하고, 상표 간의 유의한 차이를 인식할 때는 소비자는 복잡한 구매행동을 거치게 된다.
② 제품이 고가이며 간혹 구매하고, 높은 자아표현적일 경우 복잡한 구매행동을 한다.
③ 습관적 구매행동은 고관여와 유의한 상표의 차이가 큰 조건 하에서 구입하는 경우에 일어난다.
④ 상표차이가 거의 없는 저관여 제품의 마케팅 관리자는 제품사용을 자극하기 위해 가격촉진과 판매촉진을 사용하는 것이 효과적이다.
⑤ 소비자가 다양한 맛의 과자를 맛보기 위해 여러 상표를 선택하는 경우는 다양성 추가 구매행동으로 볼 수 있는데 상표변경은 다양성을 추구함으로써 일어난다.

해설 습관적 구매행동은 저관여와 상표 간의 차이가 거의 없는 조건 하에서 구입하는 경우에 일어난다.

08 아래 글상자에서 주어진 자료를 통해 순영업이익률을 계산하면 얼마인가?

• 순매출액 : ₩26,000	• 매출원가 : ₩10,000
• 운영비용 : ₩9,000	• 이자비용 : ₩400

① 약 15% ② 약 27%
③ 약 32% ④ 약 41%
⑤ 약 5%

해 설 매출총이익 = 순매출액 − 매출원가 = ₩26,000 − ₩10,000 = ₩16,000
영업이익 = 매출총이익 − 운영비용 = ₩16,000 − ₩9,000 = ₩7,000
순영업이익률 = 영업이익 ÷ 순매출액 = 0.269 = 26.9%

09 식품위생법[시행 2018.4.19] [법률 제14835호, 2017.4.18, 일부개정]상, 용어의 설명으로 옳은 것은?

① 식품위생이란 식품, 식품첨가물에 관한 위생이며, 포장위생이란 기구나 용기 포장을 대상으로 한다.
② 집단급식소란 특정 다수인에게 영리를 목적으로 음식물을 공급하는 시설을 말한다.
③ 식품이란 섭취하는 모든 음식물과 의약을 말한다.
④ 기구나 용기를 살균, 소독하는 데 사용되는 간접적인 물질도 식품 첨가물이다.
⑤ 영양표시란 식품에 들어있는 영양소에 대한 질적 정보만을 의미한다.

해 설 '식품첨가물'이란 식품을 제조 · 가공 · 조리 또는 보존하는 과정에서 감미(甘味), 착색(着色), 표백(漂白) 또는 산화방지 등을 목적으로 식품에 사용되는 물질을 말한다. 이 경우 기구(器具) · 용기 · 포장을 살균 · 소독하는 데에 사용되어 간접적으로 식품으로 옮아갈 수 있는 물질을 포함한다(식품위생법 제2조 제2호).
① 식품위생이란 식품, 식품첨가물, 기구 또는 용기 · 포장을 대상으로 하는 음식에 관한 위생을 말한다.
② 집단급식소란 영리를 목적으로 하지 아니하면서 특정 다수인에게 계속하여 음식물을 공급하는 급식시설을 말한다.
③ 식품이란 모든 음식물(의약으로 섭취하는 것은 제외한다)을 말한다.
⑤ 영양표시란 식품에 들어있는 영양소의 양(量) 등 영양에 관한 정보를 표시하는 것을 말한다.〈삭제(2019.3.14)〉

10 임금수준을 결정할 때 고려할 요인으로 가장 옳지 않은 것은?

① 국가에서 제정하는 임금 관련 법규
② 금융시장, 물가 변동 등의 경제적 환경
③ 근로자의 일정 수준 생계 보장을 위한 표준생계비
④ 노동시장의 임금수준
⑤ 기업의 업종과 규모

11 피들러(Fiedler)는 리더십유형과 리더십이 행사되는 상황을 연결하여 리더의 성과를 설명하고
있다. 그에 의하면, 과업지향적 리더는 어느 상황에서 가장 효과적인가?

① 중간이나 그 이상으로 우호적일 때
② 전체적으로 중간 수준으로 우호적일 때
③ 전체적으로 매우 비우호적일 때
④ 매우 우호적이거나 매우 비우호적일 때
⑤ 전체적으로 비교적 우호적일 때

해 설 과업지향적 리더는 리더십이 행사되는 상황이 매우 우호적이거나 매우 비우호적일 때 효과적이고, 관계지향적 리더는
상황이 전체적으로 중간 수준으로 우호적일 때 효과적이다.

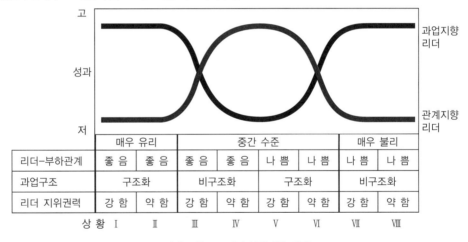

[피들러(Fiedler)의 상황적합 이론]

12 경영분석의 목적이라고 보기 어려운 항목으로 옳은 것은?

① 경영전략수립에 필요한 정보제공
② 경영활동에서 개선되어야 할 항목을 찾아내는 단서 발견
③ 업무계획의 수립
④ 경영예산 편성
⑤ 장기경영계획수립을 위한 기초정보

경영분석은 기업의 건강상태를 진단하여 과거와 현재의 기업실체를 파악하고, 미래를 예측함으로써 경영자 및 이해관계자들의 의사결정 목적에 적합한 정보를 제공하는 데 이용된다. 또한 기업의 건강상태를 과학적으로 진단하고, 합리적인 처방을 강구하는 작업이다. 즉, 기업의 내·외부 이해관계자들이 합리적인 의사결정을 내리는 데 필요한 계량적·비계량적 정보를 활용하여 기업 경영상태를 종합적으로 평가하는 것이다.

'경영예산 편성'은 경영분석을 통해 기업의 경영목적을 달성하기 위한 수단이라고 할 수 있다.

13 죠하리의 창(Johari's Windows)에 대한 설명으로 옳지 않은 것은?

① 공개 영역이 넓을수록 참여자들이 서로에 대해 정확한 지각 상의 판단을 내릴 수 있는 기회가 적어진다.

② 관계당사자들이 타인에게 자신을 노출하고 그들에게서 피드백을 받을수록 공개 영역은 확장된다.

③ 열린(Open) 창, 숨겨진(Hidden) 창, 보이지 않는(Blind) 창, 미지(Unknown)의 창 등으로 나눈다.

④ 기대의 충족은 그들의 신뢰나 영향력을 증대시키고 그들이 상호 만족한 관계를 유지할 수 있게 한다.

⑤ 참여자들이 상호 공개 영역을 늘릴 때 허식과 방어적 행동이 증가하게 된다.

해 설 참여자들이 상호 공개 영역을 늘릴 때 서로 공유할 수 있는 정보가 많아지게 되고, 상대방과의 관계가 깊어질 수 있다. 공개 영역이 커진다는 것은 효과적인 의사소통이 가능함을 의미한다.

※ 죠하리의 창(Johari's Windows)
- 공개 영역(Open Area) : 나도 알고 있고 다른 사람에게도 알려져 있는 나에 관한 정보를 의미한다.
- 맹목 영역(Blind Area) : 나는 모르지만 다른 사람은 알고 있는 나의 정보를 뜻한다.
- 숨겨진 영역(Hidden Area) : 나는 알고 있지만 다른 사람에게는 알려지지 않은 정보를 의미한다.
- 미지 영역(Unknown Area) : 나도 모르고 다른 사람도 알지 못하는 나의 부분을 의미한다.

14 조직에서 과업의 분화가 이루어지는 정도를 복잡성(Complexity)이라 한다. 이는 수평적 분화와 수직적 분화로 나누어지는데, 이 중 수평적 분화에 대한 설명으로 옳지 않은 것은?

① 기본적으로 기능, 제품, 지역, 고객 등을 중심으로 이루어진다.

② 조직이 여러 상이한 부서나 전문화된 하위단위를 보유하는 정도를 말한다.

③ 수평적 분화가 많이 일어날수록 복잡성은 증가한다.

④ 분화를 통해 계층 또는 위계가 형성된다.

⑤ 직무전문화와도 관련이 있다.

해 설 수직적 분화를 통해 계층 또는 위계가 형성된다. 수직적 분화가 증가할수록 조직의 계층이 증가하여 복잡성의 증가한다.

15 동태비율(動態比率)에 포함되는 것으로 옳은 것은?

① 고정장기적합비율

② 부채비율

③ 자기자본이익률

④ 고정비율

⑤ 현금비율

재무비율(financial ratio)
- 정태비율(靜態比率) : 일정 시점에서 기업의 재무상태를 나타내는 재무비율(재무상태표 비율 또는 대차대조표 비율)
  예 유동비율, 당좌비율, 현금비율, 고정장기적합비율, 부채비율, 고정비율
- 동태비율(動態比率) : 일정기간 중 기업의 경영성과를 표시하는 재무비율(손익계산서 비율)
  예 총자본이익률, 자기자본이익률, 매출총이익률, 매출영업이익률, 매출순이익률

16 아래 글상자는 어떤 비율에 대한 설명인가?

> 기업의 이자지급능력을 동태적으로 측정하기 위한 비율로서 이자 및 법인세·차감 전 이익(EBIT)이 지급이자의 몇 배인가를 평가기준으로 한다.

① 이자환수비율

② 이자회전비율

③ 이자보상비율

④ 이자상환비율

⑤ 이자회수비율

이자보상비율(Interest Coverage Ratio)은 영업이익을 이자비용으로 나누어 계산하며, 기업의 이자부담능력을 평가한다. 이자보상비율이 높을수록 기업의 장단기 지급능력인 건전성이 좋아지는 것으로 해석한다.

17 손익분기점과 관련된 내용 중 옳지 않은 것은?

① 제품의 단위당 공헌이익이 총고정원가를 회수하는 데 사용된다고 본다.

② 손익분기점은 적자를 면하는 최소한의 매출량을 말하며, 이는 미래 수익발생능력의 안전도를 평가하는 기준이 될 수 있다.

③ 다른 조건이 동일하다면 고정비의 비율이 높을수록 손익분기매출액은 늘어난다.

④ 안전율(MS ; Margin of Safety)이란 기업이 손실 없이 조업을 단축할 수 있는 여유를 보여주는 척도이다.

⑤ 매출량이 손익분기점 이하로 예상될 때는 하청생산보다는 자체생산을 강화하는 것이 좋다.

손익분기점(매출액) = 고정비/(1 - 변동비율)
매출량이 손익분기점 이하로 예상되면 손실이 발생되기 때문에 손익분기점을 낮추기 위하여 고정비를 낮추어야 한다. 즉 고정비를 낮추기 위해서는 자체생산보다는 하청생산을 강화하는 것이 유리하다.

18 집중적 유통경로(Intensive Distribution Channel)에 가장 적합한 것은?

① 식료품, 담배 등을 판매하는 편의점
② 카메라 렌즈를 전문적으로 판매하는 상점
③ 고급 의류 및 보석을 판매하는 상점
④ 특정 브랜드의 전자제품만 판매하는 매장
⑤ 독특한 디자인 가구를 판매하는 가구점

해 설 집중적 유통경로는 희망하는 소매점이면 누구나 자사의 상품을 취급할 수 있도록 하는 개방적 유통경로전략으로서 식료품, 담배 등 편의품에 적용한다.

19 가맹사업거래의 공정화에 관한 법률[시행 2018.4.17] [법률 제15610호, 2018.4.17., 일부개정]상, 가맹본부의 준수사항에 해당하지 않는 것은?

① 가맹사업의 통일성 및 명성을 유지하기 위한 노력
② 상품이나 용역의 품질관리와 판매기법의 개발을 위한 계속적인 노력
③ 가맹점사업자와 그 직원에 대한 교육 · 훈련
④ 가맹점사업자의 경영 · 영업활동에 대한 지속적인 조언과 지원
⑤ 가맹점사업자와의 대화와 협상을 통한 분쟁해결 노력

해 설 가맹본부의 준수사항(가맹사업거래의 공정화에 관한 법률 제5조)
1. 가맹사업의 성공을 위한 사업구상
2. 상품이나 용역의 품질관리와 판매기법의 개발을 위한 계속적인 노력
3. 가맹점사업자에 대하여 합리적 가격과 비용에 의한 점포설비의 설치, 상품 또는 용역 등의 공급
4. 가맹점사업자와 그 직원에 대한 교육 · 훈련
5. 가맹점사업자의 경영 · 영업활동에 대한 지속적인 조언과 지원
6. 가맹계약기간중 가맹점사업자의 영업지역안에서 자기의 직영점을 설치하거나 가맹점사업자와 유사한 업종의 가맹점을 설치하는 행위의 금지
7. 가맹점사업자와의 대화와 협상을 통한 분쟁해결 노력

20 학습조직이란 변화에 대응하는 능력(지식, 노하우, 실력 등)을 계속 습득해 가는 조직을 말한다. 학습조직과 가장 관련이 없는 것은?

① 학습전이효과
② 적응조직(Single-loop Learning)과 생성조직(Double-loop Learning)
③ 이완학습 또는 파괴학습
④ 수단적 조건학습
⑤ 벤치마킹

해 설 ④ 수단적 조건학습은 Skinner의 실험에 기초한 것으로 개인 행동이 행동 후에 주어지는 어떤 보상이나 강화 요인에 의해 학습이 가능하다는 행동주의적 학습이론(자극–반응이론)을 말한다. 예를 들어 소비자가 제품을 구매한 후 강화가 어느 정도 일어나는가는 차기의 구매 행동에 커다란 영향을 미친다. 즉 소비자가 자사 제품을 구매하고 사용 후 만족했다면 긍정적 강화가 일어나므로 반복 구매를 통한 충성고객(Brand Loyalty)이 될 확률이 높다. 반면에 소비자가 자사 제품을 사용한 후 불만족했다면 처벌 효과로 인해 다음부터는 자사 제품을 구매하지 않게 될 것이다.
① 학습전이효과는 한 학습의 결과가 다른 학습에 영향을 주는 현상이다. 즉 선행학습이 후행학습에 긍정적 또는 부정적 영향을 주는 것이다.
② 학습조직의 주요 개념으로 Argyris와 Schon(1978)은 적응조직(Single-loop Learning)과 생성조직(Double-loop Learning)의 개념을 제시하였다.
③ 학습조직의 구축을 위해서는 조직내의 저항을 극복하고 적극적 참여를 이끌어 내기 위해 이완학습 또는 파괴학습이 먼저 선행되어야 한다.
⑤ 학습조직은 다른 조직으로부터의 학습, 즉 벤치마킹(Benchmarking)으로부터 이루어진다.

02 물류경영(21~40)

21 물류관리에 관한 내용으로 가장 옳지 않은 것은?

① 재공품(WIP ; Work In Process)은 JIT개념에서는 재고로 인식된다.
② 우리나라 KS규격의 표준 파렛트에는 1,000mm×1,000mm가 포함되지 않는다.
③ 포장 표준화를 위해 모듈(Module)화 방식을 활용한다.
④ 물품을 크게 하나의 묶음으로 만들어 체계적으로 운영·관리하는 것을 Unit Load System 이라고 한다.
⑤ Pallet Pool System에서는 파렛트의 규격보다는 재질이 더 중요하다.

해 설 Pallet Pool System은 파렛트의 규격을 표준화하여 상호교환성을 확보한 후 이를 서로 풀(Pool)로 연결하여 공동화함으로써 기업의 물류를 합리화하는 시스템이다. 선제조건으로 파렛트 규격의 표준화·통일화가 중요하다.

22 유통업체가 EDI를 사용함으로써 얻을 수 있는 장점으로 옳지 않은 것은?

① EDI를 통해 해당 유통회사에 대한 고객의 충성도가 강화된다.
② EDI를 통해 정보가 더 신속하게 흐른다.
③ 향상된 문서보존, 주문의 입력과 수령이 가능해진다.
④ ASN(Advance Shipping Notice) 관련 실수가 감소되고, 데이터 해석 시 실수가 덜 발생하여 통신의 질이 향상된다.
⑤ EDI에 의해 상품주문부터 상품수령 사이의 공정과 시간이 줄어든다.

해 설 유통 EDI는 유통업체의 본사, 지점, 대리점, 협력업체 등과 통신망으로 연결해서 표준전자문서로 교환하는 것으로 해당 유통회사에 대한 고객의 충성도와는 관련이 없다.

23 물류 영역 중 조달물류에 관련된 활동으로 옳지 않은 것은?

① 협력업체와의 공동화 납품
② JIT 납품
③ 수송루트 효율화
④ 차량회전율 증대
⑤ 작업교체 및 생산사이클 단축

해 설 조달물류는 물류의 시발점으로 물자가 조달처로부터 운송되어 매입자의 물자보관창고에 입고, 관리되어 생산공정(또는 공장)에 투입되기 직전까지의 물류활동을 의미한다.
'작업교체 및 생산사이클 단축' 은 생산물류와 관련된 업무활동이다.
※ 조달물류와 생산물류의 업무 비교

조달물류	생산물류
• 포장의 표준화, 규격화 • 임시보관장소 폐지 • 파렛트나 용기 등의 표준화, 규격화 • 협력업체와의 공동화 • JIT납품 • 공차율 감소 • 수송루트 적정화 • 차량회전율 증대	• 작업교체 및 생산사이클 단축 • 중간품, 반제품 등의 그룹화 • 공정재고의 제로화 • 흐름화 및 평준화 • 내작(회사 공장 내에서 제조하는 것) 및 외주의 적정화

24 기업의 이익 증대를 위한 방법에 매출증대와 원가절감이 있다. 아래 글상자 내용은 물류원가 절감을 통해 이윤이 증대된 어느 기업의 상황이다. (   ) 안에 들어갈 내용을 순서대로 옳게 나열한 것은?

> 매출액 대비 순이익이 5%이고 물류비가 매출액의 20%를 차지하고 있다. 매출액이 100억이라고 한다면 물류비는 20억이 되고 순이익은 (   )이 된다. 이 경우 물류비를 10% 절감하면 20억에서 (   )이 되어 결과적으로 순이익이 (   )가 증가하는 결과를 만들 수 있다.

① 1억, 18억, 200%
② 1억, 10억, 100%
③ 5억, 18억, 40%
④ 5억, 16.2억, 76%
⑤ 2억, 18억, 100%

해 설 순이익 = 100억 × 0.05 = 5억
물류비를 10% 절감하면,
물류비 = 20억 − (20억 × 0.1) = 18억, 즉 순이익은 2억이 증가하게 된다.
환산하면, $\dfrac{2억}{5억} \times 100 = 40\%$(증가)

25 아래 글상자 (   ) 안에 들어갈 단어를 순서대로 옳게 나열한 것은?

> • (   ) : 판매지점으로부터 소비되는 이용지점까지 재화의 이동을 관리하는 것으로서, 상적유통을 지원하는 개념이 강함
> • (   ) : 원자재의 조달, 제품의 생산을 거쳐 최종 소비자에게 이르기까지 일련의 과정에서 물리적 재화와 정보가 효율적, 효과적으로 흐르도록 계획하고 실시하며 통제하는 것

① 물적유통, 로지스틱스
② 로지스틱스, 물적유통
③ 물적유통, 구매물류
④ 생산물류, 판매물류
⑤ 공동물류, 공동수배송

해 설 물류의 개념
• 협의의 관점 : 생산지점으로부터 소비 또는 이용지점까지 재화의 이동을 관리하는 것 → 물적유통
• 광의의 관점 : 원재료나 부품의 공급자 단계에서 생산단계를 거쳐 최종 소비자에게까지 전달되는 과정에서 물리적 재화와 정보가 효율적으로 흐르도록 계획·실시·통제하는 것 → 로지스틱스(Logistics)

26 유통에서 물류가 중요하게 고려되는 이유로 옳지 않은 것은?

① 물류분야는 관리혁신을 통하여 비용절감이 가능하기 때문이다.
② 물류분야는 그동안 기업활동의 보조나 지원수단으로만 인식되어 왔기 때문에 다른 분야에 비해 개척하거나 개선할 여지가 남아있기 때문이다.
③ 다단계 유통구조의 집중저장의 원리는 신뢰 가능한 물류흐름을 전제로 하기 때문이다.
④ 제품계열 확장에 따른 품목의 다양화는 재고관리와 수송 등 상적유통의 문제를 완화시켜서 비용을 절감하는 데 도움을 주기 때문이다.
⑤ 물류서비스를 통해 기업은 고객에 대한 서비스 수준을 높일 수 있기 때문이다.

해 설 제품계열 확장에 따른 품목의 다양화는 재고관리와 수송 등 물적유통의 문제를 가중시킨다.

27 ICD에 대한 내용으로 옳은 것을 모두 나열한 것은?

> ㉠ 항만과 철도의 연계가 편리한 주거지역에 컨테이너의 인수도를 위해 마련한 대규모 장치장
> ㉡ 컨테이너의 적입, 인출, 컨테이너 수리가 이뤄지지만, 수출입 통관은 제공하지 못함
> ㉢ 공컨테이너를 항만까지 반송하지 않고도 이곳에서 점검, 보수, 인도, 인수할 수 있음
> ㉣ International Container Distribution의 약자

① ㉠   ② ㉡
③ ㉢   ④ ㉡, ㉢
⑤ ㉠, ㉣

28 A기업의 연간 물품 구매액은 \$1,000이다. 주문비용은 1회당 \$25가 발생하고, 물품의 재고 보유 비용은 물품가격의 20%이다. 개당 물품가격이 \$5라고 하면 경제적 주문량(EOQ)은 얼마인가?

① 1,000

② 223

③ 158

④ 100

⑤ 50

해 설 $EOQ = \sqrt{\dfrac{2C_0 D}{C_h}}$

• C_0 : 주문비용 = \$25
• C_h : 재고비용 = \$5×0.2 = \$1
• D : 연간 수요량 = \$1,000÷\$5 = 200

$$EOQ = \sqrt{\dfrac{2 \times 25 \times 200}{1}} = 100$$

29 공동수배송의 장점으로 옳지 않은 것은?

① 기업의 영업기밀유지

② 운송대형화로 인한 경제성 향상

③ 교통체증 감소

④ 동일지역 및 동일수하인에 대한 중복방문 제거로 상품인도업무 효율화

⑤ 다양한 거래처 물량으로 인해 상품의 계절적 수요변동에 따른 차량수요 기복 완화

해 설 복수의 기업 등이 공동으로 수 · 배송을 하기 때문에 기업의 영업기밀 누출에 대한 우려가 있다.

30 화물을 일정한 중량 혹은 용적으로 단위화시켜 기계로 하역하거나 수송하는 방식인 단위적재시스템(Unit Load System)의 장점으로 가장 옳지 않은 것은?

① 하역시간이 단축되고 하역인력이 절감된다.

② 검수작업이 용이하다.

③ 화물손상을 방지할 수 있다.

④ 좁은 통로도 활용할 수 있어 효율적이다.

⑤ 높이 쌓을 수 있어 보관효율이 증대된다.

해 설 단위적재시스템은 파렛트 작업시 포크리프트를 이용하기 때문에 좁은 통로에서는 활용할 수 없다.

31 물류센터 운영 효과에 대한 내용으로 옳지 않은 것은?

① 효과적인 배송체제 구축

② 공장과 물류센터 간에 대량 및 계획운송을 통한 운송비 절감효과

③ 물류거점의 조정을 통해 중복운송이나 교차운송 방지

④ 과잉재고 및 재고편재 방지

⑤ 물류센터를 판매거점화하면 제조업체의 직판체제의 확립은 가능하나 유통경로는 복잡해지고 길어지는 문제 발생

해 설 물류센터를 판매거점화하면 제조업체의 직판체제를 확립하고, 유통경로를 단축할 수 있다.

32 재고의 공간적 배치와 관련된 기능으로, 물류거점별로 소비자의 요구에 부응하는 형태별 분류와 배송을 가능하게 해 주는 관리의 기능은?

① 유통가공기능　　　　　　　　　② 경제적 발주기능

③ 운송합리화기능　　　　　　　　④ 수급적합기능

⑤ 생산의 계획 및 평준화기능

해 설 ① 다양한 소비자의 요구에 대처하기 위해 유통과정에서 일부의 조립과 포장 등의 기능을 담당하는 기능

② 경제적 발주량 또는 주문량을 발주 정책에 이용함으로써 긴급발주 등에 따른 추가적 비용을 방지 또는 최소화하는 기능

④ 생산과 판매의 완충 작용이라는 재고 본래의 기능을 수행하는 것으로 제품의 품절로 인한 판매기회의 상실을 방지하는 기능

⑤ 주문이 불규칙적이고 비정기적인 경우 재고를 통해 계획적인 생산의 실시와 조업도의 평준화를 유지시킬 수 있게 하는 기능

33 물류정책기본법[시행 2021.12.30] [법률 제17799호, 2020.12.29., 타법개정] 상, 국제물류주선업의 등록기준으로 옳게 짝지어진 것은?

> 국제물류주선업을 등록하려는 자는 (㉮)억원 이상의 자본금[법인이 아닌 경우에는 (㉯)억원 이상의 자산 평가액을 말한다]을 보유하고 그 밖에 대통령령으로 정하는 기준을 충족하여야 한다.

① ㉮ 2　　　　　　　　㉯ 2

② ㉮ 2　　　　　　　　㉯ 4

③ ㉮ 3　　　　　　　　㉯ 6

④ ㉮ 3　　　　　　　　㉯ 8

⑤ ㉮ 4　　　　　　　　㉯ 10

해 설 국제물류주선업을 등록하려는 자는 **3억원** 이상의 자본금(법인이 아닌 경우에는 **6억원** 이상의 자산평가액을 말한다)을 보유하고 그 밖에 대통령령으로 정하는 기준을 충족하여야 한다(물류정책기본법 제43조 제3항).

34 영업창고는 소매상, 도매상, 제조업자 등이 임대한 창고이며, 자가창고는 자가가 소유한 창고이다. 영업창고와 자가창고에 대한 내용으로 옳지 않은 것은?

	구 분	영업창고	자가창고
①	영업비용	단위당 비용이 비싼 편	충분한 물량이면 단위당 비용이 오히려 저렴
②	초기투자	설비, 장비, 교육에 대한 투자비 없음	설비, 장비, 교육에 대한 투자비 필요
③	장 점	필요한 만큼의 공간을 사용할 수 있는 유연성	회사의 운영에 맞는 설계
④	저장 및 유지비	추정만 가능	정확한 요금 책정 가능
⑤	위 험	장비의 기술적 진부화에 따르는 위험이 적음	장비의 기술적 진부화에 따르는 위험이 큼

해 설 영업창고는 정확한 요금 책정이 가능하나, 자가창고는 추정만 가능하다.

35 아래 글상자의 (   ) 안에 들어갈 가장 적합한 포장물류의 성질은?

최근에는 포장작업의 기계화 · 자동화로의 전환이 진전되고 있다. 그러므로 포장재료도 기계화 · 자동화의 적합성 측면을 고려하여 천연재료에서 복합재료로 전환하여야 한다. 포장공정도 케이서 (Caser), 봉함기, 자동결속기, 언케이서(Uncaser) 등을 이용하여 일관작업, 기계화, 자동화작업이 가능하도록 (   )이 배려되어야 한다.

① 보호성 　　　　　　　　　　② 하역성
③ 작업성 　　　　　　　　　　④ 보관성
⑤ 표시성

해 설 ① 상품의 품질보존 · 보호 기능
② 하역의 단위화 기능
④ 수송 · 하역 · 보관 작업이 용이한 기능
⑤ 포장에 인쇄 · 라벨 등으로 표시하는 기능

36 e-조달의 장단점으로 옳지 않은 것은?

① 문서처리비용이 감소되며 조달시간의 감소로 인해 조달담당자의 생산성이 증대된다.
② 과거보다 적은 자원으로 적합한 공급자를 찾을 수 있으며, 구매자와 판매자 간의 의사소통이 개선되어 주문주기가 짧아진다.
③ 구매자는 여러 판매자로부터 가격 및 품질정보를 얻어 비교 구매할 수 있는 기회가 생기고 더 낮은 가격으로 구매가 가능해진다.

④ 거래정보의 유출위험이 있다.

⑤ 표준 프로토콜이 완벽하고 신뢰도 높은 시스템을 사용하기 때문에 보안상 문제는 전혀 없다.

해 설 e-조달은 구매 요청, 승인, 입찰, 계약에 이르는 일련의 프로세스를 인터넷을 기반으로 수행하는 시스템이다. 표준 프로토콜이 완벽하고 신뢰도 높은 시스템을 사용하더라도 개방된 네트워크이기 때문에 보안상 문제가 발생할 수 있다.

37 고객서비스 요인은 거래 전 요인, 거래요인 그리고 거래 후 요인으로 구분된다. 보기에서 제시하는 활동 중 해당되는 요인이 다른 하나는 무엇인가?

① 배달 후 무료로 포장을 수거 ② 고객이 원하는 시간에 맞는 적시배달

③ 수리기간 중 대체품을 제공 ④ 고객의 불평이나 클레임을 해결해 주는 것

⑤ 제품 보증서비스

해 설 ② 거래요인

①·③·④·⑤ 거래 후 요인

38 QR에 관련된 내용으로 옳지 않은 것은?

① 과거 섬유산업에서 원사공장에서 매장까지의 납기기간을 혁신적으로 줄일 수 있게 한 시스템을 시작으로 발전하였다.

② QR시스템 도입은 식품, 일상용품업계에도 적용되어 매출증가뿐 아니라 재고회전율 개선효과도 가져오게 되었다.

③ QR은 POS, EDI를 통해 더욱 효율적으로 활용될 수 있다.

④ QR은 Pull 시스템이 아닌 Push 시스템이라고 할 수 있다.

⑤ 수요가 가변적이고 유행에 민감하며 제품유형이 다양한 상품의 경우는 QR을 활용하기가 좋다.

해 설 QR은 Push 시스템이 아닌 Pull 시스템이라고 할 수 있다. 즉 QR은 기업간 정보 공유를 바탕으로 소비동향을 분석하고 고객의 요구를 신속히 반영하여 적절한 상품을 적절한 장소에, 적시에, 정량을, 적정한 가격으로 제공하는 것을 목표로 한다.

39 Push전략에 해당되는 내용을 모두 고르면?

⊙ TV 광고

ⓛ 제조업자가 도·소매상의 판매원을 훈련시키고 보상함

ⓒ 소비자가 소매점에 가서 주문하면 소매상은 도매상, 도매상은 제조업자에게 주문하여 수요를 만들려고 하는 것

ⓔ 제조업자가 중간상을 지원하여 제조업자의 제품을 비축하고 전시하도록 하며 촉진하도록 하는 것

ⓜ 재고를 비축해주는 것에 대한 수량할인, 계절할인 제공

① ㉠

② ㉢

③ ㉠, ㉢

④ ㉡, ㉣, ㉤

⑤ ㉠, ㉣, ㉤

풀 전략(Pull Strategy)과 푸시 전략(Push Strategy)
- 풀 전략(Pull Strategy) : 기업(제조업자)이 소비자(최종구매자)를 대상으로 광고나 홍보를 하고, 소비자가 그 광고나 홍보에 반응해 소매점에 상품이나 서비스를 주문·구매하는 전략(㉠, ㉢)
- 푸시 전략(Push Strategy) : 제조업자가 중간상들을 대상으로 적극적인 촉진전략을 사용하여 도매상, 소매상들이 자사의 제품을 소비자에게 적극적으로 판매하도록 유도하는 전략(㉡, ㉣, ㉤)

40 CRM 활동의 사례에 대해 기술한 것이다. 이 활동 중 기존고객과 신규고객이라는 목적 대상으로 구분할 때 그 대상이 다른 하나는?

① 구매액에 따른 포인트를 적립시키고 적립 포인트에 따라 금전적 혜택을 제공

② 해지를 위한 커뮤니케이션 채널을 단일화하고 전담 상담요원을 배치

③ 고객의 기여도를 평가하여 우수고객을 선정하고 다양한 금전적, 비금전적 혜택을 제공

④ 이탈의 원인이 되는 업무 프로세스나 제도를 파악하고 개선

⑤ 타 기업과의 공식적 제휴를 통해 경쟁사 고객을 자사고객으로 유치할 수 있는 프로모션

CRM은 고객상담 애플리케이션, 고객 데이터베이스 등의 고객지원시스템을 기반으로 신규고객을 획득하고, 고객의 욕구 및 행동을 분석해서 개별 고객들의 특성에 맞춘 마케팅을 기획 및 실행함으로써 기존고객도 유지하는 경영전략이다.
①·②·③·④ 기존고객 유지전략
⑤ 신규고객 유치전략

03 상권분석(41~60)

41 소매입지는 단일점포의 입지와 여러 점포가 모여있는 상업시설인 집합점포의 입지로 구분할 수 있다. 아래의 항목들 가운데 단일점포의 입지를 결정하는 데 활용하는 방법만을 포함하고 있는 것은?

① 소매인력이용법, 중심지파악법

② 유추법, 중심지파악법

③ 체크리스트법, 중심지파악법

④ 체크리스트법, 소매인력이용법

⑤ 유추법, 체크리스트법

해 설 단일점포의 입지를 조사하는 방법에는 유추법과 체크리스트법이 있다. 유추법은 자사점포와 유사한 점포를 선정하여 신규입지에서의 매출액과 상권규모를 추정하는 방법이다.

체크리스트법은 특정 상권의 제반특성을 체계화된 항목으로 조사하고, 이를 바탕으로 신규점 개설 여부를 평가하는 방법으로, 가장 간단하면서 체계적인 방법이다.

42

A도시의 인구는 20만명, B도시의 인구는 40만명, 중간에 위치한 C도시의 인구는 6만이다. A도시와 C도시의 거리는 5km, C도시와 B도시의 거리는 10km인 경우 Reilly의 소매인력이론에 의하면 C도시의 인구 중에서 몇 명이 A도시로 흡수되는가?

① 1만 명   ② 2만 명

③ 3만 명   ④ 4만 명

⑤ 5만 명

해 설 $\dfrac{B_a}{B_b} = \left(\dfrac{P_a}{P_b} \right)\left(\dfrac{D_a}{D_b} \right)^2$

B_a = A시의 상권영역(중간도시로부터 도시 A가 흡인하는 소매흡인량)

B_b = B시의 상권영역(중간도시로부터 도시 B가 흡인하는 소매흡인량)

P_a = A시의 인구(거주)

P_b = B시의 인구(거주)

D_a = A시로부터 분기점까지의 거리

D_b = B시로부터 분기점까지의 거리

$\dfrac{B_a}{B_b} = \dfrac{P_a/D_a^2}{P_b/D_b^2} = \dfrac{200,000/5^2}{400,000/10^2} = \dfrac{8,000}{4,000} = 2$

즉 B_a(중간도시로부터 A도시가 흡인하는 소매흡인량)은 B_b(중간도시로부터 B도시가 흡인하는 소매흡인량)의 2배이다.

C도시의 인구 6만명 중 4만명은 A도시로, 2만명은 B도시로 흡수된다.

43

아래 글상자 내용은 입지대안을 평가하기 위한 어떤 원칙에 대한 설명이다. 무엇에 대한 설명인가?

> 유사하거나 보충적인 점포가 지나치게 많으면 고객유인효과가 떨어진다.

① 접근가능성의 원칙(Principle of Accessibility)

② 고객차단의 원칙(Principle of Interception)

③ 점포밀집의 원칙(Principle of Store Congestion)

④ 보충가능성의 원칙(Principle of Compatibility)

⑤ 동반유인의 원칙(Principle of Cumulative Attraction)

입지매력도 평가원칙

고객차단의 원칙	사무실밀집지역, 쇼핑지역 등은 고객이 특정지역에서 타 지역으로 이동시 점포를 방문하게 한다.
동반유인의 원칙	유사하거나 보충적인 소매업이 흩어진 것보다 군집해서 더 큰 유인잠재력을 갖게 한다.
보충가능성의 원칙	두 개의 사업이 고객을 서로 교환할 수 있을 정도로 인접한 지역에 위치하면 매출액이 높아진다.
점포밀집의 원칙	지나치게 유사한 점포나 보충 가능한 점포는 밀집하면 매출액이 감소한다.
접근가능성의 원칙	지리적으로 인접하거나 또는 교통이 편리하면 매출을 증대시킨다.

44 입지의 지리적 조건에 관한 아래의 내용 중 가장 옳지 않은 것은?

① 멀리서부터 잘 보이는, 다시 말해 가시성이 좋은 지역이 좋은 입지이다.
② 가시성이 높은 곳이면 구매경험률과 고정고객비율을 동시에 높일 수 있다.
③ 토지와 도로의 조건은 2면 각지보다는 1면 각지가 유리하다.
④ 복수상권이라면 각 상권을 연결하는 도로변이 좋은 입지이다.
⑤ 버스정류장이나 지하철역을 끼고 있는 대로변이 좋다.

해 설 토지와 도로의 조건은 1면 각지보다는 2면 각지가 유리하다. 2면 각지는 2개의 가로에 접함으로써 일조 · 통풍의 양호, 출입의 편리, 높은 광고선전 효과 등에서 1면 각지보다 유리하다.

45 상가를 신설하기 위해 기존의 건물을 인수하기로 했다. 면적이 2,000㎡의 대지 위에 건물은 A동, B동으로 총 2개동이다. A동은 각 층의 면적이 200㎡인 지상 3층과 지하 1층, B동은 각 층의 면적이 300㎡인 지상 6층과 지하 2층으로 구성되어 있다. 단, 건물외부에 200㎡의 지상 주차장(건물부속)이 있고, 건물내부 주민공동시설 면적의 합이 200㎡이면 이 때 용적률은 얼마인가?

① 100%
② 110%
③ 120%
④ 140%
⑤ 160%

해 설 용적률은 전체 대지면적에 대한 건물 연면적의 비율이다.
용적률을 계산할 때는 지하층의 바닥면적과 지상층의 주차용(해당 건축물의 부속용도인 경우만 해당한다)으로 쓰는 면적은 제외한다.
연면적 = A동(200㎡ × 3) + B동(300㎡ × 6) − 건물 내부 주민공동시설 면적(200㎡) = 2,200㎡

$$용적률 = \frac{2,200㎡}{2,000㎡} \times 100 = 110\%$$

46 Huff 모델에 관한 특징이나 설명으로 옳지 않은 것은?

① 실제 소비자의 선택자료를 토대로 하는 공간상호작용 모형의 한 종류이다.

② 거리와 점포의 유인력을 이용하는 점은 Reilly 모델과 유사하다.

③ 상권을 분석하면서 결정론적 접근보다 확률론적인 접근을 시도한다.

④ 특정 하부지역(Zone) 소비자의 점포별 효용을 알아도 점포별 이용확률은 추정할 수 없다.

⑤ 특정 지역의 개별 점포에 대한 이용자 수를 추정할 수 있다.

해 설 각 구역별로 Huff 모델의 공식을 활용하여 점포별 이용확률을 계산할 수 있다.

47 Christaller의 중심지이론에서 말하는 중심지기능의 최대 도달거리(The Range of Goods and Services)란 무엇을 말하는가?

① 수행되는 유통서비스기능이 지역거주자에게 제공될 수 있는 한계거리

② 상위중심지의 영향력이 하위중심지까지 미치는 거리

③ 소비자가 도보로 접근할 수 있는 중심지까지의 거리

④ 상위 중심지와 하위 중심지 사이의 거리

⑤ 전문품 상권과 편의품 상권의 지리적 최대차이

해 설 최대 도달거리란 중심지가 수행하는 유통서비스 기능이 배후지에 제공될 수 있는 최대(한계)거리를 말한다. 즉, 배후지에 거주하는 소비자가 상품을 구매하기 위해 중심지까지 움직이는 최대거리 또는 소비자가 물리적으로 이동할 수 있는 최대 거리의 범위가 최대상권의 범위임을 의미한다.

48 대중 교통수단인 지하철이나 철도역을 중심으로 형성되는 역세권 상권에 대한 설명으로 적절하지 않은 것은?

① 지하철, 철도, 버스 및 택시 등 교통수단 간 상호환승이 가능하여 교통의 흐름이 연결되고 분산되는 결절점을 중심으로 형성된다.

② 역세권의 상권범위는 역의 규모, 주변지역의 개발상황, 다른 교통수단과의 연계성 등 다양한 변수에 의해 달라진다.

③ 대부분 역세권의 유동인구는 지역 내부인구보다는 지역 외부인구의 비중이 높다는 특징을 갖는다.

④ 지상과 지하의 입체적 상권으로 쾌적한 환경을 조성하기 위해 저밀도 개발이 이루어지는 경우가 많다.

⑤ 임대료나 지가의 수준이 상대적으로 높아서 점포를 개설할 경우에는 고비용을 감수할 수 있는 수익을 확보해야 한다.

해 설 역세권상권은 지하철역을 중심으로 형성된 지상과 지하의 입체적 상권으로 쾌적한 환경을 조성하기 위해 고밀도 개발이 이루어지는 경우가 많다.

49 아래 글상자 안의 내용과 같은 장단점을 지닌 국내 대형 소매점의 출점형태는 어느 것인가?

> 장점 : 투자비 축소, 재무수지 측면에서 유리
> 단점 : 하드웨어 조건의 제약, 임차기간의 제약

① 기존점포 인수　　　　　　　　　② 건물임차
③ 부지임차 신축　　　　　　　　　④ 부지매입 후 신축
⑤ 건물매입출점

해 설 건물을 임차하게 되면 점포 인수나 신축보다 투자비가 축소하여 재무수지 측면에서 유리하다. 반면에 자기소유의 건물이 아니기 때문에 출점조건이나 임차기간 등에서 제약을 받을 수 있다.
  ① 기존점포를 인수하게 되면 점포확보를 위한 비용은 상대적으로 낮은 편이고 지속적 영업도 가능하지만, 입지여건이나 점포구조 등이 이미 정해져 있어 출점조건이 열악할 가능성이 높다.
  ③·④·⑤ 부지임차 후 신축, 부지매입 후 신축, 건물매입출점 등은 영업상 신축성이 있고 지가 상승으로 가치가 상승할 수 있으나, 초기 투자비가 많이 들고 장기적으로 고정화될 수 있다.

50 상권분석과 관련된 지리정보시스템의 활용분야로서 적절하지 않은 것은?

① gCRM　　　　　　　　　　　　② gBigdata
③ 영업지점관리　　　　　　　　　④ 공간 클러스터링
⑤ 공간 데이터마이닝

해 설 ① gCRM은 지리정보시스템과 고객관계관리를 결합한 것으로, 지도상에 고객의 다양한 정보를 표시해주고 체계적인 상권분석 및 고객관리를 가능하게 하는 서비스이다.
  ③ GIS기반으로 영업사원의 일상적인 영업활동을 모니터링 함으로써 영업지점을 관리할 수 있다.
  ④ GIS는 지리적 위치를 갖고 있는 대상에 대한 공간자료(Spatial Data)와 속성자료(Attribute Data)를 통합·관리하여 지도, 도표 및 그림들과 같은 여러 형태의 정보를 제공한다.
  ⑤ GIS에서 축적된 공간 데이터 정보에 공간 데이터마이닝 기법을 적용하여 상권분석에 활용할 수 있다.

51 쇼핑몰에 대한 다양한 분류기준을 적용할 때 몰의 유형과 특징을 바르게 연결하지 않은 것은?

① 수평형몰 – 바닥면적이 넓어 층단위 또는 바닥단위로 전개되는 몰이며, 수직형몰과 대비된다.
② 순환형몰 – 4개 내지 6개의 키 테넌트를 사방에 설치하고 중심에 커다란 코트를 설치하는 대표적인 다핵형몰이다.
③ 아케이드형몰 – 2동 이상의 건물 사이에 위치하여 상부에 경량의 지붕이 설치되어 외기의 영향을 감소시키는 반외부형 몰이다.
④ 단일형몰 – 하나의 몰로 보행동선을 구성하며, 통상 양단에 키 테넌트가 위치하게 된다.
⑤ 혼합형몰 – 키 테넌트와 전문점이 함께 있는 경우로 각 매장을 연결해주는 통로의 개념이 강하다.

52 상권구획과정에서 사용되는 기법인 티센다각형(Thiessen Polygon) 활용과 관련된 내용으로 옳지 않은 것은?

① 공간독점접근법에 기반한 상권구획모형의 일종이다.

② 각 점포들이 차별성이 없는 상품을 판매할 때 더 유용하다.

③ 인접하는 점포 간의 경쟁수준이 낮을수록 다각형의 크기는 작아진다.

④ 근접구역법으로 소비자들이 가장 가까운 점포를 선택한다고 가정한다.

⑤ 접근성이 소비자들의 점포선택의 가장 중요한 결정요소일 때 유용하다.

해 설 티센다각형의 크기는 경쟁수준과 반비례 관계이다. 어떤 지역에 인접하는 점포 간의 경쟁수준이 높을수록 다각형의 크기는 작아진다.

53 어느 지역에 3개의 대형마트가 있고 거주자들의 점포별 이용자 수를 추정하기 위해 이 지역을 존(Zone, 하부지역) 1, 2, 3으로 구분했다고 하자. 각 존별 거주자 수, 점포별 면적, 존의 중심점과 점포 간 거리(km)가 아래 표와 같다고 할 때, 존 2에서 대형마트 1의 이용자 수는 몇 명으로 예측 되는가? (단, Huff 모델을 이용하고 점포면적과 거리에 대한 민감도계수 $\alpha = 1.0$, $\beta = -2.0$임)

(단위 : km)

구 분	마트 1 (40,000m²)	마트 2 (60,000m²)	마트 3 (30,000m²)
존 1 (500명)	1	4	5
존 2 (300명)	4	1	2
존 3 (200명)	5	2	1

① 7   ② 11

③ 43   ④ 86

⑤ 171

해 설 $P_{ij} = \dfrac{S_j^{\alpha}/D_{ij}^{\beta}}{\sum\limits_{j=1}^{n} S_j^{\alpha}/D_{ij}^{\beta}}$

• 마트 1이 선택될 확률

$P_1 = \dfrac{40,000/4^2}{(40,000/4^2)+(60,000/1^2)+(30,000/2^2)} = 0.036$

• 마트 2가 선택될 확률

$P_2 = \dfrac{60,000/1^2}{(40,000/4^2)+(60,000/1^2)+(30,000/2^2)} = 0.857$

- 마트 3이 선택될 확률

$$P_3 = \frac{30,000/2^2}{(40,000/4^2)+(60,000/1^2)+(30,000/2^2)} = 0.107$$

- 존 2에서 마트 1의 이용자 수= 300명 × 0.036 = 10.8(= 약 11명)

54 입지분석 과정에서 입지조건을 평가하여 점포의 매력도를 평가할 때 이용할 수 있는 회귀분석 모형에 관한 설명으로 가장 옳지 않은 것은?

① 회귀분석에서는 표본의 수가 충분하게 확보되어야 한다.
② 소매점포의 성과에 영향을 미치는 요소들을 파악하는 데 도움이 된다.
③ 모형에 포함되는 독립변수에는 서로 상관성이 높은 변수들을 활용한다.
④ 성과에 영향을 미치는 독립변수에는 상권 내 소비자들의 특성을 포함할 수 있다.
⑤ 성과에 영향을 미치는 독립변수에는 점포특성과 상권 내 경쟁수준 등을 포함할 수 있다.

해 설 독립변수와 종속변수 간의 상관관계를 분석해야 하므로 독립변수 상호간에는 상관관계, 즉 서로 관련성이 없어야 한다.

55 소매업의 공간적 분포를 설명하는 중심성 지수에 대한 설명으로 옳지 않은 것은?

① 상업인구를 그 지역의 거주인구로 나눈 값을 중심성지수라 한다.
② 중심성 지수가 1이라는 것은 해당 지역의 구매력 유출과 유입이 동일하다는 뜻이다.
③ 중심성 지수는 소매업의 공간적 분포를 설명하는 것으로 소매업이 불균등하게 분포되어 있음을 가정한다.
④ 소매 판매액의 변화가 없어도 해당 지역의 거주인구가 감소하면 중심성 지수는 낮아지게 된다.
⑤ 중심성 지수가 1이라는 것은 소매판매액과 그 지역 내 거주자의 소매 구매액이 동일하다는 뜻이 된다.

해 설 어떤 지역의 소매 판매액을 1인당 평균 구매액으로 나눈 값을 상업인구라 하고, 상업인구를 그 지역의 거주인구로 나눈 값을 중심성 지수라 한다. 따라서 소매 판매액의 변화가 없어도 해당 지역의 거주인구가 감소하면 중심성 지수는 상승한다.

56 도시 내 소매점포의 접근성에 대한 내용으로 옳지 않은 것은?

① 보도의 폭은 보행자의 이동속도에 영향을 미치므로 점포 앞 보도 폭은 넓을수록 좋다.
② 점포를 건축선에서 후퇴하여 위치시키면 점포 앞 보도 폭이 넓어져서 보행자의 이동속도를 줄이므로 매우 바람직하다.
③ 입구 수는 한 개보다는 복수가 좋다.
④ 점포 앞 보도의 폭은 최소한 2~3m 정도는 확보하는 것이 좋다.
⑤ 점포의 정면너비가 좁으면 기둥간판, 네온간판 등 시계성을 높이기 위한 보강조치가 필요하다.

57 상권내의 주거패턴이 상권의 매력도에 영향을 미친 것으로 옳지 않은 것은?

① 동일지역에 중형 아파트 단지와 소형 아파트 단지가 있다면, 중형 아파트 주민의 소비성향의
하향 평준화보다 소형 아파트 주민의 상향 평준화가 크게 이루어진다.

② 아파트 단지의 경우 소비의 전이속도가 매우 빠르다.

③ 주택생애주기이론(Housing Lifestyle Theory)에 따르면 주택소유자의 연령층에 따라서 주
거지역의 공간이동이 다르게 나타난다.

④ 아파트단지는 일반주거지에 비해 소비성향이 낮은 것이 보통이다.

⑤ 유동인구의 크기도 중요하지만 유동인구의 연령별 분포 성향도 중요하다.

58 입지배정모델(Location-allocation Model)의 특성 및 용도와 관련된 항목으로 옳지 않은 것은?

① 재화 및 서비스에 대한 소비자 수요의 공간적 분포 예측

② 기존 상권에 신규점포 추가 시의 효과 분석

③ 상권 내에 위치하고 있는 기존점포의 재입지 및 폐점 결정

④ 일정 상권에 복수의 점포를 배치하는 소매점 네트워크 설계

⑤ 기존 상권에 관한 정보를 바탕으로 상권 내 개설점포의 수 결정

59 소비자의 점포선택행위를 조사하여 상권분석을 행하는 기법 중 하나인 MNL모델에 대한 설명으로 옳지 않은 것은?

① 다항로짓모형으로 불리는 확률선택모형이다.

② 집단별 데이터를 사용하여 모형의 매개변수 값을 추정한다.

③ 소비자가 특정 주거지에 살면서 특정 점포를 이용할 확률을 계산한다.

④ 선택가능한 대안들 중 가장 매력적인 대안을 선택하는 선택모형의 일종이다.

⑤ 점포와의 거리와 점포면적 이외에도 다양한 상권변수들을 모델에 반영할 수 있다.

60 도심재생(Gentrification)에 이르는 과정에서 발생하는 도시 공간구조의 일반적인 변화과정을 순서대로 나열할 때 다음 중 세 번째에 해당하는 것은?

① 부도심들과 도시외곽이 성장하면 도심은 슬럼으로 변화한다.

② 중심상업지구나 상점가(shopping street)가 도심에 형성되어 발전한다.

③ 도시가 성장하면서 인구가 유입되면 도시의 공간구조가 분화하기 시작한다.

④ 인구밀집, 교통체증 등으로 도심인구가 교외로 이주하고 교외 쇼핑센터들이 활성화된다.

⑤ 도심재생이 이루어지면 전국적 영업을 추구하는 체인점들이 쇼핑몰보다 조건이 좋은 도심에 입점한다.

해 설 도시 공간구조의 일반적인 변화과정

1. 도시가 성장하면서 인구가 유입되면 도시의 공간구조가 분화하기 시작한다.
2. 중심상업지구나 상점가(shopping street)가 도심에 형성되어 발전한다.
3. 인구밀집, 교통체증 등으로 도심인구가 교외로 이주하고 교외 쇼핑센터들이 활성화된다.
4. 부도심들과 도시외곽이 성장하면 도심은 슬럼으로 변화한다.
5. 도심재생이 이루어지면 전국적 영업을 추구하는 체인점들이 쇼핑몰보다 조건이 좋은 도심에 입점한다.

04 유통마케팅(61~80)

61 유통업의 서비스 품질관리에 대한 설명으로 가장 옳지 않은 것은?

① 서비스 품질은 기술적 차원의 결과품질과 기능적 차원의 과정품질로 나눌 수 있다.

② 결과품질은 고객이 기업과의 상호작용에서 무엇을 얻었는가를 나타낸다.

③ 과정품질은 고객이 서비스 제공과정을 어떻게 경험하는가를 나타낸다.

④ 결과품질은 서비스 결과, 유형성 및 신뢰성 같은 서비스품질 차원에 중점을 둔다.

⑤ 과정품질은 구매자와 판매자의 상호작용이 끝난 뒤 고객에게 남은 것을 뜻한다.

해 설 서비스 품질관리(J. R. Lehtinene의 분류)

• 과정품질(Process Quality) : 서비스가 제공되는 동안 고객이 평가하는 품질을 말하며, 고객이 서비스를 어떻게 (How) 받는가 또는 서비스 제공과정을 어떻게 경험하는가를 나타내는 것으로 기능적 품질이라고도 한다.

• 결과품질(Outcome Quality) : 서비스가 수행된 후 고객이 평가하는 품질을 말하며, 고객이 제공자와의 상호작용에서 무엇(What)을 받느냐, 즉 상호작용이 끝난 뒤 고객에게 남은 것을 나타내는 것으로 성격상 해결책인 경우가 많기 때문에 기술적 품질이라고도 한다.

62 유통판촉과 소비자판촉에 대한 내용으로 가장 옳지 않은 것은?

① 신제품 출시 초기에는 소비자판촉보다는 유통판촉을 통해 제품취급률을 높이는게 좋다.

② 제품에 대한 인지도가 높다면 유통판촉보다는 소비자판촉에 집중하는 것이 좋다.

③ 복잡한 제품의 경우 소비자판촉보다는 유통판촉을 중심으로 실시한다.

④ 자동차 타이어 등과 같은 수직적 제품라인의 경우 소비자판촉보다는 유통판촉에 집중하는 것이 좋다.

⑤ 소수의 큰 세분시장을 갖고 있는 냉장고, 세탁기, 에어컨 등의 경우는 유통판촉을 중심으로 실시하는 것이 바람직하다.

해 설 유통판촉은 제조업자가 유통업자를 대상으로 하는 판촉활동이기 때문에 냉장고, 세탁기, 에어컨 등의 경우와 같이 소비자를 대상으로 하는 제품은 소비자판촉을 중심으로 실시하는 것이 바람직하다.

2018

63 상품 분류체계를 설명하는 아래의 표에서 빈 칸에 들어갈 올바른 용어는?

분류명	개 념	보 기
부문(Department)	손익관리 단위(Profit Center)	기호식품
(㉠)	매장구성 및 상품구색 관리 단위	음 료
(㉡)	중요한 속성별 관리(진열대별) 단위	탄산음료
(㉢)	진열결정 단위	사이다
(㉣)	발주 및 단품관리 단위	1.8L 사이다

① ㉠ 품군 ㉡ 품목 ㉢ 품종 ㉣ 단품

② ㉠ 품종 ㉡ 품군 ㉢ 단품 ㉣ 품목

③ ㉠ 품목 ㉡ 품종 ㉢ 품군 ㉣ 단품

④ ㉠ 품군 ㉡ 품종 ㉢ 품목 ㉣ 단품

⑤ ㉠ 단품 ㉡ 품군 ㉢ 품종 ㉣ 품목

해 설 상품 분류 체계
부문(Department) > 품군(Line) > 품종(Class) > 품목(Item) > 단품(SKU)

64 아래 글상자 사례의 소매점이 겪고 있는 서비스 품질 갭의 해결방안으로 가장 옳지 않은 것은?

> 균일가샵으로 고속 성장한 ㈜○○은 최근 매출이 지속적으로 감소하자 서비스 품질의 갭을 조사하였다. 조사결과, 다양한 상품을 동종 상품별로 찾기 편리하게 진열하기를 바라는 고객의 기대를 반영하지 않고 복잡하게 이종(異種) 상품을 진열하고, 고객 동선을 어렵게 설계한 것이 가장 심각한 문제로 나타났다.

① 서비스청사진 등을 사용하여 명확하게 서비스를 개발하고 설계한다.

② 고객의 기대를 반영한 물리적 증거의 역할에 초점을 둔다.

③ 고객의 편리성 강화라는 새로운 서비스 목표를 수립한다.

④ 고객의 기대를 서비스에 반영하는 업무의 표준화를 설계한다.

⑤ 고객들에게 자신의 역할과 책임에 대해서 알게 한다.

해 설 문제의 경우 고객의 기대에 대한 기업의 이해와 고객중심적 서비스설계 및 표준 간의 차이 때문에 갭이 발생한 사례이다. 따라서 고객과의 접점에 있는 직원에게 자신의 역할과 책임에 대해서 명확히 알게 하는 것이 중요하다.

65 다음 글상자의 (   ) 안에 들어갈 용어의 짝으로 바른 것은?

> (㉠) = 순이익률 × 자산회전율
>
> (㉡) = 매출원가/평균재고자산가격

① ㉠ 총자산회전율   ㉡ 매출총이익률

② ㉠ 총자산이익률   ㉡ 재고자산회전율

③ ㉠ 순자산이익률   ㉡ 평균자산회전율

④ ㉠ 순자산이익률   ㉡ 매출총이익률

⑤ ㉠ 총자산회전율   ㉡ 평균자산회전율

해 설 ㉠ 총자산이익률 : 기업이 보유한 총자산에 대해 얼마나 이익을 벌었는지를 나타내는 지표로 기업의 수익성을 측정한다.

$$총자산이익률 = \frac{순이익}{총자산} = \frac{순이익}{매출액} \times \frac{매출액}{총자산} = 순이익률 \times 자산회전율$$

㉡ 재고자산회전율 : 매출액(or 매출원가)을 평균재고자산으로 나누어 산출되며, 재고자산이 얼마나 빨리 팔려나가는지를 보여주는 활동성 지표이다.

$$재고자산회전율 = \frac{매출액(or 매출원가)}{평균재고자산}$$

66 아래 글상자 소매기업의 사례에서 고객생애가치를 높이는 방법으로 가장 옳지 않은 것은?

> 성장이 정체된 백화점업계에서 ○○백화점은 고객의 생애가치를 극대화하는 방안을 계획 중에 있다. ㉠ 수익성 높은 상품을 파는 교차판매와 관련 상품을 판매하는 상향판매를 실시하는 방안, ㉡ 고객카드 적립률 제고를 통한 유지율 향상 프로그램, ㉢ 기대와 비교한 성과향상을 통한 고객만족도 향상 프로그램, ㉣ 구전을 통한 고객획득률 향상과 획득비용 감소 프로그램 수립, ㉤ 마일리지 프로그램을 활용한 전환 장벽 구축전략을 수립하였다.

① ㉠   ② ㉡

③ ㉢   ④ ㉣

⑤ ㉤

교차판매는 기업의 주력상품이 아니더라도 고객에게 적합한 다양한 상품을 구성하여 제공하는 것이다. 즉 한 상품을 구입한 고객에게 다른 상품을 추가로 구입하도록 유도하는 전략이다. 상향판매는 어떤 상품을 구매한 고객에게 보다 고급의 상품을 판매하여 고객의 가치와 기업이윤을 극대화하는 전략이다.

67 상품구성을 위한 계획을 순서대로 옳게 나열한 것은?

> ㉠ 취급할 품목의 결정
> ㉡ 각 품목에 있어서 가격존(Zone)의 설정
> ㉢ 각 가격 계열(Line) 상의 품목수 결정
> ㉣ 각 품목에 있어서 가격 계열(Line)의 설정
> ㉤ 고객의 구매결정요소에 맞는 상품구성 결정

① ㉠ - ㉡ - ㉢ - ㉣ - ㉤
② ㉠ - ㉡ - ㉣ - ㉢ - ㉤
③ ㉠ - ㉢ - ㉣ - ㉤ - ㉡
④ ㉠ - ㉤ - ㉡ - ㉣ - ㉢
⑤ ㉠ - ㉤ - ㉣ - ㉡ - ㉢

상품구성을 위한 계획
1. 취급할 품목의 결정
2. 각 품목에 있어서 가격존(Zone)의 설정
3. 각 품목에 있어서 가격 계열(Line)의 설정
4. 각 가격 계열(Line) 상의 품목수 결정
5. 고객의 구매결정요소에 맞는 상품구성 결정

68 가격에 대한 설명으로 가장 옳지 않은 것은?

① 가격은 단기적으로 쉽게 모방할 수 있어 유동적으로 결정된다.
② 다른 점포와의 차별화 정도가 높다면 가격결정에 대한 자유도가 높아진다.
③ 제조업의 경우 소매점이 중저가 정책을 취해서 보다 많이 판매하기를 원한다.
④ 전시상품이나 보완상품은 저마진정책을 채택해서 경쟁업체보다 저렴하게 판매하는 것이 좋다.
⑤ 핵심상품은 고객을 흡인할 수 있는 수준의 가격결정을 위해 시장의 상황변화에 적시에 대응해서 가격을 운용해야 한다.

가격이 '유동적(Dynamic)'이라는 것은 동일한 제품 및 서비스에 대한 가격을 시장 상황에 따라 탄력적으로 변화시키는 가격전략을 의미한다. 이러한 가변적 가격책정 방식은 전자상거래 시장에서 활용되어 왔으나, 일반적인 가격결정 방법이라고 할 수 없다. 다만, 최근 전 산업에서 일어나고 있는 디지털화, 클라우드, 빅데이터, 인공지능 알고리즘 등 다양한 ICT 기술의 발달로 전자상거래 시장 이외의 영역에서도 활용될 수 있는 환경이 조성되고 있다.

69 아래 글상자의 유통판매촉진의 유형 중 비가격판촉만으로 구성된 것은?

ⓐ 진열 수당(공제)　　　　　　　　　ⓑ 사은품
ⓒ 협동광고 수당(공제)　　　　　　　ⓓ 판매도우미 파견
ⓔ 구매량에 따른 할인　　　　　　　　ⓕ 영업사원 인센티브
ⓖ 판매상 지원

---

① ⓑ, ⓒ, ⓓ　　　　　　　　　　　② ⓐ, ⓒ, ⓔ
③ ⓑ, ⓓ, ⓕ, ⓖ　　　　　　　　　④ ⓐ, ⓒ, ⓓ, ⓔ
⑤ ⓓ, ⓔ, ⓕ, ⓖ

해 설 유통판매촉진의 유형

가격판촉	비가격판촉
• 진열 수당(Display Allowance) • 시판대 및 특판대 수당 • 구매량에 따른 할인 • 가격의 할인 • 재고금융지원 • 협동광고(Cooperative Advertising) • 유통업체 쿠폰 • 촉진 지원금(Push Money) • 리베이트(Rebate)	• 영업사원 인센티브 • 영업사원 / 판매원 교육 • 컨테스트 • 사은품 • 지정 판매량에 대한 인센티브 • 고객 접점 광고물 • 응모권 • 박람회 • 판매상 지원(Dealer Loader) • 매장 관리 프로그램 관리지원 • 판매 도우미(Sales Helper) 파견

---

70 옴니 채널(Omni Channel)에 대한 설명으로 가장 옳지 않은 것은?

① 소비자들은 오프라인 매장, 온라인 쇼핑몰, 모바일앱 등 여러 경로를 통해 구매할 수 있다.

② 소비자는 시간과 장소에 구애받지 않고 상품정보를 얻을 수 있고, 다양한 채널을 비교해 가장 합리적인 구매를 할 수 있다.

③ 기업은 소비자와의 다양한 접점을 만들어내고 브랜드와 상품을 효과적으로 노출하며, 일관된 메시지를 각인시켜 고객 경험을 극대화할 수 있다.

④ 옴니 채널은 모든 유통경로를 연결해 고객이 하나의 매장을 이용하는 것처럼 느끼는 유통정보시스템을 추가한 통합적인 채널이다.

⑤ 소비자는 온라인 매장에서 제품을 살펴본 뒤 오프라인 매장의 제품을 구매하는 쇼루밍(Showrooming), 오프라인 매장에서 제품에 대한 정보를 파악하여 온라인 매장에서 제품을 구매하는 역쇼루밍(Reverse Showrooming)의 형태를 보인다.

해 설 소비자는 오프라인 매장에서 제품에 대한 정보를 파악하여 온라인 매장에서 제품을 구매하는 쇼루밍(Showrooming), 온라인 매장에서 제품을 살펴본 뒤 오프라인 매장의 제품을 구매하는 역쇼루밍(Reverse Showrooming)의 형태를 보인다.

71 촉진의 기본적 4가지 수단들의 상대적 특징을 비교한 아래 글상자의 (㉠), (㉡), (㉢), (㉣)에 들어갈 내용이 가장 옳게 나열된 것은?

구 분	광 고	홍 보	인적판매	판매촉진
기본 목적	이미지 증대	(㉠)	판매/신뢰증대	(㉡)
기 간	(㉢)	장 기	장/단기	(㉣)

① ㉠ 신뢰형성 – ㉡ 관계형성 – ㉢ 장기 – ㉣ 단기
② ㉠ 관계형성 – ㉡ 신뢰형성 – ㉢ 장기 – ㉣ 단기
③ ㉠ 신뢰형성 – ㉡ 관계형성 – ㉢ 단기 – ㉣ 장기
④ ㉠ 신뢰형성 – ㉡ 매출증대 – ㉢ 장기 – ㉣ 단기
⑤ ㉠ 관계형성 – ㉡ 매출증대 – ㉢ 장기 – ㉣ 장기

해 설 판매촉진 비교

구 분	광 고	홍 보	인적판매	판매촉진
기본 목적	이미지 증대	**(신뢰형성)**	판매/신뢰증대	**(매출증대)**
기 간	**(장기)**	장 기	장/단기	**(단기)**
소구방법	감성적	감성적	이성적	이성적
이익기여도	보 통	낮 음	높 음	높 음

72 소매업자 중심으로 상품카테고리 유형을 분류할 때, 핵심고객유도(Core Traffic) 카테고리에 속하는 상품의 특징으로 옳은 것은?

① 고매출 – 고마진 상품
② 고매출 – 저마진 상품
③ 중매출 – 고마진 상품
④ 중매출 – 저마진 상품
⑤ 중매출 – 중마진 상품

해 설 상품카테고리 유형 분류
- 선도자(Flagship) : 고매출 – 고마진 상품
- 핵심고객유도(Core Traffic) : 고매출 – 저마진 상품
- 현금기계(Cash Machine) : 중매출 – 고마진 상품
- 격전상품(Underfire) : 중매출 – 저마진 상품
- 유지/성장(Maintain/Grow) : 저매출 – 고마진 상품
- 재활상품(Rehab) : 저매출 – 저마진 상품

73 판매촉진 수단으로 많이 활용되는 프리미엄(Premium)에 대한 설명으로 옳지 않은 것은?

① 지속적으로 사용하면 상품 자체의 이미지를 손상시키는 효과가 크다.

② 프리미엄은 광고에 대한 주목률을 높여주는 효과도 있다.

③ 프리미엄은 유통업자들이 자발적으로 진열공간을 할당하게 하는 효과가 있다.

④ 품질 수준이 평준화되어 차별화의 어려움이 있을 때 효과적이다.

⑤ 일종의 선물이나 혜택으로 자사의 로고가 새겨진 컵, 펜, 가방 등을 상품의 형태로 제공하는 것이다.

해 설 지속적으로 사용하면 상품 자체의 이미지를 손상시키는 효과가 큰 판촉수단은 '가격할인'이다.
프리미엄(Premium)은 소비자가 상품을 구입하면 서비스로 제공되는 경품으로 특정 상품의 구매를 유도하는 촉진수단이며, 반복구매나 충동구매를 이끌어 낼 수 있다.

74 차별화 전략에 대한 설명으로 가장 옳은 것은?

① 자사 제품을 효과적 · 효율적으로 전달할 수 있는 하나의 세분시장에 집중하는 전략이다.

② 시너지효과를 지닌 몇 개의 세분시장에 상이한 전략으로 동시에 집중하는 전략이다.

③ 차별적인 욕구를 지닌 세분시장에 동일한 유통경로 개념을 가지고 접근하는 방식이다.

④ 타겟 구매자 집단의 규모가 클 경우 제품 사양 및 가격을 다양화하여 이익을 증대시키고자 하는 전략이다.

⑤ 설탕이나 야채와 같은 생활필수품이나 원재료의 유통전략으로 적합하다.

해 설 차별화 전략은 여러 개의 표적시장을 선정하고 각각의 표적시장에 적합한 마케팅 전략을 개발하는 방식이다. 즉 시너지효과를 지닌 몇 개의 세분시장을 대상으로 차별화된 유통관리 활동을 전개하는 전략이다.
①·④ 집중화 전략
③ 차별화 전략은 동질적인 욕구를 지닌 세분시장을 나누고, 차별적인 유통경로 개념을 가지고 접근하는 방식이다.
⑤ 비차별화 전략

75 아래 글상자 (   ) 안에 들어갈 가격 결정 방식을 옳게 나열한 것은?

(가)은 몇 개의 상품을 원가이하로 대폭 할인함으로써 고객을 소매점으로 유인하려는 가격 전략으로, 구매 빈도가 높은 우유, 달걀, 과일 등의 판매에 주로 적용된다. 반면 (나)은 일단 저가 품목에 의해 고객이 유인된 다음에 고가 품목의 장점을 강조함으로써 고가 품목의 판매를 증대시키려는 전략이다.

① (가) 적응가격(Adaptation Pricing) – (나) 차별가격(Discriminatory Pricing)

② (가) 관습가격(Customary Pricing) – (나) 유인가격(Bait Pricing)

③ (가) 손실선도가격(Loss-leader Pricing) – (나) 유인가격(Bait Pricing)

④ (가) 손실선도가격(Loss-leader Pricing) – (나) 권위가격(Prestige Pricing)

⑤ (가) 단수가격(Odd Pricing) – (나) 적응가격(Adaptation Pricing)

(가) 손실선도가격(Loss-leader Pricing)은 권위가격과는 반대의 개념으로 가격을 대폭 할인함으로써 고객을 유인하려는 가격전략이다.

(나) 유인가격(Bait Pricing)은 고객을 유인하려는 가격전략이라는 점에서 손실선도가격과 비슷하나, 주로 다른 품목의 판촉을 목적으로 한다는 점이 다르다. 다시 말해 일단 저가품목에 의해 고객을 유인한 후 할인품목의 단점과 고가품목의 장점을 비교함으로써 고가품목의 판매를 증대시키려는 것이다. → 촉진가격

※ 용어정리

• 적응가격(Adaptation Pricing) : 자회사가 현지시장에서 수익이 발생하는 경우 가장 바람직한 가격을 책정하도록 허용하는 글로벌 마케팅 접근 방식이다.

• 차별가격(Discriminatory Pricing) : 동일한 상품을 구입자에 따라 다른 가격으로 판매하는 것을 말한다.

• 관습가격(Customary Pricing) : 소비자들이 관습적으로 느끼는 가격으로, 라면, 껌 등과 같이 대량으로 소비되는 생필품의 경우에 많이 적용된다. 이 관습가격보다 제품가격을 높이면 매출이 감소하고 가격을 낮게 책정하더라도 매출이 크게 증가하지 않는다.

• 단수가격(Odd Pricing) : 가격의 단위를 1,000원, 10,000원 등이 아닌 990원, 9,900원 등으로 설정해서 소비자들이 심리적으로 싸게 느끼도록 하는 것이다.

• 권위가격(Prestige Pricing) : 가격이 높을수록 품질이 좋다고 인식되고 제품의 가격과 소비자 자신의 권위가 비례한다고 느끼게 되는 고급제품의 경우에 적용한다. → 명성가격

76 점포 내 레이아웃을 계획할 때는 고객의 동선을 고려하여야 한다. 고객동선에 대한 아래의 내용 중에서 옳지 않은 것은?

① 격자형(Grid) 방식은 슈퍼마켓 등에서 주로 사용하는 곡선형 동선방식으로, 고객을 자연스럽게 점내로 불러들이기에 용이한 방식이다.

② 자유형(Free-flow) 방식은 주로 백화점 등에서 사용되며, 판매원이 대인판매를 하면서 동시에 매장 전체를 감시하기 어렵다는 단점이 있다.

③ 충동구매를 유발하기 위해서는 경주로(Racetrack) 방식이 바람직하다.

④ 상품탐색이 용이하면서, 1인당 평균동선이 가능한 한 길게 이어지는 고객동선이 바람직하다.

⑤ 경주로(Racetrack) 방식은 주통로를 중심으로 여러 매장입구가 연결되도록 하는 방식이다.

격자형(grid) 방식은 대형마트, 슈퍼마켓, 편의점 등에서 주로 사용하는 직선형 병렬배치 방식으로, 고객들이 지나는 통로에 반복적으로 상품을 배치한다.

77 머천다이징의 종류와 설명을 짝으로 옳게 연결한 것은?

㉠ 혼합식 머천다이징 ㉡ 선별적 머천다이징 ㉢ 계획적 머천다이징	a. 소매업자, 2차상품 제조업자, 가공업자 및 소재메이커가 수직적으로 연합하여 상품계획을 수립하는 유형 b. 대규모 소매업자와 선정된 주요 상품 납품회사 사이에 계획을 조정·통합화시키는 유형 c. 소매점이 상품의 구색(구성)을 확대하여 가는 유형으로, 자전거점이 관련 의류나 다양한 용품 심지어 식품까지 취급하는 형태

① ㉠ - a, ㉡ - b, ㉢ - c   ② ㉠ - b, ㉡ - a, ㉢ - c

③ ㉠ - a, ㉡ - c, ㉢ - b   ④ ㉠ - c, ㉡ - a, ㉢ - b

⑤ ㉠ - c, ㉡ - b, ㉢ - a

⊙ 혼합식 머천다이징 : 소매점이 상품의 구색, 즉 상품의 구성을 확대해가는 유형
　　예 자전거점이 자전거 관련 레저의류나 레저용품으로 상품의 구성을 확대해가는 방식
　　ⓛ 선별적 머천다이징 : 소매업자, 2차상품 제조업자, 가공업자 및 소재메이커가 수직적으로 연합하여 상품계획을 수
　　립하는 유형
　　ⓒ 계획적 머천다이징 : 대규모 소매업자와 선정된 주요 상품 납품회사 사이에서 상품의 계획을 조정·통합화시켜 상
　　품화 활동을 수행하는 유형

---

78 소매업체가 지속적 경쟁우위를 확보할 수 있는 중요 요소에 대한 설명으로 가장 옳지 않은 것은?

① 고객충성도는 강력한 소매브랜딩, 포지셔닝, 충성도 프로그램에 의해 구축되며 경쟁력 강화
에 매우 중요한 요소이다.

② 온라인과 오프라인 소매업체의 결정적 경쟁요소는 첫째도 입지, 둘째도 입지, 셋째도 입지
이다.

③ 정교한 물류시스템의 활용은 소매업체의 효율성을 증대시킨다.

④ 소매업체들은 공급업체와의 강력한 유대를 통해 인기상품을 우선적으로 공급받는 배타적 권
리를 확보할 수 있다.

⑤ 백화점과 같은 고품격 서비스를 제공하는 소매업체는 고객서비스의 질을 향상시킴으로써 경
쟁력을 강화할 수 있다.

오프라인 소매업체에서 입지조건은 결정적 경쟁요소로 작용하지만, 온라인 소매업체에서는 그리 중요한 요소가 아니다.

---

79 소매 조직 구성원의 동기부여를 위한 직무설계에 대한 설명으로 옳은 것은?

① 직무확대란 한 업무에서 타 업무로 주기적으로 이동시키는 방법을 말한다.

② 직무 충실화란 소매점 직원이 작업의 계획, 실행, 평가를 통제하는 정도를 증대시킴으로써 직
무를 확대하는 방법을 말한다.

③ 직무특성모형에서 과업 정체성이란 직무가 다른 사람의 인생이나 일에 중요한 영향을 미치는
정도를 말한다.

④ 직무교차란 개인을 대상으로 수평적 직무를 확대하는 것을 말한다.

⑤ 자율적 작업팀이란 스스로 팀을 구성하여 수평적으로 직무를 확대하는 것을 말한다.

① 직무확대란 개인을 대상으로 수평적 직무를 확대하는 것을 말한다. 직무순환이란 한 업무에서 타 업무로 주기적으
로 이동시키는 방법을 말한다.
③ 직무특성모형에서 과업 정체성이란 직무가 일의 전체와 확인 가능한 부분의 완성을 필요로 하는 정도를 말한다.
과업 중요성이란 직무가 다른 사람의 인생이나 일에 중요한 영향을 미치는 정도를 말한다.
④ 직무교차란 수평적 직무확대에 속하는 것으로, 직무의 일부분을 다른 작업자와 공동으로 수행해야 하는 것을 말한다.
⑤ 자율적 작업팀이란 스스로 팀을 구성하여 수직적으로 직무를 확대하는 것을 말한다.

80 소매업체-공급업체(벤더) 간의 전략적 파트너십 관계 발전 단계로 옳은 것은?

① 탐색 → 인식 → 확장 → 결속

② 탐색 → 확장 → 인식 → 결속

③ 인식 → 탐색 → 확장 → 결속

④ 인식 → 결속 → 탐색 → 확장

⑤ 결속 → 탐색 → 확장 → 인식

해설 전략적 파트너십 관계는 인식 → 탐색 → 확장 → 결속의 주요 4단계로 발전해 간다.

05 유통정보(81~100)

81 아래 글상자 (　　) 안에 들어갈 가장 알맞은 용어는?

> SCM 전략인 (　　)은(는) 창고나 물류센터로 입고되는 상품을 보관하는 것이 아니라, 곧바로 소매점포에 배송하는 물류시스템이다. 정보기술은 신속한 물류체계가 유지되도록 통제와 관리를 용이하게 지원해 주는 역할을 한다.

① CRP

② 3자 물류

③ ABC

④ ERC

⑤ 크로스도킹

해설 크로스도킹(Cross Docking)은 물류센터로 입고되는 상품을 수령하는 창고에서 재고로 보관하는 것이 아니라, 재고분류만 한 후 소매점포로 바로 배송하는 물류시스템이다.

82 전자서명이 제공하는 기능에 대한 설명으로 가장 옳지 않은 것은?

① 위조불가 – 서명자만이 서명문을 생성할 수 있다.

② 인증 – 서명문의 서명자를 확인할 수 있다.

③ 재사용 불가 – 서명문의 해시값을 전자서명에 이용하므로 한 번 생성된 서명을 다른 문서의 서명으로 사용할 수 없다.

④ 기밀보장 – 전자서명이 포함된 문서는 서명자를 제외하고는 누구도 읽을 수 없다.

⑤ 부인 방지 – 서명자가 나중에 서명한 사실을 부인할 수 없다.

83 네트워크 보안 방안 중 IP관리시스템이 접근 제어에 활용하는 것은?

① MAC주소, 호스트이름
② MAC주소, IP주소
③ IP주소, 접근하려는 포트
④ 접근하려는 포트, 호스트이름
⑤ 접근하려는 포트, MAC주소

84 유통물류 기업 A사는 프로세스 재정비와 정보화 프로젝트를 구상하고 있다. 프로젝트를 내부자원으로 할 경우와 아웃소싱을 할 경우 각각의 단점으로 가장 옳지 않은 것은?

① 아웃소싱 시 단점 – 프로세스가 친숙하지 못하고, 독자적이지 못하다.
② 내부 구축 시 단점 – 정보시스템의 가치를 객관적으로 평가하기가 어렵다.
③ 아웃소싱 시 단점 – 스탭을 유지하고 기능을 향상시키는 데 추가적인 비용이 요구된다.
④ 내부 구축 시 단점 – 조직 내부에서의 이권다툼이 발생할 수 있다.
⑤ 아웃소싱 시 단점 – 시스템 구축과정에서 조직 내 정보가 유출될 우려가 있다.

85 아래 글상자의 현상을 일컫는 용어로 가장 적절한 것은?

> HP의 경우, 판매점에서 판매되는 데스크젯 프린터의 최종 수요 변동폭에 비해 판매점이 HP 프린터 사업부에 주문하는 프린터 수량의 변동폭이 훨씬 더 크게 나타났으며, 다시 HP 프린터 사업부가 IC 사업부에 주문하는 프린터 제조용 IC칩 주문량의 변동폭은 더욱 크게 나타나는 현상이 관찰되었다.

① 롱테일 법칙　　　　　　　② 파킨슨 법칙
③ 디지털 다윈주의　　　　　④ 채찍효과
⑤ 경제적 주문량모형

86 마케팅 채널상에서 구성원들 간에 발견되는 의존 관계나 영향력이 생기는 상황으로 가장 옳지 않은 것은?

① 거래관계에서 잠재거래선의 수가 적을 경우에 발생한다.

② 거래관계에서 현재 활용가능한 대안의 수가 적을 경우에 발생한다.

③ 거래비용분석의 개념 하에서 기존 거래선에 대한 거래특유 투자가 적을 경우에 발생한다.

④ 상대방과의 거래관계로부터 얻는 성과가 중요하거나 매우 가치가 있을 경우에 발생한다.

⑤ 거래관계로부터 얻는 성과가 잠재거래선으로부터 얻을 수 있는 성과보다 클 경우에 발생한다.

해 설 거래비용분석의 개념 하에서 기존 거래선에 대한 거래특유 투자(Transaction – specific Investment)가 <u>많을 경우</u> 기존 거래선에 대한 대체가능성이 감소하고 의존도는 증가하게 된다.

87 관계형 데이터베이스에 대한 설명으로 가장 옳지 않은 것은?

① 데이터베이스 테이블은 하나 이상의 레코드(Record)로 구성되어 진다.

② 각 필드(Field)는 필드명, 데이터형, 크기 등을 지정해 주어야 한다.

③ 각 레코드(Record)가 유일함을 가지도록 필드 중 하나 이상을 키 속성으로 지정해 주어야 한다.

④ 레코드(Record)는 데이터베이스의 '행'을 의미한다.

⑤ 인덱스 키(Index Key)로 설정된 필드는 하나의 테이블에 반드시 한 개만 지정되어야 한다.

해 설 기본 키(Primary Key)로 설정된 필드는 하나의 테이블에 반드시 한 개만 지정되어야 한다.
인덱스 키(Index Key)는 테이블에서 특정한 필드(Field) 값을 가지는 레코드(Record)를 검색하기 위해 설정하며, 필요시 복수 개의 필드를 지정할 수 있다.

88 OLAP(Online Analytical Processing)의 주요 분석기능의 하나로 아래의 글상자가 뜻하는 기능으로 가장 옳은 것은?

> 사용자가 분석한 정보에 대해 구체적인 사실을 확인하기 위해서 OLTP 시스템이나 데이터웨어하우스 등의 실제 데이터에 직접적으로 접근할 수 있는 기능을 의미한다.

① 피보팅(Pivoting) ② 드릴 업(Drill up)

③ 드릴 다운(Drill down) ④ 드릴 쓰루(Drill trough)

⑤ 드릴 어크로스(Drill across)

해 설 OLAP(Online Analytical Processing)
데이터 웨어하우스나 데이터 마트와 같은 대규모 데이터에 대해 최종사용자가 정보에 직접 접근하여 대화식으로 정보를 분석하고 의사결정에 활용할 수 있는 실시간 분석처리 과정이다.
• 피보팅(Pivoting) : 보고서의 행, 열, 페이지를 사용자가 바꾸어보는 작업
• 드릴 업(Drill up) : 요약형태의 상위계층으로 이동하는 분석기법 ↔ 드릴 다운(Drill down)
• 드릴 다운(Drill down) : 요약된 형태의 데이터 수준에서 보다 구체적인 내용의 상세데이터로 단계적으로 접근하는 분석기법

- 드릴 쓰루(Drill trough) : OLAP시스템으로부터 데이터 웨어하우스, 혹은 OLAP시스템에 존재하는 상세데이터에 접근하는 것
- 드릴 어크로스(Drill across) : 다른 큐브(데이터 영역)의 데이터에 접근하는 것

89 데이터마이닝에서 사용되고 있는 다양한 컴퓨터 분석기법의 하나로 아래의 글상자가 뜻하는 기법으로 가장 옳은 것은?

> 집을 구매한 사람들의 65%가 2주 이내에 새로운 냉장고를 구매하고, 40%가 4주 이내에 전기오븐을 구매한다.

① 군집분석　　　　　　　　　　② 분류분석
③ 순차패턴　　　　　　　　　　④ 연관규칙
⑤ 예측분석

해설 데이터마이닝은 거대 규모의 데이터로부터 가치 있는 정보를 찾아내는 탐색 과정 및 방법을 의미한다. 즉, 데이터 웨어하우스 등 대용량의 데이터베이스로부터 패턴이나 관계, 규칙 등을 발견하여 유용한 지식 및 정보를 찾아내는 과정이나 기술로, 데이터 분석을 통한 판매량 예측, 원인과 결과 분석, 특성에 따른 고객 분류 또는 집단화하는 데 사용된다.
- 군집분석 : 집단 또는 범주에 대한 사전 정보가 없는 데이터의 경우 주어진 관측값을 사용하여 전체를 몇 개의 유사한 집단으로 그룹화하여 각 집단의 성격을 파악하기 위한 기법
- 분류분석 : 분류결과가 알려진 과거의 데이터로부터 분류별 특성을 찾아내어 분류모형 및 분류를 알아내는 기법
- 순차패턴 : 이벤트나 행동의 시간적인 순서를 나타내는 규칙 → 문제의 지문
- 연관규칙 : 대규모의 데이터 항목들 중에서 유용한 연관성과 상관관계를 찾는 기법(장바구니 분석)
- 예측분석 : 시간 구간에 대한 데이터의 변화 추이에 대한 유사성을 발견하는 기법(시계열분석)

90 아래 글상자 (　　) 안에 들어갈 가장 적절한 용어는?

> 최근 이슈가 되고 있는 인공지능(AI)은 미래의 유통산업에도 많은 영향을 미칠 것으로 예상된다. 특히, (　　)은 데이터를 통해 컴퓨터를 학습시키거나, 컴퓨터가 스스로 학습하여 인공지능의 성능을 향상시키도록 하는 기술을 일컫는다. 즉, 컴퓨터가 학습할 수 있도록 하는 알고리즘과 기술을 개발하는 분야이다.

① 기계학습　　　　　　　　　　② e-러닝
③ 자가학습　　　　　　　　　　④ 베이지안(Bayesian)
⑤ 심층신경망

해설 기계학습은 알고리즘을 이용해 데이터를 분석하고, 분석을 통해 학습하며, 학습한 내용을 기반으로 판단이나 예측을 하는 기술이다. 즉 대량의 데이터와 알고리즘을 통해 컴퓨터 그 자체를 '학습'시켜 작업 수행 방법을 익히는 것을 목표로 한다.
② e-러닝 : 인터넷 기술을 이용하여 지식과 수행을 향상시키기 위하여 다양한 유형과 범위의 학습활동 및 자원을 전달하는 활동(수단)
③ 자가학습 : 인간의 사고방식을 컴퓨터가 모방해 컴퓨터 스스로 수많은 정보에서 지식을 구성해가는 것 → 딥 러닝(Deep Learning)

④ 베이지안(Bayesian) : 사건과 관련있는 여러 가지 확률을 이용하여 새롭게 일어날 수 있는 사건에 대한 추정을 하는 것

⑤ 심층신경망 : 인간의 신경망 원리를 모방하여 인공지능(AI)의 핵심을 이루는 딥러닝을 구현하기 위한 인공신경망

91 정보기술 용어와 그 설명으로 가장 옳지 않은 것은?

① 사물인터넷 – 정보교류를 사람과 사물, 사물과 사물로 확장시킨 개념으로 센서 · 지능을 사물 (객체)에 탑재하고 인터넷 등과 상호연결하여 각종 정보를 수집, 처리 운영하는 기술

② O2O – 온라인과 온라인을 연결한 기술로 특정지역에 들어서면 실시간으로 스마트 디바이스를 통해 관련 정보 및 서비스를 제공하여 어디서나 온라인 서비스를 누릴 수 있는 기술

③ Bluetooth – 단파로 무선장치 간에 음성과 데이터통신을 가능케 하는 칩 기술

④ NFC – 가까운 거리에서 비접촉식으로 무선 데이터를 주고 받는, 상대적으로 보안이 우수하고 가격이 저렴한 기술

⑤ LBS – 무선통신망 및 GPS 등을 통해 얻은 위치정보를 바탕으로 인터넷 사용자에게 사용자가 변경되는 위치에 따른 주변의 정보를 제공하는 무선 콘텐츠 서비스 지원 기술

해 설 O2O(Online to Offline)는 온라인과 오프라인을 유기적으로 연결해 새로운 가치를 창출하는 서비스이다. 즉 인터넷이나 스마트 폰을 이용해 오프라인 매장으로 고객을 유치하는 것으로 스마트폰의 등장과 모바일 기술의 발달에 힘입어 빠르게 확산되고 있다.

92 제3자 물류에 대한 설명으로 가장 옳지 않은 것은?

① 사내 물류조직을 별도로 분리하여 자회사로 독립하여 물류업무를 추진하는 형태

② 기업의 물류활동을 완전히 아웃소싱함으로써 운영뿐만 아니라 물류관리, 계획까지 전략적으로 운영 가능한 형태

③ 비교적 장기적 계획에 의거 수행되며, 협력적 파트너십 관계를 형성함으로써 SCM의 도입 및 확산을 촉진하는 매개역할을 수행할 수 있는 물류형태

④ 물류전문업체에 위탁함으로써 물류관련 고정비용을 감소시킬 수 있는 물류형태

⑤ 전문물류서비스업체로부터 다양한 물류 관련 부가서비스 제공을 통해 고객만족도를 높일 수 있는 물류형태

해 설 사내 물류조직을 별도로 분리하여 자회사로 독립하여 물류업무를 추진하는 형태는 제2자 물류(자회사 물류)이다.

93 디지털 경제 성장 과정에서 나타나는 주요 변화로 가장 옳지 않은 것은?

① 인터넷을 통한 정보전달 속도 증대

② 고객에 대한 서비스의 효율성 증대

③ 인터넷을 통한 콘텐츠 전송 증대

④ 인터넷을 통한 물리적 제품의 소매 거래 감소

⑤ 영업 및 마케팅 비용 감소

해 설 인터넷을 통한 물리적 제품의 소매 거래가 증가한다.

※ 디지털 경제가 성장하는 과정에서 발생할 주요 변화

The Emerging Digital Economy(1998)에서는 디지털 경제가 성장하는 과정에서 발생할 주요 변화로서 인터넷 이용확산 및 효율성 제고, 기업간 전자상거래의 확대, 재화와 서비스의 디지털 운송, 상품의 전자소매업 확산 등을 들고 있다.

〈디지털 경제의 성장〉

인터넷 구축의 완성	• 인터넷을 통한 정보전달 속도증대 • 인터넷 접속의 확대
기업간 전자상거래의 확대	• 구매 비용 감소 • 재고 감소 • 제품제조 기간단축 • 고객에 대한 서비스의 효율성 증대 • 판매 및 마케팅 비용 감소 • 판매기회의 확대
재화와 용역의 디지털 운송 증대	• 인터넷을 통한 컨텐츠 운송 증대 • 비행기표 또는 금융증권 등의 인터넷 거래 확대
물리적 재화의 전자 소매 확산	인터넷을 통한 물리적 제품의 소매거래 증가

94 노나카(Nonaka)는 조직의 지식창출과정을 나선형 구조의 SECI모형으로 설명하고 있다. 나선형 진화과정 중 개인과 개인이 대면접촉을 통해 지식생성이 이루어지는 과정을 뜻하는 것은?

① 사회화(Socialization)

② 외부화(Externalization)

③ 개인화(Personalization)

④ 내면화(Internalization)

⑤ 종합화(Combination)

해 설 노나카(Nonaka)의 SECI모형

• 사회화 – 공동화(Socialization ; 암묵지가 또 다른 암묵지로 변하는 과정) : 대면적인 의사소통과 공유된 경험을 통해 암묵지를 공유

• 표출화 – 외부화(Externalization ; 암묵지가 형식지로 변환하는 과정) : 조합된 암묵지가 언어로써 형식지로 전환

• 연결화 – 종합화(Combination ; 형식지가 또 다른 형식지로 변하는 과정) : 형식지를 또 다른 형식지로 가공·조합·편집

• 내면화(Internalization ; 형식지가 암묵지로 변환하는 과정) : 행동에 의한 학습과 밀접하게 연결된 형식지는 개인의 지식기반 형성

95 티머스(Timmers, 2001)가 구분한 가치사슬에 따른 비즈니스 모델 중 아래의 글상자가 뜻하는 유형으로 가장 적합한 것은?

> 기존의 오프라인 기업들이 웹 마케팅을 제3자에게 위탁하려는 경향이 증가함에 따라 나타난 형태로, 이 모델의 주 수입원은 회원 가입비나 거래 수수료이다.

① 경매형(e-Auction)
② 조달형(e-Procurement)
③ 쇼핑몰형(e-Mall)
④ 중개시장형
⑤ 가상 커뮤니티형(Virtual Community)

해 설 ① 경매형(e-Auction) : 경매 대상이 되는 제품이나 서비스를 멀티미디어로 정보를 제공
② 조달형(e-Procurement) : 전통적인 EDI나 CALS의 연장선에 있는 사업모델
③ 쇼핑몰형(e-Mall) : 여러 종류의 상점을 모아 놓고 고객에게 편의성 제공
⑤ 가상 커뮤니티형(Cirtual Community) : 회원간의 의사소통을 통해 부가가치를 생성하고, 회원들의 관계를 통해 자사의 충성고객 형성

96 아래 글상자 (   ) 안에 들어갈 용어와 그에 맞는 설명이 가장 옳은 것은?

> 전통적인 경제학에서 기업의 생산활동은 (가)이 주로 적용된다고 가정하고 있다. 정보화 사회에 접어들면서 컴퓨터 산업을 포함한 정보통신 산업분야에서는 전통산업과 달리 (가)이 적용되지 않는다. 정보통신이나 기술집약도가 높은 산업분야일 수록 (나)에 따라 운용되고 있다.

① (가) – 수확체감의 법칙 – 기술의 발달 속도를 성능으로 감안해 보면, 두 배의 성능을 구현하는 데 걸리는 시간이 점점 줄어들고 있는 현상
② (나) – 수확체증의 법칙 – 생산요소(노동시간)를 한 단위 추가하면 추가할수록 산출량과 증가량이 증가하는 현상
③ (가) – 수확불변의 법칙 – 이론상으로 추가 생산요소와 비례적으로 증가하는 산출량이 일정하게 증가하는 현상
④ (나) – 수확체감의 법칙 – 생산요소(노동시간)를 한 단위 추가함에 따라 수익의 증가분이 처음에는 높게 나타나다가 시간이 지날수록 한 단위의 노동에 대한 수익 증가분이 감소하는 현상
⑤ (가) – 수확체증의 법칙 – 생산요소(노동시간)를 한 단위 추가하면 추가할수록 산출량이 증가하지만 증가량이 점점 감소되어 일정하게 증가하는 현상

해 설 (가) – 수확체감의 법칙 – 생산요소(노동시간)를 한 단위 추가함에 따라 수익의 증가분이 처음에는 높게 나타나다가 시간이 지날수록 한 단위의 노동에 대한 수익 증가분이 감소하는 현상
(나) – 수확체증의 법칙 – 생산요소(노동시간)를 한 단위 추가하면 추가할수록 산출량과 증가량이 증가하는 현상

97 전자화폐의 원칙으로 가장 옳지 않은 것은?

① 전자화폐는 재활용할 수 없다.

② 전자화폐는 사용자의 사적인 비밀을 보호해야 한다.

③ 전자화폐의 금액은 더 작은 액수로 나눌 수 있어야 한다.

④ 전자화폐의 보안성이 물리적인 존재에 의존해서는 안 된다.

⑤ 전자화폐를 받은 판매자는 반드시 네트워크에 접속되어 있어야 한다.

해 설 전자화폐는 일반적으로 화폐가치의 정보저장 이용매체 종류에 따라 IC카드형과 네트워크형으로 구분한다. IC카드형 전자화폐는 IC칩이 내장된 카드에 화폐가치를 저장하며, 주로 오프라인에서 대면거래에 의한 소액결제에 사용된다.

98 QR코드 마케팅이 늘어나게 된 배경으로 가장 옳지 않은 것은?

① 미디어 매체별 접점 파악 및 효과측정이 용이하다.

② 누구나 손쉽게 QR코드 제작 및 다양한 디자인 변형이 가능해졌다.

③ 기존 인쇄매체의 한계를 극복할 수 있는 대안으로 활용할 수 있다.

④ 개인별 컴퓨터의 보급 확대 및 다양한 마케팅 기술의 등장을 들 수 있다.

⑤ QR코드를 활용하면 고객참여를 통한 즉각적인 반응을 이끌어 낼 수 있다.

해 설 QR코드 마케팅은 '컴퓨터의 보급 확대'보다는 '스마트폰의 보급 확대'로 등장하게 되었다.

99 발주시스템에서 사용되고 있는 주문모형의 하나로 아래 글상자가 설명하는 기법은?

> 품목별로 미래의 수요를 고려하여 사전에 결정한 최대재고수준까지 정기적으로 발주하는 방식이다.
> 발주량은 최대재고수준에 도달하기 위한 현재고수준의 부족량으로 결정되므로 수요가 일정할 경우
> 에는 발주량이 일정하지만 수요가 수시로 변동하면 발주량도 수시로 달라지는 특징을 갖는다.

① ABC 모형

② 고정주문량 모형

③ 고정주문기간 모형

④ ROP(Reorder Point) 모형

⑤ EOQ(Economic Order Quantity) 모형

해 설 ① ABC 모형 : 물품의 중요도에 따라 차별적으로 관리하는 방식
② 고정주문량 모형 : 발주점까지 하락하면 사전에 결정되어 있는 수량을 발주하는 방식
④ ROP(Reorder Point) 모형 : 주문기간을 일정하게 하고 주문량을 변동시키는 모형
⑤ EOQ(Economic Order Quantity) 모형 : 해당 품목의 수급에 차질이 발생하지 않는 범위 내에서 재고관련 비용
이 최소가 되는 1회 주문량 모형

100 아래의 글상자가 뜻하는 해킹의 공격유형으로 가장 옳은 것은?

> 금융기관을 사칭하여 안내 메일을 배포하는 등의 활동을 통하여, 사용자가 진짜 사이트로 오인하여
> 접속하도록 유인한 뒤 중요한 개인정보를 남기도록 유도하는 형태의 공격기법

① 분산서비스거부공격
② 서비스거부공격
③ 피 싱
④ 스니핑
⑤ 스푸핑

해 설
① 분산서비스거부공격 : 여러 대의 공격자를 분산적으로 배치해 동시에 서비스거부공격을 하는 방법이다.
② 서비스거부공격 : 특정 서버에게 수많은 접속 시도를 만들어 다른 이용자가 정상적으로 서비스 이용을 하지 못하게 하는 공격이다. 수단, 동기, 표적은 다양할 수 있지만, 보통 인터넷 사이트 또는 서비스의 기능을 일시적 또는 무기한으로 방해 또는 중단을 초래한다.
④ 스니핑(Sniffing) : 네트워크 상에 떠돌아다니는 패킷이나 데이터 등을 훔쳐보는 것이다.
⑤ 스푸핑(Spoofing) : 외부의 악의적 네트워크 침입자가 임의로 웹사이트를 구성하여 일반 사용자들의 방문을 유도한 후, 인터넷 프로토콜인 TCP/IP의 구조적 결함을 활용해서 사용자의 시스템 권한을 획득한 뒤에 정보를 빼내가는 해킹수법이다.

아이들이 답이 있는
질문을 하기 시작하면
그들이 성장하고 있음을 알 수 있다.

존 J. 플롬프

2019년

기출문제해설

행운이란 100%의 노력 뒤에 남는 것이다.

- 랭스턴 콜만 -

제2회 | 기출문제해설

1급	A형	소요시간	문항수
		100분	100문항

01 유통경영(1~20)

01 부채를 만기일에 따라 유동부채와 비유동부채로 분류할 경우, 유동부채로만 바르게 짝지어진 것은?

① 매입채무 – 단기차입금 – 사채

② 미지급비용 – 선수금 – 매입채무

③ 선수금 – 사채 – 장기차입금

④ 유동성장기부채– 미지급비용 – 장기미지급금

⑤ 장기차입금 – 매입채무 – 유동성장기부채

해설 유동부채

• 1년 이내에 상환해야 하는 채무

• 외상매입금과 지급어음, 금전채무, 일반적으로 기한 1년 이내의 단기차입금, 미지급금, 미지급비용, 선수금, 예수금, 충당금 등이 속한다.

02 K사는 1월 1일 기준으로 상품 3개(단가 ₩100)를 기초재고자산으로 보유하고 있었다. 5월 5일 상품 2개(단가 ₩150)를, 7월 7일 상품 2개(단가 ₩100)를 각각 구입하였다. 당해 연도에 4개의 상품을 단가 ₩200에 판매하였다. 선입선출법을 사용할 경우 K사의 매출원가는?

① 300   ② 350

③ 400   ④ 450

⑤ 800

해설 선입선출법 하에서 판매된 4개의 상품 : 기초재고상품 3개 + 5월 5일 매입상품 1개

선입선출법 하에서 판매된 상품의 매출원가 = (3개 × 100원) + (1개 × 150원) = 450원

03 회계정보 이용자들에게 유용한 정보를 제공하는 재무제표의 기본 가정 혹은 원칙으로 옳지 않은 것은?

① 재무건전성(financial health)
② 기업실체의 가정(economic entity)
③ 완전공시의 원칙(full disclosure)
④ 계속기업의 가정(going concern)
⑤ 발생주의(accrual basis)

해 설 재무제표의 기본 전제 및 가정
• 발생기준 : 현금의 수수와는 관계없이 수익은 실현되었을 때 인식되고, 비용은 발생되었을 때 인식되는 개념
• 기업실체의 가정 : 회계의 대상인 기업은 소유주와는 별개로 존재하는 하나의 권리의무의 주체라는 가정
• 계속기업의 가정 : 기업은 반증이 없는 한 경영활동을 영구적으로 수행한다는 가정, 즉 모든 기업은 영속적으로 존재한다는 가정
• 기간별 보고의 가정 : 계속기업을 일정한 단위로 분할하여 정보를 제공한다는 가정으로 이 가정에 따라 기업의 재무제표 등을 작성할 때 1년이나 6개월 또는 3개월 등의 단위로 구분하여 각 기간별로 작성

04 비율분석에 사용되는 대표적인 재무비율들에 대한 설명 중 옳지 않은 것은?

① 자산을 효율적으로 사용하는지를 평가하는 비율은 영업활동비율이다.
② 이윤 발생을 위한 자산의 효율성을 측정할 수 있는 투자수익률은 수익성비율이다.
③ 조직이 유동부채를 감당할 수 있는 능력인 유동성비율에는 이자보상률이 포함된다.
④ 부채비율이 높을수록 조직의 레버리지 수준이 높다고 볼 수 있다.
⑤ 매출액을 재고자산으로 나누면 재고자산회전율을 구할 수 있다.

해 설 유동성비율에는 유동비율과 당좌비율이 포함되며, 이자보상률은 안정성비율에 해당된다.

05 "최저임금법"(법률 제17326호, 2020. 5. 26., 타법개정)에 대한 설명 중 옳지 않은 것은?

① 동거하는 친족만을 사용하는 사업과 가사(家事) 사용인에게는 적용하지 않는다.
② 최저임금은 근로자의 생계비, 유사 근로자의 임금, 노동생산성 및 소득분배율 등을 고려하여 정한다.
③ 최저임금액은 시간 · 일(日) · 주(週) 또는 월(月)을 단위로 하여 정한다.
④ 선원과 선원을 사용하는 선박의 소유자에게는 적용하지 않는다.
⑤ 최저임금위원회는 매년 8월 5일까지 최저임금을 결정하여야 한다.

해 설 최저임금의 결정(최저임금법 제8조 제1항)
고용노동부장관은 매년 8월 5일까지 최저임금을 결정하여야 한다. 이 경우 고용노동부장관은 대통령령으로 정하는 바에 따라 최저임금위원회에 심의를 요청하고, 위원회가 심의하여 의결한 최저임금안에 따라 최저임금을 결정하여야 한다.

06 의사결정을 개인차원 의사결정, 집단차원 의사결정, 조직차원 의사결정으로 나눌 때 집단차원 의
사결정과 관련되는 것은?

① 창의력 　　　　　　　　　　　② 전략적 의사결정
③ 휴리스틱스 　　　　　　　　　④ 스키마(schema)
⑤ 애쉬효과(Asch effect)

해 설　애쉬효과(Asch effect)
정답을 분명히 알아도 대다수가 선택한 틀린 답을 쫓아가는, 즉 다수가 공유하는 틀린 생각 때문에 개인의 옳은 판단
이 영향을 받게 되는 현상으로 사람들이 심리적으로 다른 사람의 의견을 따라가는 성향을 나타내는 말이다.

07 "소비자기본법"(법률 제17799호, 2020. 12. 29., 타법개정)에 의하면 국가는 소비자가 사업자
와의 거래에 있어서 표시나 포장 등으로 인하여 물품 등을 잘못 선택하거나 사용하지 아니하도
록 표시기준을 정하여야 한다고 명시되어 있다. 이러한 표시기준으로 옳지 않은 것은?

① 사용방법, 사용ㆍ보관할 때의 주의사항 및 경고사항
② 표시의 크기ㆍ위치 및 방법
③ 물품 등에 따른 불만이나 소비자피해가 있는 경우의 처리기구 및 처리방법
④ 시각장애인을 위한 표시방법
⑤ 물품 등을 제조한 생산자의 성명

해 설　표시의 기준(소비자기본법 제10조 제1항)
국가는 소비자가 사업자와의 거래에 있어서 표시나 포장 등으로 인하여 물품 등을 잘못 선택하거나 사용하지 아니하
도록 물품 등에 대하여 다음의 사항에 관한 표시기준을 정하여야 한다.
• 상품명ㆍ용도ㆍ성분ㆍ재질ㆍ성능ㆍ규격ㆍ가격ㆍ용량ㆍ허가번호 및 용역의 내용
• 물품 등을 제조ㆍ수입 또는 판매하거나 제공한 사업자의 명칭(주소 및 전화번호를 포함한다) 및 물품의 원산지
• 사용방법, 사용ㆍ보관할 때의 주의사항 및 경고사항
• 제조연월일, 품질보증기간 또는 식품이나 의약품 등 유통과정에서 변질되기 쉬운 물품은 그 유효기간
• 표시의 크기ㆍ위치 및 방법
• 물품 등에 따른 불만이나 소비자피해가 있는 경우의 처리기구(주소 및 전화번호를 포함한다) 및 처리방법
• 「장애인차별금지 및 권리구제 등에 관한 법률」 제20조에 따른 시각장애인을 위한 표시방법

08 조직의 지도원리 중 하나인 효과성(effectiveness)에 대한 설명으로 옳지 않은 것은?

① 결정된 목표를 달성하는 정도를 말한다.
② 적절한 목표를 설정하는 능력을 포함한다.
③ 결국 어떻게 일을 할 것인가 보다는 어떤 일을 할 것이냐를 중요시하는 개념이다
④ 일을 제대로 하는 것(doing things right)과 관련이 있다.
⑤ 조직구성원의 성취노력에 대해 제공되는 반대급부에 대해 구성원이 느끼는 만족의 정도도 포
함된다.

④는 효율성에 대한 설명이다.

※ 효과성과 효율성

- 효과성: 표적시장이 요구하는 서비스산출을 얼마나 제공하였는가를 측정하는 목표지향적인 성과기준
- 효율성: 일정한 비용에 의해 얼마나 많은 산출이 발생하였는가 혹은 일정한 산출을 얻기 위해 얼마나 많은 비용이 투입되었는가를 나타내 주는 척도

09 '리더상(像)을 인간중심형과 과업중심형으로 나누고, 이를 알아내기 위해 설문을 이용하여 LPC(Least Preferred Co-worker)점수를 측정하여 가장 같이 일하고 싶지 않은 동료에게 주는 점수가 높으면 인간관계지향형, 낮으면 과업지향형으로 분류하였다' 리더십이론에 관한 위의 내용과 관련이 있는 사람은?

① 프레드 피들러(Fred Fiedler)
② 로버트 브레이크와 제인 무튼(Robert Blake & Jane Mouton)
③ 캐더린 아담스(Katherine Adams)
④ 스콧 만(Scott Mann)
⑤ 마트 맥그리거 (Mart McGregor)

피들러의 상황리더십 이론(Fiedler's Contingency Theory of Leadership)

- 상황을 고려한 최초의 리더십이론으로 피들러(Fiedler, F. E.)는 과업의 성공적 수행은 이를 이끌어 나가는 리더십의 스타일과 과업이 수행되는 상황의 호의성(favorableness) 여하에 따라 달라진다고 보고, 리더십 스타일을 과업지향형(task-oriented)과 관계지향형(relationship-oriented)으로 분류하고 있다.
- 과업지향형이 리더십 행사의 초점을 과업 자체의 진척과 성취에 맞추고, 여기에 방해되는 일탈행위를 예방하거나 차단하는 데 주력하는 통제형 리더십(controlling leadership) 스타일이라면, 관계지향형은 통솔 하에 있는 부하직원들과의 원만한 관계형성을 통해 과업의 성취를 이끌어 내려는 배려형 리더십(considerate leadership) 스타일을 의미한다.

10 아래 글상자에서 설명하는 조직과 관련된 용어로서 가장 옳은 것은?

조직체의 효과와 효율을 올리기 위해 행동과학의 지식과 방법을 사용하여 조직구성원의 행동을 지배하는 가치관(value), 신념(belief), 조직문화(organizational culture)를 개선하려는 장기적인 변화전략 및 과정

① 조직 행동　　　　　　　　　② 조직 개발
③ 조직 설계　　　　　　　　　④ 조직 진단
⑤ 조직 구조

① 조직 내에서 이뤄지는 다양한 개인, 집단, 조직차원의 행동을 연구하는 것으로 행동의 근거와 동기, 결과 등의 연구를 통해 보다 나은 조직의 성과를 추구하려는 데 그 목적이 있다.
③ 조직의 구조와 체계를 설계하는 것으로 조직의 변화를 목표로 새로운 구조 또는 체계를 설계하게 되며, 조직설계를 통해서 조직은 더 높은 성과를 수행하는 구조로 전환하게 된다.
④ 의도적인 조직변화를 시도하기 위한 전단계로, 조직의 현황을 분석하여 조직의 문제점을 파악하는 과정을 말한다.

⑤ 조직구성원의 '유형화된 교호작용(patterned interaction)'의 구조를 말하는 것으로, 조직구성원들은 조직 목표를 달성하기 위해 서로 협동하면서 끊임없이 상호작용을 계속하는 바, 이러한 계속적인 교호작용 속에서 조직구성원들의 행위의 유형이 형성된다.

11 "유통산업발전법"(법률 제17761호, 2020. 12. 29., 타법개정)에서 정의하는 체인사업으로 옳지 않은 것은?

① 임의가맹점형 체인사업
② 조합형 체인사업
③ 전문점형 체인사업
④ 직영점형 체인사업
⑤ 프랜차이즈형 체인사업

해 설 체인사업(유통산업발전법 제2조 제6호)
"체인사업"이란 같은 업종의 여러 소매점포를 직영하거나 같은 업종의 여러 소매점포에 대하여 계속적으로 경영을 지도하고 상품·원재료 또는 용역을 공급하는 다음의 어느 하나에 해당하는 사업을 말한다.
• 직영점형 체인사업
• 프랜차이즈형 체인사업
• 임의가맹점형 체인사업
• 조합형 체인사업

12 조직차원의 커뮤니케이션을 공식적 커뮤니케이션, 비공식적 커뮤니케이션으로 나눌 때, 비공식적 커뮤니케이션과 가장 관련이 깊은 것은?

① 상향적, 하향적, 수직적, 대각적 커뮤니케이션
② 그레이프바인(grapevine)
③ 수평적 커뮤니케이션
④ 톱다운(Top-Down) 방식
⑤ 제안제도

해 설 그레이프바인(grapevine)
• 조직의 커뮤니케이션은 공식적인 커뮤니케이션 체계뿐만 아니라 자생적으로 형성된 비공식적 커뮤니케이션 체계도 존재하는데, 이러한 비공식적 커뮤니케이션 체계를 포도넝쿨을 닮았다고 하여 '그레이프바인(grapevine)'이라 칭한다.
• 미국의 남북전쟁 당시 전신체제가 엉망이어서 정보의 전달과 수신 상태에 문제가 발생한 데에서 유래하였다.
• 오늘날 모든 비공식적 커뮤니케이션을 지칭하는 의미로 사용한다.
• 조직적 측면에서 비공식적 커뮤니케이션 체계를 흐르는 정보는 소문의 형태이고 왜곡될 소지가 있다 하여 소홀하게 다루었으나, 역기능을 줄이고 장점을 이용하는 방안모색이 바람직하다고 할 수 있다.

13 아래 글상자의 내용은 동기이론 중 어느 것에 관련된 이론인가?

> 월급을 많이 주고, 근무여건을 좋게 해 준다고 해서 종업원이 만족하는 것은 아니다.

① 매슬로우(Abraham Maslow)의 욕구단계이론
② 알더퍼(Clayton Alderfer)의 ERG이론
③ 브룸(Victor Vroom)의 기대이론
④ 아담스(Katherine Adams)의 공정성이론
⑤ 허츠버그(Frederick Herzberg)의 2요인이론

해 설 허츠버그(Frederick Herzberg)의 2요인이론
- 허츠버그는 동기유발에 관한 요인을 위생요인과 동기요인으로 구분
- 위생요인은 불만족시 동기유발 정도를 낮추는 요인으로 급여, 작업조건, 고용안정 등이 해당
- 동기요인은 만족시 동기유발 정도를 높이는 요인으로 성취감, 타인으로부터의 인정, 성장가능성, 승진 등이 해당
- 근로조건 향상을 통한 위생요인을 높이는 것이 불만을 줄여줄 수는 있지만 직무만족을 가져다주지는 않으며, 동기 유발을 위해서는 만족요인을 높여주는 것이 중요

14 조직행동이론에서 말하는 태도(attitude)에 대한 설명으로 옳지 않은 것은?

① 어떤 사물이나 사람에 대한 육체적인 자세
② 어떤 환경(사물, 사람, 사건)으로부터의 자극에 대하여 반응하려는 상태
③ 어떤 지각을 바탕으로 형성된 호, 불호의 상태
④ 어떤 사람이나 사물에 대한 좋다 혹은 싫다의 반응
⑤ 어떤 행동이 일어나기 전의 전초적인 마음 상태

해 설 태도의 정의
- 어떤 사물이나 사람에 대한 좋다 혹은 나쁘다는 느낌
- 어떤 환경(사물, 사건, 사람)으로부터의 자극에 대하여 반응하려는 상태
- 어떤 행동이 일어나기 전의 전초적인 생각(견해)과 마음 상태
- 어떤 대상에 대해 지속적으로 호의적 또는 비호의적으로 반응하려는 학습된 사전적 견해

15 학습이론과 관련된 아래의 내용 중 옳지 않은 것은?

① 학습은 직·간접적인 경험을 통하여 발생한다.
② 행위수정이론(behavioral modification perspective)은 학습이론과 관련이 없다.
③ 학습에 의한 행동변화는 상당기간 지속되어야 한다.
④ 학습이론은 행위주의학파와 인지론학파간의 치열한 논쟁 속에서 발전해 왔다.
⑤ 학습이론은 고전적 조건화 이론, 즉 자극-반응주의 이론으로부터 시작되었다.

해 설 행위수정이론은 인간은 선하지도 악하지도 않은 백지상태로 태어나 인간의 모든 행동은 환경자극에 대한 반응양식들의 연합, 강화, 모방 등을 통해 학습된 것이라는 이론으로 학습이론과 관련이 있다.

16 소매업체의 성과척도 중 점포 운영척도와 관련된 설명으로 가장 옳지 않은 것은?

① 매장관리자가 통제하는 결정적인 자원은 상품재고이다.

② 점포운영 생산성 척도에는 직원당 매출액이 포함된다.

③ 감모손실, 에너지 비용을 통제하는 것도 포함한다.

④ 무인판매대를 통해 노동생산성을 향상시키기도 한다.

⑤ 매장 공간 활용과 직원관리를 통해 생산성을 향상시키려 노력한다.

해 설 매장관리자가 통제하는 결정적인 자원은 <u>인적자원</u>이다.

17 제도화 조직이론에 관한 설명으로 옳은 것을 모두 고르면?

2019

> 가. 조직은 외부의 자원공급에 의존하며 그들의 욕구를 충족시켜야 한다.
> 나. 조직구성원은 조직의 공식규정에 의해 통제되는 것이 아니라 조직에 형성된 제도화된 룰에 의해 통제된다.
> 다. 조직은 환경에 적합한 제도를 구축한다.
> 라. 조직은 능동적으로 상황과 제도를 선택하고 조작하여야 한다.
> 마. 제도란 조직이 택하는 실제의 설계구조나 운영시스템이다.

① 가, 나   ② 나, 다

③ 다, 라   ④ 가, 다, 마

⑤ 나, 마

해 설 가. 조직 내부의 문제에 중점을 둔 이론이다.

다. 조직은 환경에 대한 적응방법을 생존을 위협하는 대상이나 요소를 조직의 정책결정 구조에 흡수, 관행화하여 비공식적·공식적 제도화로 조직의 안정과 생존을 확보하는 방어 메커니즘을 갖는다.

라. 조직은 수동적으로 상황과 제도를 선택하고 조작하여 적응한다.

18 비용–조업도–이익분석(Cost Volume Profit Analysis)에서 고정비로 처리하는 비용요소들로만 짝지어진 것은?

① 지급이자 – 연구개발비 – 외주가공비 – 접대비

② 임차료 – 고정급 급여 – 운반비 – 종업원 훈련비

③ 시장개발비 – 포장비 – 복리후생비 – 운반비

④ 감가상각비 – 보험료 – 수선 유지비 – 종업원 훈련비

⑤ 임차료 – 포장비 – 고정급 급여 – 판매수수료

변동비와 고정비
- 변동비 : 조업도에 따라서 변동하는 비용으로 재화의 생산량이 늘어나면 증가하는 형태를 띠는 비용
  예 재료비, 부품비, 연료비, 잔업수당, 판매원 수수료 등
- 고정비 : 조업도의 변화와 관계없이 일정한 원가로 생산량이 늘어나거나 줄어들어도 변동이 없는 비용
  예 급료, 지대, 감가상각비, 이자, 보험료, 전기 · 수도 · 전화요금 등

19 조직몰입(organizational commitment)에 대한 내용으로 옳은 것은?

① 심리적 부담이나 의무감 때문에 조직에 몰입하는 것을 지속적 몰입이라 한다.

② 정서적 몰입은 소속된 조직과 결별하는 데 따르는 비용이 많이 들기 때문에 구성원으로서의 자격을 유지하려는 심리적 상태를 말한다.

③ 정서적 몰입, 지속적 몰입, 규범적 몰입 등으로 구성된다.

④ 몰입의 대상이 되는 조직은 일반적으로 하나의 조직이 대상이 된다.

⑤ 몰입의 대상은 기업이나 직장, 조직에 해당되고 직업자체에 대한 몰입은 없다.

① 심리적 부담이나 의무감 때문에 조직에 몰입하는 것을 규범적 몰입이라 한다.
② 정서적 몰입은 조직 구성원이 그가 속한 조직에 노력과 충성을 기꺼이 바치려는 의욕, 개인의 존재를 조직과 결합하려는 태도, 또는 조직의 목적을 수용하려는 신념을 의미한다.
④ 조직 내에서의 몰입은 조직 몰입, 직무 몰입, 경력 몰입, 팀 몰입으로 나눌 수 있다.
⑤ 몰입 대상에 따라 조직중심의 몰입과 개인중심의 몰입으로 나눌 수 있는데, 조직중심의 몰입에는 조직 몰입과 팀 몰입, 개인중심의 몰입에는 직무 몰입과 경력 몰입이 대표적이다.

20 인사평가에 관한 설명으로 가장 부적절한 것은?

① 후광효과는 평가자가 피평가자의 어느 한 면을 기준으로 다른 것까지 함께 평가해 버리는 경향을 말한다.

② 평가의 타당성이란 동일한 피평가자를 반복하여 평가하여도 비슷한 결과가 나타나는지를 의미한다.

③ 상동적 오류란 특정한 사람에 대해 갖고 있는 평가자의 지각에 의해 나타난다.

④ 신뢰성 관련 오류 중 정보부족으로 인해 중심화경향, 귀속과정오류, 2차 고과자 오류가 발생한다.

⑤ 수용성이란 인사평가제도를 피평가자들이 적법하고 필요한 것이라 믿고, 평가가 공정하게 이루어지며 그리고 평가결과가 활용되는 평가목적에 대해 동의하는 정도이다.

피평가자를 반복하여 평가하여도 비슷한 결과가 나타나는지를 의미하는 것은 평가의 신뢰성이다.
※ 타당성과 신뢰성
- 타당성 : 측정하고자 하는 것을 얼마나 정확하게 측정했는가를 의미하는 것
- 신뢰성 : 측정항목에 대해 얼마나 일관성이 있는지를 보는 것

21 팔레트 풀(pallet pool) 활성화 방안 설명으로 옳지 않은 것은?

① 팔레트 표준화가 필수적이다.

② 공팔레트 회수전문업자를 두는 것이 필요하다.

③ 표준팔레트를 다량 보유한 대여업체가 있어야 한다.

④ 지역 및 전국적 팔레트 집배망의 구축은 필요치 않다.

⑤ 팔레트 데포 및 네트워크 운영을 위한 정보시스템이 필요하다.

> **해 설** 지역 및 전국적 팔레트 집배망의 구축이 <u>필요하다</u>.

22 물류비 단계별 관리 순서가 옳게 나열된 것은?

> ㉠ 물류예산관리 단계로 물류비의 차이를 분석한다.
> ㉡ 물류비의 정확한 파악으로 매출액과 대비시켜 주로 물류비 규모를 파악한다.
> ㉢ 관리회계와 재무회계를 연계시켜 비용시뮬레이션(cost simulation) 등을 실시하고 물류관리회계를 확립한다.
> ㉣ 물류비의 기준치 또는 표준치를 설정하여 물류예산과 그 관리에 객관적 타당성을 부여한다.

① ㉠ - ㉡ - ㉢ - ㉣

② ㉠ - ㉢ - ㉣ - ㉡

③ ㉡ - ㉠ - ㉣ - ㉢

④ ㉡ - ㉣ - ㉢ - ㉠

⑤ ㉢ - ㉣ - ㉡ - ㉠

> **해 설** 물류비 단계별 관리 순서
> 물류비의 규모 파악 → 물류비의 차이 분석 → 물류비의 표준치 설정 → 물류관리회계 확립

23 물류표준화의 저해요인으로 옳지 않은 것은?

① 표준화에 대한 인식 부족

② 유닛로드시스템(unit load system) 통칙에 대한 낮은 인지도

③ 표준팔레트와 정합되는 KS 외부포장규격이 단순하여 보급 확대

④ 유닛로드시스템(unit load system) 규격의 표준팔레트, 보관랙(rack) 등 물류기기 및 설비의 사용 미흡

⑤ 표준EDI, 표준물류바코드 등 정보화 기반요소의 활용 부족

> **해 설** ③은 물류표준화의 필요성에 대한 내용이다.

24 아래 글상자 내용 중 수배송물류의 기능을 모두 고른 것으로 옳은 것은?

> ㉠ 경제활동의 분업화를 촉진시킨다.
> ㉡ 재화와 용역의 교환기능을 촉진시킨다.
> ㉢ 수배송물류는 국민경제 발달에 영향을 미친다.
> ㉣ 대량생산과 대량소비를 가능하게 하여 규모의 경제를 실현시킨다.
> ㉤ 수배송물류는 재화의 생산, 분배 및 소비를 원활하게 하여 공급조절을 통해 재화와 용역의 가격
>   을 안정시켜 주는 기능이 있다.

① ㉠

② ㉠, ㉡

③ ㉠, ㉡, ㉢

④ ㉠, ㉡, ㉢, ㉣

⑤ ㉠, ㉡, ㉢, ㉣, ㉤

해 설 수배송물류의 기능
 • 경제활동의 분업화 촉진
 • 재화와 용역의 교환기능 촉진
 • 국민경제 발달
 • 규모의 경제 실현
 • 가격 안정화 기능

25 물류비에 의한 물류관리 요건에 대한 설명으로 옳지 않은 것은?

① 원인 규명이 용이할 것

② 이용 목적이 명확할 것

③ 시계열 데이터로서 계속성이 있을 것

④ 물류비용의 내용이 복잡하고 처리가 어려울 것

⑤ 데이터의 수집이 쉽고, 이 데이터를 일상화(routine)할 수 있을 것

해 설 물류비용의 내용이 간단하고 처리가 쉬워야 한다.

26 복합운송에 관계된 내용으로 옳은 것은?

① 복합운송인이 운송 전체 구간에 걸쳐 화주에게 구간마다 분리된 책임을 진다.

② 운송구간마다 전 구간 단일화된 운임이 아닌 분할된 운임을 사용한다.

③ 복합운송인이 화주에 대하여 상이한 운송구간마다 다른 개별적인 복합운송증권을 발행한다.

④ NVOCC(Non Vessel Operating Common Carrier)는 자기가 직접 선박을 운항하는 운송
  인이다.

⑤ 해운선사, 항공회사가 복합운송인이 될 수 있는 것처럼 포워더형 운송인도 복합운송인이 될
  수 있다.

① 복합운송인이 전체 운송에 대한 책임을 진다.
② 복합운송은 운송의 대가로 각 구간별로 분할운임이 아닌 전 운송구간에 대한 단일운임을 사용한다.
③ 단일한 운송주체가 각각 상이한 운송형태로 진행되는 전 구간에 대하여 단일 운송증권을 발행한다.
④ NVOCC는 비선박운항업자로 운송수단을 직접 보유하지 않은 운송인이다.

27 컨테이너 운송방식에 대한 내용으로 옳은 것은?

① 컨테이너 규격화와 취급 기계화로 인해 항만에서 발생하는 화물취급비용이 크게 증가하였다.
② 컨테이너는 화주 측에서 보유하는 용기이므로 화주측에서 컨테이너 재고관리가 필요하다.
③ 컨테이너 운송도중 운송수단이 바뀔 때는 내품의 재적입을 통해 다른 운송수단에 환적시켜야 한다.
④ 화주의 화물을 문전에서 문전까지 운송할 수 있다.
⑤ 컨테이너 구매에 필요한 초기 이용자본이 매우 적다.

컨테이너 운송방식은 문전운송 서비스(Door to door)가 실현되어 화물의 이적 없이도 일관운송이 가능하다.
① 컨테이너 규격화와 취급 기계화로 인해 항만에서 발생하는 화물취급비용이 크게 감소하였다.
⑤ 컨테이너 자체의 단가가 비싸서 컨테이너 구매에 필요한 초기 이용자본이 매우 많다.

28 아래 글상자 내용 중 사업부제 물류조직의 특징을 모두 고른 것으로 옳은 것은?

> ㉠ 각 사업부내에 라인과 스텝부문이 존재한다.
> ㉡ 각 사업부가 독립된 이익책임부서로서 분권조직형태를 취하며, 마치 하나의 독립된 기업과 같이 운영된다.
> ㉢ 사업부의 이익실현이 가장 우선하므로 전사적인 관점에서 추진되어야 할 물류활동이 효율적으로 이루어지지 않을 수도 있다.
> ㉣ 각 사업부가 모든 물류활동이행을 책임을 지고 직접 관장하므로 물류관리 효율화를 기할 수 있으며, 인재육성이 용이한 장점도 가지고 있다.

① ㉠   ② ㉠, ㉡
③ ㉡, ㉢   ④ ㉡, ㉢, ㉣
⑤ ㉠, ㉡, ㉢, ㉣

사업부제 물류조직의 특징
• 권한이 사업부장에게 많이 이양된 분권조직
• 각 사업부가 이익 중심적이며, 독립채산제에 의해 운영
• 각 사업부 단위 내에 다시 라인이나 스텝형 조직이 존재
• 기업의 경영규모가 커져 각 사업단위의 성과를 극대화하기 위한 조직
• 사업부 내의 물류관리 효율화 및 인재육성에 유리한 조직형태
• 전사적인 설비투자나 연구개발 등의 합리성 결여로 경영효율을 저해할 수 있음

29 물류정보시스템의 긍정적 효과로 옳지 않은 것은?

① 재고의 적정화   ② 제품 품질의 향상

③ 리드타임의 감소   ④ 출하작업의 효율화

⑤ 출하의 정확도 향상

해 설 물류정보시스템의 도입효과
- 물류량의 증대에 따른 신속한 처리 가능
- 적정재고량에 따라 창고와 배송센터 등의 물류센터와 물류시설의 효율적 이용 가능
- 수주처리의 신속화 및 즉각적 대응에 따른 판매기능 강화
- 판매와 재고정보가 신속하게 집약되어 생산과 판매에 대한 조정 가능
- 재고부족이나 과다한 재고보유가 배제되므로 재고비 절감
- 배송관리에 컴퓨터를 적용하므로 효율적인 출하배송으로 배송비 절감
- 수작업의 재고보고와 장부기록이 필요 없어 사무처리의 합리화

30 아래 글상자에서 말하는 하역합리화의 '이 원칙'은 어떤 것인가?

> '이 원칙'은 화물을 모아 한 단위로 묶는 것과 관련이 있는데 하역합리화의 중요한 방안이 된다. '이 원칙'을 통해 화물 손상, 감모, 분실을 줄일 수 있고 수량확인도 용이해지며 하역작업의 효율도 기할 수 있다. '이 원칙'이 하역합리화의 원점이라고 불리는 것은 시스템의 규격화(모듈화)가 바로 '이 원칙'과 관련 있기 때문이다

① 인터페이스   ② 시스템화

③ 기계화   ④ 단위화

⑤ 활성화

해 설 ① 하역작업 공정 간의 계면 또는 접점을 원활히 하는 원칙으로, 창고에서 파렛트(Pallet) 단위로 반출시킨 화물을 트럭에 싣는 경우 인력에만 의존하지 않고 자동적재장치(Dock Leveller 등)를 사용하여 트럭에 싣는 것
② 개개의 하역 활동을 유기체적인 활동으로 간주하는 원칙으로, 종합적인 관점에서 보았을 때 시스템 전체의 균형을 고려하여 시너지(Synergy) 효과를 올리는 것
③ 인력작업을 기계화 작업으로 대체함으로서 효율성을 높이는 원칙
⑤ 운반활성화 지수를 최대로 지향하는 원칙으로서 관련 작업과 조합하여 전체적인 활성화를 능률적으로 운용하는 것을 목적으로 하는 원칙

31 아래 글 상자의 내용은 어떤 시스템을 설명하고 있는가?

> 원자재의 생산과 공급에서 최종제품의 생산과 납품에 이르기까지 공급사슬에서 수행하는 주요 활동을 거래 당사자들이 함께 계획하는 협력과정으로, 그 범위는 사업계획, 판매예측, 원자재와 완제품의 보충에 필요한 모든 업무를 포함한다.

① CPFR(Collaborative Planning Forecasting Replenishment)

② ECR(Efficient Consumer Response)

③ CRP(Continuous Replenishment Planning)

④ CMI(Co-Managed Inventory)

⑤ QR(Quick Response)

해설 ② 공급체인의 네트워크 전체를 포괄하는 관리기법으로, 최종 소비자에게 유통되는 상품을 그 원천에서부터 관리함으로써 공급체인의 구성원 모두가 협력하여 소비자의 욕구를 더 만족스럽게, 더 빠르게, 더 저렴하게 채워주고자 하는 전략의 일종이다.
③ 유통공급망 내에 있는 업체들 간에 상호협력적인 관행으로서 기존의 전통적 관행인 경제적인 주문량에 근거하여 유통업체에서 공급업체로 주문하던 방식(Push 방식)과 달리 실제 판매된 판매데이터와 예측된 수요를 근거로 하여 상품을 보충시키는 방식(Pull 방식)이다.
④ 제조업체와 유통업체 상호간 제품정보를 공유하고 공동으로 재고관리를 하는 것으로 제조업체가 발주 확정을 하기 전에 발주권고를 유통업체에게 보내어 상호 합의 후 발주확정이 이루어진다.
⑤ 생산·유통 관계의 거래당사자가 협력하여 소비자에게 적절한 상품을 적절한 시기에, 적절한 양을, 적절한 가격으로 적절한 장소에 제공하는 것을 목표로 하는 것으로 소비자의 개성화나 가격지향 시대에 적응하기 위해 기업의 거래선과 공동으로 실시하는 리엔지니어링 개념의 물류전략이며 섬유·의류 산업에서의 SCM 응용전략이다.

32 상업포장과 공업포장의 비교 설명으로 옳지 않은 것은?

① 상업포장은 구매자 또는 소비자와 직접 접촉한다는 것을 염두 해 두어야 한다.

② 공업포장은 상품보호가 가장 중요하고 항상 상품보호를 최우선으로 한다.

③ 상업포장은 판촉이 중요하며, 공업포장도 판촉을 고려하지만 절대적인 것은 아니다.

④ 상업포장은 상류활동이고 공업포장은 물류활동이다. 이에 상업포장은 판촉수단의 하나이고 공업포장은 물류수단의 하나이다.

⑤ 매출신장을 위해 상업포장은 비용 상승은 고려치 않으며, 상품보호를 전제로 공업포장은 항상 최고비용을 추구한다.

해설 상업포장과 공업포장 모두 필요한 최소한도의 적정포장을 통한 비용 최소화를 추구한다.

33 물류 고객서비스에 대한 내용으로 옳지 않은 것은?

① 물류 고객서비스는 제품을 고객이 만족하는 형태로 배달하고 대금을 청구하며, 그 결과 자사의 목표를 진전시키는 사업상의 모든 영역을 포함하는 제반활동체계이다.

② 물류 고객서비스 성과는 외부 고객에 중점을 두면서 물류시스템이 서비스 효용을 창출하는데 얼마나 효과적으로 작동하는지 측정한다.

③ 물류 고객서비스의 차별화는 경쟁우위를 제공할 수 있다.

④ 물류 고객서비스 수준은 기업의 물류원가에 영향을 미치므로 이익에 중요한 역할을 한다.

⑤ 물류 고객서비스는 물류시스템의 투입물로서 기업 마케팅 믹스 중 가격과 관련이 있다.

해설 물류 고객서비스는 마케팅 믹스 중 제품과 관련이 있다.

34 아래 글상자는 정기주문법과 정량주문법의 비교 설명이다. 옳지 않은 것은?

구 분	항 목	정기주문법	정량주문법
㉠	리드타임	긴 편이 낫다	짧은 편이 낫다
㉡	표준화	전용부품이 좋다	표준부품이 좋다
㉢	품목수	적을수록 좋다	많아도 된다
㉣	주문량	변경가능하다	고정되어야 좋다
㉤	주문시기	일정하지 않다	일정하다

① ㉠   ② ㉡
③ ㉢   ④ ㉣
⑤ ㉤

해 설   정기주문법은 주문시기가 일정하고, 정량주문법은 주문시기가 일정하지 않다.

35 보기들은 공통적으로 어떤 하나에 대해 기술하고 있다. 그 내용이 어색한 것은?

① 수신기관 문서양식에 맞추어 데이터를 재입력해야 한다.
② 전자서류를 이용하여 업무를 처리할 수 있게 한다.
③ VAN(Value Added Network)을 이용하는 내용물로 설명될 수 있다.
④ 전자문서교환으로 해석될 수 있다.
⑤ 제3자를 매개로 하여 기업 간의 자료를 교환하는 통신망이다.

해 설   보기들은 EDI(Electronic Data Interchange)에 대해 기술한 내용으로 EDI는 구조화된 형태의 데이터, 즉 표준전자
문서를 컴퓨터와 컴퓨터간에 교환하여 재입력 과정 없이 즉시 업무에 활용할 수 있도록 하는 정보전달방식이다.

36 QR(Quick Response) 시스템에 대한 내용으로 옳은 것은?

① 다양한 소비자 니즈를 충족하기 위해 긴 제품개발기간을 갖는다.
② 안정적인 매출 극대화를 위하여 장기간에 걸친 수요예측 결과를 생산에 반영한다.
③ 제조업자에게는 유연한 생산시스템이 실현될 수 있으나 소매업자에게는 상품회전율이 하락
    될 수 있다는 한계점이 존재한다.
④ 제조사는 소비자의 소비패턴 변화를 반영하여 다양한 상품을 제공할 수 있다.
⑤ 실시간 수요를 충족시키기 위해 재고보유가 많아지므로 재고의 양과 재고의 반품이 증가될
    수 있다.

해 설   ① QR의 구현목적은 제품개발의 짧은 사이클(Cycle)화를 이룩하고 소비자 요구에 신속 대응하는 정품을, 정량에, 적
정가격으로, 적정장소로 유통시키는 데 있다.
② · ③ QR시스템은 생산에서 판매에 이르기까지 시장정보를 즉각적으로 수집하여 대응하며 회전율이 높은 상품에 적
합한 시스템이다.
⑤ 신속하고 정확한 소비자 수요동향 분석을 할 수 있어 시장변화에 대한 효과적인 대응이 가능하며, 적정 수요량 예
측으로 재고량이 감소되고 재고회전율도 향상되어 상품 품절을 방지할 수 있다.

37 물류정보시스템의 하위 업무 지원 시스템과 활용되는 데이터를 잘못 연결한 것은?

① 발주점 결정을 위한 시뮬레이션 시스템 : 재고 ABC분석 데이터, 판매 및 미판매실적

② 창고 내의 위치 결정이나 변경을 위한 위치관리 시스템 : 피킹 빈도나 수량을 토대로 하는 피킹 실적

③ 배차계획지원시스템 : 차량수배, 적재계획

④ 배차루트지원시스템 : 고객발주에서 창고입하까지 리드타임, 수요예측

⑤ 최적작업계획을 시뮬레이션하는 LSP(Labor Scheduling Program) : 창고내 생산성, 작업단계별 현행 작업 실태

해 설　고객발주에서 창고입하까지 리드타임, 수요예측 데이터를 활용하는 시스템은 창고관리시스템이다. 배차루트지원시스템은 차량 위치추적, 차량의 운행상태나 상황 등을 실시간으로 파악하여 최적운행을 지시함으로써 물류비용 절감과 업무 효율성을 증대시키는 역할을 한다.

38 항공운송에 관한 설명으로 가장 옳지 않은 것은?

① 항공물류의 효율화를 위해 항공화물을 항공용 컨테이너와 팔레트 등을 이용하여 탑재한다.

② 항공용 컨테이너와 팔레트 등의 기기를 ULS(Unit Load System)라고 지칭한다.

③ 항공 벌크탑재방식은 여객기 객실의 밑바닥 화물실에 개별화물을 인력에 의해 적재하는 방식을 말한다.

④ 항공 컨테이너 탑재방식은 항공 컨테이너를 이용하여 화물을 적재하는 방식이다.

⑤ 항공주선업자는 항공사가 발행하는 Master AWB에 의해 자신을 송하인으로 하여 항공사의 운송약관에 의한 운송계약을 체결해야 한다.

해 설　항공용 컨테이너와 팔레트 등의 기기를 ULD(Unit Load Device)라고 지칭한다.

39 기존의 전통적 상거래와 전자 상거래 물류 패러다임을 비교 설명한 내용으로 옳지 않은 것은?

① 전통적 상거래 물류는 공급자 중심인데 반해, 전자상거래 물류는 고객 중심의 맞춤형 물류이다.

② 전통적 상거래 물류는 통합형 물류인데 반해, 전자상거래 물류는 기능별 물류이다.

③ 전통적 상거래 물류는 실물 기반의 물류인데 반해, 전자상거래 물류는 인터넷 기반의 물류이다.

④ 전통적 상거래 물류는 소품종 대량 물류인데 반해, 전자상거래 물류는 다품종 소량 물류이다.

⑤ 전통적 상거래 물류는 보관 물류인데 반해, 전자상거래 물류는 무재고 물류이다.

해 설 전통적 상거래 물류는 <u>기능별</u> 물류인데 반해, 전자상거래 물류는 <u>통합형</u> 물류이다.

40 물류센터 내 오더피킹(Order Picking)의 생산성 향상을 위한 원칙으로 옳은 것은?

① 피킹 빈도가 높은 물품일수록 복잡하므로 피커의 접근이 어려운 장소에 보관한다.

② 함께 피킹하는 경우가 많은 물품은 자리를 많이 차지하므로 그 물품들을 서로 다른 분리된 장소에 배치한다.

③ 물류센터 내에서 피킹구역과 보관구역을 통합하여 사용한다.

④ 피킹에 필요한 총 이동시간을 축소하기 위해 오더를 통합처리 한다.

⑤ 다양한 서비스 제공을 위해 작업종류를 가능한 확대한다.

해 설 ① 피킹 빈도가 높은 물품일수록 피커의 접근이 <u>쉬운 장소</u>에 보관한다.
② 함께 피킹하는 경우가 많은 물품은 <u>같은 장소</u>에 배치한다.
③ 물류센터 내에서 피킹구역과 보관구역을 <u>분리</u>하여 사용한다.
⑤ 작업종류를 가능한 <u>단순화</u> 한다.

41 아래 글상자의 상권이론들 가운데 중심지(소매단지, 도시 등)들의 상권의 중첩을 인정하는 것을 모두 나열한 것은?

> ⊙ 허프(D. L. Huff)의 상권분석모델
> ⊙ 허프(D. L. Huff)의 수정모델
> ⊙ 크리스탈러(W. Christaller)의 중심지이론

① ⊙
② ⊙
③ ⊙, ⊙
④ ⊙, ⊙
⑤ ⊙, ⊙, ⊙

해 설 상권의 중첩 : 두 가지 이상의 상권성격이 결합된 것

42 고객유도시설은 고객을 모으는 자석과 같은 역할을 한다고 하여 소매자석(Customer Generator : CG)이라고도 한다. 도시형, 교외형, 인스토어형 등 입지유형에 따라 고객유도시설이 달라지는데, 일반적인 인스토어형 고객유도시설로 옳지 않은 것은?

① 대형 레저시설
② 에스컬레이터
③ 계산대
④ 주 출입구
⑤ 주차장 출입구

해 설 대형 레저시설은 교외형 고객유도시설에 해당한다.

43 페터(R. M. Fetter)의 '공간균배의 원리'에 대한 설명으로 가장 옳지 않은 것은?

① 경쟁관계에 있는 점포들 사이의 상권배분을 설명하고 신규점포의 입지선정방안을 제시한다.
② 배후지 전체의 넓이 및 수요의 교통비 탄력성을 독립변수로 사용하여 설명한다.
③ 일반적으로 편의품점에게는 국부적 집중성 입지선정을 제안한다.
④ 일반적으로 선매품점에게는 집재성 입지선정을 제안한다.
⑤ 일반적으로 전문품점에게는 집심성 입지선정을 제안한다.

해 설 상품에 따라 수요의 교통비 탄력성이 달라지는데 저가품, 편의품에 대한 수요는 교통비에 민감하므로, 즉 수요의 교통비 탄력성이 크므로 분산해서 입지하는 것이 유리한 반면에 고가품, 전문품에 대한 수요는 교통비에 둔감하므로, 즉 수요의 교통비 탄력성이 작으므로 중심지에 모여서 입지하는 것이 유리하다.

44 매장의 규모를 결정할 때 적용할 원칙으로서 가장 옳지 않은 것은?

① 적정규모를 추정할 때 고객이 선호하는 규모를 고려한다.

② 비용을 상회하는 이익이 기대되는 경우에만 매장면적을 증대시킨다.

③ 상권의 규모가 클수록, 향후 매출증가를 고려하여 여유매장을 미리 확보한다.

④ 매장 크기와 점포 이미지는 정비례하므로, 운영자본이 허용하는 한 큰 매장을 확보한다.

⑤ 매장규모와 관련된 비용은 고정비 성격이 강하므로, 손익분기점을 고려해 적정규모를 산정한다.

해 설 매장 크기와 점포 이미지가 정비례하는 것은 아니기 때문에 무조건 큰 매장을 확보하기 보다는 매장 특성과 상황에 맞는 적정한 규모를 산정하는 것이 좋다.

45 다음의 소매점포의 입지 변화 가운데 성공할 확률이 가장 낮은 것은?

① 기생점포를 목적점포와 더 가까운 입지로 이전

② 흩어져 있던 공구상들이 하나의 단지에 공동 입주

③ 선매품점포를 동종의 다른 브랜드 선매품점포로 전환

④ 귀금속점포를 주차가 용이한 배후지 외곽의 입지로 이전

⑤ 동일한 상권 안에서 목욕탕을 다른 목욕탕들과 더 떨어진 입지로 이전

해 설 귀금속점포는 도시 전체를 배후지로 하여 배후지의 중심부에 입지해야 유리한 점포이므로 귀금속점포를 배후지 외곽으로 이전시킨다면 성공할 확률이 가장 낮다.

46 다음 중 크리스탈러(Christaller)의 중심지이론에서 전제하는 조건으로 옳지 않은 것은?

① 모든 방향에서 교통의 편리한 정도가 동일하다.

② 운송비는 거리에 비례하고 운송수단은 동일하다.

③ 행정 및 서비스 기능을 수행하는 배후를 확보하기 위해, 중심지는 고지대 또는 저지대에 위치한다.

④ 소비자들은 자신의 수요를 충족시키기 위해 가장 가까운 중심지를 찾는다.

⑤ 소비자들은 평지에 고르게 분포되어 있다.

해 설 중심지이론의 전제 조건

• 지표공간은 균질적 표면(Isotropic Surface)으로 되어 있고, 한 지역 내의 교통수단은 오직 하나이며, 운송비는 거리에 비례한다.

• 인구는 공간상에 균일하게 분포되어 있고, 주민의 구매력과 소비행태는 동일하다.

• 인간은 합리적인 사고에 따라 의사결정을 하며, 최소의 비용과 최대의 이익을 추구하는 경제인(Economic Man)이다.

• 소비자들의 구매형태는 획일적이며 유사점포들 중 가장 가까운 곳을 선택한다고 가정한다.

• 여러 상권이 존재하는 경우 상권중심지를 거점으로 배후 상권이 다른 상권과 겹치지 않는다.

47 빅데이터 분석을 통해 통찰력을 얻을 수 있는 질문으로 가장 옳지 않은 것은?

① 점포의 상품구색에 추가할 필요성이 높은 상품은 무엇일까?
② 향후에 단골이 될 가능성이 높은 고객들의 공통점은 무엇일까?
③ 특정 유형의 소매점은 어떤 유형의 소매점포 옆에 입지하는 것이 좋을까?
④ 소매점 마케팅전략에 반영할 고객들의 요구를 소셜미디어상의 의견에서 추론해볼까?
⑤ 모든 데이터는 과거 분석에만 유효하므로, 미래 문제의 해답을 빅데이터에서 찾을 수 없다.

해 설 빅데이터 분석은 과거 데이터로부터 미래를 미리 예측하고 대처방안을 마련해 미래 문제의 해답을 찾을 수 있다.

48 아래 글상자와 같은 조건에서 소비자 K가 A지역에서 쇼핑할 확률을 수정된 허프(Huff) 모델을 이용하여 추정한 값으로 옳은 것은? (단, 소비자 K의 점포크기에 대한 민감도 모수 (parameter)는 1, 점포까지의 거리에 대한 민감도 모수(parameter)는 2로 하여 계산하시오)

> 소비자 K는 A지역 또는 B지역에서 쇼핑을 하는데, A지역은 매장면적이 100평이고 K의 주거지로부터 10분거리에 있고, B지역은 매장면적이 400평이고 K의 주거지로부터 20분 거리에 있다.

① 0.3
② 0.4
③ 0.8
④ 0.7
⑤ 0.5

해 설 소비자 K가 A지역에서 쇼핑할 확률

$$P_A = \frac{\frac{100}{10^2}}{\frac{100}{10^2} + \frac{400}{20^2}} = \frac{1}{2} = 0.5$$

49 다음 중 도매상권의 지리적 범위와 규모를 결정하는 직접적인 요인으로 가장 옳지 않은 것은?

① 경쟁기업의 입지, 분포, 집적도에 영향을 받는다.
② 고객인 소매업자의 입지, 판매액, 집적도 등에 영향을 받는다.
③ 취급하는 상품의 종류나 특징의 영향을 받는다.
④ 소비자의 인구 통계적 특성이나 라이프스타일의 변화 등에 영향을 받는다.
⑤ 교통망과 교통체계의 정비 정도에 영향을 받는다.

해 설 소비자의 인구 통계적 특성이나 라이프스타일의 변화 등에 영향을 받는 것은 소매상권이다.

50 도매업의 경우에도 입지의 결정은 매우 중요하며, 생산구조와 소비구조의 특징에 따라 입지유형이 달라진다. 다음 중 다수 생산자에 의한 소량분산형 생산구조와 소수 소비자에 의한 대량집중형 소비구조를 가진 산업에 종사하는 도매상의 입지 특성으로서 가장 옳은 것은?

① 수집기능의 수행보다는 분산기능의 수행이 용이한 곳에 입지한다.
② 수집기능이나 분산기능보다는 중개기능의 수행이 용이한 곳에 입지한다.
③ 분산기능의 수행보다는 수집기능과 중개기능이 용이한 곳에 입지한다.
④ 수집기능과 분산기능이 모두 용이한 곳에 입지한다.
⑤ 수집기능의 수행보다는 중개기능의 수행이 용이한 곳에 입지한다.

해 설 도매상의 기능에 따른 분류

수집기관	• 많은 생산자들이 소량으로 생산하는 농산물, 수산물이나 원료품 등을 주로 수집
중개기관	• 교통이 편리한 장소에 위치하고, 수집기관과 분산기관 사이에서 유통을 조절
분산기관	• 수집기관이나 중개기관으로부터 상품을 매입해서 소매상이나 소비자에게 분산판매 • 수집된 상품을 대량으로 구입해서 판매하는 상인

51 상권분석과정에서 점포의 위치와 소비자의 분포를 분석하면 경우에 따라 거리감소효과를 관찰할 수 있다. 거리감소효과(distance decay effect)와 관련한 내용으로 옳지 않은 것은?

① 거리조락현상 또는 거리체감효과라고도 한다.
② 거리 마찰에 따른 비용과 시간의 증가 때문에 발생한다.
③ CST(customer spotting) map을 이용하면 쉽게 관찰할 수 있다.
④ 체크리스트법, 유사점포법, 회귀분석법을 이용하여 확인할 수 있다.
⑤ 공간상의 중심에서 멀어질수록 특정 경제 현상의 크기나 밀도가 감소하는 경향이다.

해 설 체크리스트법은 상권의 규모에 영향을 미치는 요인들을 수집·평가하여 시장잠재력을 측정하는 주관적인 분석법으로 거리감소효과와는 관련이 없다.

52 "유통산업발전법"(법률 제17761호, 2020. 12. 29., 타법개정) 제8조에 따라 대규모점포 또는 전통상업보존구역에 준대규모점포의 개설등록을 하려는 자는 특별자치시장·시장·군수 또는 구청장에게 소정의 서류를 첨부하여 소정의 양식에 따라 개설등록신청서를 제출해야 한다. 이 법이 정하는 개설등록신청서에 첨부해 제출해야 하는 서류로 옳지 않은 것은?

① 사업계획서
② 교통영향평가서
③ 상권영향평가서
④ 지역협력계획서
⑤ 건축물의 건축 또는 용도변경 등에 관한 허가서 또는 신고필증 사본

대규모점포 등의 개설등록(유통산업발전법 시행규칙 제5조)

법 제8조에 따라 대규모점포 및 준대규모점포의 개설등록을 하려는 자는 대규모점포 등 개설등록신청서에 다음의 서류를 첨부하여 특별자치시장·시장·군수 또는 구청장에게 제출하여야 한다.

- 사업계획서
- 상권영향평가서
- 지역협력계획서
- 대지 또는 건축물의 소유권 또는 그 사용에 관한 권리를 증명하는 서류
- 건축물의 건축 또는 용도변경 등에 관한 허가서 또는 신고필증 사본〈삭제(2019.9.27)〉

53 회귀모델을 이용하여 보다 정교하게 상권분석을 하려고 한다. 이 때 고려해야 할 사항으로 옳지 않은 것은?

① 신규점포를 분석하는 경우에는 해당 신규점포와 비슷한 상권특성을 가진 표본 점포들에서 수집한 자료일수록 유리하다.

② 풍부한 분석경험과 분석자료가 축적되어 있는 경우 이를 토대로 점포성과에 영향을 미치는 적절한 변수들을 선택할 가능성이 높아진다.

③ 회귀모델의 장점은 점포내외의 물리적 입지조건, 점포이미지, 상권특성 등 다양한 변수들을 설명변수로 적용할 수 있다는 것이다.

④ 회귀분석에 많은 설명변수를 투입하면 설명력과 예측력을 향상시킬 수 있으므로 설명변수를 최대한 많이 확보하고 모두 설명변수로 활용한다.

⑤ 회귀모델에 투입되는 설명변수들은 상호연관성이 높은 경우가 많기 때문에 다중공선성의 문제를 해결해야 한다.

회귀모델을 이용하여 상권분석을 하는 이유는 교란변수들 간의 영향을 통제하고, 각 설명변수 고유의 영향을 분석하기 위함이다. 따라서 너무 많은 설명변수를 투입하여 설명변수들이 너무 밀접하게 연관되어 있으면 이 변수들을 종속변수에 미치는 영향으로부터 분리하여 분석하기 어려워진다.

54 다음 중 소매점 집적지의 변화를 가져오는 요인으로 가장 옳지 않은 것은?

① 소매점의 대형화와 다점포화

② 소매점의 배송방법 변화

③ 인구분포의 변화

④ 제조업의 유통경로 변화

⑤ 소비자의 기호와 구매행동 변화

소매점의 배송방법 변화는 개별 소비자에 대한 배송 편의성과 관련된 요인이므로 소매점 집적지의 변화를 가져오는 요인과는 거리가 멀다.

55 점포의 임대차계약을 진행하는 과정에서 다루게 되는 권리금에 대한 설명으로 옳지 않은 것은?

① 토지 또는 건물의 임대차와 관련해 발생하는 부동산이 갖는 특수한 장소적 이익의 대가를 의미한다.

② 점포의 영업시설, 비품, 거래처, 신용, 영업상의 노하우, 상가건물 위치에 따른 영업상의 이점 등을 양도 또는 이용하는 대가이다.

③ 점포에 내재된 부가가치의 하나로 바닥권리금, 시설권리금, 영업권리금, 기타권리금 등으로 구분된다.

④ 단골고객의 가치와 담배판권, 로또판권과 같은 인허가로 인하여 권리금이 형성되는 경우는 영업권리금에 해당된다.

⑤ 권리금 계약이란 신규임차인이 되려는 자가 임차인에게 권리금을 지급하기로 하는 계약을 말한다.

해 설 영업권리금은 장사가 잘 되어 매월 일정한 수입이 들어오는 업종을 그대로 인수받아 장사하는 경우, 6~12개월간의 순수입에 해당하는 돈을 이전 세입자에게 주는 것을 말한다.

56 아래 글상자에 기술된 예측의 근거가 되는 이론으로 가장 옳은 것은?

> 고속철도의 부작용의 하나로 소위 '빨대효과(straw effects)'가 거론된다. '빨대효과'란 고속교통수단의 도입으로 인해 상대적으로 규모가 작은 도시의 구매력이 대도시에 흡수되어 작은 도시의 상권이 위축되는 현상을 의미한다. 이론에 따르면, 빨대효과는 통상 유명한 대형백화점이나 대형병원에 한정될 뿐, 소규모 소매점들에게는 나타나지 않을 것으로 예측된다.

① 허프(D. L. Huff)의 상권분석모델

② 허프(D. L. Huff)의 수정된 상권분석모델

③ 크리스탈러(W. Christaller)의 중심지이론

④ 라일리(W. J. Reilly)의 소매인력법칙

⑤ 컨버스(P. D. Converse)의 소매인력법칙

해 설 중심지는 그 기능이 넓은 지역에 미치는 고차중심지로부터 그보다 작은 기능만 갖는 저차중심지까지 여러 가지 계층으로 나뉘는데, 크리스탈러는 이러한 크고 작은 여러 형태의 중심지가 공간적으로 어떻게 입지해야 하는가를 고찰하고 연역적 모델을 만들었다. 오늘날 중심지에 대한 연구는 지역계획 분야에서도 전 국토의 동등한 생활조건의 발전을 목표로 후진지역에 중심지를 만드는 것이 제기되고 있으며, 정기시장이나 도매 중심의 입지론, 공간적 확산이론, 도시시스템론 등 인접분야를 설명하는 데 응용되기도 하여 지역시스템 분석의 기본적 이론으로 중요시된다.

57 상권분석시 관심을 가져야 할 공간적 불안정성(spatial non-stability)에 관한 설명으로 적절하지 않은 것은?

① 소비자의 동질성 때문에 공간상호작용모델의 모수들이 공간적으로 차이나는 것을 의미한다.
② 지역별 교통상황의 차이나 점포의 밀도가 원인이 될 수 있으므로 세분시장별 모델추정방법은 지양해야 한다.
③ 고소득층 보다 상대적으로 자동차 소유비율이 낮은 저소득층은 근거리에 위치한 점포를 애용할 가능성이 높은 것도 불안정의 일례이다.
④ 지역의 중심에 위치한 거주자가 지역주변의 사람들보다 거리증감에 따른 효용감소효과의 모수의 절대값이 작은 경우도 여기에 해당한다.
⑤ 공간적 불안정성이 크면 통계적 적합도가 높은 경우에도 분석과정에서 오차가 발생할 수 있다.

해 설 시장 세분화의 주요 변수에는 지리적 변수, 인구통계적 변수(연령, 성별, 직업, 소득, 교육수준 등), 사이코그래픽 변수(사회계층, 라이프스타일, 개성 등), 행동적 변수(추구편익, 사용상황, 사용량, 브랜드 애호도 등)가 해당되므로 공간적 불안정성의 원인을 분석하기 위해서는 세분시장별 모델추정방법은 지향해야 한다.

58 상권을 설정할 때는 공간의 균일성 정도를 고려해야 한다. 도시 내 공간의 균일성에 영향을 미치는 요인으로 가장 옳지 않은 것은?

① 기 후
② 도로망
③ 주택단지의 분포
④ 소매점들의 차별화 정도
⑤ 도시를 가로지르는 큰 하천

해 설 기후는 개별 점포의 상품구성에 영향을 미치는 요인으로 도시 내 공간의 균일성과는 거리가 멀다.

59 상권의 유형 중 역세권은 각종 교통수단의 연결점, 생활권의 중심, 지역성장의 거점 역할을 담당하기 때문에 점차 선호도가 높아지고 있는데 이에 대한 설명으로 적합하지 않은 것은?

① 역세권은 기차역이나 지하철역을 중심으로 다양한 상업 및 업무활동이 이뤄지는 주변지역으로 관련 법률에서는 역을 중심으로 반경 500m 이내로 규정하고 있다.
② 역세권의 범위는 역 주변의 교통사정, 도로사정 등에 따라서 변한다.
③ 역세권은 역을 중심으로 반경 250m 이내를 1차 역세권, 이를 둘러싼 반경 500m 이내 지역을 2차 역세권으로 구분하는 방식으로 거리에 따라 계층을 나누기도 한다.
④ 역세권은 핵심지구, 역세권 중심지구, 역세권지구, 역세권 배후지구로 구분할 수 있다.
⑤ 역세권은 종착역세권, 환승역세권, 통과역세권으로 분류할 수 있는데 종착역세권은 대부분 도심부 역사를 중심으로 한 지역을 말한다.

해 설 「역세권의 개발 및 이용에 관한 법률」에 의한 역세권은 철도역과 그 주변지역을 말하며, 역세권의 범위에 대해서는 구체적으로 정의되어 있지 않으나 보통 철도(지하철)를 중심으로 500m 반경(半徑) 내외의 지역을 의미한다. 서울시 「역세권 장기전세주택 건립관련 지구단위계획 수립 및 운영 기준」에서는 역세권 범위에 대해서 1차 역세권은 역 승강장 중심에서 반경 250m 이내의 범위로 하고, 2차 역세권은 역 승강장 중심 반경 250m에서 500m 이내의 범위로 설정하고 있다.

60 특정지역의 개략적인 수요를 측정하기 위해 사용되는 구매력지수(BPI)를 계산하는 과정에서 필요성이 가장 낮은 자료는?

① 전체 지역의 인구수(population)

② 해당 지역의 인구수(population)

③ 해당 지역의 소매점면적(sales space)

④ 해당 지역의 소매매출액(retail sales)

⑤ 해당 지역의 가처분소득(effective buying income)

해 설 구매력지수를 산출하기 위해서는 다음과 같이 인구, 소매 매출액, 유효소득 등 3가지 요소에 가중치를 곱하여 합산하는 공식을 사용한다.

BPI = (인구비 × 0.2) + (소매 매출액비 × 0.3) + (유효구매 소득비 × 0.5)

04 유통마케팅(61~80)

61 발주량을 산출하기 위해 고려해야 할 요소에 해당하지 않는 것은?

① 발주 사이클

② 조달 기간

③ 예상 판매량

④ 점포 이미지

⑤ 현재의 재고량

해 설 발주량을 산출하기 위해서는 정량적인 요소(양적 변수)인 발주 사이클, 조달 기간, 예상 판매량, 현재 재고량 등을 고려해야 한다. 점포 이미지는 소비자들에게 더 쾌적한 상업공간을 제공하여 판매촉진에 공헌하는 정성적인 요소(질적 변수)에 해당한다.

62 가격결정과 관련된 설명 중 옳지 않은 것은?

① 준거가격은 소비자들이 특정한 상품을 구매할 때 기준으로 활용하는 가격을 의미한다.

② 묶음가격은 소비자들에게 두 개 이상의 상품을 묶어서 판매하는 가격결정방식이다.

③ 이중요율가격은 기본요금과 사용요금처럼 서로 다른 복수의 가격체계를 결합하는 가격결정 방식이다.

④ EDLP는 매장방문을 유도하기 위해 한정된 대표적 상품을 정상가격 이하로 판매하는 방식 이다.

⑤ 제품 가격의 끝자리를 홀수로 표시하여 제품이 저렴하다는 인식을 갖게 하는 방식은 단수가 격전략이다.

해 설 EDLP는 상시저가전략으로 모든 상품을 언제나 싸게 파는 방식이다. 대형마트나 할인점에서 주로 사용되며 수익성 향 상보다는 시장점유율 향상에 초점을 맞추는 전략이다.

63 특정매입에 대한 설명으로 옳은 것은?

① 상품 인도시점부터 소매점이 소유권을 취득하고 재고관리도 책임진다.

② 협력업체의 상품을 소매점 책임으로 판매하고, 협력업체는 판매액에 따라서 상품대금을 지급 받는다.

③ 상품은 소매점에서 관리하고, 위탁업체는 판매 분에 한해서 판매대금을 지급받는 위탁판매방 식이다.

④ 소매점에서 판매하고자 하는 완제품의 제조를 위탁받아 제조하는 경우이다.

⑤ 소매점의 매입 관련 위험은 증가하지만, 차별화와 수익성을 높일 수 있는 매입방법이다.

해 설 특정매입거래
• 유통업체가 납품업자로부터 상품을 우선 매입해서 판매한 뒤 매출의 일정부분에 대해 수수료를 받는 형태이다.
• 재고품은 반품하기 때문에 유통업체에게 재고부담이 없다.
• 최신 유행에 맞춘 상품구성이 가능하며, 수익이 안정적이지만 직매입 방식에 비해 매출액이 낮다.

64 아래 글상자의 빈칸에 들어갈 용어로 옳은 것은?

일반적으로 국제유통에 있어서는 직접유통경로가 간접유통경로 보다 효과적이기 때문에 기업은 가 능한 한 직접유통경로를 이용하려고 한다. 하지만 직접유통경로와 간접유통경로의 선택 시에는 달성 가능한 매출규모가 고려돼야 한다. 특정 시장국에서 달성 가능한 매출규모가 (㉠), (㉡)일 경우 (㉢)가 바람직하다.

① ㉠ 적고, ㉡ 분산적, ㉢ 간접유통경로 ② ㉠ 적고, ㉡ 집중적, ㉢ 간접유통경로
③ ㉠ 적고, ㉡ 분산적, ㉢ 직접유통경로 ④ ㉠ 많고, ㉡ 분산적, ㉢ 직접유통경로
⑤ ㉠ 많고, ㉡ 집중적, ㉢ 간접유통경로

정답 60 ③ 61 ④ 62 ④ 63 ③ 64 ①

2019년 제2회 기출문제 **119**

직접유통경로와 간접유통경로

직접유통경로를 선택하는 상황	간접유통경로를 선택하는 상황
• 소비자가 대규모이면서 특정지역에 집중되어 있는 경우 • 시장 환경에 불확실성이 거의 없는 경우 • 직접경로에 대한 투자가 높은 수익성으로 이어지는 경우 • 고객의 개별적 요구를 맞춰야 하는 경우	• 소비자가 여러 지역으로 분산되어 있는 경우 • 많은 제품을 일괄 구매하는 경우 • 구매의 용이성이 중요한 경우 • 판매 후 서비스가 중요한 경우

65 리스크 머천다이징에 대한 설명으로 옳지 않은 것은?

① 소매상이 스스로의 책임 하에 상품을 매입하고 판매까지 완결 짓는다.

② 유통업체가 판매 후 남은 상품을 제조업체에 반품하지 않는다.

③ 제조업체와 체결한 특정 조건 하에서 상품 전체를 사들인다.

④ 제조업체로부터 가격상의 프리미엄을 제공받을 수 있다.

⑤ 상품이 최종 고객에게 인도됨과 동시에, 소유권이 제조업체에서 소매상에게 넘어 간다.

상품이 <u>유통업체</u>로 인도됨과 동시에 소유권이 제조업체에서 소매상에게 넘어간다.

66 아래 글상자는 고객충성도를 높이기 위한 로열티 프로그램(loyalty program)의 사례이다. 해당 사례와 관련성이 가장 높은 로열티 프로그램은?

> A백화점은 VIP 등급을 연간 구매금액기준으로 우수고객을 4개의 등급으로 구분한다. 이들에게는 하루 2시간 이내의 무료주차에서부터 전일 무료 발렛 주차 서비스까지 등급별로 차별적인 서비스를 제공한다. 특히 연간 3,500만원 이상 구매실적 고객을 대상으로 특별라운지 서비스와 탑클래스 프로그램, 발렛 주차 서비스, 명절 · 기념일 기프트를 제공한다.

① 어피니티 프로그램(affinity program)

② 커뮤니티 프로그램(community program)

③ 지식기반 프로그램(konwlege building program)

④ 스페셜 트리트먼트(special treatment)

⑤ 교차판매 프로그램(cross selling program)

해당 사례는 우수고객에게 등급별로 차별화된 다양한 서비스와 보상을 제공하는 스페셜 트리트먼트와 관련된 내용이다.
※ 로열티 프로그램
  • 사용자에게 서비스 이용에 따라 유 · 무형의 보상을 제공하여 서비스 이용을 늘리고 재구매 유도, 충성 고객을 확대하는 모든 마케팅 전략을 총칭한다.
  • 항공사의 마일리지 프로그램, 백화점의 멤버십 프로그램 뿐 아니라 커피숍의 로열티 카드, 리워드 카드 등을 모두 포함한다.

67 아래 글상자 속의 A신발회사가 유통경로로 선택할 가능성이 가장 높은 소매업태로 옳은 것은?

> A신발회사는 소비자들의 편익을 기준으로 시장을 세분화하였으며, 점원의 상세한 설명을 듣고 싶은 세분시장 1, 폭넓은 선택을 할 수 있고, 동시에 높은 공간적 편의성을 원하는 세분시장 2, 빠른 구매와 편리한 환불을 원하는 세분시장 3을 발견했다. 그 세분화된 시장 중 A는 매력적인 시장으로 판단되는 세분시장 2를 타겟으로 선택하였다.

① 백화점
② 전문점
③ 방문판매
④ 온라인 소매점
⑤ 대형할인점

해 설 A신발회사는 매력적인 시장으로 폭넓은 선택과 동시에 높은 공간적 편의성을 원하는 세분시장 2를 선택하였으므로, 고객이 매장을 찾아다니며 이동하지 않아도 다양한 상품 선택이 가능한 온라인 소매점을 선택할 가능성이 가장 높다고 할 수 있다.

68 아래 글상자가 설명하고 있는 동선(traffic line)으로 옳은 것은?

> 기능성보다는 연출성이 강하며, 고객이 자연스럽게 매장의 구석까지 다니게 함으로써 가능한 한 매장에 오랫동안 머물 수 있도록 한다. 즉, 내점객의 체류를 목적으로 하는 체류동선의 역할을 한다.

① 주동선
② 부동선
③ 판매원동선
④ 관리동선
⑤ 보조동선

해 설 주동선과 부동선

주동선	• 매장 내에 진열배치되어 있는 상품을 될 수 있는 한 많이 보여주기 위해 매장 깊숙이 들어갈 수 있도록 계획 • 넓고 단순하여 매장 안에 들어온 고객이 가고자 하는 곳까지 바로 갈 수 있도록 하는 것 • 고객의 유동성을 고려
부동선	• 연출성이 강조된 동선 • 고객이 매장 구석구석까지 다니게 함으로써 가능한 한 매장에 오래 머물 수 있도록 하는 것

69 소비자의 점포선택행동에 영향을 미치는 변수들 중 소비자 속성요인으로 옳지 않은 것은?

① 소매점이 입지한 지역의 인구
② 가족생활주기 및 가족 규모
③ 사회계층과 라이프스타일
④ 소매점과 자아이미지의 일치성
⑤ 점포충성도

해 설 소매점이 입지한 지역의 인구는 입지조건 분석요인에 해당한다.

70 아래 글상자는 온라인 마케팅을 위한 웹사이트 설계요소들에 대한 설명이다. 각각의 빈칸에 들어갈 설계 요소들이 옳게 나열된 것은?

> (㉠)은/는 웹사이트에 있는 텍스트, 비디오, 오디오, 그래픽과 같은 프리젠테이션 형태를 포함하는 모든 디지털정보에 적용된다.
> (㉡)은/는 고객경험을 향상시키고 호의적인 구매자–판매자 혹은 구매자–구매자 관계를 만들어내는 것으로 밝혀졌다.
> (㉢)은/는 사이트를 다양한 사용자에 맞출 수 있는 능력 또는 사용자 개인이 사이트를 자신에게 맞출 수 있도록 하는 기능을 말한다.

① ㉠ 구성(context), ㉡ 커뮤니티(community), ㉢ 상업화(commerce)
② ㉠ 구성(context), ㉡ 커뮤니케이션(communication), ㉢ 고객화(customization)
③ ㉠ 콘텐츠(content), ㉡ 커뮤니티(community), ㉢ 고객화(customization)
④ ㉠ 구성(context), ㉡ 연결성(connection), ㉢ 고객화(customization)
⑤ ㉠ 콘텐츠(content), ㉡ 커뮤니티(community), ㉢ 상업화(commerce)

해 설 ㉠ 콘텐츠(content) : 인터넷을 통해 공간의 제약 없이 이용할 수 있는 디지털 형태의 텍스트 · 이미지 · 소리 · 동영상 등으로 제작된 모든 것을 포함한다.
㉡ 커뮤니티(community) : 공통의 관심사나 환경을 가진 이들이 웹사이트상에서 소통하는 것으로 공통의 관심사라는 기준이 명확하기 때문에 고객경험을 향상시키고 구매자와 판매자 혹은 구매자와 구매자 사이에서 호의적인 관계를 만들어 낼 수 있지만 지나치게 주관적인 서술이 많아 질 낮은 정보에 질 높은 정보가 파묻히거나 유언비어가 확대 생산되는 부정적인 측면도 있다.
㉢ 고객화(customization) : 사용자에게 차별화되고 맞춤화된 사이트를 제공하는 능력 또는 사용자 개인이 사이트를 자신에게 맞출 수 있도록 하는 기능을 말한다.

71 소매 서비스의 품질을 개선하기 위한 갭분석 모형에서 설명하는 서비스 격차(gap)의 종류와 그 내용으로 옳지 않은 것은?

① 시장정보(경청) 갭 : 고객이 기대하는 바와 기업이 고객의 기대를 바라보는 인식의 차이에서 발생
② 서비스 기준(설계) 갭 : 기업이 고객의 기대를 만족시키기 위한 서비스 기준 및 시행지침을 잘못 설정하여 발생
③ 서비스 성과 갭 : 종업원들이 적절한 매뉴얼과 지침에 따라 제대로 서비스를 이행하지 못하여 발생
④ 커뮤니케이션 갭 : 고객에게 전달된 서비스가 그 서비스에 대한 외부 커뮤니케이션과 차이가 날 때 발생
⑤ 고객서비스회복 갭 : 고객의 불만 원인에 대한 이해와 그 처리가 고객이 기대하는 바와 달라서 발생

갭분석 모형

갭	발생원인
경영자 갭 (고객 기대치와 경영자 인식의 차이)	• 마케팅 조사를 통한 고객 파악이 잘못된 경우 • 고객과 접촉하는 직원이 경영자에게 정보전달을 정확하게 못하거나 조직계층 구조상 정보전달이 어려운 경우 • 고객의 불만사항에 대한 관심이 부족한 경우
설계 갭 (경영자 인식과 서비스품질 설계규격의 차이)	• 고객 중심의 품질기준을 설정하지 못한 경우 • 생산성과 효율성에 중점을 둔 경우 • 조직의 목적이 불분명한 경우 • 서비스품질 계획에 대한 최고경영자의 지원이 불충분한 경우
전달 갭(서비스품질 설계규격과 서비스 전달 결과의 차이)	• 적절한 자원(사람, 기술, 시스템)이 제공되지 않은 경우 • 종업원 평가와 보상기준이 서비스품질 기준과 부합하지 않은 경우
의사소통 갭 (서비스 전달 결과와 외부 의사소통의 차이)	• 광고나 판매원이 과잉약속을 하는 경우 • 영업부서와 마케팅 부서 간의 조정이 불충분한 경우 • 약속한 성과를 달성하지 못한 경우 • 서비스지점 간의 정책과 절차가 상이한 경우

72 상품믹스에 대한 설명으로 옳지 않은 것은?

① 상품품목(item)은 가격, 사이즈, 기타 속성에 따라 확실하게 구분되는 단위상품이다.

② 상품계열(line)은 소매점에서 취급하는 상품군의 다양성을 의미한다.

③ 상품믹스 폭(width)은 소매점에서 취급하는 상품계열의 다양성을 의미한다.

④ 상품믹스 깊이(depth)는 소매점의 동일 상품계열 내 이용 가능한 대체품목의 숫자를 의미한다.

⑤ 재고유지단위(SKU)는 유통업체에서 판매되는 상품계열과 아이템 등 모든 상품의 집합을 의미한다.

SKU(Stock Keeping Unit)

• 상품최소단위, 즉 가장 말단의 상품분류단위로 상품에 대한 추적과 관리가 용이하도록 사용하는 식별관리 코드를 의미한다.

• 문자와 숫자 등의 기호로 표기되며 구매자나 판매자는 이 코드를 이용하여 특정한 상품을 지정 가능하다.

• 점포 또는 카탈로그에서 구매 또는 판매할 수 있는 상품에 사용하는 것으로 판매자가 정한다.

73 아래 글상자에서 설명하는 무점포 소매상의 유형으로 옳은 것은?

> – 미리 선별된 구매자만이 아니라 불특정 다수의 사람들을 대상으로 마케팅을 한다는 점에서 다른 다이렉트 마케팅 방법들과 구분된다.
> – 배송업체와 보완적 관계를 가지고 있기 때문에 해당 소매상의 매출성장은 배송업체의 시장규모를 확대시키는 데 기여한다.
> – 해당 소매상이 팔릴만한 상품을 선정하여 판매한 다음 이익을 나누는 형식으로 계약이 이루어지므로, 공급자의 힘은 상대적으로 약하다.

① 자동판매기   ② 방문판매

③ 전자상거래   ④ TV홈쇼핑

⑤ 카탈로그 판매

해 설 ① 공간이 협소하고 충동구매를 유발하기 쉬운 장소에서 편의품 위주의 상품을 판매하는 방식이다.

② 영업사원이 직접 방문하여 판매하는 방식으로 네트워크식 다단계 판매도 포함한다.

③ PC, 모바일을 이용한 판매형태로 오픈마켓과 소셜커머스가 대세이지만 플렛폼커머스와 V-commerce로 변화하고 있다.

⑤ 카탈로그를 발송하고 전화로 주문을 접수하여 우편으로 제품을 보내는 방식이다.

74 아래 글상자의 빈칸에 들어갈 용어로 옳은 것은?

> 유통업체가 직원에게 동기부여와 활력을 주려면, 우수서비스 직원에게 금전적 보상, 의미 있는 일을 하고 있음을 인식할 수 있는 직무내용, 고객과 동료와 상사로부터 받는 (㉠), 구체적이고 명확한 (㉡)이/가 필요하다.

① ㉠ 피드백과 인정, ㉡ 체벌

② ㉠ 행동관찰, ㉡ 인터뷰

③ ㉠ 피드백과 인정, ㉡ 목표

④ ㉠ 교육훈련, ㉡ 목표

⑤ ㉠ 직무관여, ㉡ 리더십

75 아래 글상자는 서비스의 어떤 특성 때문에 발생하는 문제를 해결하려는 마케팅 방안들을 기술하고 있다. 관련된 서비스의 특성으로 가장 옳은 것은?

> – 실체적 단서를 제공하라.
> – 구전활동을 적극 활용하라.
> – 기업이미지를 세심히 관리하라.
> – 구매 후 커뮤니케이션을 강화하라.

① 소멸성   ② 이질성

③ 무형성   ④ 비분리성

⑤ 개별성

서비스의 특성에 따른 문제점과 대응전략

서비스의 특성	문제점	대응전략
무형성	• 특허로 보호가 곤란하다. • 진열하거나 설명하기가 어렵다. • 가격결정의 기준이 명확하지 않다.	• 실체적 단서를 강조하라 • 구매 전 활동을 적극 활용하라 • 기업이미지를 세심히 관리하라 • 가격결정 시 구체적인 원가분석을 실행하라 • 구매 후 커뮤니케이션을 강화하라
비분리성	• 서비스 제공 시 고객이 개입한다. • 집중화된 대규모생산이 곤란하다.	• 종업원의 선발 및 교육을 세심하게 고려하라 • 고객관리를 철저히 하라 • 여러 지역에 서비스망을 구축하라
이질성	• 표준화와 품질통제가 곤란하다.	• 서비스의 공업화 또는 개별화 전략을 시행하라
소멸성	• 재고로 보관하지 못한다.	• 수요와 공급 간의 조화를 이루라

76 레이아웃 설계의 순서로 옳은 것은?

① 부문 레이아웃 – 매장 레이아웃 – 점포 레이아웃 – 페이스 레이아웃 – 곤돌라 레이아웃
② 매장 레이아웃 – 페이스 레이아웃 – 곤돌라 레이아웃 – 부문 레이아웃 – 점포 레이아웃
③ 곤돌라 레이아웃 – 부문 레이아웃 – 매장 레이아웃 – 점포 레이아웃 – 페이스 레이아웃
④ 점포 레이아웃 – 매장 레이아웃 – 부문 레이아웃 – 곤돌라 레이아웃 – 페이스 레이아웃
⑤ 페이스 레이아웃 – 곤돌라 레이아웃 – 매장 레이아웃 – 부문 레이아웃 – 점포 레이아웃

77 소매업의 서비스 전략에 대한 설명으로 가장 옳은 것은?

① 지속적이고 일관된 서비스의 제공을 위해 맞춤화와 표준화가 중요하다.
② 보증 서비스의 경우 고객이 구매하려는 상품의 가치와는 관계가 없다.
③ 전문적인 서비스의 제공을 위해 매장 내의 대고객서비스는 소매점이 담당하고, 반품이나 A/S는 제조업체가 제공한다.
④ 고객은 제공받은 서비스에 대한 지각과 기대와의 비교를 통해 서비스를 평가한다.
⑤ 서비스품질은 제품품질과는 달리 마케팅믹스 중의 유통변수에 해당한다.

① 과거보다 더 나은 서비스의 제공을 위한 차별화가 중요하다.
② 보증 서비스의 경우 고객이 구매하려는 상품의 가치와 관계가 있다.
③ 전문적인 서비스의 제공을 위해 매장 내의 대고객서비스는 제조업체가 제공하고, 반품이나 A/S는 소매점이 제공한다.
⑤ 서비스품질은 마케팅믹스 중 제품변수에 해당한다.

78 재고관리에 대한 설명으로 옳지 않은 것은?

① 재고가 지나치게 많은 경우에는 투매손실이 발생할 수 있다.

② 재고가 부족하면 매출을 올릴 수 있는 기회를 잃어버리는 기회손실이 발생한다.

③ 표준재고는 연간 목표 매출액을 전년도의 상품회전율로 나누어 계산한다.

④ 팔릴 가능성은 매우 낮지만 취급할 수밖에 없는 상품의 주문에는 정량발주법을 활용한다.

⑤ 취급하고 있는 상품의 종류가 많은 경우에는 정기발주법을 활용하여 주문한다.

해 설 팔릴 가능성은 매우 낮지만 취급할 수밖에 없는 상품의 주문에는 <u>정기발주법</u>을 활용한다.

79 통합커뮤니케이션에 대한 설명으로 옳지 않은 것은?

① 다양한 커뮤니케이션 믹스들을 통합하여 커뮤니케이션 효과를 극대화하기 위해 수행한다.

② 전체 시장을 통합할 수 있는 커뮤니케이션을 통해 유통업자의 시장지배력을 강화하기 위해 수행한다.

③ 목표고객의 행동에 영향을 주거나 직접적인 행동을 유발하기 위해 수행한다.

④ 소비자 행동에 관한 정보와 데이터를 활용하여 커뮤니케이션 수단들을 통합한다.

⑤ 상호 가치가 있는 정보교환을 통해 판매자와 소비자 간의 우호적인 관계를 형성시킨다.

해 설 통합커뮤니케이션을 통해 제조업체와 유통업체가 힘의 균형을 이루어 효과적으로 협업할 수 있다.

※ **통합커뮤니케이션** : 모든 통신 수단, 통신 장치 및 매체가 통합됨으로써 사용자가 상대가 누구이든 어디에 있든지 실시간으로 접촉할 수 있는 프로세스

80 아래 글상자가 설명하는 직원 교육훈련방법으로 옳은 것은?

> 가상적인 경영 상황 하에서 5~6명으로 구성된 개별 팀들이 기업을 운영하도록 하는 방법이다. 여러 팀이 경쟁하게 하여 상황변화에 따른 적응능력의 배양을 꾀할 수 있다.

① 대역법(under studies)

② 코칭법(coaching)

③ 역할연기법(role playing)

④ 중요사건법(critical incidence method)

⑤ 비즈니스게임(business game)

해 설 ① 직무를 대행하는 과정을 통해서 특정한 직무를 독립적으로 수행할 수준에 도달할 수 있도록 훈련하는 기법이며, 특정인의 대역으로 지정되어 교육훈련을 받는다는 특징이 있다.

② 관리자 개발을 위한 직무상에서의 현직훈련 접근방식이다.

③ 주제에 따른 역할을 실제로 연출시킴으로써 체험을 통해 훈련효과를 높이는 방법이다.

④ 직무수행자의 직무행동 가운데 성과와 관련하여 효과적인 행동과 비효과적인 행동을 구분하여 사례를 수집하고, 이 사례에서 직무성과에 효과적인 행동패턴을 추출하여 분류하는 방법이다.

81 아래 글상자에서 제시하고 있는 단어와 관련 깊은 정보 기술로 옳은 것은?

> ㉠ 프라임 에어(Prime Air)
> ㉡ 파슬콥터(Parcelcopter)
> ㉢ 프로젝트 윙(Project Wing)

① 자율주행자동차   ② 드 론
③ 로 봇   ④ 플라이윙
⑤ 집라인

해 설 ㉠ 프라임 에어(Prime Air) : 아마존의 드론 배달 시스템
㉡ 파슬콥터(Parcelcopter) : 소포(parcel)와 헬리콥터(helicopter)의 합성어로 독일 운송회사 DHL이 운영하는 무인 택배 드론
㉢ 프로젝트 윙(Project Wing) : 구글의 드론배달 계획 프로젝트

82 유통업체에서 도입하고 있는 클라우드 컴퓨팅에 대한 설명으로 옳지 않은 것은?

① 유통업체들은 정보시스템 구현에 있어 기존 정보시스템 운영 환경을 보다 운영 효율성이 높은 클라우드 컴퓨팅 환경으로 바꾸고 있다.
② 클라우드 컴퓨팅은 온 프레미스 시스템(on Premise System)으로 전문화된 IT 벤더에 의해 서비스를 지원받는다.
③ 클라우드 컴퓨팅은 대표적으로 SaaS(Software as a Service), IaaS(Infrastructure as a Service), PaaS(Platform as a Service)로 구분할 수 있다.
④ 대표적인 클라우드 서비스를 제공하는 공급업체로는 아마존(Amozon)과 마이크로소프트(Microsoft)가 있다. 아마존은 클라우드 서비스로 AWS(Amazon Web Service)를 제공하고 있고, 마이크로소프트사는 애저(Azure)를 제공하고 있다.
⑤ 클라우드 컴퓨팅을 도입하면, 유통업체는 유통정보시스템의 유지, 보수, 관리 비용을 줄일 수 있다.

해 설 클라우드 방식의 서비스는 오프-프레미스(off-Premise)이다. 온 프레미스 시스템(on Premise System)은 클라우드 방식의 개념과 대비되게 원격 환경이 아닌 자체적으로 보유한 전산실 서버에 직접 설치해 운영하는 방식을 뜻한다.

83 유통업체에서 이용하는 상용 ERP(Enterprise Resource Planning) 시스템에 대한 설명으로 옳지 않은 것은?

① 다양한 모듈로 구성되어 있어, 유통업체마다 필요한 모듈만 선별해 도입할 수 있다.

② SCM(Supply Chain Management) 시스템과 CRM(Customer Relationship Management) 시스템과 연동되도록 구축할 수 있으며, 이를 확장형 ERP 시스템이라 한다.

③ ERP 구축시, 업무프로세스 혁신과 함께 커스터마이제이션과 컨피규레이션을 수행한다. 안정적인 시스템 도입을 선호하는 유통업체의 경우 커스터마이제이션을 선호한다.

④ 유통업체는 ERP 시스템 기능을 강화하기 위해 RFID 시스템과 ERP 시스템을 연동하도록 구축하는데, 이러한 과정을 볼트 온(bolt-on)이라고 한다.

⑤ 유통업체에서는 ERP 시스템을 통해 물류유통 프로세스에서 발생하는 자료를 통합된 데이터베이스에서 처리함으로써 정보시스템의 전사적 최적화를 추구할 수 있다.

해설 ERP는 표준 프로세스만으로 처리가 힘든 부분은 모두 커스티마이제이션 형식의 추가 개발로 처리함으로서 데이터 및 프로세스 관리의 표준화를 극대화하지 못한다는 문제점이 있지만 컨피규레이션(Configuration ; 변수조정) 기능은 기업의 업무형태나 프로세스에 맞도록 ERP 시스템을 설정하는 중요한 과정으로서 변수조정이 용이해야 시스템 구축이 빨라지며 구축 이후에도 기업의 조직이나 업무변경에 따라 기업에서 스스로 변경사항에 대한 기능을 재설정할 수 있다. 따라서 안정적인 시스템 도입을 선호하는 유통업체의 경우 컨피규레이션을 선호한다.

84 공급사슬관리에서 나타나는 문제로 정보왜곡 현상을 가리키는 용어에 대한 설명으로 옳지 않은 것은?

① 정보왜곡 문제를 채찍효과라고도 한다.

② 공급사슬상의 상류에서 하류로 발주정보가 전달되는 과정에서 정보의 왜곡현상은 하류로 내려갈수록 그 폭이 커진다.

③ 제조업자, 유통업자, 고객 사이에서 제품의 거래와 관련된 정보의 불일치에 기인한 문제로 볼 수 있다.

④ 정보기술을 활용하여 전달속도를 향상시키고 투명성을 보장해 주는 e-SCM 구축으로 현상을 축소시킬 수 있다.

⑤ 대표적 사례로 P&G의 유아용 기저귀 제품인 팸퍼스의 수요 예측 문제나 HP의 데스크톱 컴퓨터 생산 예측 문제 등이 있다.

해설 하류의 고객주문정보가 상류로 전달되면서 정보가 왜곡되고 확대되는 증폭현상이 발생한다.

85 POS데이터의 활용을 아래 글상자의 내용과 같이 단계별로 나누어 볼 때, ⓛ단계에 속하는 활동과 관련된 내용으로 가장 옳지 않은 것은?

> ㉠ 기본적인 보고서만 활용하는 단계
> ㉡ 상품기획과 매장효율제고에 활용하는 단계
> ㉢ 상품과 고객정보를 결합하여 다이렉트마케팅을 실시하는 단계
> ㉣ POS정보를 경영정보와 결합하여 전략적 경쟁무기로 활용하는 단계

① ABC분석 정보
② 판촉분석 정보
③ 자동발주 정보
④ 재고회전율 정보
⑤ 선반진열효율 정보

해설 자동발주 정보는 재고관리단계에 속하는 활동이다.

※ POS데이터의 활용단계

제1단계(단순 상품관리단계)	기본적인 보고서만을 활용하는 단계로 부문별·시간대별 보고서, 매출액의 속보, 품목별·단품별 판매량 조회 등이 이에 속한다.
제2단계(상품기획 및 판매장의 효율성 향상단계)	날씨, 기온, 시간대, 촉진활동, 선반진열의 효율성, 손실, 재고회전율 등의 정보와 연계하여 판매량 분석을 통해서 상품을 관리한다.
제3단계(재고관리단계)	수·발주시스템과 연계해서 판매정보를 분석하고, 내부의 재고관리를 하며, 발주량을 자동적으로 산출한다.
제4단계(마케팅단계)	상품정보와 고객정보를 결합해서 판매 증진을 위한 마케팅을 실시하는 단계이다.
제5단계(전략적 경쟁단계)	POS정보를 경영정보와 결합해서 전략적 경쟁수단으로 활용하는 단계이다.

86 이미징 기반 판독기로만 판독 가능한 바코드로 가장 옳은 것은?

① ITF-14
② EAN/UPC
③ GS1 DataBar
④ GS1 DataMatrix
⑤ GS1-128 심볼로지

해설 GS1 DataMatrix
• 2차원 바코드로써 다양한 추가정보를 입력하면서도 작은 크기로 인쇄가 가능하다.
• 상품의 이동·추적·보관·생산관리 등에서 요구되는 다양한 속성의 정보를 GS1 응용식별자를 활용하여 표현한다.
• 2차원 바코드이므로 스캔을 위해서는 이미지 바코드 스캐너가 필요하다.

87 GTIN(Global Trade Item Number)을 변경하지 않아도 되는 상황의 예로 가장 옳은 것은?

① 냉동 연어가 이제는 생연어로 판매되는 경우

② 전에도 있었지만 표시는 되지 않았던 기능이 표시돼 판매되는 경우

③ 제형 변경으로 기존 거래단품의 설탕을 50% 줄여 "저당" 제품을 만든 경우

④ 견과 제품에 법정 알레르기 물질이 새로 첨가돼 소비자의 구별이 필요한 경우

⑤ 제형에 잠재적 위험 물질이 추가돼 거래업체가 제품을 현재 사용하거나 보관하는 방법이 달라질 수도 있는 경우

해 설 거래 상품의 사전 정의된 주요 특성은 다음과 같다.
- 제품명, 제품 브랜드, 제품 명세
- 활성 성분
- 강도
- 투여량(사용량)
- 순 수량(무게, 부피, 기타 거래에 필요한 규격)
- 포장 방법
- 형태, 효능 등
- 묶음 상품의 경우 입수 상품의 수량, 하위 포장, 포장 속성(종이상자, 팔레트, 상자–팔레트, 평판–팔레트 등)

위의 요소 중 어느 하나라도 바뀌면 새 상품품목코드를 부여해야 한다.

88 데이터 분석 알고리즘인 사례기반추론 알고리즘의 특징에 대한 설명으로 가장 옳지 않은 것은?

① 모델의 구조가 간단하고 이해가 용이하다.

② 사례를 저장하기 위한 공간이 불필요하다.

③ 복잡한 문제를 비교적 단순한 체계로 모델링을 하여 복잡한 의사결정 문제를 간결하게 해결하는 데 도움을 제공한다.

④ 사례를 설명하고 있는 속성이 적절하지 못한 경우 결과 값이 나빠진다.

⑤ 인간의 두뇌에서 문제를 해결하는 방식과 유사하기 때문에 그 결과를 이해하기 쉽다.

해 설 사례기반추론을 하려면 사례를 수집하여 데이터베이스에 저장해야 하므로 저장을 위한 공간이 필요하다.

※ **사례기반추론 알고리즘**
- 문제와 해답 쌍(pair)의 형식으로 저장된 사례를 사용하여 문제를 해결하는 추론 방식으로 문제와 유사한 사례를 데이터베이스에서 검색, 수정하여 해답을 얻는다.
- 사례 기반의 추론을 하려면 규칙을 작성하는 대신에 사례를 수집하여 데이터베이스에 저장하면 된다.

89 인터넷이 제공하는 서비스에 관한 설명으로 가장 옳지 않은 것은?

① FTP(File Transfer Protocol) - 인터넷상의 컴퓨터들간에 파일을 교환하기 위한 표준 프로토콜이다.

② 고퍼(Gopher) - 자신이 필요로 하는 컴퓨터 파일이나 문서가, 어느 anonymous FTP 서버에서 제공되는지를 찾아주는 프로그램이다.

③ 텔넷(Telnet) - 자신이 사용권한을 가지고 있다는 전제 하에 다른 사람의 호스트 컴퓨터를 원격지에서 접근할 수 있도록 해주는 방법이다.

④ IRC(Internet Relay Chat) - 인터넷 실시간 대화를 의미하며, 가까운 서버들끼리 직·간접으로 연결되어 있어 IRC 서버 가운데 어느 한 서버에 연결하기만 하면 자동적으로 전 세계 서버와 연결된다는 특징을 지닌다.

⑤ WAIS(Wide Area Information Service) - 인터넷에서 정보를 효율적으로 찾을 수 있도록 도와주는 서비스로 사용자가 찾고자 하는 문서를 정확히 모를 때나, 사용자가 입력한 키워드가 포함되어 있는 문서를 찾고 싶을 때 주로 이용된다.

해 설 **고퍼(Gopher)**
• 정보의 내용을 주제별 또는 종류별로 구분하여 메뉴로 구성함으로써, 인터넷에 익숙하지 않은 사용자라도 제공되는 메뉴만 따라가면 쉽게 원하는 정보를 찾을 수 있게 해주는 서비스이다.
• 고퍼 서버들끼리 서로 연결되어 있어서 여러 개의 고퍼 서버를 이동하면서 정보를 검색할 수 있고, 원격접속(telnet), 파일전송(ftp), 뉴스(news) 등 인터넷의 다른 기능을 고퍼 메뉴 속에서 실행할 수 있다.
• 문자 위주의 정보검색 서비스로 웹 서비스가 개발되기 이전까지 널리 사용되었다.

90 정보를 지식으로 전환하는 데 필요한 네 가지 유형의 중요한 활동으로 가장 옳지 않은 것은?

① 통계적 분석
② 타 정보와의 비교
③ 함축된 정보 발견
④ 타인과의 상호작용
⑤ 다른 지식과의 연관

해 설 통계적 분석은 자료(Data)를 정보(Information)로 전환하는 데 필요한 활동이다.

91 의사결정지원시스템의 정의와 필요성에 대한 설명으로 가장 옳지 않은 것은?

① 의사결정지원시스템은 구조화 또는 반구조화된 의사결정을 지원하는 컴퓨터 기반의 시스템이다.

② 복잡하고 방대한 경영문제를 해결하는 데 인간의 정보처리능력의 한계로 의사결정지원시스템의 도움이 필수적이라고 할 수 있다.

③ 기술 혁신 및 글로벌 시장의 등장 등으로 고려해야 하는 대안의 수가 증가하고 있어 의사결정지원시스템의 필요성이 대두되고 있다.

④ 경영환경의 복잡성과 불확실성 증대로 인해 계량적인 분석의 필요성이 높아져 의사결정지원시스템의 도움이 필수적이라고 할 수 있다.

⑤ 분석모형과 데이터를 제공함으로써 상호대화적 방식을 통해 의사결정자가 보다 효과적으로 의사결정문제를 해결할 수 있도록 지원해 주는 컴퓨터 기반의 시스템이다.

해 설 의사결정지원시스템은 의사결정자가 정보기술을 활용하여 반구조적인 의사결정유형의 문제를 해결하도록 지원하는 시스템이다.

92 유통정보시스템 구축과 관련된 내용으로 가장 옳지 않은 것은?

① 유통정보시스템 구축은 생산과 물류효율화를 위해 필수적인 요소이다.

② 유통정보시스템 구축은 경로구성원간의 원활한 커뮤니케이션 촉진을 위해 필요하다.

③ 유통정보시스템 구축을 위해서는 POS, EDI, VAN, IoT, Bigdata 등 다양한 정보기술들이 활용될 수 있다.

④ 유통정보시스템 구축은 유통산업의 대형화, 다점포화 등으로 확대된 시장을 효율적으로 관리하기 위해 필요하다.

⑤ 유통정보시스템은 경영정보시스템과 마케팅정보시스템 등과 같은 조직 내 다른 시스템과 정보 연계 없이 독립적으로 구축되어야 한다.

해 설 유통정보시스템은 경영정보시스템과 마케팅정보시스템 등과 같은 조직 내 다른 시스템과 정보 연계를 통해 구축되어야 한다.

※ **유통정보시스템**
기업의 유통활동 수행에 필요한 정보의 흐름을 통합하는 기능을 통해 전사적 유통(Total Marketing) 또는 통합유통(Integrated Marketing)을 가능하게 하는 동시에 유통계획, 관리, 거래처리 등에 필요한 데이터를 처리하여 유통 관련 의사결정에 필요한 정보를 적시에 제공하는 정보시스템이다.

93 다음 내용을 포괄하는 가장 적절한 용어는?

> (가) 금융과 기술의 합성어로 결제, 송금 등 금융서비스와 결합된 새로운 형태의 기술, 또는 산업을 지칭하는 용어이다.
>
> (나) 기존에는 불가능했던 개별 고객의 가치와 위험 분석을 실시간 저비용으로 제공하기 시작하였으며, 자산관리서비스, 맞춤 대출, 투자 분석 등을 거쳐 이제는 은행의 업무전반을 제공하는 수준으로 진화하고 있다.
>
> (다) 가장 먼저 불붙고 있는 분야는 모바일 간편결제 영역으로 휴대폰을 활용한 애플페이와 삼성페이가 출시되면서 '글로벌 페이전쟁'이 본격화되고 있다.

① 온 덱
② EBPP
③ 아마존 웰렛
④ 스마트 카드
⑤ 핀테크

해설 ① 오프라인 점포 없이 온라인을 통해 주로 소상공인들을 대상으로 대출서비스를 제공하는 미국의 핀테크 스타트업으로 온덱에서 자체 개발한 대출 심사 프로그램을 통해 대출 신청자의 금융거래 내용을 분석해 신용도를 평가한다.
② 전자적으로 대금을 고지하고 납부하는 서비스로 납부자 측에서 금융 기관, 통신 회사 등으로부터 각종 공과금이나 카드 대금, 상거래 대금 등의 청구서 및 이용 내역서를 인터넷이나 팩스, 이동 전화 등을 통해 고지 받고 이를 인터넷 등에서 계좌 이체 또는 신용 카드 정보 입력 방식으로 납부하는 서비스이다.
③ 아마존이 개발한 스마트폰용 디지털 웰렛으로 로열티카드나 기프티카드를 저장했다가 결제 시 사용할 수 있다.
④ 신용카드와 동일한 크기와 두께의 플라스틱 카드에 마이크로프로세서 칩과 메모리, 보안 알고리즘, 마이크로컴퓨터를 COB(Chip On Board) 형태로 내장된 전자식 카드로, 카드 내에서 정보의 저장과 처리가 가능한 CPU 지능형 카드이다.

94 A기업에서는 운송자들에게 실시간 교통정보에 기반한 경로 시뮬레이션을 실시함에 따라 최적의 운송경로를 선택할 수 있도록 유통경로관리시스템을 구축하고자 한다. 이를 구현하기 위해 관련된 정보기술들과 그 설명이 옳지 않은 것은?

① LBS – 무선 인터넷을 기반으로 하여 사용자의 위치를 제공
② GIS – 2D, 3D 등 다차원의 지도정보를 지원
③ GPS – 위성과 통신하여 현재 정확한 시간과 위치를 확인하도록 지원
④ RFID– 차량내 부착되어 차량의 출입 여부를 자동으로 인식하도록 지원
⑤ MAN – 한 사람이 사용하는 두 대 이상의 장비간 통신하는 기능 지원

해설 MAN(Metropolitan Area Network)
• 사용하는 하드웨어와 소프트웨어는 LAN과 비슷하지만, 연결 규모가 더 크다.
• 근처에 위치한 여러 건물이나 한 도시에서의 네트워크 연결로 구성할 수 있다.
• MAN을 위한 국제 표준안인 DQDB(Distributed Queue Dual Bus)는 전송 방향이 다른 두 버스로 모든 호스트를 연결하는 구조를 지원한다.

95 검색엔진의 종류를 데이터를 수집하고 표현하는 방식에 따라 구분할 경우 다음 글상자가 뜻하는 유형으로 가장 옳은 것은?

> 키워드 검색 쿼리를 전송하면 서버가 이를 받아 미리 지정한 포털 사이트들에 쿼리를 전송해 각 검색 사이트의 검색결과를 받아 사용자에게 보여주는 방식이다.

① 메타 검색엔진
② 인덱스 검색엔진
③ 주제별 검색엔진
④ 디렉토리 검색엔진
⑤ 시멘틱 웹 검색엔진

해 설 메타 검색엔진
- 일반 검색엔진과 같이 필요한 정보를 찾아주는 일을 하지만 실제로는 자체적으로 검색 기능을 갖는 것이 아니라 다른 검색엔진들을 연결시켜 다른 검색엔진들을 통해 검색한 정보를 보여주는 검색엔진이다.
- 여러 개의 검색엔진을 이용하여 검색을 하므로 특정한 방식을 수행하는 하나의 검색엔진을 사용하는 것보다 효과적이다.
- 다른 검색엔진들의 검색 결과를 받아서 종합해 보여주는 것이므로 정보를 빼놓지 않고 찾을 수 있다는 장점을 가지지만 각 검색엔진만이 가지는 검색 특징을 이용하지 못하고 그 결과를 얻어내는 데 너무 많은 시간이 걸린다는 단점이 있다.

96 마크업언어(MarkUp Language)에 대한 설명으로 옳지 않은 것은?

① HTML, SGML, XML 등이 대표적인 마크업언어이다.
② HTML은 간단한 사용방법으로 많은 사용자들이 선호하지만 정의된 Tag 외에 사용하지 못하는 한계를 가지고 있다.
③ XML은 문서의 내용과 관련된 태그를 사용자가 직접 정의할 수 있다.
④ XHTML은 다양한 웹브라우저에서 동일하게 보일 수 있는 웹페이지를 생성하도록 웹표준을 지원하는 마크업언어이다.
⑤ SGML은 다른 마크업 언어 중 제일 쉬운 언어로 사용자층이 매우 많다.

해 설 SGML은 전자문서가 어떠한 시스템 환경에서도 정보의 손실 없이 전송, 저장, 자동처리가 가능하도록 국제표준화기구(ISO)에서 정한 문서처리 표준, 즉 문서의 마크업언어나 태그셋의 정의에 관한 표준으로 문서언어를 어떻게 지정할 것인가를 설명한 것이다.

97 아래 글 상자의 내용을 읽고 해당되는 적절한 용어로 옳은 것은?

> e-마켓플레이스는 인터넷 등 네트워크상에서 다수의 공급자와 다수의 구매자 간에 거래를 할 수 있
> 도록 구축된 온라인 시장을 의미한다. (　　)는(은) 기업들이 동종 산업 간의 상호 협력과 경쟁을 통
> 해 이익을 추구하는 것을 실현한 e-마켓플레이스이다.

① 수직적 e-마켓플레이스　　　　　② 수평적 e-마켓플레이스
③ 코피티션　　　　　　　　　　　　④ 교차적 e-마켓플레이스
⑤ 카르텔

해 설 코피티션(coopetition)
- 협력(cooperation)과 경쟁(competition)의 합성어로 동종업계 간의 상호 협력과 경쟁을 통해 이익을 추구하는 것
을 뜻한다.
- 1996년 미국 예일대 베리 네일버프 교수와 하버드대 애덤 브란덴버거 교수가 '코피티션'이라는 제목의 책을 공동
저술하면서 처음 등장하였다.
- 코피티션은 한마디로 말해 '윈윈' 전략에 기초한 것으로 반드시 패자가 있어야 승자가 있다는 도식적 논리를 부정
하고 비즈니스게임에서 참가자 모두가 승자가 될 수 있다는 논리이다.

98 빅데이터의 기술 요건을 수집-공유-저장-분석-시각화 단계로 나누어 볼 때 각 단계별로 필요한
기술요건을 짝지어 놓은 것으로 옳지 않은 것은?

① 빅데이터 수집 – 크롤링 엔진
② 빅데이터 공유 – 데이터 동기화
③ 빅데이터 저장 – RSS, Open API
④ 빅데이터 분석 – 텍스트 마이닝
⑤ 빅데이터 시각화 – 대시보드, 구글 챠트

해 설 RSS는 빅데이터 수집에 필요한 기술요건으로 사이트에서 제공하는 주소를 등록하면, PC나 휴대폰 등을 통하여 자동
으로 전송된 콘텐츠를 이용할 수 있도록 지원한다. Open API는 자신이 보유한 정보나 애플리케이션 등을 다른 정보
시스템에서 네트워크를 통하여 누구나 활용할 수 있도록 공개한 API로서 다양한 서비스와 데이터를 좀 더 쉽게 이용
할 수 있도록 유도하는 개발자 중심의 응용프로그램 인터페이스이다.

99 아래 글상자의 내용과 관련된 데이터마이닝 기법으로 가장 옳은 것은?

> 이것은 흔히 장바구니 분석이라고도 하며, 구매된 상품들간의 연관성을 파악하여 교차 판매를 목적
> 으로 하는 상품이나 패키지 상품을 구성하기 위한 정보를 획득하기 위해 수행하는 데이터마이닝 기
> 법이다.

① 분류 규칙　　　　　　　　　　　② 순차 패턴
③ 연관 규칙　　　　　　　　　　　④ 군집화 규칙
⑤ 신경망 모형

① 분류에 사용되는 판별함수를 형성하는 데 사용되는 기준을 말한다.

② 데이터에 공통으로 나타나는 순차적인 패턴을 찾아내는 것을 말한다.

④ 어떤 목적 변수(Target)를 예측하기 보다는 고객수입, 고객연령과 같이 속성이 비슷한 고객들을 묶어서 몇 개의 의미있는 군집으로 나누는 기법이다.

⑤ 인간 두뇌의 복잡한 현상을 모방하여 마디(Node)와 고리(Link)로 구성된 망구조로 모형화 하고 과거에 수집된 데이터로부터 반복적인 학습과정을 거쳐 데이터에 내재되어 있는 패턴을 찾아내는 모델링기법이다.

100 다음 중 기업에서 정보시스템의 역할 변화를 가장 올바르게 순차적으로 나열한 것은?

가) 거래자료처리시스템	나) 전문가시스템
다) 전략정보시스템	라) 의사결정지원시스템
마) 정보시스템통합화	

① 가) → 나) → 다) → 라) → 마)

② 가) → 다) → 나) → 라) → 마)

③ 가) → 나) → 다) → 마) → 라)

④ 가) → 다) → 나) → 마) → 라)

⑤ 가) → 라) → 나) → 다) → 마)

정답 100 ⑤

2020년

기출문제해설

행운이란 100%의 노력 뒤에 남는 것이다.

− 랭스턴 콜만 −

제2회 | 기출문제해설

1급	A형	소요시간	문항수
		100분	100문항

01 유통경영(1~20)

01 소매업의 제품 성과를 평가하는 수단 중 하나인 제품별 직접이익(DPP ; Direct Product Profit)과 관련한 설명 중 가장 옳지 않은 것은?

① 창고비는 제품 입출고 시 발생하는 직접노무비와 재고유지비이다.

② 조정된 총수익은 총수익에 기타 직접 수익을 합한 것이다.

③ 제품별 직접비용은 직접 창고비용과 직접 수송비용, 간접 수송비용을 합한 것이다.

④ 제품별 직접이익은 조정된 총수익에서 제품별 직접비용을 제(除)한 것이다.

⑤ 제품별 직접이익법은 순이익을 비교하는 방식으로 둘 이상의 제품을 비교할 때 유용하다.

해 설 제품별 직접비용은 창고비용, 수송비용, 직접 점포비용의 세 가지 원천에서 발생한다.

※ 제품별 직접이익(DPP ; Direct Product Profit)

각 경로대안의 총마진에서 직접 제품비용만을 뺀 제품 수익성을 평가하여, 직접 제품이익이 가장 높은 대안을 선택하는 방법이다.

02 소비자의 생명 또는 재산에 대한 위해를 방지하기 위하여 소비자기본법(법률 제17799호, 2020. 12. 29., 타법개정)에서 국가가 정해야 할 광고의 내용 및 방법에 관한 기준으로 옳지 않은 것은?

① 소비자가 오해할 우려가 있는 특정용어의 사용을 제한할 필요가 있는 경우

② 광고의 매체에 대하여 제한이 필요한 경우

③ 소비자의 건전하고 자주적인 조직활동을 지원·육성할 필요가 있는 경우

④ 광고의 시간대에 대하여 제한이 필요한 경우

⑤ 용도 또는 원산지 등을 광고하는 때에 특정내용을 소비자에게 반드시 알릴 필요가 있는 경우

광고의 기준(소비자기본법 제11조)

국가는 물품 등의 잘못된 소비 또는 과다한 소비로 인하여 발생할 수 있는 소비자의 생명·신체 또는 재산에 대한 위해를 방지하기 위하여 다음의 어느 하나에 해당하는 경우에는 광고의 내용 및 방법에 관한 기준을 정하여야 한다.
- 용도·성분·성능·규격 또는 원산지 등을 광고하는 때에 허가 또는 공인된 내용만으로 광고를 제한할 필요가 있거나 특정내용을 소비자에게 반드시 알릴 필요가 있는 경우
- 소비자가 오해할 우려가 있는 특정용어 또는 특정표현의 사용을 제한할 필요가 있는 경우
- 광고의 매체 또는 시간대에 대하여 제한이 필요한 경우

03 유동부채와 관련된 기본적인 계정과목에 대한 설명 중 가장 옳지 않은 것은?

① 외상매입금은 일반적인 상거래를 통해 발생한 외상으로 인한 채무이다.

② 미지급금과 외상매입금을 묶어서 매입채무라고 한다.

③ 영업외 활동에서 외상구입으로 발생한 채무는 미지급금이다.

④ 상품을 판매하기로 하고 계약금으로 대금 중 일부를 미리 받은 금액은 선수금이다.

⑤ 해당 회계기간에 발생한 비용 중 현금을 지급하지 않은 부분은 미지급금이다.

지급어음과 외상매입금을 묶어서 매입채무라고 한다.

04 우리 속담에 "잘 되면 내 탓, 잘못되면 조상 탓" 이라는 말이 있다. 이 말과 관련한 인사고과를 할 때 발생할 수 있는 오류로 가장 옳은 것은?

① 대비 오류(contrast errors)

② 중심화경향(central tendency)

③ 현혹 효과(halo effect)

④ 귀속과정 오류(errors of attribution process)

⑤ 유사성 오류(similar-to-me errors)

귀속과정 오류는 인사 평가에서 피평가자의 업적이 낮았을 때 그 원인이 외부에 있음에도 불구하고 피평가자의 내부적 요인으로 보거나, 반대로 피평가자의 업적이 높았을 때 그 원인이 피평가자의 내부에 있음에도 불구하고 외부에서 원인을 찾는 오류이다.

① 다른 사람을 판단함에 있어서 절대적 기준에 기초하지 않고 다른 대상과의 비교를 통해 평가하는 오류이다.

② 평가자가 평가대상에 대한 긍정 혹은 부정의 판단을 기피하고 중간 정도의 점수를 주는 현상을 말한다.

③ 평가받을 대상의 대략적인 인상이나 첫인상이 평가하기 위한 판단에 그대로 이어져 객관적인 평가에 영향을 미치는 것을 말한다.

⑤ 평가자가 자신과 유사한 평가대상을 그렇지 않은 평가대상에 비해 호의적으로 평가하는 오류이다.

05 자산수익률을 분석할 때 크게 이익률 관리와 자산회전율 관리로 나누어본다면 이익률 관리에 사용되는 지표만으로 옳은 것은?

① 고정자산 – 재고자산회전율 – 순이익률
② 순이익률 – 영업비용 – 총마진율
③ 총마진율 – 순이익률 – 외상매출금
④ 자산수익률 – 고정자산 – 영업비용
⑤ 영업비용 – 외상매출금 – 자산회전율

해 설 자산수익률(ROA)은 활동성 지표인 총자산회전율과 수익성 지표인 매출액순이익률로 구성된다. 따라서 이익률 관리에 사용되는 수익성 지표에는 매출액총이익률, 매출액영업이익률, 매출액세전순이익률, 매출액순이익률, 총자본영업이익률, 자기자본순이익률, 총자본순이익률 등이 있으며, 자산회전율 관리에 사용되는 활동성 지표에는 재고자산회전율, 매출채권회전율, 총자산회전율 등이 있다.

06 유통기업의 매출원가와 관련된 설명 중 옳지 않은 것은?

① 재고자산은 회사가 판매하기 위해 보유하고 있는 상품과 제품이며, 이들을 진열하기 위한 매대나 선반은 재고자산에 포함되지 않는다.
② 실지재고조사법은 회계기간 동안 상품의 매입을 집계하였다가 기말에 재고자산을 실사하여 매출원가를 계산하는 방법이다.
③ 계속기록법은 재고자산수불장을 비치하고 매출시점마다 매출원가를 계산하는 방법을 말한다.
④ 실지재고조사법은 고가의 소량상품일 때 유리하며 계속기록법은 저가의 대량상품일 때 유용한 방법이다.
⑤ 실지재고조사법은 매입/매출의 빈도가 많을 때 유리하며 계속기록법은 빈도가 낮을 때 유리한 방법이다.

해 설 계속기록법은 고가상품을 소량으로 취급하는 경우 유리하며, 실지재고조사법은 저가상품을 대량으로 취급하는 경우 유용한 방법이다.

07 아래 글상자 내용 중에서 "유통산업발전법"(법률 제17761호, 2020. 12. 29., 타법개정)에서 규정하는 대규모점포의 요건에 해당하는 것만 나열한 것으로 옳은 것은?

┌───┐
│ ⊙ 하나 또는 대통령령으로 정하는 둘 이상의 연접되어 있는 건물 안에 하나 또는 여러 개로 나누어 │
│   설치되는 매장일 것 │
│ ⓛ 상시 운영되는 매장일 것 │
│ ⓒ 대규모 점포를 경영하는 회사 또는 그 계열사가 직영하는 매장일 것 │
│ ⓔ 매장면적의 합계가 3천제곱미터 이상일 것 │
│ ⑩ 상호출자제한기업집단의 계열사가 직영하는 점포일 것 │
└───┘

① ㉠ - ㉡ - ㉢

② ㉠ - ㉢ - ㉣

③ ㉠ - ㉡ - ㉣

④ ㉠ - ㉡ - ㉤

⑤ ㉠ - ㉢ - ㉤

해 설 대규모점포의 요건(유통산업발전법 제2조 제3호)

"대규모점포"란 다음의 요건을 모두 갖춘 매장을 보유한 점포의 집단으로서 별표에 규정된 것을 말한다.

- 하나 또는 대통령령으로 정하는 둘 이상의 연접되어 있는 건물 안에 하나 또는 여러 개로 나누어 설치되는 매장일 것(㉠)
- 상시 운영되는 매장일 것(㉡)
- 매장면적의 합계가 3천제곱미터 이상일 것(㉣)

08 재무제표 작성과 관련된 표시의 기본 원칙에 대한 설명 중 가장 옳지 않은 것은?

① 전체 재무제표는 적어도 1년마다 작성한다.

② 기업의 현금흐름 정보는 발생주의 기준회계를 사용한다.

③ 기업에 관한 모든 경제적 사건은 빠짐없이 공시해야 한다.

④ 재무제표의 중요한 항목은 본문 또는 주석에 그 내용을 가장 잘 나타낼 수 있도록 구분하여 표시한다.

⑤ 기업은 장기간 존속한다고 가정한다.

해 설 기업은 현금흐름 정보를 제외하고는 발생기준 회계를 사용하여 재무제표를 작성한다.

※ 발생주의

기업실체의 경제적 거래나 사건에 대해 관련된 수익과 비용을 그 현금 유·출입이 있는 기간이 아니라 당해 거래나 사건이 발생한 기간에 인식하는 것을 말한다.

09 인적자원관리시스템은 고몰입/고참여, 고몰입/저참여, 저몰입/고참여, 저몰입/저참여의 네 가지 유형으로 분류할 수 있는데 이들 유형에 대한 설명으로 가장 옳지 않은 것은?

① 고몰입/고참여 시스템의 인적자원관리 유효성이 항상 최고인 것은 아니다.

② 고몰입/저참여 시스템의 작동원리는 종업원과 조직 사이의 경제적 교환관계이다.

③ 고몰입/저참여 시스템은 종업원들의 교육훈련, 복지 향상을 강조한다.

④ 저몰입/고참여 시스템의 작동원리는 종업원들의 일에 대한 자율성과 통제성이다.

⑤ 저몰입/고참여 시스템은 구성원 간의 상호작용, 작업 프로세스의 통합을 강조한다.

해 설 고몰입/저참여 시스템의 작동원리는 종업원과 조직 사이의 기능적 교환관계이다.

10 직무급제 임금형태에 대한 설명으로 옳지 않은 것은?

① 직무의 가치에 따라 기본급을 산정하는 임금지급 형태이다.
② 직무가치는 과업이 조직을 위해 창출하는 가치만으로 평가한다.
③ 임금률은 주요 직무 및 비주요 직무에 대해 결정한 임금수준이다.
④ 임금등급은 임금률 결정을 위해 직무가치가 비슷한 직무들끼리 묶은 집합체이다.
⑤ 직급체계를 단순화하여 임금을 광대역화(broadbanding)하면 임금률 체계의 복잡성이 낮아진다.

해 설 과업이 조직을 위해 창출하는 가치만으로 평가하는 것은 성과급제 임금형태에 대한 설명이다. 직무급제는 직무 성격, 난이도, 책임정도에 따라 직무가치를 평가하여 급여를 결정하는 제도이다.

11 인사조직 관련 용어 중 "만년 과장" 같은 사람들을 경력정체인력이라 하는데 경력정체인력에 대한 해결책으로 옳지 않은 것은?

① 경력정체인력에 대해 현업에서의 성과목표를 보다 구체적으로 제시한다.
② 경력정체인력의 경력목표를 수정하게 지원한다.
③ 경력정체인력에 대해 조직에서 멘토(mentor)를 선정해준다.
④ 경력정체인력을 위한 조기퇴직 프로그램이나 전직지원제도(outplacement program)를 개발한다.
⑤ 경력정체인력을 위한 새로운 직무를 개발한다.

해 설 경력정체의 원인에는 최고 경영층이 되지 못하는 이상 대다수의 종업원이 더 이상 승진이 불가능한 경력정체에 빠지는 객관적 경력정체와 개인 스스로 직무에 만족하지 못하는 경우 나타나는 주관적 경력정체로 구분된다. 객관적 경력정체의 해결책에는 조직확장, 다중경력경로 설계, 직능자격제도 등이 있으며 주관적 경력정체의 해결책에는 원인분석, 직무재설계, 순환배치 등이 있다.

12 브룸(V. Vroom)의 동기부여 기대이론에 따르면, 동기부여를 아래 글상자와 같이 나타낼 수 있다. 최근 기업들은 보상프로그램을 다양하게 마련한 다음, 종업원이 원하는 보상을 선택하게 하는 경향을 보이고 있는데, 이에 대한 설명으로 가장 옳은 것은?

> 동기부여 = 기대감(expectancy) × 유의성(valence) × 수단성(instrumentality)

① 기대감을 높이려는 방안이다.
② 유의성을 높이려는 방안이다.
③ 수단성을 높이려는 방안이다.
④ 기대감, 유의성, 수단성 모두를 높이려는 방안이다.
⑤ 위에는 옳은 설명이 없다.

해 설 보상에 부여하는 가치는 유의성(valence)에 해당하므로 기업들이 다양한 보상프로그램을 마련하여 종업원이 원하는 보상을 선택하게 하는 경향을 보이고 있는 것은 유의성을 높이려는 방안이다.

13 식품위생법(법률 제 18363호, 2021.7.27., 일부개정)상 용어의 설명으로 옳은 것은?

① 식품위생이란 식품, 식품첨가물에 관한 위생이며, 포장위생이란 기구나 용기 포장을 대상으로 한다.

② 집단급식소란 특정 다수인에게 영리를 목적으로 음식물을 공급하는 시설을 말한다.

③ 식품이란 섭취하는 모든 음식물과 의약을 말한다.

④ 영양표시란 식품에 들어있는 영양소에 대한 질적 정보만을 의미한다.

⑤ 기구나 용기를 살균, 소독하는 데 사용되는 간접적인 물질도 식품 첨가물이다.

해 설 ① 식품위생이란 식품, 식품첨가물, 기구 또는 용기·포장을 대상으로 하는 음식에 관한 위생이다.
② 집단급식소란 영리를 목적으로 하지 아니하면서 특정 다수인에게 계속하여 음식물을 공급하는 기숙사, 학교, 유치원, 어린이집, 병원, 사회복지시설, 산업체, 국가·지방자치단체 및 공공기관, 그 밖의 후생시설 등의 급식시설로서 대통령령으로 정하는 시설이다.
③ 식품이란 의약으로 섭취하는 것을 제외한 모든 음식물을 말한다.
④ 영양표시란 식품에 들어있는 영양소의 양(量) 등 영양에 관한 정보를 표시하는 것을 말한다〈2019.3.14. 삭제〉.

14 Hackman과 Oldham의 직무특성모델이 제시하는 작업동기를 고취하는 수단으로 옳지 않은 것은?

① 직무 수행의 결과에 대한 피드백을 강화한다.

② 과업들이 일의 완결에 미치는 중요성을 높인다.

③ 과업의 범위를 좁혀서 전문적 능력의 축적을 지원한다.

④ 과업을 탄력적으로 수행할 수 있도록 자율성을 강화한다.

⑤ 일을 완결한 상태를 식별할 수 있도록 과업의 정체성을 높인다.

해 설 Hackman과 Oldham이 제시하는 핵심 직무특성 5가지 차원
• 기술 다양성(skill variety) : 종업원들이 직무를 수행하는 데 있어서 다양하게 기술 및 능력을 사용하는 활동들이 요구되는 정도를 의미하는 것으로, 직무 자체가 종업원들에게 그들 자신의 기술이나 능력을 다양하게 개발시킬 수 있는 종류의 것이라면 종업원들은 자신들의 직무나 과업을 의미 있는 것으로 지각하게 되며, 직무 자체가 보다 높은 수준의 기능을 사용하거나 도전적인 과제가 많은 직무일수록 종업원들은 자신들의 직무에 보다 더 많은 가치를 느끼게 된다.
• 과업 정체성(task identity) : 직무가 요구하는 전체로서의 완결 정도를 의미하는 것으로, 시작부터 끝까지의 전체적인 작업 중에서 직무가 차지하고 있는 범위의 정도를 말한다.
• 과업 중요성(task significance) : 직무 자체가 동료나 인접한 조직 혹은 고객들의 생활이나 복지 등에 중요한 역할을 한다고 지각하는 것을 의미하는 것으로, 자신의 직무의 결과가 다른 사람들의 행복이나 건강, 그리고 안전 등에 영향을 미친다는 사실을 알고 있다면, 그렇지 않은 경우에 비해 자신의 직무에 대해 더욱 관심을 기울이게 된다.
• 자율성(autonomy) : 종업원들이 자신의 직무에 대한 일정을 계획하거나 직무를 수행하는 절차를 결정하는 데 있어서 작업자에게 허용된 자율, 독립성, 재량권의 정도를 의미한다.
• 피드백(feedback) : 종업원들이 직무 수행의 효율성이나 질에 대해 얻게 되는 직접적이고 확실한 정보의 양을 의미하는 것으로, 직무 행위 자체로부터 그 결과에 대한 정보를 얻게 되는 것을 말한다.

15 멘토링(mentoring)에 대한 설명 중 가장 옳지 않은 것은?

① 멘토(mentor)란 상대적으로 경험이 없는 멘티(mentee) 또는 부하(protege)를 개발할 경험이 풍부하고 능력 있는 상사를 말한다.

② 멘토링은 참여자들의 효과적인 대인관계, 자아 존중감, 자아개념 등에서 긍정적인 변화를 이끌어내는 프로그램이다.

③ 멘토와 멘티(또는 부하)에 의해 공유된 관심이나 가치의 결과로서 비공식적인 관계로 발전하기도 한다.

④ 효과적인 멘토링이 되기 위해서는 1:1멘토링프로그램이 전제조건이다.

⑤ 멘토링을 통해 멘토와 멘티(또는 부하) 모두 이익을 얻는 것이 가능하다.

해설 멘토링의 유형에는 한명의 멘토와 한명의 멘티가 짝을 이루는 일대일 멘토링, 한명의 멘토와 여러 명의 멘티가 짝을 이루는 일대다 멘토링, 멘토와 멘티의 구분이 뚜렷하지 않고 서로 멘토와 멘티가 되는 다대다 멘토링이 있는데, 상황에 따라 가장 적합한 유형의 멘토링 프로그램을 선택하는 것이 효과적이다.

16 리더의 유형을 컨트리클럽형, Team형, 무기력형, 과업형, 중도형으로 분류하는 것과 가장 관련이 없는 것은?

① 관리격자(managerial grid) 이론

② 브레이크와 무튼(R.B.Blake & G.S.Mouton)

③ 리더의 개인적 특성에 초점을 맞추어 리더 유형을 분류

④ 인간관계이론

⑤ 인간에 대한 관심과 생산에 대한 관심

해설 관리격자(managerial grid) 이론(①)은 블레이크와 무튼(R. Blake & J. Mouton, 1964)(②)이 정립한 이론으로 관리자가 목적을 달성하는 데 필요한 요인을 제시하면서 그것은 생산과 인간에 대한 관리자의 관심(⑤)이 중요하다는 것을 강조하고 있다. 생산에 대한 관심이란 직무 중심적 행동, 구조 중심적 행동과 비슷한 것으로 과업 중심인 감독자의 태도를 말한다. 생산에 대한 관심과 인간에 대한 관심의 정도가 낮으면 1점, 높으면 9점으로 표현하여 점수에 따라 조합되는 지도자 유형이 격자의 형태를 이루고, 총 81가지 유형이 형성되는데 이중 대표적인 지도자 유형은 무기력형(impoverished style), 과업형(task style), 컨트리 클럽형(country club style), 중도형(middle of the road style), 팀형(team style)의 총 다섯 가지다. 이러한 관리격자이론은 리더 본인의 개인적 특성(③) 또는 부하, 동료 등 주변인의 평가를 통해 리더십의 유형을 나타내는 좌표 확인을 가능하게 해준다.

17 전통적 조직과 비교한 유연조직(flexible organizing) 인사관리시스템의 특징으로 가장 옳지 않은 것은?

① 계층축소 및 직급단순화　　　　② 전문화역량 중심의 인력 운용

③ 조직보다 시장 지향의 경력관리　　④ 결과보다 과정 중심의 업적평가

⑤ 광대역(broadbanding) 임금체계

해설 유연조직은 권한과 책임이 통합되어 자율규제와 몰입을 이끌어내는 조직으로, 업무 수행과정에 자유를 부여하는 대신 최종 결과와 성과에 대한 책임이 강화되는 특징을 지닌다.

18 의사결정을 개인차원, 집단차원, 조직차원으로 나눌 때 집단차원의 의사결정과 관련된 것으로 가장 옳은 것은?

① 스키마(schema)
② 창의력과 개인의 성격
③ 애쉬효과(Asch effect)
④ 휴리스틱스(heuristics)
⑤ 전략적 의사결정

해설 애쉬효과(Asch effect)는 사람들이 심리적으로 다른 사람의 의견을 따라 가는 성향을 말하며, 집단차원 의사결정과 관련이 있다. 이는 실험을 통하여 본인 스스로는 정답 또는 정확한 해결책을 알고 있음에도 불구하고 대다수 구성원들이 선택한 명백히 틀린 방법을 쫓아가는 심리적인 현상을 설명하고 있다.

19 직무분석(job analysis)과 관련된 설명 중 가장 옳지 않은 것은?

① 직무순환(job rotation)은 조직 구성원에게 돌아가면서 여러 가지 직무를 수행하게 하는 것을 말하며, 작업활동을 다양화함으로써 지루함이나 싫증을 감소시켜 준다.
② 직무분석(job analysis)은 직무에 관련된 정보를 체계적으로 수집, 분석, 정리하는 과정이라 할 수 있다.
③ 직무명세서(job specification)는 직무를 만족스럽게 수행하는 데 필요한 종업원의 행동, 기능, 능력, 지식 등을 일정한 형식에 맞게 기술한 문서이다.
④ 직무분석(job analysis)은 직무기술서와 직무명세서를 우선 작성하여, 이를 바탕으로 분석이 이루어진다.
⑤ 직무기술서(job description)는 직무의 성격, 내용, 이행 방법 등과 직무의 능률적인 수행을 위해 직무에서 기대되는 결과 등을 간략하게 정리해 놓은 문서라고 할 수 있으며, 과업중심적인 직무분석에 의해 얻어지고 과업요건에 초점을 맞추고 있다.

해설 직무기술서와 직무명세서는 직무분석의 결과를 정리할 때 작성하는 것이다. 직무분석의 최초 분석법에는 관찰법, 면접법, 설문법, 경험법 등이 있으며 이를 바탕으로 분석이 이루어진다.

20 인적자원관리의 4대 활동의 내용으로 가장 옳지 않은 것은?

① 인적자원의 직무설계 · 분석
② 인적자원의 인사평가 실시
③ 인적자원의 훈련개발 실시
④ 인적자원의 충원전략 수립
⑤ 인적자원의 보상전략 수립

해설 인적자원의 직무설계 · 분석은 직무관리에 해당하는 활동이다. 인적자원관리는 종업원의 행동관리를 통한 직무의 효과적 완수를 통해 기업성과를 극대화 하는 활동으로, 직무관리와 인적자원관리는 불가분의 관계에 있다.

21 기업물류비 산정지침(국토교통부고시 제2016-182호, 2016.4.7., 일부개정) 내용 중 물류비 과목분류 관련 세목별 비목에 속하지 않는 것은?

① 재료비 ② 노무비
③ 포장비 ④ 경 비
⑤ 이 자

해 설 포장비는 기능별 비목에 해당한다.

※ 물류비 과목분류
- 영역별 : 조달물류비, 사내물류비, 판매물류비, 리버스물류비(반품, 회수, 폐기)
- 기능별 : 운송비, 보관비, 포장비, 하역비(유통가공비 포함), 물류정보 · 관리비
- 지급형태별 : 자가물류비, 위탁물류비
- 세목별 : 재료비, 노무비, 경비, 이자
- 조업도별 : 고정물류비, 변동물류비

22 파렛트 풀(PPS ; Pallet Pool System) 활성화 방안으로 옳지 않은 것은?

① 기업마다의 다양한 파렛트 사이즈가 사용되어야 한다.
② 전국적으로 파렛트 집배망이 구축되어야 한다.
③ 파렛트의 소재 및 이용 현황을 파악하여야 한다.
④ 공파렛트 회수전문업자를 두는 것도 좋은 방법이다.
⑤ 파렛트 데포 및 네트워크 운영을 위한 정보시스템이 필요하다.

해 설 파렛트 풀 시스템은 파렛트의 규격과 척도를 표준화하여 상호 교환성을 확보한 후, 풀로 연결하여 사용함으로써 각 기업의 물류합리화를 달성하여 물류비를 절감하는 제도이다. 따라서 단일기업이 표준파렛트를 다량 확보하고, 개별기업은 이를 공동으로 이용하는 공익성이 강한 시스템으로 공파렛트의 회수, 보관공간의 효율화 등을 통해 기업별로 비용절감이 가능하다.

23 물류의사결정지원시스템(LDSS ; Logistics Decision Support System)이 필요한 배경에 대한 설명으로 옳지 않은 것은?

① 조직의 확대로 의사결정의 즉시성이 요구되기 때문이다.
② 사내정보는 질(質)과 양(量)에서 편재하는 경향이 약하기 때문이다.
③ 정보량이 증대하여 양질의 정보를 선택하고 판단하는 일이 어렵게 되었기 때문이다.
④ 경영환경의 변화로 이제까지의 육감에 의한 의사결정만으로는 대응할 수 없게 되었기 때문이다.
⑤ 정보가 복잡하게 뒤섞이고 산재해 있기 때문에 이것을 체계화하여 공유할 필요가 생겼기 때문이다.

해 설 사내정보는 질과 양에서 편재하는 경향이 강하기 때문에 물류의사결정지원시스템이 필요하게 된다.

24 연간수요량이 4,800개, 재고품단위당 원가가 100원, 평균재고유지비가 재고품 원가의 25%를 차지하며 주문 당 발생하는 주문처리비용이 40원이라고 할 때 EOQ는 약 몇 개인가?

① 48

② 77

③ 124

④ 154

⑤ 480

해설 경제적주문량(EOQ) 공식

$$EOQ = \sqrt{\frac{2 \times 1회주문비용 \times 연간수요량}{연간단위당 \ 재고유지비}}$$

$$= \sqrt{\frac{2 \times 40 \times 4,800}{25}} = \sqrt{\frac{384,000}{25}} = \sqrt{15,360} \fallingdotseq 123.935$$

따라서 EOQ는 약 124개이다.

25 물류센터의 입지선정을 위한 절차를 순서대로 나열한 것으로 옳은 것은?

> ㉠ 입지선정의 제약조건을 검토한다. 즉 지리, 지형, 지가 및 환경 등 입지제약요건을 검토하고, 서비스수준과 총비용을 평가한 다음 최종적으로 단일 또는 복수의 입지위치를 선정한다.
> ㉡ 입지선정의 전제조건을 정리한다. 즉 물류시스템의 기본계획과 현황을 분석하고 입지범위의 후보지를 압축하여 정리한다.
> ㉢ 자료정리를 한다. 즉 물류시스템의 기본계획과 현황 분석을 위해 지도, 지가, 취급량, 비용분석, 수배송루트, 현재시설 및 수요예측 등의 자료를 정리한다.
> ㉣ 입지선정의 기법을 정리한다. 즉 단일물류시설과 복수물류시설을 위한 선정기법을 동원하여 평가한다.

① ㉡ – ㉢ – ㉣ – ㉠

② ㉠ – ㉡ – ㉢ – ㉣

③ ㉢ – ㉣ – ㉠ – ㉡

④ ㉣ – ㉠ – ㉡ – ㉢

⑤ ㉣ – ㉢ – ㉡ – ㉠

해설 물류센터의 입지선정 절차
물류시스템의 기본계획과 현황을 바탕으로 입지선정의 전제조건 정리 → 세부계획을 위한 자료정리 → 입지선정 기법 정리 → 입지선정의 제약조건을 검토한 후 최종 입지 선정

26 물류센터 운영 효과에 대한 내용으로 옳지 않은 것은?

① 효과적인 배송체제 구축

② 공장과 물류센터 간에 대량 및 계획운송을 통한 운송비 절감효과

③ 물류거점의 조정을 통해 중복운송이나 교차운송 방지

④ 과잉재고 및 재고편재 방지

⑤ 물류센터를 판매거점화하면 제조업체의 직판체제의 확립은 가능하나 유통경로는 복잡해지고 길어지는 문제 발생

해 설 물류센터를 판매거점화하면 제조업체의 직판체계를 확립하고 유통경로를 단축할 수 있다.

27 사업부제 물류조직의 특징으로 옳지 않은 것은?

① 각 사업부 내에 라인과 스탭부문이 존재한다.

② 각 사업부가 독립된 이익책임부서로서 분권조직형태를 취하며, 마치 하나의 독립된 기업과 같이 운영된다.

③ 사업부의 이익실현이 가장 우선하므로 전사적인 관점에서 추진되어야 할 물류활동이 효율적으로 이루어지지 않을 수도 있다.

④ 각 사업부가 모든 물류활동이행의 책임을 지고 직접 관장하므로 물류관리 효율화를 기할 수 있으나, 인재육성이 용이하지는 않은 단점을 가지고 있다.

⑤ 기업경영의 규모가 커져 최고경영자가 기업의 모든 업무를 직접 관리하기가 어려워진 경우, 각 사업단위의 업무 효율성을 제고하고 사업성을 극대화하기 위한 조직형태를 취하게 된다.

해 설 사업부제 물류조직은 사업부 내의 물류관리 효율화 및 인재육성에 유리한 조직형태이다.

28 아래 글상자에서 설명하고 있는 재고관리기법으로 가장 옳은 것은?

> 구매량이나 구매금액의 크기 순서에 따라 관리대상인 자재, 제품, 거래처 등의 중요도 등급을 정하고, 그 등급에 따라 관리하는 재고관리의 노력을 차등화하는 방법

① 정량발주방법   ② 정기발주법

③ 투빈(two-bin)법   ④ ABC관리기법

⑤ 경제적주문량(EOQ)법

해 설 ① 재고량이 일정한 재고수준, 즉 발주점까지 내려가면 일정량을 주문하여 재고관리하는 경제적 발주량 주문방식이다.

② 주문기간의 사이가 일정하고 주문량을 변동하는 방식으로, 재고수준을 계속적으로 관찰하는 것이 아닌 정기적으로 재고량을 파악하여 최대재고수준을 결정한 후 부족한 부분만큼 주문한다.

③ 두 개의 Bin을 이용하여 재고를 관리하는 기법으로, Bin-1의 재고가 발주점에 도달하면 발주를 하고 Bin-1의 재고를 사용한 후 Bin-2의 재고를 사용하며, Bin-2의 재고가 발주점에 도달하면 다시 발주가 이루어지는 반복과정이다.

⑤ 경제적 발주란 자재부문에서 예측된 수요량을 가장 경제적으로 일정기간 중에 필요한 소요량이 예측되어 확정되면 이를 몇 번으로 나누어서 조달하는 것이 재고관리 비용을 최소화하는 발주량인지를 결정하는 것인데, 이때 1회 발주량을 경제적 발주량, 즉 EOQ라 한다.

29 포장에 관련된 내용으로 가장 옳지 않은 것은?

① 공업포장은 물품의 운송, 보관을 주목적으로 하는 포장으로 외장에 해당한다.

② 수출포장은 장거리 운송 후 물품이 안전하게 도착하는 보호기능이 우위에 있으므로 외장을 중요시한다.

③ 브랜드 이미지 표현이 뛰어난 포장은 소비자에게 부각될 수 있는 포장이다.

④ 상품명, 품종에 대한 식별이 용이한 포장은 창고업자에게 부각될 수 있는 포장이다.

⑤ 기업과 제품광고 효율성을 제고하여 포장비 절감을 통해 원가절감하는 것은 판매자측이 고려하는 적정포장을 위한 검토조건이다.

해 설 기업과 제품광고 효율성을 제고하여 포장비 절감을 통해 원가절감하는 것은 제조업자측이 고려하는 적정포장을 위한 검토조건이다.

30 아래 글상자의 ㉠과 ㉡에 해당하는 하역관련 용어를 나열한 것으로 옳은 것은?

> (㉠) : 화물을 보관시설 또는 장소로 이동하여 쌓는 작업
> (㉡) : 화물을 품종별, 발송처별, 고객별 등으로 나누는 것

① ㉠ 적하(loading & unloading), ㉡ 적재(stacking)

② ㉠ 운반(carrying), ㉡ 적하(loading & unloading)

③ ㉠ 적재(stacking), ㉡ 분류(sorting)

④ ㉠ 적하(loading & unloading), ㉡ 반출(picking)

⑤ ㉠ 적재(stacking), ㉡ 반출(picking)

해 설 **하역의 작업별 내용**
- 적재작업 : 화물을 일정 장소로부터 운송기관의 설비나 창고 등 보관시설의 보관장소에 옮겨 놓는 작업
- 하차작업 : 적재작업의 반대작업
- 피킹작업 : 보관장소에서 물품을 꺼내는 작업
- 분류작업 : 품종별 · 행선지별 · 고객별로 묶어 분류하는 작업
- 반송작업 : 화물을 수평 · 수직 경사면으로 움직이는 작업
- 이송작업 : 설비 · 거리 · 비용면에서의 화물의 이동작업

31 아래 글상자 내용은 철도컨테이너 하역방식 중 어느 방식에 대한 설명인가?

> 세미트레일러를 철도대차에 싣고 수송하는 방식으로 세미트레일러의 바퀴를 철도대차의 바닥 아래로 위치시킬 수 있어 화물적재높이가 제한이 있는 경우 효과적이며, 하역기기가 불필요하여 인도 등의 물류활동을 정시에 수행할 수 있다는 장점이 있다.

① 피기백(piggy back) 방식
② 캥거루(kangaroo) 방식
③ 프레이트 라이너(freight liner) 방식
④ 플랙시 밴(flexi-van) 방식
⑤ 스프레드(spread) 방식

해 설 ① 화주의 문전에서 기차역까지 트레일러에 실은 컨테이너를 트랙터로 견인하는 방식으로 화물의 적재단위가 클 경우에 이용하며 하역기계가 필요한 것이 단점이다.
③ 대형 트레일러로 컨테이너 터미널까지 운반된 화물을 목적지로 운송하는 고속열차로, 대체로 컨테이너화된 화물을 취급하며 터미널에서 터미널까지 화물을 논스톱으로 수송한다.
④ 트럭이 화물열차에 대해 직각으로 후진하여 무개화차에 컨테이너를 바로 싣는 것으로, 화차에는 회전판이 달려 있어 컨테이너를 90도 회전시켜 고정시키는 데 상당한 기동성을 발휘할 수 있다.

32 아래 글상자에서 강조하는 서비스를 통해 발생하는 물류활동에 대한 내용으로 옳은 것은?

> 당사의 제품은 100% 만족을 드리고자 합니다. 만약 주문한 상품이 수령한 상품과 다르다면 언제든지 반품해 주십시오. 귀하께서 완전히 만족하지 않은 어떠한 제품도 갖고 계시길 원하지 않습니다.

① TL(Truck Load)운송을 LTL(Less Than Truckload)운송으로 전환하는 물류
② 역(逆)물류(reverse logistics)와 관련이 있음
③ 상품이 점포, 물류센터, 벤더 등으로부터 고객방향으로 공급체인을 통해 진행되는 물류
④ 크로스도킹(cross docking) 시스템을 통해 물류센터에서 더 많은 재고를 보유하여 비상 상황에 대비하는 것이 효율적임
⑤ 흔히 아웃바운드 운송(outbound transportation)으로 볼 수 있음

해 설 상품의 반품 서비스를 통해 발생하는 물류활동으로 반품물류에 해당한다. 반품물류는 회수물류, 폐기물류와 함께 역물류와 관련 있는 물류영역이다.

33 물류정책기본법(법률 제17799호, 시행 2021.12.30.) 제2조 정의에 나오는 용어에 대한 설명으로 가장 옳지 않은 것은?

① 화물의 운송, 보관, 하역을 위한 시설을 물류시설이라 한다.
② 효율적인 물류활동을 위하여 시설, 장비, 정보, 조직 및 인력 등이 서로 유기적으로 기능을 발휘할 수 있도록 연계된 집합체를 물류사업체라 한다.

③ 물류 또는 화주기업들이 물류활동의 효율성을 높이기 위하여 물류에 필요한 각종 시설이나 장비 등을 공동으로 이용하는 것을 물류공동화라 한다.

④ 원활한 물류를 위하여 시설 및 장비를 통일하고 단순화하는 것은 물류표준화이다.

⑤ 물류터미널이나 창고 등의 물류시설을 운영하는 물류시설운영업은 물류사업에 속한다.

해 설 효율적인 물류활동을 위하여 시설, 장비, 정보, 조직 및 인력 등이 서로 유기적으로 기능을 발휘할 수 있도록 연계된 집합체를 물류체계라 한다.

34 전자자료교환(EDI ; Electronic Data Interchange)에 대한 설명으로 옳은 것을 모두 고르면?

> ㉠ 회선을 직접 보유하거나 임차 또는 이용하여 다양한 부가가치를 부여한 음성 또는 데이터정보를 제공하는 광범위하고 복합적인 서비스의 집합
>
> ㉡ 300m 이하의 비교적 가까운 거리를 통신회선으로서 한 기관이나 한 구역 안에 설치된 컴퓨터 장비들을 구성원들이 가장 효과적으로 공동 사용하도록 연결된 고속의 통신망
>
> ㉢ 부가가치통신망
>
> ㉣ 인터넷을 기반으로 모든 사물에 센서를 부착하여 사람과 사물, 사물과 사물 간의 정보를 상호 소통할 수 있게 하는 지능형 기술 및 서비스
>
> ㉤ 우리나라 물류 EDI 시스템 구축을 담당하는 정보통신기업은 한국물류정보통신(KL-NET)임

① ㉠

② ㉠, ㉢

③ ㉣

④ ㉡, ㉤

⑤ ㉤

해 설 ㉠ · ㉢ 부가가치통신망(VAN ; Value Added Network)에 대한 설명이다.
㉡ 근거리통신망(LAN ; Local Area Network)에 대한 설명이다.
㉣ 사물인터넷(IoT ; Internet of things)에 대한 설명이다.

35 e-카탈로그(e-catalogue) 상품분류체계표준으로 옳지 않은 것은?

① 국제통일상품분류체계(HS ; Harmonized Commodity Description and Coding System)

② 국제표준무역분류(SITC ; Standard International Trade Classification)

③ UN 일용분류시스템(UNCCS ; UN Common Coding System)

④ UN 표준상품서비스분류(UN/SPSC ; UN/Standard Products and Services Classification)

⑤ 한국표준산업분류(KSIC ; Korean Standard Industrial Classification)

해 설 한국표준산업분류는 생산주체들이 수행하는 각종 상품과 서비스의 생산활동을 일정한 분류기준과 원칙을 적용하여 체계적으로 분류한 것이다.
① 대외 무역거래 상품을 숫자 코드로 분류하여 상품분류 체계를 통일함으로써 국제무역을 원활하게 하고 관세율 적용에 일관성을 유지하기 위한 것으로, 관세나 무역통계, 운송, 보험 등 다양한 목적에 사용된다.

② 경제 분석과 무역 자료의 국제 비교를 용이하게 하기 위해 1950년 7월 21일 국제연합경제사회이사회에서 선포한 무역 상품 분류 방법이다.

③ UN으로 물품이나 서비스를 공급하는 기업과 정부가 이용하는 분류체계이다.

④ 전자상거래를 위해서 개발된 국제표준의 분류코드로, 거래의 대상이 되는 상품과 물품을 특정한 기준에 따라 분류하도록 규정한 국제적인 약속이다.

※ e-카탈로그(e-catalogue)
- 종이카탈로그를 대체하여 전자상거래에 적용되는 기법으로, 상품 사진이나 각종 사양 등을 그대로 전자적으로 기록해 데이터베이스화하여 제공하는 것이다.
- 전자상거래에서 거래되는 제품, 물품, 상품, 용역, 서비스 등의 품명과 코드, 생산 연월일, 규격, 특징 등의 제품 속성 정보와 가격, 배송 방법, 지급 방법 등의 판매에 필요한 정보를 저장하고 있는 목록으로 디지털 카탈로그라고도 한다.

36 아래 글상자의 ㉠과 ㉡에 들어가는 용어에 대한 설명으로 옳지 않은 것은?

> 바코드는 제조업자 또는 중간상에 의해 부착될 수 있는데, 제조업자가 생산시점에 바코드를 인쇄하는 것을 (㉠)이라 하고 소매상이 제품에 코드를 부여해 스티커 형식으로 부착하는 것을 (㉡)이라 한다.

① ㉠은 ㉡에 비해 저렴한 비용으로 바코드를 부착할 수 있다.

② ㉠은 동일상품에 동일코드가 지정된다는 점에서 ㉡보다 효율적이다.

③ ㉡은 코드가 표준화 되지 않는다는 단점이 있다.

④ ㉠은 소스마킹(source marking), ㉡은 인스토어마킹(instore marking)이다.

⑤ 농수산물은 주로 ㉠을 활용한다.

해 설 소스마킹(㉠)을 실시할 수 없는 생선·정육·채소나 과일 등 농수산물은 주로 인스토어마킹(㉡)을 활용한다.

37 e-marketplace를 판매자 위주, 구매자 위주, 중계자 위주의 전자시장으로 구분한다고 할 때 판매자 위주의 전자시장에 대해 기술한 내용으로 옳지 않은 것은?

① B2B 전자상거래 구조 중에서 가장 일반적인 구조는 판매자 위주의 구조이다.

② 생산주도형 또는 소매상주도형의 전자상점들은 판매자 위주의 구조에 속한다.

③ 판매자가 명성을 가지고 있고 충성고객을 가지고 있는 한 판매자 위주의 구조는 지속될 것이다.

④ 구매자의 구매정보가 각 판매자의 서버에 흩어지므로 구매정보를 구매자의 정보시스템에 통합하기 어렵다.

⑤ 구매자는 자신의 서버에 전자시장을 만들고 잠재적인 판매자들로부터 주문요청서를 통해 입찰을 받는다.

해 설 판매자 중심의 e-마켓플레이스는 하나의 판매 기업이 e-마켓플레이스를 구축하고, 이 기업에서 물품을 구매하는 다수의 구매자들이 참여하는 형태이다.

38 신속 대응(QR ; Quick Response)에 대한 내용으로 옳은 것은?

① 공급경로가 고객의 욕구변화에 신속하게 반응할 수 있도록 고객 측과 제조 측을 연결하는 전략을 말한다.

② POS시스템에 의한 고객 데이터와 데이터를 정보화할 수 있도록 해주는 EDI와 VAN과 같은 응용 소프트웨어가 필요하다.

③ 수요예측 오류의 위험은 판매시점에 영향을 받지 않도록 하는 판매시점에서 먼 생산계획, 가상의 장기간 데이터에 의한 수요예측 등을 통해 제거된다.

④ QR 시스템 구축을 위해 제조업체는 유통업체와 공급업자가 함께 계획을 조정하는 방식으로부터 개별 유통업체들과 그들의 공급업자들이 각기 독자적으로 계획을 수립하는 방식으로 변화시켜야 한다.

⑤ 주요 생산의사결정이 판매시기로부터 멀리 떨어져서 이뤄질 수 있도록 하기 위해 현재 사용 가능한 정보기술들을 이용하여 부정확한 예측을 기반으로 단기간에 수행되는 상품계획에서 탈피해야 할 필요가 있다.

해 설 ① 원료공급업체로부터 소매유통에 이르기까지 전체의 유통경로를 정보기술(IT)로 연결하여 업무의 효율성과 소비자의 만족을 극대화하기 위한 시스템이다.
③ 기본적으로 수요예측은 판매발생 시점과 멀어질수록 정확도가 떨어지게 된다.
④ QR 시스템의 효율적 체계를 구축하기 위해서는 거래기업 간의 파트너십을 기반으로 한 공동상품계획, 시장수요 예측정보의 공유, 공동상품개발, 효율적인 공급망관리 체계를 기반으로 해야 한다.
⑤ QR의 구현목적은 제품개발의 짧은 사이클(Cycle)화를 이룩하고 소비자 요구에 신속 대응하는 정품을, 정량에, 적정가격으로, 적정장소로 유통시키는 데 있다.

39 제품 가용성에 대한 내용으로 옳지 않은 것은?

① A사가 90% 고객에게 재고로부터 바로 제공하고, 나머지 10%는 가용재고 부족으로 경쟁업체에 빼앗긴 경우 제품충족률은 90%이다.

② 주문충족률은 가용재고로부터 충족되는 주문의 비율이다.

③ 주기서비스수준은 모든 고객의 수요가 충족된 두 개의 연속적인 보충배달사이의 간격이다.

④ 주문충족률은 제품충족률보다 더 낮은 경향이 있다.

⑤ 고객이 전체 주문이 동시에 충족되는 것에 높은 가치를 부여할 때는 제품충족률을 관리하는 것이 중요하다.

해 설 기업이 단일 제품을 판매하는 상황에서는 제품충족률과 주문충족률의 차이가 크게 중요하지 않지만 복수 제품을 판매할 경우에는 이 차이가 중요할 수 있다. 예를 들어 대부분의 주문이 대량의 서로 다른 제품을 포함하는 상황이라면, 한 제품의 재고부족 상황은 전체 주문이 그 재고로부터 충족될 수 없기 때문에 비록 좋은 제품충족률을 가지고 있다 하더라도 주문충족률이 나빠질 수 있다. 따라서 고객이 전체 주문이 동시에 충족되는 것에 높은 가치를 부여할 때는 주문충족률을 추적하는 것이 중요하다.

40 고객관계관리(CRM ; Customer Relationship Management)에 관한 내용으로 옳지 않은 것은?

① 회사의 개별부서 차원에서의 부분별 고객관리

② 개별적인 고객에 대한 1:1 마케팅

③ DB를 이용한 고객 정보 관리

④ 규모경영에서 수익중심의 경영

⑤ 고객생애가치 극대화

해 설   고객관계관리(CRM)는 전사적 관점에서 기능 간 통합, 즉 구매, 생산, 마케팅, 연구개발 등 핵심기능의 통합을 시도하는 방향으로 발전하여 왔다.

03   상권분석(41~60)

41 상권분석은 상권의 공간적 범위를 확정하여 고객특성 및 경쟁특성을 파악하고 마케팅전략을 수립하며 판매를 예측하는 과정이다. 상권분석에 필요한 정보를 가장 포괄적으로 얻을 수 있는 방법으로 가장 옳은 것은?

① 통행인구 조사   ② 통행차량 조사

③ 내점객 설문조사   ④ 가정방문 면접조사

⑤ 통계자료 조사

해 설   방문면접법은 조사원이 조사 대상자를 실제 방문하여 인터뷰 형식으로 질문을 하고 대답을 받는 방법이기 때문에 필요한 정보를 가장 포괄적으로 얻을 수 있고, 질문의 의미를 그 자리에서 회답자에게 설명할 수 있으므로 질문을 오해하고 회답해 버리는 오류를 막을 수 있는 특징이 있다.

42 일반적으로 상권분석을 위해 허프모델(Huff model)을 이용할 때 분석의 목적으로 설명하거나 예측하려는 내용으로 보기 어려운 것은?

① 특정입지의 점포가 차지할 상권 내 시장점유율

② 특정입지의 점포가 획득할 상권 내 소비자의 평균 이동거리

③ 특정입지의 점포가 획득할 상권 내 소비지출액의 총 규모

④ 특정지점의 소비자가 특정입지의 점포에서 구매할 확률

⑤ 특정지점의 소비자가 총 소비지출 중 특정입지의 점포에서 소비할 금액의 비율

허프모델은 소비자가 특정 지역의 쇼핑센터에 갈 확률이 소비자와 행선지의 거리, 경쟁하는 쇼핑센터의 수, 쇼핑센터의 크기로 결정된다는 가정 하에 식으로 표현하는 모델로, 주로 어떤 상업지역에서 각 상점가로 쇼핑갈 확률, 그 상권의 현재 소비자 인구, 세대수 및 장래의 인구, 신규 진입 후 각 상가의 쇼핑고객 비율, 신규 진입 후 현재 상가의 영향도 지수, 신규 진입하는 점포의 적정 매장면적 검토, 신규 진입하는 점포의 경영면에서 본 매장효율의 산출 등 어떤 지역에서 다수의 경쟁업체가 입지할 경우 각 점포의 이론적인 소비자의 유인흡인력 및 매상고를 추산하는 데 유용하다. 따라서 특정입지의 점포가 획득할 상권 내 소비자의 평균 이동거리는 이러한 내용들을 파악하기 위해 사용하는 변수이다.

43 아래 글상자 안의 내용이 설명하는 입지로 가장 옳은 것은?

> 높은 가시성, 낮은 임대료, 직접 경쟁업체의 부재, 넓은 주차공간, 다른 점포와의 시너지효과 부재

① 쇼핑센터   ② 복합용도 개발지역 입지

③ 도심 입지   ④ 레저커뮤니티 입지

⑤ 노면 독립입지

노면 독립입지의 장·단점

장 점	• 주차공간이 넓으므로 고객들에게 편의성을 제공할 수 있다. • 새로운 확장에 용이하게 작용한다. • 도심지에 비해 임대료가 낮다. • 높은 가시성을 가진다. • 영업시간·광고간판 등에 대한 규제가 비교적 완화된다. • 직접적으로 당면하는 경쟁업체가 없다. • 대형점포를 개설할 경우 소비자의 일괄구매(원스톱 쇼핑)을 가능하게 한다.
단 점	• 직접적인 경쟁업체가 없으므로 경쟁을 통한 시너지 효과는 없다. • 고객들의 특성상 오직 해당 점포만을 생각하고 방문한다. • 고객들을 지속적으로 유인하기 위해 홍보, 가격, 상품, 서비스 등을 차별화해야 하므로 비용이 증가한다. • 접근성이 낮아 고객에게 노출이 잘 되지 않는다. • 비교구매를 원하는 소비자에게는 매력적이지 않다.

44 점포입지이론 중 입지의 상호의존적 관점에서 과점(oligopoly)모형과 가장 가까운 이론으로 옳은 것은?

① 베버(A. Weber)의 최소비용이론

② 호텔링(H. Hotelling)의 입지모델

③ 크리스탈러(W. Christaller)의 중심지이론

④ 후버(E. M. Hoover)의 경제활동의 입지이론

⑤ 그린허트(M. L. Greenhut)의 공장입지의 일반이론

호텔링의 입지상호의존이론은 유사한 제품을 생산하고 비가격경쟁을 하는 기업들의 경우, 시장 확보를 위한 공간적 경쟁이 기업들을 서로 가까이에 입지하게 하며, 기업들의 공간클러스터 가까이에 사는 소비자들은 멀리 떨어져 사는 소비자들에 비해 후생 편익을 얻을 수 있다는 이론이다. 따라서 호텔링의 입지모델은 두 개 이상의 비교적 소수의 기업이 비슷한 상품을 생산하면서도 서로 경쟁하고 있는 상태인 과점모형과 가장 가까운 이론이 된다.

45 중심지이론에 따르면 중심지의 공간적 분포는 적용되는 포섭원리(nested theory)에 따라 달라진다. 이러한 포섭원리에 대한 설명으로 가장 옳지 않은 것은?

① 시장원리에 따라 포섭이 이루어지면 사람들의 쇼핑여행거리가 최소화된다.
② 행정원리를 따르면 개별 저차 중심지는 온전하게 하나의 고차 중심지에 포섭된다.
③ 교통원리에 따라 포섭이 이루어지면 중심지들을 연결하는 도로망 길이가 최소화된다.
④ 가정들이 충족되면, 포섭원리와 상관없이 고차 중심지의 배후지 면적은 동일하다.
⑤ 가정들이 충족되면, 포섭원리와 상관없이 중심지의 배후지는 육각형 형태를 취한다.

해 설 중심지 계층의 포섭원리란 고차중심지의 영향권(배후지) 내에 차수가 낮은 규모의 중심지들이 어떻게 포섭되어 있는가를 설명하는 원리이다. 이를 설명하기 위해 K-value 체계를 이용하였는데 K-value 체계는 최고차 중심지의 영향권(배후지)내에 차수가 낮은 중심지가 몇 개씩 포섭되어 있는가를 차수에 대한 k값의 배수로 설명하는 것이다. 크리스탈러는 K=3, K=4, K=7의 경우에 대하여 중심지 계층간의 포섭원리를 설명하였는데, K=3이 의미하는 것은 하나의 고차중심지의 영향권(배후지) 내에 차하의 중심지 3개가 포섭되어 있다는 것이고, K=4는 4개, K=7은 7개의 차하 중심지(바로 아래 계층의 중심지)가 고차중심지의 영향권 내에 포섭되어 있다는 것을 의미한다. 따라서 포섭원리에 따라 고차중심지의 배후지 면적은 달라진다.

46 상권에 대한 설명으로 옳지 않은 것은?

① 시간인자와 비용인자에 의해 규정되는 시장지역(market area)이다.
② 온라인 또는 모바일거래의 증가는 전통 소매상권의 약화를 가져온다.
③ 상품가치의 보존성이 높을수록 해당 상품의 상권범위가 축소된다.
④ 도매상권은 사람을 매개로 하지 않기 때문에 시간인자의 제약이 낮다.
⑤ 상권은 공급측면에서의 기준이며, 수요 측면에서는 생활권이라고도 한다.

해 설 상품가치의 보존성이 높다는 것은 차별화 전략을 추구한다는 의미이므로 상품가치의 보존성이 높을수록 해당 상품의 상권범위는 확대된다.

47 시계성(視界性)은 매출과 밀접한 관련이 있다. 시계성과 관련된 내용으로 옳지 않은 것은?

① 시계성이 양호한가를 판단하기 위해서는 어디에서 보이는가(基點)를 고려해야 한다.
② 시계성을 확보하기 위해서는 점포의 위치와 함께 간판의 위치와 형태도 중요하다.
③ 상권의 특성에 따라 차량속에서의 시계성보다는 도보통행시의 시계성을 우선적으로 고려하여야 하는 경우도 있다.
④ 차량의 속도가 빨라질수록 시계가 좁아지기 때문에 내측(인커브) 점포는 불리해진다.
⑤ 차량으로부터의 시계성은 도로의 외측(아웃커브)의 경우보다 내측(인커브)의 경우가 더욱 좋다.

해 설 차량으로부터의 시계성은 커브의 안쪽보다는 바깥쪽의 경우가 더 좋다.

48 인간의 각종 활동공간이 어떤 핵을 중심으로 배열된다고 보고 중심지에 의해 재화와 서비스가 제공되는 현상을 다룬 크리스탈러(W. Christaller)의 중심지이론의 기본 가정으로 가장 옳지 않은 것은?

① 연구대상 지역은 구매력이 균등하고 일정 거리까지의 등방성 평지이다.

② 중심지 재화는 가장 가까운 중심지로부터 구매된다.

③ 이 평지 상의 어떤 곳도 중심지에 의해 서비스를 제공받지 못하는 곳은 없다.

④ 소비자가 중심지로 통행하는 거리는 최소화되어야 한다.

⑤ 어떤 중심지도 초과이윤을 취하지는 못한다.

해 설 크리스탈러는 일정 거리까지만 등방성 평지를 가정한 것이 아니고 복잡한 지표 현상을 단순화 시킨 균등한 공간, 즉 등질 평야 지대를 가정하였다.

49 "자연녹지지역의 대형할인점 등 설치·운영에 관한 고시"(산업통상자원부고시 제2015-227호, 2015. 10. 30., 일부개정)는 자연녹지지역 안에 대형할인점 또는 중소기업공동판매시설을 건축할 수 있도록 규정하고 있다. 아래 글상자에 나열된 "유통산업발전법"(법률 제17761호, 2020. 12. 29., 타법개정) 제2조 및 동법 시행령 제3조의 규정에 의한 대규모점포 중 자연녹지지역 안에 건축할 수 있는 점포만을 모두 옳게 묶은 것은?

㉠ 대형마트	㉡ 전문점
㉢ 복합쇼핑몰	㉣ 쇼핑센터
㉤ 백화점	

① ㉠   ② ㉠, ㉡

③ ㉠, ㉡, ㉢   ④ ㉠, ㉡, ㉢, ㉣

⑤ ㉠, ㉡, ㉢, ㉣, ㉤

해 설 "대형할인점"이라 함은 「상법」상 회사가 개설한 판매시설로 「유통산업발전법」 제2조 및 동법 시행령 제3조의 규정에 의한 대규모점포 중 대형마트와 전문점으로서 자연녹지지역 안의 판매시설을 말한다(자연녹지지역의 대형할인점 등 설치·운영에 관한 고시 제2조 제1호).

50 기존 점포들에 대한 소비자들의 이용행태에 대한 정보를 직접적으로 수집하여 소비자의 특정변수에 대한 민감도(계수)를 분석할 필요성이 가장 낮은 상권분석 기법들로 짝지어진 것 중 가장 옳은 것은?

① MNL모델 및 Huff모델

② Huff모델 및 체크리스트법

③ 수정Huff모델 및 MNL모델

④ 체크리스트법 및 수정Huff모델

⑤ Huff모델 및 수정Huff모델

Huff모델에서는 소비자의 구매행태를 거리와 매장면적이라는 두 가지 변수로만 설정하여 분석하였고, MNL모델에서는 거리와 매장면적 외에도 상품의 가격, 구색, 서비스의 정도, 상품의 특성 등 여러 요인을 고려하여 분석했다. 즉 Huff모델은 점포의 크기와 거리에 대한 소비자 민감도를 반영하였고, MNL모델은 점포의 크기와 거리뿐만 아니라 다른 여러 요인에 대한 소비자 민감도를 반영하였다. 반면 수정Huff모델은 기존 Huff모델이 모수(민감도계수)가 변동됨을 가정했던 것과는 달리 모형의 편의를 위해 거리에 대한 모수를 제곱으로 고정시켰으며, 체크리스트법은 서술적 방법에 의한 상권분석에 해당하는 것으로 상권의 규모에 영향을 미치는 요인들을 수집하여 이들에 대한 평가를 통해 시장잠재력을 측정한다.

51 입지의사결정과 상권분석은 물론 gCRM에 이르기까지 활용도가 넓어지고 있는 지리정보시스템(Geographic Information System)의 주요 기능 중에서 아래 글상자가 설명하는 내용으로 가장 옳은 것은?

> - 상권 혹은 영향권을 표현하는 데 사용될 수 있다.
> - 어떤 지도형상, 즉 점이나 선 혹은 면으로부터 특정한 거리 이내에 포함되는 영역을 의미하는 것으로 면의 형태를 하고 있다.
> - 예를 들어, 쇼핑센터에 대한 입지 후보지를 분석하고자 할 때 쇼핑센터의 상권을 대략 5km 범위 내라고 할 경우 이 범위 내에 경쟁점포, 인구 및 소득계층이 어떻게 분포하고 있는가를 표현할 수 있다.

① 주제도작성
② 데이터조회
③ 버퍼링(Buffering)
④ 중 첩
⑤ 교차 및 결합

① 주제의 등급이나 값을 표현하기 위해 구역이나 지도 지형을 그리거나 상징화함으로써 토지이용, 지질학 또는 인구 분산 같은 지리적 변수나 주제를 기술하는 것으로, 특정 수치 값에 비례하여 음영, 컬러를 표시해서 특정 주제도를 생성하는 기능이다.
④ 서로 다른 주제를 나타내는 여러 지도를 여러 방식으로 서로 겹치게 하여 원하는 정보를 추출하는 지리정보시스템(GIS) 분석으로, 점, 선 또는 다각형 형태의 여러 지도의 중첩분석은 시각적으로 동일한 영역의 여러 지도를 쌓은 후 그것을 새로운 하나의 출력 지도로 만든다.

52 점포에 대한 임대차계약을 체결시 확인해야 할 환산보증금 환산액을 아래의 내용을 참고하여 계산한 금액으로 옳은 것은?

> 경기도 A시 ○○동의 상가 임대차 : 보증금 1억원, 월임차료 100만원

① 1억원
② 1억 100만원
③ 1억 5천만원
④ 2억원
⑤ 2억 5천만원

환산보증금은 보증금과 월세 환산액을 합한 금액으로, 임차인이 임대인에게 지급한 보증금과 매달 지급하는 월세 이
외에 실제로 얼마나 자금 부담 능력이 있는지를 추정하는 것이다.

환산보증금 = 보증금 + (월세 × 100)
= 1억원 + (100만원 × 100)
= 1억원 + 1억원
= 2억원

53 상권의 공간적 범위를 구획하는 접근방식을 공간독점접근법, 시장침투접근법, 분산시장접근법으로 구분할 때 공간독점접근법에 관한 설명으로 가장 옳지 않은 것은?

① 상권형태에 관하여 인식할 때 상권의 중복을 인정하지 않는다.
② 공간획정과 관련하여 티센다각형이 흔히 이용된다.
③ 특정 점포 인근의 가구 모두가 해당 점포에 할당된다고 가정한다.
④ 적용가능 점포유형에는 점포 간 차이가 크지 않은 편의점이 해당된다.
⑤ 시장점유모형으로 허프(Huff)모델이나 회귀분석법이 적합하다.

시장점유모형으로 허프(Huff)모델이나 회귀분석법이 적합한 것은 시장침투접근법에 대한 설명이다.

54 소매점의 매출을 결정하는 요인은 크게 입지요인과 상권요인으로 구분할 수 있다. 다음 중 상권요인으로 옳지 않은 것은?

① 교통 접근성과 교통량
② 상권내 주민의 연령, 직업, 소득
③ 경합점의 분포와 규모
④ 고객유도시설
⑤ 상권내 소매판매액

입지의 물리적 특성에는 도로변, 평지, 상업시설 등이 포함되므로 고객유도시설은 입지요인에 해당한다.

55 소매점 입지 주변의 도로 형태에 관한 내용으로 가장 옳지 않은 것은?

① 뱀(serpentine)형태의 도로는 기본적으로 굴곡이 많은 도로이며, 산과 언덕의 경사가 많아 소매업에 좋은 조건이 아니다.
② 루프(loop)형태의 도로는 곳곳에 커브가 많아 소매업에 좋은 조건이 아니다.
③ 폭이 넓은 자동차전용도로가 중앙을 가로지르는 곳은 좋은 조건이 아니다.
④ 큰 도로를 중심에 두고서 양쪽 옆으로 생선가시처럼 수없이 갈라지는 생선가시(fishbone)형 도로는 소매업에 좋은 조건이 아니다.
⑤ 여러 갈래의 도로가 서로 평행(parallel)한 형태로 놓여있는 도로는 소매업에 좋은 조건이 아니다.

큰 도로를 중심에 두고 양쪽 옆으로 수없이 갈라지는 도로형태인 생선가시형 도로는 소매업 경영에 좋은 형태이다.

56 소매점포의 입지분석에서 다른 입지조건이 동일할 때 도로와 관련한 일반적인 입지판단으로 가장 옳지 않은 것은?

① 방사형 도로에 있어서 교차점에 가까운 위치가 통행이 집중되어 양호한 입지조건으로 볼 수 있다.

② 주도로와 보조도로로부터 접근이 가능하고 중앙분리대가 설치되어 있지 않다면 주도로상의 가까운 모퉁이 점포가 가시성이 높다.

③ 도로와의 인접하는 점포의 접면은 넓을수록 유리하며 도로의 제한속도가 높을수록 더 넓어야 한다.

④ 주거지에서 역이나 정류장을 연결하는 출퇴근 이동이 많은 도로에서는 대체로 퇴근동선에 위치한 경우가 유리한 입지로 볼 수 있다.

⑤ 커브가 있는 곡선형 도로의 바깥쪽에 있는 점포가 안쪽에 있는 점포보다 가시성 측면에서 유리하다.

해설 주도로와 보조도로로부터 접근이 가능하고 중앙분리대가 설치되어 있지 않다면 보조도로상의 가까운 모퉁이 점포가 가시성이 높다.

57 대형상업시설로 다양한 유형의 소매점포들이 집적화된 쇼핑센터의 유형을 규모에 따라 소형에서 대형의 순서로 나열한 것 중 가장 옳은 것은?

> ㉠ 지역형 쇼핑센터(regional shopping center)
> ㉡ 지역사회형 쇼핑센터(community shopping center)
> ㉢ 근린형 쇼핑센터(neighborhood shopping center)
> ㉣ 초지역형 쇼핑센터(super regional shopping center)

① ㉣ - ㉢ - ㉠ - ㉡   ② ㉡ - ㉢ - ㉠ - ㉣

③ ㉢ - ㉠ - ㉣ - ㉡   ④ ㉢ - ㉡ - ㉠ - ㉣

⑤ ㉠ - ㉢ - ㉡ - ㉣

해설 쇼핑센터의 규모별 분류
- 근린형 쇼핑센터 : 도보권을 중심으로 한 상권의 슈퍼마켓, 드럭 스토어를 중심으로 한 일용품 위주의 소규모 쇼핑센터이다.
- 커뮤니티형 쇼핑센터 : 슈퍼마켓, 버라이어티 스토어, 소형 백화점, 약국, 사무용품점, 스포츠용품점 등을 중심으로 한 실용품 위주의 중규모 쇼핑센터이다.
- 지역형 쇼핑센터 : 백화점, 종합슈퍼, 대형 버라이어티 스토어 등의 대형 상점을 중심으로 하고, 여러 가지 서비스 기능이나 레저 · 스포츠 시설 등을 갖춘 대규모 쇼핑센터이다.

58 상권분석 과정에서 활용하는 다양한 확률분석모델들에 대한 설명으로 가장 옳은 것은?

① Huff모델과 달리 MNL모델은 Luce의 선택공리와 관련이 없는 분석방법이다.

② MCI모델과 수정Huff모델은 점포에 대한 객관적 변수와 주관적 변수를 모두 반영할 수 있다.

③ MNL모델은 각 소비자의 개인별 데이터 보다는 집단별 구매행동 데이터를 활용하여 계산한다.

④ MCI모델과 MNL모델, Huff모델은 모두 공간상호작용모델의 대표적 분석방법으로 볼 수 있다.

⑤ Huff모델과 달리 MNL모델은 일반적으로 상권을 세부지역(zone)으로 구분하는 절차를 거치지 않는다.

해 설 ① MNL모델은 Luce의 선택공리에 이론적 근거를 두고 있다.

② MCI모델은 점포에 대한 객관적 변수와 주관적 변수 모두 반영할 수 있지만, 수정Huff모델은 객관적 변수만 반영할 수 있다.

③ MNL모델은 상권 내 소비자들의 각 점포에 대한 개별적인 쇼핑여행에 관한 관측 자료를 이용하여, 각 점포에 대한 선택확률의 예측은 물론, 각 점포의 시장점유율 및 상권의 크기를 추정하는 것으로 집단별 구매행동 데이터보다는 개인별 데이터를 활용하여 계산한다.

⑤ Huff모델과 MNL모델은 일반적으로 상권을 소규모의 세부지역으로 구분하는 절차를 거친다.

59 대형상업시설에 입점하는 테넌트 믹스(tenant mix) 요소 중에서 원래는 백화점을 일컫는 말이었지만 최근에는 소극장, 극장, 음식점 등과 같이 흡인력이 크고 시설의 이미지 형성에 도움을 주는 점포를 의미하는 것은?

① 핵점포

② 앵커스토어(anchor store)

③ 서브키테넌트(sub-key tenant)

④ 트래픽 풀러(traffic puller)

⑤ 일반 테넌트(general tenant)

해 설 ① 대형 유통센터나 대형 점포, 브랜드 인지도가 높은 점포, 그 지역의 상권 내 가장 번화한 점포로서, 누구든지 찾아올 수 있으므로 고객의 집객력이 높다.

② 특정 상권을 대표하거나 대형 상가의 핵심이 되는 유명 점포를 뜻하는 것으로, 신축 건물에는 건물 활성화를 위해 영화관이나 대형 마트, 대형 서점 커피숍 등을 유치하는데, 이때 이 점포들이 앵커 스토어에 해당한다.

③ 매장 자체의 지명도보다는 업태가 가진 특성 자체가 소비자들의 수요를 꾸준히 창출해내는 테넌트를 말한다.

⑤ 테넌트 중에서도 핵심점포로 집객력에 가장 큰 영향력을 가진 업체인 앵커테넌트의 보완기능을 하는 소규모 점포를 말한다.

60 도심형 상권의 특징에 관한 설명 중 가장 옳지 않은 것은?

① 다른 상권에 비해 상대적으로 통행 목적이 분명한 목적형 통행 비중이 크다.

② 주간과 야간의 인구 규모 격차가 심하다.

③ 통행객의 연령별 격차가 특히 크다.

④ 역, 번화가, 대형백화점 등이 몰려있다.

⑤ 광역, 지역형 상권을 형성하고 있다.

해 설 도심형 상권의 통행객은 주로 젊은 층으로 연령별 격차가 크지 않다.

61 국내 유통시장에서 아웃렛을 운영하는 A사는 외국계 대형할인점인 B사를 인수했다. 이러한 소매기업의 성장전략으로 가장 옳은 것은?

① 업태 다각화 전략

② 비관련 다각화 전략

③ 수직적 통합 전략

④ 글로벌시장 진출전략

⑤ 집중적 성장전략

해설 ② 기존의 사업(제품시장)과 전혀 관계가 없는 새로운 사업영역으로 진출하는 전략이다.
③ 다각화전략의 일환으로서 한 기업이 원자재공급, 생산, 판매(유통)까지의 수직적 활동분야(가치사슬) 가운데 2개 이상의 활동분야를 직접 소유(수행)하여 성장을 추구하는 것이다.
④ 어느 한 나라의 기업이 자국시장에 머무르지 않고 다른 여러 나라로 진출하는 전략이다.
⑤ 기존사업 범위 내에서 성장의 가능성을 추구하는 전략이다.

62 High/Low 가격전략과 비교할 때 EDLP 가격전략의 장점으로 옳지 않은 것은?

① 소매포지셔닝전략의 수립이 용이하다.

② 동일 상품을 다양한 고객에게 판매할 수 있다.

③ 품절을 감소시키고 재고관리를 개선시키는 효과가 있다.

④ 광고비를 절감하고 재고회전율을 높일 수 있다.

⑤ PB 등을 이용하여 가격 전쟁을 피하는 전략을 활용할 수 있다.

해설 High/Low 가격전략은 원가에 마진을 붙여서 보통 때는 비싸게 팔다가 물건이 잘 안 팔리면 할인해서 싸게 팔기 때문에 동일 상품을 다양한 고객에게 판매할 수 있다. EDLP 가격전략은 1년 내내 최저가로 동일하게 판매하는 전략이다.

63 아래 글상자에서 설명하는 소매업의 매입방식으로 옳은 것은?

> 소매업체가 납품받은 상품에 대한 소유권을 보유하되 일정기간 동안에 팔리지 않은 상품은 다시 납품업자에게 반품하거나 다 팔린 후에 대금을 지급하는 권리를 보유하는 조건으로 매입하는 방식

① 선도구매(forward buying)

② 위탁구매(consignment buying)

③ 개발구매(R&D buying)

④ 약정구매(memorandum buying)

⑤ 인정구매(approval buying)

① 특정 인기 있는 모델을 정해놓고 일정 수량을 미리 주문하는 방식이다.

② 상품의 매매를 대행기관에 위탁하는 것으로 상품정보의 부족을 보완하거나 도매상의 신용을 이용하는 편이 유리할 때 이뤄진다.

③ 신제품의 기획단계 또는 그 이전부터 미래의 회사 제품과 서비스에 필요한 품목을 정의하고, 이를 공급할 공급시장과 공급자를 발굴하여 개발에 필요한 자재와 설비의 선택 라인업을 제공한 후 개발의 수행을 통해 목표원가와 품질, 공급확보와 납기를 달성하는 방식이다.

---

64 머천다이징에 대한 설명으로 가장 옳지 않은 것은?

① 좁게 정의하면 상품구색관리라고 할 수 있다.

② 소비자가 원하는 상품을, 원하는 가격에, 원하는 수량을, 원하는 시기에, 원하는 장소에서 구입할 수 있도록 하려는 활동이다.

③ 매장의 수익을 극대화하는 상품을 선별하여 매입 또는 테넌트를 관리하는 데 중점을 둔다.

④ 넓게 해석하면 상품구색계획, 구매활동, 가격설정활동, 소매믹스 및 판매활동까지를 포함한다.

⑤ 크게 가격중심의 머천다이징과 비(非)가격중심의 머천다이징으로 분류하는 것이 일반적이다.

머천다이징은 고객이 구매 의향을 가질 수 있는 납득 가능한 가격대, 적절한 수익성을 확보할 수 있는 가격에 대한 의사결정에 중점을 두고 고객의 필요를 충족시키는 상품을 선정하여 적절한 유통채널이나 점포의 입지 또는 매장 내 적절한 동선과 진열 위치를 결정한다.

---

65 아래 글상자의 내용이 설명하는 대상으로 가장 옳은 것은?

> – 소비자 가치와 소비자 만족을 극대화시키는 유통전략으로서 식품잡화산업을 중심으로 도입하였음
> – 원료공급업자에서부터 매장까지의 전체 공급사슬을 리엔지니어링함으로써 비효율과 초과비용을 제거하는 동시에 적합한 제품을 조달하도록 제품 및 정보의 흐름을 관리하여 부가가치를 극대화함
> – 데이터, 기술, 비용, 표준화 등을 공유함으로써 유통업체와 제조업체 간 거래관계를 상호이익이 되는 업무협력관계로 전환

① QR(Quick Response) 시스템

② ECR(Efficient Consumer Response) 시스템

③ ERP(Enterprise Resource Planning) 시스템

④ SCM(Supply Chain Management) 시스템

⑤ HC(Horizontal Combination) 시스템

① 생산 및 포장에서부터 소비자에게 이르기까지 효율적인 제품의 흐름을 추구하는 것으로, 제조업체와 유통업체 간에 표준상품코드로 데이터베이스를 구축하고 고객의 구매성향을 파악·공유하여 적절히 대응하는 전략이다.

③ 기업 활동을 위해 사용되는 기업 내의 모든 인적·물적 자원을 효율적으로 관리하는 통합정보시스템이다.

④ 기업 내부뿐만 아니라 공급업체, 제조업체, 유통업체, 창고업체 등의 연결 업체들을 하나의 연결된 체인으로 간주하여 협력과 정보교환을 통해 상호이익을 추구하는 관리체계이다.

66 아래 글상자에서 설명하는 소매경영 활동으로 옳은 것은?

> 유통업자와 상품공급업자가 정보기술을 이용하여 머천다이징 전략과 구매의사결정을 공동으로 수행하는 것을 말한다. 분산 수행되던 머천다이징 활동들과 재고관리 등을 상품별로 모두 통합하여 매입에서 판매까지를 수직적으로 결합하는 활동이다.

① 단품관리
② 공급체인관리
③ 상품믹스관리
④ 카테고리관리
⑤ 전략적재고관리

해 설 ① 상품을 분류할 수 있을 때까지 분류해서 그 단위·품목을 결정하고 단위·품목마다의 수량판매계획을 실적과 일치시키는 것을 말한다.
③ 1기업 단위, 1점포 단위에 의해서 매출되는 여러 상품의 배합을 관리하는 것이다.

67 상품의 가격을 결정하는 요소 중 제조원가에 포함되지 않는 것은?

① 직접재료비
② 판매관리비
③ 간접제조경비
④ 직접노무비
⑤ 간접재료비

해 설 제조원가는 제품의 제조를 위해 직접·간접으로 소비한 일체의 경제가치의 합계액으로, 재료비, 노무비, 경비로 구분하고 이는 다시 직접비와 간접비로 구분한다.

68 소셜커머스에 대한 설명으로 가장 옳지 않은 것은?

① 오프라인 채널에 비해 낮은 가격으로 상품을 공급한다.
② 주 수입원은 판매금액의 일정비율을 수취하는 판매수수료이다.
③ 판매한 상품의 배송 및 반품처리 등에 대해 책임을 지지 않는다.
④ 오픈마켓이나 종합몰에 비해 상품의 구색이 적은 편이다.
⑤ 고객들에게 상품을 추천해주는 역할을 한다는 점에서 큐레이션커머스의 형태를 띤다.

해 설 소셜커머스도 판매한 상품의 배송 및 반품처리 등에 대해 책임을 진다. 공정거래위원회가 2012년 6월 '전자상거래 소비자 보호에 관한 법률'과 '약관 규제에 관한 법률'을 내세워 소셜 커머스를 규제하기 시작했고, 방송통신위원회도 이용자의 구매 결정 이후에 일어나는 피해에 대응할 방안을 찾았다.

69 소매업체가 지속적으로 경쟁우위를 확보할 수 있는 요소에 대한 설명으로 가장 옳지 않은 것은?

① 소매업체들은 공급업체와의 강력한 유대를 통해 인기상품을 우선적으로 공급받는 배타적 권리를 확보할 수 있다.

② 정교한 물류시스템의 활용은 소매업체의 효율성을 증대한다.

③ 온라인 소매업체의 결정적 경쟁요소는 입지이다.

④ 고객충성도는 강력한 소매브랜딩, 포지셔닝, 충성도프로그램에 의해 구축되며 경쟁력 강화에 매우 중요한 요소이다.

⑤ 백화점과 같은 고품격 서비스를 제공하는 소매업체는 고객서비스의 질을 향상함으로써 경쟁력을 강화할 수 있다.

해 설 오프라인 소매업체의 결정적 경쟁요소가 입지이다. 온라인 소매업체는 통신망으로 연결된 컴퓨터로 상품을 구매할 수 있는 가상공간에 상품을 진열·판매하는 업체이기 때문에 입지요소는 고려할 필요가 없다.

70 아래 글상자에서 설명하는 장점과 단점을 특징으로 하는 조직구조 유형으로 옳은 것은?

> 자원이용이라는 측면에서 효율적인 조직구조이다. 환경변화에 잘 대처할 수 있으며 조직의 관리기술을 발전시킬 수 있다. 하지만 조직의 이중권한으로 구성원에게 좌절과 혼란을 가중시킬 수 있다. 관리 라인 간에 마찰이 생길 수 있으며 권한의 균형을 이루어 나가기 어렵다.

① 라인-스태프 조직   ② 사업부제 조직
③ 프로젝트 조직   ④ 매트릭스 조직
⑤ 네트워크 조직

해 설 ① 라인과 스태프의 기능을 분화하여 전문성을 강화하고, 작업부문과 지원부문을 분리하여 직능형 조직의 단점을 보완한 것이다.
② 기업 규모가 커지고 최고경영자가 기업의 모든 업무를 관리할 수 없게 됨에 따라 등장한 조직형태로 부서 내 기능 간 조정이 유리하지만 부서 간 조정은 어렵고, 환경변화에 신축적으로 대응이 가능하나 부서 간 지나친 경쟁이 초래될 경우 조직 전체적인 갈등이 발생할 수 있다.
③ 특정한 사업목표를 달성하기 위하여 일시적으로 조직 내의 인적·물적 자원을 결합하는 조직형태로, 해산을 전제로 하여 임시로 편성된 일시적 조직이며, 혁신적·비일상적인 과제의 해결을 위해 형성되는 동태적 조직이다.
⑤ 현재의 조직 기능을 경쟁력 있는 핵심역량 중심으로 외부 기관과 신뢰의 기반 위에서 상호 전략적 제휴관계를 맺으며 구성된 조직이다.

71 통신판매업으로 신고해야 하는 사업에 해당하지 않는 것은?

① 보험이나 금융상품을 전화권유로 판매하는 사업
② 의류 및 패션잡화를 TV홈쇼핑을 통해 판매하는 사업
③ 여행 및 레저상품을 인터넷으로 판매하는 사업
④ 컴퓨터 및 사무용품을 카탈로그를 활용해 판매하는 사업
⑤ 건강기능식품을 신문 및 잡지를 통해 판매하는 사업

"통신판매"란 우편 · 전기통신, 그 밖에 총리령으로 정하는 방법으로 재화 또는 용역의 판매에 관한 정보를 제공하고 소비자의 청약을 받아 재화 또는 용역을 판매하는 것을 말한다. 다만, 「방문판매 등에 관한 법률」 제2조 제3호에 따른 전화권유판매는 통신판매의 범위에서 제외한다(전자상거래 등에서의 소비자보호에 관한 법률 제2조 제2호).

72 아래 글상자에서 설명하는 브랜드 전략으로 옳은 것은?

> 상품 전면에 중소 제조(납품)업체 브랜드를 소매상 브랜드와 함께 표시한다. 힘이 약한 중소 제조(납품)업체를 보호한다는 측면에서 상생경영의 한 방안이 될 수 있다.

① 하위브랜드 전략(SB)
② 독립브랜드 전략(IB)
③ 협력브랜드 전략(MPB)
④ 계열사브랜드 전략(AB)
⑤ 제조업체브랜드 전략(NB)

① 평면적인 브랜드-프로덕트 전략을 탈피하여 비슷한 성격의 모델을 모아 하나의 라인을 구성하는 전략이다.
② 각 제품이나 서비스에 각각 다른 독자적인 브랜드를 개발하여 적용하는 전략으로 개별 브랜드 전략이라고도 한다.
⑤ 전국브랜드로 알려진 NB는 공급자에 의해 디자인되고 생산되어 시장에 나온 상품으로, 제조업체는 상품개발과 브랜드 이미지 만들기에 책임을 지며, 특정상품에 제조업체 상호를 브랜드명의 일부로 사용한다.

73 아래 글상자에서 ㉠, ㉡이 설명하는 진열방식을 옳게 나열한 것은?

> (㉠)은 우측에 고가격, 고이익, 대용량 상품을 진열하고, 새로 보충하는 상품은 좌측에 진열하는 방식을 말한다.
> (㉡)은 동일상품군이나 관련 상품을 최상단부터 최하단까지 종으로 배열하는 진열 방식을 말한다.

① ㉠ 래프트업 진열, ㉡ 수평진열
② ㉠ 라이트업 진열, ㉡ 수직진열
③ ㉠ 라이트업 진열, ㉡ 점내진열
④ ㉠ 래프트업 진열, ㉡ 점두진열
⑤ ㉠ 라이트업 진열, ㉡ 수평진열

• 라이트업 진열 : 우측으로 이동하는 습관을 고려해 우측에 고가격 · 고이익 · 대용량상품을 진열하고, 새로 보충하는 상품은 좌측에 진열하는 방식이다.
• 수직진열 : 곤돌라 내 동일 품종의 상품을 세로로 진열하는 방법으로 회전율에 차이가 없는 경우에는 수평진열보다 효과적이다.
• 수평진열 : 소비자가 진열대에 섰을 때 상품이 시야의 가로선을 꽉 채우는 진열방식이다.
• 점내진열 : 점포 내에 상품을 판매할 목적으로 진열하는 것을 말한다.
• 점두진열 : 상품을 진열대 위에 직접적으로 배열해서 전시하는 방법이다.

74 소매업체들의 성장전략에 대한 설명의 짝으로 옳은 것은?

> ㉠ 시장 침투
> ㉡ 시장 확장
> ㉢ 소매업태 개발
>
> a. 동일한 표적시장의 고객에게 다른 소매믹스를 가진 새로운 소매업태를 제공하는 전략
> b. 자사 점포에서 쇼핑하지 않는 고객을 유인하고 기존 고객들은 더 자주 점포를 방문하여 더 많은 상품을 구매하도록 유인하는 전략
> c. 새로운 시장에서 기존의 소매업태를 이용하는 전략

① ㉠ – a, ㉡ – b, ㉢ – c
② ㉠ – a, ㉡ – c, ㉢ – b
③ ㉠ – b, ㉡ – a, ㉢ – c
④ ㉠ – b, ㉡ – c, ㉢ – a
⑤ ㉠ – c, ㉡ – a, ㉢ – b

해 설 ㉠ 시장 침투 : 기존 제품 · 시장에서 매출액 및 시장점유율을 높이는 전략으로, 자사 점포에서 쇼핑하지 않는 고객을 유인하거나 기존 고객들이 더 많은 상품을 구매하도록 유인하는 전략이다(b).
㉡ 시장 확장 : 기존 제품을 새로운 시장에 판매함으로써 성장을 추구하는 전략이다(c).
㉢ 소매업태 개발 : 기존고객들에게 새로운 제품을 개발 · 판매함으로써 성장을 추구하는 전략이다(a).

75 소매업체가 고객생애가치를 높이는 방법으로 옳지 않은 것은?

① 고객에게 더 큰 가치를 제공하여 고객획득률을 향상하는 방안
② 고객카드 적립률 제고를 통해 고객유지율을 향상시키는 프로그램
③ 고객기대와 비교한 성과 향상을 통해 고객만족도를 향상시키는 프로그램
④ 전환장벽을 낮추어 고객유지율을 향상시키는 프로그램
⑤ 온–오프라인 구전을 통해 고객획득률을 높이고 획득비용을 낮추는 프로그램

해 설 전환장벽을 높여 고객유지율을 향상시켜야 한다.
※ 소매기업의 고객생애가치 향상방법
• 고객카드 적립률 제고를 통한 유지율 향상프로그램 수립
• 기대와 비교한 성과향상을 통한 고객만족도 향상프로그램 수립
• 구전을 통한 고객획득률 향상과 획득비용 감소프로그램 수립
• 마일리지 프로그램을 활용한 전환 장벽 구축전략 수립

76 서비스의 수요조절 전략 사례로 가장 옳지 않은 것은?

① 한국전력은 한여름의 전력 수요를 감소시키기 위해 대중매체를 통해 에너지 절약의 방법을 홍보한다.

② 호텔은 비수기를 위해 기업단위의 연수고객을 유치하거나 다양한 패키지 상품을 개발하여 이용률을 높인다.

③ 도심의 중심시장 상가에 인접한 은행들은 시장 거래를 마감하는 새벽에 시장 상인들을 대상으로 하는 금융서비스를 제공한다.

④ 항공사는 피크 시에 고가격 정책으로 수익성을 확보하고, 피크 타임이 아닌 경우에는 저가격 정책으로 수요를 증대시킨다.

⑤ 레스토랑은 대기시스템을 이용해서 일정 수요를 고정시킨다.

해 설 대기시스템을 이용하는 것은 수요재고화 전략 사례에 해당한다.

※ 수요조절 전략

수요를 인위적으로 조절하는 전략으로, 상품조절, 장소ㆍ시간조절, 가격조절로 구분된다.

• 상품조절 : 여름에는 골프장, 겨울에는 눈썰매장 개장
• 장소ㆍ시간조절 : 심야버스, 심야상영관, 모바일뱅킹
• 가격조절 : 피크타임 때 고가격, 비수기때 가격할인

77 아래 글상자에서 진열 및 레이아웃과 관련된 설명으로 옳은 것을 모두 고르면?

㉠ 매장 전면부의 통로에는 충동성이 높은 상품을 진열한다.
㉡ 경주로형 레이아웃은 진열된 상품을 최대한 노출시켜 점포의 생산성을 높일 수 있다.
㉢ 계산대 근처에는 충동성이 높은 제품을 진열한다.
㉣ 혼합형 레이아웃은 쇼케이스, 진열대, 계산대 등 진열기구를 직각으로 배치한다.

---

① ㉠, ㉡, ㉢
② ㉠, ㉡, ㉣
③ ㉠, ㉢, ㉣
④ ㉡, ㉢, ㉣
⑤ ㉠, ㉡, ㉢, ㉣

해 설 쇼케이스, 진열대, 계산대 등 진열기구를 직각으로 배치하는 것은 격자형 레이아웃이다.

78 표적고객의 특성에 따른 소매유통전략으로 가장 옳지 않은 것은?

① 소비자가 가격에 민감하면 인터넷을 통한 직거래 유통경로의 구축을 검토한다.

② 근거리ㆍ소량 쇼핑을 원하면 편의점 유통에 집중한다.

③ 시간과 공간의 제한을 받지 않고 구매하기를 원하면 온라인쇼핑을 활용한다.

④ 쾌적한 분위기에서 쇼핑하는 것을 즐기면 백화점이나 복합쇼핑몰을 선택한다.

⑤ 한번에 다양한 제품군의 상품들을 구매하기 원하면 전문양판점이나 대형마트를 선택한다.

79 아래 글상자에서 홍보에 대한 옳은 설명을 모두 고르면?

> ㉠ 기업이 주도적으로 기획, 조정, 실행, 통제하기 어려움
> ㉡ 신뢰성 있는 기사를 통해 기업이나 상품에 대한 긍정적인 이미지를 전달
> ㉢ TV, 라디오, 신문, 잡지 등과 같은 다양한 매체를 통해 기사화
> ㉣ 문화, 사회, 환경 등 긍정적인 이미지를 줄 수 있는 행사를 지원

① ㉠, ㉡, ㉢   ② ㉠, ㉡, ㉣
③ ㉠, ㉢, ㉣   ④ ㉡, ㉢, ㉣
⑤ ㉠, ㉡, ㉢, ㉣

80 소매상의 가격전략에 대한 설명으로 옳지 않은 것은?

① 소매상이 가격경쟁에서 우위를 점하기 위해 판촉을 지나치게 의존하게 되면 고객은 구매를 연기할 가능성이 높아진다.

② EDLP전략은 평상시 저가격인 반면, High/Low전략은 보통 때에는 비싸게 팔고 할인시기에 싸게 판매한다.

③ EDLP전략은 매출액 확대에 초점을 두는 반면, High/Low 전략은 높은 이익률에 초점을 둔다.

④ EDLP전략은 순자산증가율을 높이는 목표를 둔다면, High/Low전략은 재고회전율을 높이는 목표를 둔다.

⑤ EDLP전략은 광고비를 줄이는 할인점 전략이라면, High/Low전략은 할인 시 광고비를 투자하는 백화점 전략이 해당된다.

81 아래 글상자의 내용을 읽고, 현상을 완화하기 위해 활용될 수 있는 정보기술과 그에 대한 설명으로 가장 옳지 않은 것은?

> - P&G는 유통점포에 유아용 기저귀 제품인 팸퍼스 공급시, 기저귀 주문량과 최종 수요 사이에 큰 변동폭이 나타나고 있는 것을 확인하였다.
> - HP는 판매점에서 판매되는 데스크젯 프린터의 최종 수요변동폭에 비해 판매점이 주문하는 프린터 수량의 변동폭이 훨씬 크게 나타나는 것을 확인하였다.

① POS(Point of Sales) - 단말기로부터 수집된 최종 수요정보를 실시간으로 확인할 수 있다.

② VMI(Vender Managed Inventory) - 제품 생산 및 재고에 관한 의사결정을 고객이 하도록 한다.

③ EDI(Electronic Data Interchange) - 주문처리과정은 수요자와 공급자 사이의 자동화된 주문처리시스템을 구현한다.

④ ECR(Efficient Consumer Response) - 최종 소비자에게 보다 큰 가치를 제공하고, 제조업체와 유통업체 상호간 상생을 추진할 수 있다.

⑤ CPFR(Collaborate Planning Forecasting & Replenishment) - 공급자와 구매자가 함께 제품의 수요예측과 판매 및 재고 보충 계획까지 수립하는 방법으로 EDI 기술을 활용한다.

해 설 VMI는 고객의 재고 및 주문관리를 고객이 직접 하지 않고 공급사인 제조업체가 책임지는 재고관리 및 조달 시스템이다.

82 유통정보시스템의 구축효과에 대한 내용으로 가장 옳지 않은 것은?

① 비용의 절감

② 판매의 활성화

③ 고객관계의 강화

④ 환경변화에 대한 능동적 대응

⑤ 자의적 판단에 의한 유통전략 수립

해 설 유통정보시스템은 특정 응용분야의 활동과 관련된 자료를 수집·분석·처리하여 기업목표, 시장조사 및 매출활동자료에 근거한 유통전략 및 계획 수립, 유통활동 지원 및 통제와 관련된 주요 의사결정을 하는 데 필요로 하는 정보를 제공해 준다.

83 QR물류시스템의 특징을 표현하는 그림에서 ㉠, ㉡, ㉢에 들어갈 단어로 옳은 것은?

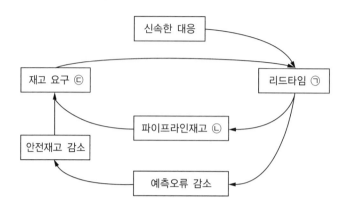

① ㉠ 증가, ㉡ 감소, ㉢ 감소
② ㉠ 감소, ㉡ 증가, ㉢ 감소
③ ㉠ 감소, ㉡ 감소, ㉢ 증가
④ ㉠ 감소, ㉡ 감소, ㉢ 감소
⑤ ㉠ 증가, ㉡ 증가, ㉢ 증가

해 설 QR(Quick Response)은 미국의 의류업계에서 개발한 공급망관리 기법으로 기업 간의 정보공유를 통한 신속·정확한 납품, 생산/유통기간의 단축, 재고감축, 반품 로스 감소 등을 실현하는 신속대응시스템이다.

84 최근 유통기업들은 정보시스템 도입에 있어 클라우드 컴퓨팅 방식의 서비스를 선호하고 있는데, 이와 관련된 설명으로 옳지 않은 것은?

① 클라우드 컴퓨팅은 유사한 의미로 온 디멘드 딜리버리시스템(on demand delivery systems)이라고도 한다.

② 클라우드 컴퓨팅은 제공하는 서비스에 따라 PaaS(Platform as a Service), SaaS(Software as a Service), IaaS(Infrastructure as a Service) 등으로 구분할 수 있다.

③ 대표적인 클라우드 컴퓨팅 서비스로 아마존 웹서비스(Amazon Web Services)와 마이크로소프트 애져(Microsoft Azure)가 있다.

④ 클라우드 컴퓨팅 시스템 활용은 과거 정보시스템 구축 방식과 비교할 때, 보편적으로 정보시스템 구축 비용이 많이 발생한다.

⑤ 클라우드 컴퓨팅은 오프 프레미스(off-premise) 방식으로 구축한다.

해 설 클라우드 컴퓨팅을 도입하면, 유통업체는 유통정보시스템의 유지, 보수, 관리 비용을 줄일 수 있다.

85 퍼베이시브(pervasive) 컴퓨팅에 대한 설명으로 가장 옳지 않은 것은?

① 언제 어디서든 어떤 기기를 통해서도 컴퓨팅 할 수 있는 환경을 말한다.

② 데스크탑 컴퓨터와 같이 우리의 의식에 인지되고 느낄 수 있는 상태로 컴퓨팅 할 수 있는 환경을 말한다.

③ 시간과 장소에 구애받지 않고 언제나 정보통신망에 접속하여 다양한 정보통신서비스를 활용할 수 있는 환경을 의미한다.

④ 여러 기기나 사물에 컴퓨터와 정보통신기술을 통합하여 언제, 어디서나 사용자와 커뮤니케이션할 수 있도록 해주는 컴퓨팅 환경을 말한다.

⑤ 사용자가 네트워크나 컴퓨터를 의식하지 않고 장소에 상관없이 자유롭게 네트워크에 접속할 수 있는 정보통신 환경이다.

해 설 퍼베이시브(pervasive) 컴퓨팅을 통해 장소에 관계없이 자유롭게 인터넷을 이용할 수 있는 무선 인터넷과 다양한 기기들을 연결해 한 곳에서 제어할 수 있도록 하는 네트워킹 기술이 확산되면서 데스크탑 컴퓨터와 같이 우리의 의식에 인지되고 느낄 수 있는 상태의 PC에서만 할 수 있던 업무를 다양한 소형기기를 통해 언제 어디서나 처리할 수 있게 됐다.

86 물류정보시스템의 기능에 대한 설명으로 가장 옳지 않은 것은?

① 물류관리시스템의 계획기능은 재고관리, 수요예측 등의 업무를 처리할 수 있는 기능을 제공한다.

② 물류관리시스템의 통제기능은 벤더성과 관리, 운송성과 관리, 고객서비스수준 관리 기능 등이 있다.

③ 물류정보시스템은 내부 데이터(internal data) 뿐만 아니라 외부 데이터(external data)도 데이터베이스에 포함하여 관리한다.

④ 물류정보시스템의 데이터베이스는 다양한 부분에서 업무를 활용함에 있어 개방적으로 운영하는 것 보다는 폐쇄적으로 운영하는 것이 좋다.

⑤ 물류정보시스템을 도입하면, 정보공유가 가능해져 공급사슬 가시성이 개선된다.

해 설 물류정보시스템의 데이터베이스는 다양한 부분에서 업무를 활용함에 있어 폐쇄적으로 운영하는 것 보다는 개방적으로 운영하는 것이 좋다. 물류정보시스템은 컴퓨터와 정보기술을 활용한 종합적인 물류활동을 원활하게 결합하여 기업의 물류관리 효율성을 증대하기 위한 정보제공, 효과적 주문처리, 재고관리, 성과측정, 회계관리 등의 시스템과 유기적으로 연동되는 시스템이므로 각 하위 시스템이 각종 지원(컴퓨터설비, 데이터베이스, 정보네트워크, 분석도구 등)을 이용할 수 있도록 설계되어야 한다.

87 채찍효과(bullwhip effect)에 대한 설명으로 옳지 않은 것은?

① 수요 예측에 있어, 공급사슬 상류에서 발생해 공급사슬 하류로 갈수록 오류가 증가된다.

② 공급사슬관리에서 나타나는 문제로 정보왜곡 현상을 일컫는 용어이다.

③ 유통업체와 제조업체가 정보공유 시스템을 도입하면, 채찍효과를 최소화할 수 있다.

④ 유통업체가 판매시점관리시스템을 도입해 판매정보를 제조업체에 제공해준다면, 정보왜곡문제를 줄일 수 있다.

⑤ 채찍효과가 발생하면, 제조업체와 유통업체는 생산과 판매 측면에서 비효율적인 문제가 발생한다.

해 설 하류의 고객주문정보가 상류로 전달되면서 정보가 왜곡되고 확대되는 증폭현상이 발생하므로 수요예측에 있어 공급사슬 하류에서 발생해 공급사슬 상류로 갈수록 오류가 증가된다.

88 아래 글상자의 내용 중 ㉠에 들어갈 용어와 관련된 설명으로 짝지어진 것으로 가장 옳은 것은?

- 새로운 커뮤니케이션 기술의 도입으로 투명성에 대한 잠재력은 엄청나게 커졌다.
  ~ 중략 ~ (㉠) 기반의 추적관리기술은 투명성의 발전에 크게 기여했다. 예를 들어 스위스의 의류업체 스위처(Switcher)는 고객이 입고 있는 티셔츠가 생산되기까지 그 과정에 참여한 모든 업체들을 추적할 수 있게 해준다. 이런 정보기술은 직원복지나 근무시간 같은 기타 정보를 수집하는 능력도 향상시킨다.
- 국제항공운송협회(IATA)는 제75차 연차총회에서 (㉠) 기반 항공 수하물 추적시스템의 전 세계적 도입 지원안을 만장일치로 결의했다.
  (출처 : 동아비즈니스리뷰(April, 2016), IATA 보도자료 2019. 6. 에서 일부 발췌)

① RFID – 바코드에 비해 많은 정보를 다룰 수 있다.

② 바코드 – 모든 태그는 읽기와 쓰기가 반복적으로 가능하다.

③ RFID – 대부분의 태그는 재활용이 불가능하다.

④ 바코드 – 태그 비용은 점점 더 하락 중에 있다.

⑤ RFID – 태그 기술은 국가단위나 지역단위의 지엽적 활용 단계이다.

해 설 바코드와 RFID의 비교

구 분	바코드	RFID
인식방법	광학식(Read Only)	무선(Read/Write)
정보량	수십 단어	수천 단어
인식거리	최대 수십㎝	3~5m
인식속도	개별 스캐닝	수십~수백 개/초
관리레벨	상품그룹	개별상품

89 A사는 유통정보를 관리하는 시스템을 클라이언트-서버 아키텍처(client-server architecture) 기반으로 구축하고자 한다. 클라이언트-서버 아키텍처와 관련한 설명으로 가장 옳지 않은 것은?

① 클라이언트-서버 아키텍처는 서비스를 요구하는 클라이언트와 요구사항에 대응하는 서버 간 작업과 워크로드를 분할하는 컴퓨팅 모델이다.

② 2계층 구조에 비해 3계층 구조가 상대적으로 더 나은 안정성과 보안향상 등 효율성을 제공한다.

③ 프레젠테이션 로직, 비즈니스 로직, 데이터베이스 로직을 클라이언트 계층(tier)에 구현한 경우를 3계층 구조라 한다.

④ 프레젠테이션 로직은 사용자에게 데이터를 표시하고, 사용자로부터 데이터를 입력받는 역할을 수행한다.

⑤ 비즈니스 로직은 비즈니스 트랜잭션 과정과 데이터 저장장치에 접속하여 어떠한 데이터가 필요한지 명시해 주는 역할을 한다.

해설 3계층 구조(3 Tier Architecture)란 프레젠테이션 로직(클라이언트, 사용자 인터페이스), 비즈니스 로직, 데이터베이스 로직을 각각 다른 플랫폼 상에서 구현한 것이다.

---

90 정보기술이 도입되면서 유통시장에서 나타난 변화 방향으로 옳은 것은?

① 기술 발전에 따라 소비자 중심에서 공급자 중심으로 시장이 변화되고 있다.

② 기술 발전에 따라 풀(pull) 관행에서 푸시(push) 관행으로 시장이 변하고 있다.

③ 기술 발전에 따라 관계 중심에서 거래 중심으로 시장이 변화하고 있다.

④ 기술 발전에 따라 프로세스 중심에서 기능 중심으로 시장이 변화하고 있다.

⑤ 기술 발전에 따라 독자적 경쟁에서 네트워크 경쟁으로 시장이 변화하고 있다.

해설 ① 기술 발전에 따라 공급자 중심에서 소비자 중심으로 시장이 변화되고 있다.
② 기술 발전에 따라 푸시(push) 관행에서 풀(pull) 관행으로 시장이 변하고 있다.
③ 기술 발전에 따라 거래 중심에서 관계 중심으로 시장이 변화하고 있다.
④ 기술 발전에 따라 기능 중심에서 프로세스 중심으로 시장이 변화하고 있다.

---

91 포터와 밀러(1985)의 가치사슬모형에서 개별 활동의 가치를 직접적으로 지원할 정보기술을 연결한 것 중 가장 옳지 않은 것은?

① 유입물류활동 - JIT(Just In Time)

② 제품연구개발활동 - CAD/CAM(Computer Aided Design/Computer Aided Manufacturing)

③ 마케팅과 판매활동 - POS(Point Of Sales)

④ 산출물류활동 - RFID(Radio Frequency IDentification)

⑤ 고객관리활동 - EDI(Electronic Data Interchange)

해설 EDI는 거래업체 간에 상호 합의된 전자문서표준을 이용하여 인간의 조정을 최소화한 컴퓨터와 컴퓨터 간의 구조화된 데이터의 전송을 의미하는 전자문서교환시스템으로 기업의 업무효율 증대에 기여하는 거래활동이다.

92 아래 글상자에서 설명하는 용어로 가장 옳은 것은?

> 사람을 대신해 컴퓨터가 정보를 읽고 이해하는 것은 물론 가공함으로써 새로운 정보를 만들어 낼 수 있는 차세대지능형 웹이다.

① 웹 호스팅(web hosting)
② 시맨틱 웹(semantic web)
③ 웹 브라우저(web browser)
④ 리얼 월드 웹(real world web)
⑤ 월드 와이드 웹(world wide web)

해설 ① 인터넷 홈페이지를 대신 운영해주는 서비스업으로, 대형 통신업체나 전문회사가 자신의 인터넷 서버를 고객에게 할당해 주고, 고객이 직접 홈페이지를 운영하는 것과 같은 효과를 제공하는 서비스이다.
③ 인터넷망에서 정보를 검색하는 데 사용하는 응용 프로그램으로, 이를 통해 사용자들은 영상을 보거나 메일을 주고 받고 다양한 자료를 올리고 내려 받는 등 다양한 활동이 가능하다.
④ 현실세계의 장소나 사물이 센서와 무선 네트워크로 연결되어 인터넷 공간(Web)에서 현실세계 정보가 상호작용하는 것을 의미한다.
⑤ 다양한 형태의 데이터와 정보에 접근할 수 있도록 해 주는 인터넷 서비스이다.

93 아래 글상자의 내용은 A사의 유통정보시스템 구축 시 요구되는 사항들이다. 관련된 정보기술들과 내용이 옳지 않은 것은?

> – 본사에서 전국 365개 매장에서 판매되는 제품의 재고를 담당직원의 모바일 기기를 통해 실시간 파악
> – 제품 수송차량 위치 파악과 창고 출 · 입 정보 자동 등록
> – 매장 내 재고 수량 파악

① BYOD(Bring Your Own Device) – 서비스 이용자가 자신이 소지하고 있는 스마트 디바이스를 활용하여 업무 또는 정보 획득에 활용하는 기술
② 센싱(sensing) – 각종 센서를 통해 데이터 수집
③ RFID(Radio Frequency IDentification) – 유선망을 이용해 보다 효율적으로 데이터를 전송
④ LBS(Location Based Service) – 무선통신망 및 GPS(Global Positioning Systems) 등을 통해 얻은 위치정보를 바탕으로 인터넷 사용자에게 사용자가 변경되는 위치에 따른 특정정보를 제공하는 무선 콘텐츠 서비스 지원 기술
⑤ 사물인터넷(IoT, Internet of Things) – 정보교류를 사람과 사물, 사물과 사물로 확장시킨 개념으로 센서 · 지능을 사물(객체)에 탑재하고 인터넷 등과 상호연결 하여 각종 정보를 수집 · 처리 · 운영하는 기술

해 설 RFID는 무선인식이라고도 하며, 반도체 칩이 내장된 태그(Tag), 라벨(Label), 카드(Card) 등의 저장된 데이터를 무선주파수를 이용하여 비접촉으로 읽어내는 인식시스템이다. RFID 시스템은 태그, 안테나, 리더기 등으로 구성되는데, 태그와 안테나는 정보를 무선으로 수 미터에서 수십 미터까지 보내며 리더기는 이 신호를 받아 상품 정보를 해독한 후 컴퓨터로 보낸다. 보내진 자료는 인식한 자료를 컴퓨터 시스템으로 보내 처리되므로 태그가 달린 모든 상품은 언제 어디서나 자동적으로 확인 또는 추적이 가능하며 태그는 메모리를 내장하여 정보의 갱신 및 수정이 가능하다.

94 아래 글상자가 뜻하는 보안설정기법으로 가장 옳은 것은?

> 웹 브라우저(예, 인터넷 익스플로러)에 흔적을 남기지 않고 웹 사이트를 검색할 수 있는 기능으로, 방문한 웹 사이트나 웹 사이트에서 본 내용을 다른 사용자가 모르게 해준다.

① 인터넷 쿠키(internet cookie)　　　　② 윈도우 방화벽(windows firewall)
③ 인프라이빗 브라우징(inprivate browsing)　④ 윈도우즈 디펜더(windows defender)
⑤ 스마트 스크린 필터(smart screen filter)

해 설 ① 웹 사이트에 접속할 때 자동적으로 만들어지는 임시 파일로 이용자가 본 내용, 상품 구매 내역, 신용카드 번호, 아이디(ID), 비밀번호, IP 주소 등의 정보를 담고 있는 일종의 정보파일이다.
② 방화벽은 미리 정의된 보안 규칙에 기반한 네트워크 트래픽을 제어 및 모니터링 하는 네트워크 보안시스템으로, 일반적으로 외부 침입을 차단할 뿐만 아니라 내부 네트워크에서 유출되는 트래픽을 막아주는 역할도 한다.
④ Microsoft Windows에 기본으로 탑재 및 제공되는 안티 바이러스 프로그램으로, Windows Vista 이상의 운영 체제에 기본으로 탑재시켜 마이크로소프트가 모든 사용자들의 운영 체제의 보안을 관리할 수 있는 기반을 마련하였다.
⑤ 윈도우10에서 유해한 사이트 및 프로그램을 차단하는 역할을 한다.

95 유통 및 물류관리를 보다 효율적으로 처리해주는 RFID(Radio Frequency IDentification) 기술에 대한 설명으로 옳은 것은?

① RFID 기술은 유통 및 물류관리 분야에서 활용되는 접촉식 기술이다.
② RFID 기술은 UHF(Ultra High Frequency) 대역에서는 작동하지 않고, 저주파(LF ; Low Frequency) 대역에서만 작동한다.
③ RFID 시스템에 이용되는 수동형 태그는 배터리를 포함하고 있어 능동형 태그보다 먼 거리에서 판독기를 통해 태그의 정보를 인식할 수 있다.
④ 공급사슬에서 기업들의 RFID 기술 도입은 물류관리의 운영 효율성을 높여 준다.
⑤ RFID 기술은 첨단 기술로 표준화되지 않은 기술이다.

해 설 ① RFID 기술은 유통 및 물류관리 분야에서 활용되는 비접촉식 기술이다.
② RFID 기술은 저주파와 고주파 대역에서 모두 작동하며, 동작 주파수에 따라 저주파 시스템과 고주파 시스템으로 구분된다.
③ 내부나 외부로부터 직접적인 전원의 공급 없이 리더기의 전자기장에 의해 작동되는 수동형 태그는 능동형 태그에 비해 매우 가볍고 가격도 저렴하면서 반영구적으로 사용 가능하지만 인식거리가 짧고 리더기에서 훨씬 더 많은 전력을 소모한다는 단점이 있다.
⑤ RFID 기술은 첨단 기술로 표준화된 기술로, 모든 환경에서 사용 가능하다.

96 아래 글상자는 인공지능(AI) 기술이 유통·물류 서비스 분야에 접목된 사례를 분석하여 제시하고 있다. 인공지능 기술과 관련된 용어와 설명으로 가장 옳지 않은 것은?

> 맥킨지에서는 산업별 및 각 산업의 기능별로 구분하여 인공지능 소프트웨어 활용 사례를 제시하였다. ~ 중략 ~
> 소매유통의 경우에는 인공지능 기술의 초보 단계인 선형 신경망에 대한 활용도가 가장 높고, 다음으로 순환 신경망 기술을 적용한 사례가 많은 것으로 나타났다. 수송물류는 선형 신경망과 합성곱 신경망을 이용하여 산업의 효율성을 개선한 사례가 가장 많은 것으로 조사되었으며, SCM 제조는 선형 신경망과 함께 강화 학습 및 합성곱 신경망을 이용한 공급망관리가 유효한 것으로 보인다.
>
> (출처 : 정보통신기술평가원 주간기술동향 1903호에서 발췌)

① 딥러닝(deep learning) – 여러 비선형 변환기법의 조합을 통해 높은 수준의 추상화를 시도하는 기계학습 알고리즘의 집합으로 최근 기계가 데이터를 통해 자신만의 규칙을 생성하여 정보를 학습하는 형태로 발전

② 전이 학습(transfer learning) – 완료된 학습 모델을 유사 분야에 전이하여 학습시키는 기술로, 적은 데이터에도 학습을 빠르게 하고 예측의 정확도를 높임

③ 강화 신경망(reinforcing neural network) – 사람의 개입이 없이 스스로 현재의 환경에서 특정 행동의 시행착오 과정을 거치며 보상을 최대화하는 학습 기법

④ 순환 신경망(recurrent neural network) – 과거 정보와 현재의 입력값을 결합하는 방법으로 순서를 고려한 학습 모델로서 데이터의 순서가 중요한 시계열 및 언어 처리 분석 등에 활용됨

⑤ 선형 신경망(linear neural network) – 주로 시각적 이미지를 분석하는 데 사용되며, 이미지의 특징을 추출하는 필터 역할을 하는 컨볼루션 레이어를 적용하여 효율적으로 고차원의 이미지를 인식하고 분류함

해 설 ⑤는 컨볼루션 신경망(convolutional neural networks)에 대한 설명이다. 컨볼루션 신경망은 이미지를 인식하기 위한 패턴을 찾는 데 특히 유용한 기술로 데이터에서 직접 학습하고 패턴을 사용해 이미지를 분류하기 때문에 특징을 수동으로 추출할 필요가 없어 자율주행자동차, 얼굴인식과 같은 객체인식이나 컴퓨터 시각(computer vision)이 필요한 분야에 많이 사용되고 있다.

97 지식은 조직의 타 자산들과 다른 특성을 가진다. 이에 대한 내용으로 가장 옳지 않은 것은?

① 지식이 증가함에 따라 지식은 세분화되고 단편화된다.

② 지식은 너무 많은 무형적 측면들이 존재하기 때문에 지식에 대한 투자 효과를 추정하기는 어렵다.

③ 지식은 사용되면서 소모되며, 지식을 사용하는 과정에서 종종 지식을 추가하여 활용하는데, 이때 지식의 가치를 보존한다.

④ 지식의 유용성과 타당성은 시간이 지남에 따라 달라질 수 있기 때문에 즉각성, 사멸성, 휘발성은 중요한 지식 특성이다.

⑤ 지식은 역동적이며 활동하는 정보이므로 조직은 지식베이스를 경쟁우위의 원천으로 유지하기 위해 지속적으로 갱신해야 한다.

> **해 설** 지식은 재생가능한 특성을 지니기 때문에 소모되지 않는다. 또한 경험가능성의 특성에 따라 지식을 사용하고 추가하는 과정에서 지식은 진화될 수 있다.

98 핀테크(FinTech) 서비스에 대한 설명으로 옳지 않은 것은?

① 핀테크 기술은 온라인뿐만 아니라 오프라인 매장에서도 이용할 수 있는 첨단 금융기술이다.

② 대표적인 핀테크 서비스 사례로 카카오 페이(kakao pay) 서비스가 있다.

③ 핀테크는 클라우드 펀딩, 이체, 지불, 인증 등의 기능을 제공한다.

④ 오늘날 기업들은 핀테크 서비스 제공을 위해 다양한 기업들이 참여하는 비즈니스 에코시스템(business eco-systems)을 구축하고 있다.

⑤ 핀테크 서비스는 보안이 취약하지만, 이용 편리성 덕분에 이용자 계층이 지속적으로 증가하고 있다.

> **해 설** 핀테크 서비스는 편의성과 보안성, 안정성을 무기로 이용자 계층이 지속적으로 증가하고 있다.

99 아래 글상자에서 설명하는 웹 요소기술 용어로 가장 옳은 것은?

> 일반적으로 수용되는 공유된 개념으로서 기계가 이해할 수 있도록 정형화(formal)되어 그 개념과 제약이 명확히 정의된 것을 의미하며, 용어간의 관계를 정의하고 있는 일종의 사전과 같은 역할을 한다. 또한, 특정 주제에 대한 지식용어의 집합으로서 용어 그 자체뿐만 아니라 용어간의 의미적 관계와 추론규칙을 포함하고 있다.

① SPARQL

② NS(namespace)

③ 온톨로지(ontology)

④ URI(Uniform Resource Identifiers)

⑤ RDF(Resource Description Framework)

① 스파클(SPARQL ; Simple Protocol and RDF Query Language)은 지원기술프레임워크(RDF ; Resource Description Framework) 기반의 데이터베이스에 사용되는 시맨틱 질의 언어(semantic query language)이다.

② 명칭공간이라고 하며, 프로그램의 각 부분이 자리 잡고 있는 공간에 일정한 명칭이 붙어 있는 것을 말한다.

④ 통합자원식별자라고 하며, 인터넷에 있는 자원을 나타내는 유일한 주소이다.

⑤ 지원기술프레임워크라고 하며, 웹 환경에서 기계들이 이해하는 정보를 교환하는 애플리케이션 간에 상호 운용성을 제공하는 기반 규격이다.

100 **고객관계관리시스템에 대한 설명으로 옳지 않은 것은?**

① 고객관계관리시스템은 프런트 오피스 시스템(front office systems)으로 고객과의 상호작용을 강조한다.

② 고객관계관리시스템의 핵심기능은 판매, 마케팅, 서비스이다.

③ 고객관계관리시스템은 데이터베이스에 대한 고객정보 분석을 통해 보다 효율적인 마케팅 전략을 제공해준다.

④ 고객관계관리시스템은 ERP시스템(Enterprise Resource Planning Systems)에 연동되어 고객관련 업무처리에 도움을 제공한다.

⑤ 고객관계관리시스템은 데이터마이닝(datamining) 기술과 빅데이터(bigdata) 분석 기술 발전에 따라 기업에서 관심을 잃어가고 있다.

기업들은 데이터마이닝 기술과 빅데이터 분석 기술이 발전함에 따라 한층 강화된 고객관계관리시스템을 구축하고 있다. 1회성 판매 행태에서 벗어나 지속적인 데이터 분석 및 고객관리를 통해 고객 취향과 트렌드를 반영한 다채로운 마케팅 활동으로 매출 상승을 달성하기 위해 고객관계관리시스템에 높은 관심을 두고 있다.

2021년

기출문제해설

제2회 기출문제해설[2021. 08. 21 시행]

행운이란 100%의 노력 뒤에 남는 것이다.

- 랭스턴 콜만 -

제**2**회 │ 기출문제해설

1급	A형	소요시간	문항수
		100분	100문항

01 유통경영(1~20)

01 아래 글상자는 유통점포의 상품관리에 활용되는 ABC분석에 대한 설명이다. 옳은 설명으로 짝지어진 것은?

ⓐ 상품분석 이외에도 매출분석이나 이익분석 등에 활용할 수 있음
ⓑ 취급상품의 매출기여도를 상대적으로 파악할 수 있음
ⓒ 팔리지 않는 상품을 발견할 수 있음
ⓓ 취급상품의 상품효율을 파악하는 것은 어려움
ⓔ 상품관리에 초점을 두기 때문에 인적효율 파악은 어려움

---

① ㉠, ㉡, ㉢
② ㉡, ㉢, ㉣
③ ㉢, ㉣, ㉤
④ ㉠, ㉢, ㉤
⑤ ㉡, ㉣, ㉤

해 설 ㉣ 구매량이나 구매금액의 크기 순서에 따라 관리대상인 자재, 제품, 거래처 등의 중요도 등급을 정하므로 취급상품의 상품효율을 파악할 수 있다.
㉤ 중요도 등급에 따라 관리하는 재고관리의 노력을 차등화하기 때문에 인적효율 파악이 가능하다.

2021

02 유통점포의 경영분석 시 주로 수익성, 안전성, 생산성, 성장성 등을 활용하는데, 다음 중 나머지 넷과 성격이 다른 지표는?

① 매출액 영업이익률

② 총자본 회전율

③ 매출액 대비 인건비 비율

④ 총자본 이익률

⑤ 자기자본비율

해 설 ① · ② · ③ · ④ 수익성 지표
⑤ 안전성 지표

03 독점규제 및 공정거래에 관한 법률(법률 제17290호, 2020.5.19., 일부개정)에서는 시장 지배적 사업자에 대해 규정하고 있다. 아래 글상자 (㉠)과 (㉡)에 들어갈 숫자로 옳은 것은?

> 일정한 거래분야에서 1사업자(시장점유율 1위 사업자)의 시장점유율이 (㉠)% 이상이거나, 3이하의 사업자(시장점유율이 1~3위 사업자)의 시장점유율의 합계가 (㉡)% 이상인 경우(다만, 이 경우 시장점유율이 10% 미만인 사업자는 제외) 시장지배적 사업자로 추정한다.

① ㉠ 45, ㉡ 70

② ㉠ 50, ㉡ 75

③ ㉠ 45, ㉡ 75

④ ㉠ 50, ㉡ 80

⑤ ㉠ 45, ㉡ 80

해 설 시장지배적사업자의 추정(독점규제 및 공정거래에 관한 법률 제6조)
일정한 거래분야에서 시장점유율이 다음 각 호의 어느 하나에 해당하는 사업자(일정한 거래분야에서 연간 매출액 또는 구매액이 40억원 미만인 사업자는 제외한다)는 시장지배적사업자로 추정한다.
1. 하나의 사업자의 시장점유율이 100분의 50 이상
2. 셋 이하의 사업자의 시장점유율의 합계가 100분의 75 이상. 이 경우 시장점유율이 100분의 10 미만인 사업자는 제외한다.

04 조직변화는 속도에 따라 점진적 변화와 급진적 변화로 구분할 수 있는데, 점진적 조직변화를 위한 방법으로 옳은 것은?

① 변 혁

② 혁 신

③ 리엔지니어링

④ 문화충격요법

⑤ 단기적 균형변화

해 설 단기적 균형(punctuated equilibrium)변화는 장기간의 안정과 단기간의 개혁적 변화를 교대로 반복하면서 조직의 변화를 이끄는 것으로, 안정기 또는 균형상태에서는 표준생산 절차, 성과 또는 보상 시스템, 규범, 역할과 같은 심층 구조를 정착시킨다. 이러한 조직, 부서, 작업 집단, 또는 하부 시스템의 기본적 활동 패턴과 같은 조직의 심층 구조는 안정기 동안 외부 변화에 점진적으로 적응하게 된다.

05 기업의 사회적 책임(CSR)과 사회적 가치에 대한 설명으로서 가장 옳지 않은 것은?

① ISO 26000은 CSR 경영의 세계적 표준의 하나이다.

② 경제 성장이 아닌 ESG(환경 보존, 사회 공헌, 윤리경영)를 강조한다.

③ CSR은 기업 차원에서 사회적 가치를 실현하려는 노력과 관련되어 있다.

④ 사회적 가치 관점의 CSR 목표는 사회의 지속가능발전에 기여하는 것이다.

⑤ 사회적 가치를 실현하는 사회적 책임경영은 민간기업과 더불어 공공기관에도 적용된다.

해 설 지속가능한 경제 성장을 위한 기업과 투자자의 사회적 책임이 중요해지면서 기업의 재무적 성과만을 판단하던 전통적 방식과 달리, 장기적 관점에서 기업 가치와 지속가능성에 영향을 주는 ESG 등의 비재무적 요소를 충분히 반영해 평가한다. 따라서 기업의 ESG 성과를 활용한 투자 방식은 투자자들의 장기적 수익을 추구하는 한편, 기업 행동이 사회에 이익이 되도록 영향을 줄 수 있다.

06 아래 글상자에서 유통점포의 투자수익률을 높이는 방법을 모두 고른 것으로 옳은 것은?

> ㉠ 객단가 증대
> ㉡ 1회 발주량 증대
> ㉢ 오손 · 훼손 · 파손상품 등 불량상품 감소
> ㉣ 사입원가 증대
> ㉤ 고마진 상품에 대한 취급확대

① ㉠, ㉢, ㉤ 　　　　　　② ㉡, ㉣, ㉤

③ ㉠, ㉢, ㉣ 　　　　　　④ ㉡, ㉢, ㉤

⑤ ㉢, ㉣, ㉤

해 설 수익규모를 확대(㉠, ㉤)하거나 예상비용을 감소시키는 것뿐만 아니라, 초기 분석에 포함되지 않았던 추가 효익, 즉 직원의 만족도, 고객의 인식(㉢), 경영전략의 유연성 향상 등 무형의 효익을 통해 투자수익률을 높일 수 있다.

※ 투자수익률(ROI ; Return on Investment)

총자본순이익률 또는 총자산순이익률이라고도 하며, 순이익을 총자본(총자산)으로 나눈 비율로 기업에 투자된 총자본이 최종적으로 얼마나 많은 이익을 창출하는지를 측정하는 비율이다.

> $$ROI = \frac{순이익}{매출액} \times \frac{매출액}{총자산}$$
> $$= 매출액순이익률 \times 총자산회전율$$
> $$= 매출마진 \times 회전속도$$

07 제조업체와 소매업체가 공동으로 수행하는 협동광고(cooperative advertising)의 특성을 설명한 것으로 옳지 않은 것은?

① 양자가 추구하는 목표가 다르므로 갈등의 원인이 될 수도 있다.
② 편의품 보다는 선매품이, 상대적 저가의 상품보다는 고가의 상품이 협동광고의 효과가 크다.
③ 상표 애호도가 높은 제품일수록 협동광고가 선호된다.
④ 제조업자가 푸시전략을 채택하여 중간상에게 더 많이 의존할수록 협동광고가 중요해진다.
⑤ 소매상 간의 경쟁이 심해질수록 소매상은 더 많은 협동광고를 원하지만, 제조업체는 이를 기피하려는 경향이 있다.

해 설 협동광고는 광범위한 수요를 창출하기 위해서 동일한 상품을 생산하는 기업들이 협동적으로 실시하는 광고로, 상표 애호도가 높을수록 타사의 경쟁제품으로 쉽게 브랜드 전환을 하지 않기 때문에 협동광고가 선호되지 않는다.

08 고객 커뮤니케이션 믹스 설계 시, 고려해야 할 요소들에 대한 설명으로 옳지 않은 것은?

① 소비재는 산업재에 비해 개인접촉에 의한 인적 판매의 중요성이 높다.
② 성숙기에는 광고에 비해 판매 촉진의 역할이 커진다.
③ 홍보는 광고에 비해 비용이 적게 들면서도 설득력이 높다는 장점이 있다.
④ 제품수명주기의 초기단계일수록 광고의 역할이 크다.
⑤ 푸시(push)전략을 실행할 때는 인적 판매의 역할이 커진다.

해 설 산업재는 고객과 밀접하고 지속적인 관계 형성이 중요하기 때문에 산업재가 소비재에 비해 개인접촉에 의한 인적 판매의 중요성이 높다.

09 통제 · 효율성을 강조하여 설계된 조직을 수직적 조직, 의사소통 · 조정을 강조하여 설계된 조직을 수평적 조직이라고 할 경우, 수직적 조직이 수평적 조직보다 유리한 경우로서 옳은 것은?

① 다양한 학습이 필요한 경우
② 과업이 세분화, 분업화되어 있는 경우
③ 조직계층의 구분이 느슨한 경우
④ 권한위양이 대폭적으로 이루어진 경우
⑤ 다수의 팀과 태스크포스가 존재하는 경우

해 설 ① · ③ · ④ · ⑤ 수평적 조직이 수직적 조직보다 유리한 경우

10 남녀고용평등과 일·가정 양립 지원에 관한 법률(법률 제18178호, 2021.5.18., 일부개정)에 대한 내용으로 옳지 않은 것은?

① 사업주가 사업을 계속할 수 없는 상황이더라도 근로자가 육아휴직 중이라면 해고할 수 없다.

② 동일가치 노동에 대해서는 남녀를 불문하고 동일한 임금을 지급해야 한다.

③ 누구든지 성희롱 발생사실을 알게 된 경우 당사자가 아니라도 사업주에게 신고할 수 있다.

④ 근로자가 배우자의 출산을 이유로 휴가를 청구하는 경우 10일 간의 휴가를 주고 이 경우 사용한 휴가기간은 유급이 된다.

⑤ 육아휴직이나 육아기 근로시간 단축 신청은 만8세 이하 또는 초등학교 2학년 이하의 자녀를 양육하기 위한 경우에 한해 신청할 수 있다.

> **해 설** 사업주는 육아휴직을 이유로 해고나 그 밖의 불리한 처우를 하여서는 아니 되며, 육아휴직 기간에는 그 근로자를 해고하지 못한다. 다만, 사업을 계속할 수 없는 경우에는 그러하지 아니하다(남녀고용평등법 제19조 제3항).

11 소매마케팅에서 구색(assortment)의 창출은 매우 중요한 활동인데, 구색은 소매상 단독으로 창출하는 것이 아니라 여러 선행 활동을 통하여 창출된다. 일반적인 구색 창출 단계를 순서대로 나열한 것으로 옳은 것은?

① 수집(accumulation) − 분류(sorting out) − 배분(allocation) − 구색(assortment)

② 배분(allocation) − 수집(accumulation) − 분류(sorting out) − 구색(assortment)

③ 분류(sorting out) − 배분(allocation) − 수집(accumulation) − 구색(assortment)

④ 배분(allocation) − 분류(sorting out) − 수집(accumulation) − 구색(assortment)

⑤ 분류(sorting out) − 수집(accumulation) − 배분(allocation) − 구색(assortment)

> **해 설** **구색 창출 단계**
> • 분류(sorting out) : 이질적 상품을 비교적 동질적인 개별상품단위로 구분하는 것
> • 수집(accumulation) : 다수의 공급업자로부터 제공받는 상품을 모아서 동질적인 대규모 상품들로 선별하는 것
> • 배분(allocation) : 동질적 제품을 분배, 소규모 로트의 상품별로 모아서 분류하는 것
> • 구색(assortment) : 사용목적이 서로 관련성이 있는 상품별로 일정한 구색을 갖추어 함께 취급하는 것

12 아래 글상자 수치를 참고하여 손익분기점 매출액을 구한 것으로 옳은 것은?

• 매출액 1,000,000천원	• 변동비 400,000천원
• 고정비 120,000천원	• 공헌이익률 60%

① 100,000천원
③ 200,000천원
⑤ 400,000천원

② 150,000천원
④ 300,000천원

해 설 손익분기점 공식

$$손익분기점 = \frac{고정비}{공헌이익률} = \frac{120,000천원}{0.6} = 200,000천원$$

13 유통산업은 통상적으로 대표적인 지역산업(domestic industry)으로 간주되어 왔으나 근래에 들어 글로벌산업(global industry)으로 바뀌고 있다. 유통산업의 글로벌화(globalization) 추세와 관련한 설명으로 직접적인 관련이 가장 적은 것은?

① 국제적으로 동질적 수요의 확산
② 노동집약 생산 방식에서 자본집약적 생산 방식으로의 이전
③ 국가 간 교역 장애 감소
④ 정보기술 및 인터넷의 확산
⑤ 자본이동의 자유화

해 설 노동집약 생산 방식에서 자본집약적 생산 방식으로의 이전은 기술이 발달하면서 인간의 노동력보다 대규모 장비 및 생산 기법을 활용하여 훨씬 더 큰 부가가치를 창출할 수 있는 산업이 등장하기 시작한 추세와 관련된 설명이다.

14 기업의 경영 규모 및 경영성과가 일정 기간 중에 얼마나 증가했는지를 나타내는 비율인 성장성 비율과 관련된 설명 중 가장 옳지 않은 것은?

① 자기자본순이익률은 자기자본을 당기순이익으로 나누어 비율로 나타낸 것이다.
② 주당배당성장률은 당기주당배당증가액을 전기주당배당으로 나누어 비율로 나타낸 것이다.
③ 매출액증가율은 당기매출증가액을 전기매출액으로 나누어 비율로 나타낸 것이다.
④ 총자산증가율은 당기총자산증가액을 전기말총자산으로 나누어 비율로 나타낸 것이다.
⑤ 주당이익성장률은 당기주당이익증가액을 전기주당이익으로 나누어 비율로 나타낸 것이다.

해 설 자기자본순이익률은 순이익을 자기자본으로 나누어 비율로 나타낸 것이다.

15 다음 중 조직 관리자의 행동 및 리더십의 유형을 설명하는 이론은?

① 맥클리랜드(McClelland)의 성취동기이론

② 매슬로우(Maslow)의 욕구단계설

③ 블레이크와 무튼(Blake & Mouton)의 관리격자이론

④ 알더퍼(Alderfer)의 ERG 이론

⑤ 허즈버그(Herzberg)의 2요인 이론

해 설 블레이크와 무튼(Blake & Mouton)이 정립한 관리격자이론은 리더의 개인적 특성에 초점을 맞추어 리더 유형을 분류
하여 인간에 대한 관심과 과업에 대한 관심이 중요하다는 것을 강조하였다.
① 맥클리랜드는 모든 사람들이 공통적으로 비슷한 욕구 계층을 가지고 있다고 주장한 매슬로우의 이론을 비판하며,
욕구는 '학습되는 것'으로 개인마다 차이가 존재한다고 주장하였다.
② 인간의 욕구가 계층적 단계로 구성되어 있으며, 하위욕구에서 상위욕구로 순차적으로 발현한다는 이론을 말한다.
④ 알더퍼는 매슬로우의 욕구계층이론에는 동의하였으나, 인간의 욕구를 존재욕구(E), 관계욕구(R), 성장욕구(G)로 분
류하였다.
⑤ 인간의 행동에 영향을 끼치는 요인으로 직무환경과 관련된 위생요인과 직무자체와 관련된 동기요인의 두 가지로
구분한다.

16 여러 가지 재무비율들 간의 상호관련성을 탐색하는 방법인 전략적 이익 모형의 구성요인으로 가
장 옳지 않은 것은?

① 자산회전율

② 순이익률

③ 자산수익률

④ 레버리지비율

⑤ 채권수익관리율

해 설 전략적 이익모형(SPM ; Strategic Profit Model)은 순이익률(수익성)과 자산회전율(활동성) 그리고 레버리지비율(안
정성)로 구성되어 있다.
즉, SPM = 순이익률 × 자산회전율 × 레버리지비율

$$= \frac{순이익}{매출액} \times \frac{매출액}{총자산} \times \frac{총자산}{자기자본} = \frac{순이익}{자기자본}$$

17 조직효과성을 측정하는 전통적 접근방법의 하나인 목표접근법에서 사용되는 지표로서 가장 옳지
않은 것은?

① 수익성

② 기업문화

③ 제품 품질

④ 시장점유율

⑤ 사회적 책임

해 설 기업문화는 내부과정접근법에서 사용되는 지표에 해당한다.

18 인사고과 시 범하기 쉬운 여러 오류에 대한 설명 중에서 옳지 않은 것은?

① 대비오류는 피고과자를 고과자 자신의 기준에서 보는 것으로, 고과자가 자신이 유능하다고 생각하는 경우 피고과자도 유능한 것으로 판단하기 쉬운 오류를 말한다.

② 근접오류는 평가시점과 가까운 시점에 일어난 사건이 평가에 큰 영향을 미치게 되는 오류를 말한다.

③ 관대의 오류와 인색의 오류를 막기 위해서는 강제배분법을 활용하는 것이 바람직하다.

④ 상동적 태도(stereotyping)란 소속집단의 특성에 근거하여 개인을 평가하는 오류를 말한다.

⑤ 중심화경향은 고과자 자신의 능력이 부족하거나 피고과자를 잘 파악하지 못하고 있는 경우에 많이 나타난다.

해 설 대비오류는 다른 사람을 판단함에 있어서 절대적 기준에 기초하지 않고 다른 대상과의 비교를 통해 평가하는 오류이다.

19 소매업의 제품 성과를 평가하는 측정법 중 하나인 제품별 직접이익(DPP ; Direct Product Profit)에 관한 설명으로 옳지 않은 것은?

① 제품에 수반되는 영업 및 머천다이징 비용과 간접노동비용을 차감한 이익이다.

② 제품별 직접이익은 조정된 총수익에서 제품별 직접비용을 뺀 값이다.

③ 제품평가에 있어 고정비를 제외한 변동비만을 고려하여 분석한다.

④ 개별 제품에서의 의미보다 둘 이상을 비교하는 경우에 유용하다.

⑤ 각 제품이 이익에 얼마나 공헌하는지 경로성과 측정에 활용된다.

해 설 제품별 직접이익은 각 경로대안의 총마진에서 직접제품비용을 뺀 제품수익성을 평가하여 직접제품이익이 가장 높은 경로 대안을 선택하는 방법으로, 제품별 직접비용을 추정하는 과정에서 유통경로상에서 발생되어 제품비용에 영향을 준 항목들(직접제품비용)을 모두 원가계산에 반영한다.

20 아래 글상자의 내용은 무엇에 대한 설명인가?

> 제조업체가 소매상에게 자사 제품에 대한 정확한 재고 유지, 신제품 소개, 디스플레이 지원, 판매에 대한 조언 등을 위해 시행하는 것으로, 자사 제품에 대한 선호도를 향상시키는 것을 목적으로 한다.

① 파견 판매(missionary selling)　　　　② 판매 경연대회(sales contest)

③ 시연회(demonstration)　　　　　　　④ 이벤트 마케팅(event marketing)

⑤ 풀 전략(pull strategy)

해 설 ③ 불특정 다수에게 제품의 사용 경험을 권유해 집객을 유도하는 것으로, 테스트용 제품을 매장에서 시연하거나 이들의 집으로 직접 전달해 예비고객과 소비자들의 관심을 유발하고 집객을 강화하는 기법이다.
④ 국가 또는 지방정부가 밀레니엄 행사, 스포츠 경기, 축제 등의 이벤트를 상품으로 기획하고, 판촉하는 활동이다.
⑤ 고객을 집중적으로 설득하여 고객이 소매상 등에 가서 자발적으로 제품을 찾게 하는 구매 촉진 전략이다.

21 선하증권의 법정기재사항으로 옳지 않은 것은?

① 선박의 명칭
② 본선항해번호
③ 운송물의 외관상태
④ 발행지와 발행연월일
⑤ 운송사의 상호

해 설 **선하증권의 법정기재사항**
• 운송품명(Description of Commodity)
• 중량(Weight)
• 용적(Measurement)
• 개수(Number of Packages)
• 화물의 기호(Marks & Nationality)
• 송화인(Name of The Shipper)
• 수화인(Name of The Consignee)
• 선적항(Port of Shipment)
• 양륙항(Port of Destination)
• 선박명과 국적(Name of The Ship & Nationality)
• 선장명(Name of The Master of Vessel)
• 운송비(Freight Amount)
• 선하증권의 작성 통수(Number of B/L Issued)
• 선하증권 작성지 및 작성년월일(Place And Date of B/L Issued)

22 전자상거래 적용으로 인한 제조업체와 유통업체 간의 물류변화에 대한 설명으로 가장 옳지 않은 것은?

① 소비자가 배송시간대를 직접 선택하는 것이 가능한 경우도 있다.
② 배송물품의 실시간 추적이 가능하다.
③ 최종 배송지의 획일화로 물류네트워크가 보다 단순해지고 집중화 되었다.
④ 개별고객의 주문정보를 확보할 수 있다.
⑤ 최소 1개 단위의 물품배송도 이루어진다.

해 설 최종 배송지의 다양화로 물류네트워크가 보다 복잡해지고 분산화 되었다.

23 기업이 유통물류정보시스템을 구축하여 얻을 수 있는 효과로 가장 옳지 않은 것은?

① 합리적인 유통물류전략을 수립할 수 있다.

② 재고관리, 운송관리, 창고관리 등의 업무 생산성을 향상시킬 수 있다.

③ 각종 정보를 통해 유통물류 상황변화에 보다 능동적으로 대응할 수 있다.

④ 수송지연으로 인한 품절을 줄여서 판매를 활성화할 수 있다.

⑤ 고객충성도 프로그램을 효과적으로 운영할 수 있다.

해 설 고객충성도 프로그램은 고객의 반복적인 구매활동에 대한 보상으로 상품할인, 무료식품, 선물 혹은 여행 같은 인센티브를 제공하기 위해 마련된 마케팅 프로그램으로, 고객충성도 프로그램을 효과적으로 운영하기 위해서는 고객관리를 우선시하여야 한다.

24 물류자회사가 가지는 단점으로 옳지 않은 것은?

① 모회사의 주도로 인사정책을 펼칠 가능성

② 모회사의 하청기업으로 전락할 가능성

③ 모회사의 물류전략과 자회사의 물류전략의 충돌 가능성

④ 모회사의 간섭증가로 독립성 결여 및 업무의욕저하 가능성

⑤ 모회사로부터 안정적인 물량 확보 불가능

해 설 물류자회사는 모회사의 물류관리업무의 전부 혹은 일부를 대행하기 때문에 모회사로부터 안정적인 물량 확보가 가능하다.

25 물류계획과 관련한 주요 의사결정 분야에 대한 내용으로 옳지 않은 것은?

① 창고, 터미널 등 시설 입지 분야

② 주문량 및 주문시기와 관련한 주문관리 분야

③ 경로설정 및 배차와 관련한 주문처리 분야

④ 고객주문에 대한 우선순위 결정인 고객서비스 분야

⑤ 공급업체 선정과 선구매 등의 구매 분야

해 설 수송 수단 선택은 전략적 계획으로서 1년 이상의 장기계획에 포함되지만, 경로설정 및 배차와 관련한 분야는 배송업체에서 처리해야 할 분야이므로 물류계획과 관련한 주요 의사결정과는 거리가 멀다.

26 물류센터를 주요 기능에 따라 보관센터, 환적센터, 배송센터로 나눌 때 각각에 대한 설명으로 가장 옳지 않은 것은?

① ICD는 화물의 장기보관을 주요 목적으로 하는 대표적인 보관센터이다.

② 화물의 환적기능을 주요 목적으로 하는 시설인 환적센터는 물류터미널이 대표적이다.

③ 환적센터에서는 최소한의 포장변경 등을 제외하고는 부가가치 활동이 발생할 가능성이 적다.

④ 화물의 집배송 기능을 주요 목적으로 하는 시설에는 집배송센터가 있다.

⑤ 보관센터나 배송센터에서는 부가가치 활동이 발생하기도 한다.

해 설 ICD(Inland Container Depot)는 공장단지와 수출지 항만과의 사이를 연결하여 화물의 유통을 신속·원활히 하기 위한 대규모 물류단지이다.

27 바코드에 비해 RFID가 가지는 특징에 대한 설명으로 가장 옳지 않은 것은?

① 전파를 이용하여 정보를 판독하므로 원거리에서도 정보를 인식할 수 있다.

② 정보인식 시간은 다소 길지만 보다 정확하게 인식할 수 있다.

③ 정보간의 충돌을 방지하는 기능을 가지고 있어 여러 정보를 동시에 판독할 수 있다.

④ 보다 많은 정보를 저장할 수 있다.

⑤ 태그에 저장되어 있는 정보의 수정이 가능하다.

해 설 RFID는 직접 접촉을 하지 않아도 자료를 인식 할 수 있고, Tag에 붙은 데이터를 받아들이는 데 인식되는 시간이 짧다.

28 선적은 화주의 책임과 비용으로, 양륙은 선주의 책임과 비용으로 이뤄지는 하역비조건으로 옳은 것은?

① Berth Term

② Free In(F.I)

③ Free Out(F.O)

④ Free In & Out(F.I.O)

⑤ Free In, Free Out, Stowed, Trimmed(F.I.O.S.T)

해 설 ① 선적, 양하 시 선내 하역비용을 모두 선주가 부담하는 조건으로 대체로 정기선운송인 개품운송계약에서 사용하는 방법이다.
③ 선적 시 선내 하역비용은 선주가 부담하고, 양하 시 선내 하역비용은 용선자가 부담하는 조건이다.
④ 선적, 양하 시 선내 하역비용을 모두 용선자가 부담하는 조건이다.
⑤ 선적, 양하 시 선내 하역비용 및 적부비용, 화물정리비까지도 용선자가 부담하는 조건이다.

29 고객서비스 구성요소를 거래 전 요소, 거래요소, 거래 후 요소로 구분할 때 거래요소에 해당되지 않는 것은?

① 주문현황정보　　　　　　　　　② 재고가용성
③ 예비부품가용성　　　　　　　　④ 주문인도시간
⑤ 주문이행률

해 설　고객서비스 구성요소
- 거래 전 요소 : 명시된 회사 정책, 회사에 대한 고객의 평가, 회사 조직, 시스템의 유연성, 기술적인 서비스, 목표배송일 등
- 거래요소 : 재고품절 수준, 백오더(back order) 이용 가능성, 주문정보, 주문주기의 일관성, 주문의 편리성, 배달의 신뢰성, 시스템의 정확성, 시간, 환적, 제품 대체성 등
- 거래 후 요소 : 설치, 보증, 변경, 수리, 부품, 제품추적, 고객 클레임 및 불만, 제품포장, 수리 도중 일시적인 제품 대체 등

30 효과적인 물류활동을 실시하기 위한 설명으로 가장 옳지 않은 것은?

① 유닛로드시스템은 제품을 하나의 단위로 모아서 하역과 수송 등의 물류활동을 지원하는 시스템이다.
② 일관파렛트화는 제품의 보관만을 위해 파렛트를 활용하는 것이다.
③ 하역장비의 표준화는 하역작업의 기계화, 자동화를 가능하게 한다.
④ 파렛트 규격의 통일화는 보다 효율적인 물류활동을 가능하게 한다.
⑤ 기업은 물류수요, 비용, 수익 등을 고려하여 물류 자동화의 정도를 결정해야 한다.

해 설　일관파렛트화는 발송지로부터 최종 도착지까지 파렛트에 적재된 화물을 운송, 보관, 하역하는 물류활동과정 중 이를 환적하지 않고 이동시키는 것을 말한다.

31 QR시스템을 사용할 때 얻을 수 있는 효과에 대한 설명으로 가장 옳지 않은 것은?

① 전반적인 비용 감소 효과를 누릴 수 있다.
② 관련 업무의 효율화를 기할 수 있다.
③ 시장의 요구에 기민하게 대응할 수 있다.
④ EDI 사용으로 주문단계가 단순화되고 리드타임이 감소하는 효과를 얻는다.
⑤ 보유재고의 증가로 품절문제가 해소되어 고객서비스가 높아진다.

해 설　QR시스템은 기업 간의 정보공유를 통한 신속ㆍ정확한 납품, 생산ㆍ유통기간의 단축, 재고감축, 반품 로스 감소 등을 실현하는 신속대응시스템이다.

32 물류표준화의 저해요인으로 옳지 않은 것은?

① 표준화에 대한 인식부족

② ULS규격의 표준파렛트 등 물류기기의 사용미흡

③ 표준EDI, 표준물류바코드 등 정보화 기반요소의 활용 부족

④ 물류정보의 유통체제 미흡

⑤ 표준파렛트와 정합되는 KS 외부포장규격의 종류가 적어 보급저조

해 설 표준파렛트와 정합되는 KS 외부포장규격의 종류가 적어 보급이 저조한 것은 물류표준화의 필요성에 대한 설명이다.

33 아래 글상자는 기업형 물류조직의 하나인 영업부형 물류조직에 대한 설명이다. (   ) 안에 들어갈 용어로 옳은 것은?

> (   )(은)는 영업기능과 물류기능을 분리하여 각자의 책임소재를 명확히 한 조직형태이다. 각 부문은 각자의 업무에 효율적으로 전념할 수 있다. 물류부문의 예산 및 관리책임이 명확하게 되고, 물류부문의 평가도 용이하게 되는 장점이 있다.

① 스태프형   ② 상물혼재형

③ 상물분리형   ④ 종합형

⑤ 그리드형

해 설 상물혼재형은 직능형조직과 같이 라인 부문과 스태프 부문이 분리되지 않은 형태(상물미분리)로 물류부문이 각 조직 내에 포함되어 있는 형태이며, 상물분리형은 라인&스태프형조직과 같이 라인 부문(실행)과 스태프 부문(지원) 기능의 분리를 통해 전문성 및 생산성 향상에 기여하는 형태를 말한다.

※ 그리드형 조직

다국적 기업에서 많이 볼 수 있는 조직형태로, 모회사의 권한을 자회사에게 이양하는 형태를 지니며 모회사의 스태프 부문이 자회사의 해당 물류부문을 관리하고 지원한다.

34 보관과 관련된 각종 원칙에 대한 설명으로 가장 옳지 않은 것은?

① 높이쌓기의 원칙은 파렛트나 렉을 이용하여 높이 쌓아서 보관하는 것이다.

② FIFO의 원칙은 먼저 보관한 것을 먼저 꺼내는 것이다.

③ 중량특성의 법칙은 제품을 중량별로 구분해서 보관하는 것이다.

④ 주소(위치)표시의 원칙은 보관품의 장소를 명시하여 반출입을 편리하게 하는 것이다.

⑤ 회전대응보관의 원칙은 출입구가 동일한 경우 출하빈도가 높은 제품을 가장 안쪽에 보관하는 것이다.

해 설 회전대응보관의 원칙은 입출하 빈도가 높은 제품은 출입구에 보관하고, 입출하 빈도가 낮은 제품은 출입구와 먼 장소에 보관하는 것이다.

35 보세운송에 대한 내용으로 옳지 않은 것은?

① 보세운송은 외국으로부터 수입하는 화물을 입항지에서 통관한 후 세관장에게 신고하거나 승인을 얻어 내국물품 상태 그대로 다른 보세구역으로 운송하는 것이다.

② 외국물품은 개항, 보세구역, 세관관서 등 정해진 장소 사이에 한정하여 그대로 운송할 수 있다.

③ 보세운송은 수입화물에 대한 관세가 유보된 상태에서 관리가 요구된다.

④ 보세운송의 신고를 하거나 승인을 얻은 자는 당해 물품이 운송목적지에 도착한 때에는 도착지 세관장에게 보고해야 한다.

⑤ 세관공무원은 보세운송을 하고자 하는 물품을 검사할 수 있다.

해 설 보세운송은 외국으로부터 수입하는 화물을 입항지에서 통관하지 아니하고 세관장에게 신고하거나 승인을 얻어 외국물품 상태 그대로 다른 보세구역으로 운송하는 것을 말한다.

36 부정기선에 관한 내용으로 옳은 것은?

① 운송수요자의 요구에 따라 일정한 항로를 정기적으로 운항하는 선박이다.

② 해상물동량과 선박선복수급관계에 따라 부정기선 시황이 좌우된다.

③ 부정기선의 주요 운송대상은 중량이나 용적에 비해 가치가 낮은 것을 특징으로 하는 운임부담력이 높은 화물이다.

④ 부정기선 시장은 운임동맹과 같은 국제적 카르텔조직이 있어서 운송서비스 제공자로서 시장 참여가 자유롭지 않다.

⑤ 부정기선 시장은 선복 공급이 물동량 변화에 매우 탄력적이라서 선복수급 균형을 이루기 쉽다.

해 설 ① 일정한 항로를 정기적으로 운항하는 것은 정기선에 대한 설명이다.
③ 부정기선은 항로선택이 용이하고 대량의 화물을 주 대상으로 한다.
④ 부정기선 시장은 정기선 시장과 같은 해운동맹의 형성이 어렵다.
⑤ 부정기선 시장은 선복 공급이 물동량 변화에 대해 매우 비탄력적이기 때문에 선복수급이 균형을 이루기가 불가능하다.

37 컨테이너에 대한 설명으로 옳지 않은 것은?

① 컨테이너의 CSC Safety approval(안전승인판)에는 승인국, 승인번호, 승인년도, 컨테이너 제조자 일련번호 등이 기재되어 있다.

② 냉장, 냉동뿐 아니라 보냉을 위해 일정 온도를 유지시키기도 한다.

③ 컨테이너 포괄리스는 컨테이너리스 계약기간 중 사용개수에 구속받을 필요가 없다.

④ 컨테이너 편도리스는 일방통행의 임차로서 도착지에서 공컨테이너를 리스회사에 반납하는 계약이다.

⑤ 플랫폼 컨테이너는 지붕과 벽을 제거하고 고정을 위한 기둥과 버팀대만을 두어 기계류나 목재, 승용차 종류를 수송하기 위한 컨테이너이다.

플랫폼 컨테이너는 승용차나 기계류 같은 중량 화물을 쉽게 싣거나 내리기 위해 천장과 벽을 제거한 밑바닥 부분만 있는 특수 컨테이너이다.

38 물류정책기본법(법률 제17550호, 2020.10.20., 일부개정)상 용어의 정의로 옳지 않은 것은?

① "물류체계"란 효율적인 물류활동을 위하여 시설·장비·정보·조직 및 인력 등이 서로 유기적으로 기능을 발휘할 수 있도록 연계된 집합체를 말한다.

② "종합물류정보망"이란 기능별 또는 지역별로 관련 행정기관, 물류기업 및 그 거래처를 연결하는 일련의 물류정보체계를 말한다.

③ "제3자물류"란 화주가 그와 대통령령으로 정하는 특수관계에 있지 아니한 물류기업에 물류활동의 일부 또는 전부를 위탁하는 것을 말한다.

④ "국제물류주선업"이란 타인의 수요에 따라 자기의 명의와 계산으로 타인의 물류시설·장비 등을 이용하여 수출입화물의 물류를 주선하는 사업을 말한다.

⑤ "물류보안"이란 공항·항만과 물류시설에 폭발물, 무기류 등 위해물품을 은닉·반입하는 행위와 물류에 필요한 시설·장비·인력·조직·정보망 및 화물 등에 위해를 가할 목적으로 행하여지는 불법행위를 사전에 방지하기 위한 조치를 말한다.

"단위물류정보망"이란 기능별 또는 지역별로 관련 행정기관, 물류기업 및 그 거래처를 연결하는 일련의 물류정보체계를 말한다(물류정책기본법 제2조 제8호).

39 ISO(International Organization for Standardization)의 컨테이너 정의를 구성하는 내용으로 옳지 않은 것은?

① 내구성이 있다.

② 반복사용에 적합한 충분한 강도를 지닌다.

③ 운송형태의 전환 시 신속한 취급이 가능하다.

④ 화물의 적입과 적출이 용이하도록 설계된다.

⑤ 운송도중 내용화물의 이적을 통해 화물의 운송이 용이하도록 설계된다.

컨테이너운송은 송하인의 문전에서 수하인의 문전까지 컨테이너에 적입된 내용물을 운송수단의 전환에도 불구하고 재적입이나 적출 없이 운송함으로써 물류비를 절감하는 데 목적이 있다.

40 물류비에 의한 물류관리 요건에 대한 설명으로 옳지 않은 것은?

① 원인 규명이 용이할 것

② 이용 목적이 명확할 것

③ 시계열 데이터로서 계속성이 있을 것

④ 물류비의 내역이 복잡하고 처리가 어려울 것

⑤ 데이터의 수집이 쉽고, 이 데이터를 일상화(routine)할 수 있을 것

해 설 물류비의 내역이 간단하고 처리가 쉬워야 한다.

03 상권분석(41~60)

41 확률적 상권분석방법에서 이용하는 상권내 점포들의 점포선택 등확률선(isoprobability contours, 확률등치선)을 통해 파악할 수 있는 내용으로 가장 옳지 않은 것은?

① 점포별 상권잠식현상

② 거리증가에 따른 점포선택확률 감소현상

③ 소매점포의 경쟁자 확인

④ 1차상권, 2차상권, 한계상권의 확인

⑤ 유동인구의 흐름 확인

해 설 유동인구의 흐름은 서술적 상권분석방법에서 파악할 수 있는 내용이다.

42 쇼핑센터의 공간구성요소에 대한 설명으로 옳지 않은 것은?

① 결절점(node) - 교차하는 통로의 접합점

② 지표(landmark) - 길찾기를 위한 방향성 제공

③ 에지(edge) - 경계선이며 건물에서 꺾이는 부분에 해당

④ 보이드(void) - 공간과 공간을 분리하여 영역성을 부여

⑤ 선큰(sunken) - 지하공간의 쾌적성과 접근성을 높임

해 설 공간과 공간을 분리하여 영역성을 부여하는 것은 구역(District)이다.

※ 보이드(void)

현관, 홀, 계단 등 주변에 동선이 집중되는 공간과 대규모 홀 및 식당 등 내부 공간구성에서 구심성(求心性)이 되는 공간을 말한다.

43 상권분석 기법들 중에서 공간상호작용모델의 하나인 Huff모델에 관련된 설명으로 옳지 않은 것은?

① 소매상권이 연속적이고 중복적 구역이라는 관점에서 분석된다.

② 개별 구매행동이 확률론적 방식보다는 결정론적으로 설명된다.

③ 타 점포 상권에 대한 신규점포 개설의 영향을 분석할 수 있다.

④ 신규점포에 대한 최적의 부지를 선정할 때 활용할 수 있다.

⑤ 특정 점포의 확장이 타점포에 미치는 영향을 분석할 수 있다.

해설 Huff모델은 확률적 모형으로, 소매인력법칙과는 달리 상권의 크기를 결정하는 데 있어서 소비자의 행동을 고려하지 않는다.

44 상권 및 입지분석과정에서 점포의 위치와 소비자의 분포분석을 통해 관찰할 수 있는 거리감소효과(distance decay effect)에 대한 설명으로 옳지 않은 것은?

① 일반적으로 점포로부터 멀어질수록 고객의 밀도가 낮아지는 경향을 말한다.

② 유사점포법, 회귀분석법을 이용하여 확인할 수 있다.

③ 고객점표(CST) 지도를 이용하면 쉽게 관찰할 수 있다.

④ 거리 마찰에 따른 비용과 시간의 증가율 때문에 발생한다.

⑤ 거리조락현상 또는 거리체증효과라고도 한다.

해설 거리조락현상 또는 거리체감효과라고도 한다.

45 소비자의 소비행동 변화가 소매상권에 미치는 영향에 관한 설명 중 가장 옳지 않은 것은?

① 소득의 증가는 사치품에 대한 수요증가로 이어진다.

② 소득이 증가하면 교통비 지출에 대한 부담감이 줄어들어 소비자의 공간행동의 범위가 넓어진다.

③ 자동차 이용빈도가 높을수록 소매점포를 선택하는 폭은 좁아지는 경향이 있다.

④ 자동차보급률이 높아질수록 소매점 선택 시 접근성에 대한 중요도는 낮아진다.

⑤ 높은 자동차의 보급률은 일괄구매(one-stop shopping)성향을 증가시킨다.

해설 자동차 이용빈도가 높을수록 소매점포를 선택하는 폭은 넓어지는 경향이 있다.

46 도시 A는 도시 B보다 2배 많은 인구를 가지고 있다. 컨버스(P. D. Converse)의 수정소매인력이론을 적용할 때, 중소도시 C는 두 대도시 A, B의 분기점에 해당한다고 가정하자. 다음 중 소매인력법칙들의 주장으로서 가장 옳지 않은 것은?

① A와 C 사이의 거리는 B와 C 사이의 거리의 4배이다.

② 해당 방향에 대한 A와 B의 상권범위는 각각 C까지이다.

③ C의 주민들은 A와 B 사이에 쇼핑매력성의 차이를 느끼지 않는다.

④ A, B만 출역구매 대상도시인 경우, A와 B는 C의 주민들의 출역구매지출을 반분한다.

⑤ A와 B만을 출역구매 대상도시로 고려하는 경우, C의 주민들이 A와 B에서 구매할 확률은 각각 50%이다.

해설 두 도시 A, B의 상권이 미치는 범위는 두 도시의 인구수에 비례하고, 두 도시로부터의 거리의 제곱에 반비례한다. 따라서 A도시의 인구가 B도시의 인구보다 2배 많으므로 A와 C 사이의 거리는 B와 C 사이의 거리의 $\frac{1}{\sqrt{2}}$ 배이다.

47 점포망 구축과 점포입지 상호작용을 분석하는 데 사용하는 입지배정모형(location-allocation model)에 대한 설명으로 가장 옳지 않은 것은?

① 기업의 목표달성을 위해 새로 개설하는 점포의 가장 유리한 입지를 결정하는 데 도움을 줄 수 있다.

② 아직 영업활동이 없는 시장에서 새로운 점포망을 설계하거나, 기존 점포망에 새로운 점포를 추가할 때 발생하는 편익을 분석하는 데 사용할 수 있다.

③ 기존 점포를 재입지하는 방안이나 폐점 여부를 결정하는 데 활용할 수 있다.

④ 모형의 주요 구성요소에는 목적함수, 수요지점, 실행가능한 부지, 지점간 거리 데이터, 배정 규칙 등이 있다.

⑤ p-메디안모형은 소비자들이 점포체인에 속하는 가장 가까운 점포를 주로 이용한다고 가정하지 않는 특징을 가진다.

해설 p-메디안모형은 공장, 창고, 물류센터 또는 공공시설 등을 설치할 수 있는 후보입지가 주어져 있다고 가정하고, 각 후보입지는 소비자 수요 발생지역을 나타내며 각 시설로부터 각 소비자에게 제품을 수송할 때 소요되는 단위당 수송비와 수송거리가 주어져 있다고 할 때, 최소의 수송비용으로 모든 소비자의 수요를 충족시킬 수 있는 p개 이하의 시설 설치 입지를 결정하는 모형이다. 따라서 시설물을 이용하는 소비자를 위해 시설물의 위치에서 평균거리 또는 평균 통행시간, 평균 통행비용이 최소화 되도록 위치를 선정한다.

48 다양한 공간데이터의 수집이 가능해지면서 지리정보시스템(GIS)을 활용한 상권분석이 확대되고 있다. 〈보기〉에는 GIS와 관련된 용어들이 나타나 있다. GIS에 관한 아래 글상자의 ㉠, ㉡, ㉢에 들어갈 용어를 순서대로 가장 옳게 나열한 것은?

- GIS에서 지도 (㉠)는 점, 선, 면을 포함하는 개별 지도형상(map features)으로 구성되어 있다.
- GIS는 어떤 지도형상, 즉 점이나 선 혹은 면으로부터 특정한 거리 이내에 포함되는 영역인 (㉡)를 통해 상권 혹은 영향권을 표현할 수 있다.
- GIS에서 (㉢)은(는) 공간적으로 동일한 경계선을 가진 두 지도 (㉠)들에 대해 하나의 (㉠)에 다른 (㉠)를 겹쳐 놓고 지도형상과 속성들을 비교하는 기능으로 교차, 결합, 절단, 지우기, 동일성 등이 있다.

보기 | 수치지도(digital map), 버퍼(buffer), 레이어(layer), 주제도(thematic map), 중첩(overlay)

① ㉠ 레이어, ㉡ 버퍼, ㉢ 중첩
② ㉠ 수치지도, ㉡ 버퍼, ㉢ 주제도
③ ㉠ 주제도, ㉡ 레이어, ㉢ 버퍼
④ ㉠ 주제도, ㉡ 수치지도, ㉢ 레이어
⑤ ㉠ 레이어, ㉡ 주제도, ㉢ 중첩

해설 지리정보시스템(GIS)
• GIS는 컴퓨터를 이용한 지도작성 체계와 데이터베이스관리체계의 결합이라고 할 수 있으며, 공간데이터의 수집, 생성, 저장, 검색, 분석 표현 등 매우 다양한 기능을 기반으로 하고 있다.
• 지도레이어는 점, 선, 면을 포함하는 개별 지도형상으로 구성된다.
• 버퍼링(Buffering)은 어떤 지도형상, 즉 점이나 선 혹은 면으로부터 특정한 거리 이내에 포함되는 영역을 의미하는 것으로 면의 형태를 하고 있으며, 상권 혹은 영향권을 표현하는 데 사용된다.
• 중첩(Overlay)은 공간적으로 동일한 경계선을 가진 두 지도 레이어들에 대해 하나의 레이어에 다른 레이어를 겹쳐 놓고 지도 형상과 속성들을 비교하는 기능이다.
• 프리젠테이션 지도작업은 지도상에 지리적인 형상을 표현하고 데이터의 값과 범위를 지리적인 형상에 할당하며 지도를 확대·축소하는 등의 기능이다.
• 주제도 작성은 속성정보를 요약하여 표현한 지도를 작성하는 것이며 면, 선, 점의 형상으로 구성된다.

49 기존 상권이론들은 고객이 오프라인 공간에서 쇼핑할 도시나 소매센터를 선택할 때 쇼핑여행 거리 또는 소요시간의 영향을 받는다고 주장한다. 온라인 쇼핑 상황에서 이 거리나 시간에 해당하는 요인으로 가장 옳지 않은 것은?

① 배달요금
② 배달시간
③ 운영시간
④ 사용언어
⑤ 사용통화(화폐)

해설 온라인 쇼핑은 오프라인 공간처럼 운영시간이 따로 정해져있지 않아 고객이 원하는 시간에 쇼핑할 수 있기 때문에 운영시간은 온라인 쇼핑 상황에서 고려해야 할 요인에 해당하지 않는다.

50 점포개설과정에서 입지조건을 평가하는 대표적 항목들을 예시한 것이다. 아래 〈보기〉에서 해당하는 특성을 찾아 순서대로 바르게 제시한 것은?

> (   ) 점포의 전면길이, 전면 유리창의 크기, 가로수 유무
> (   ) 계단이나 장애물, 지하철이나 버스정류장과의 거리
> (   ) 간판크기와 위치, 유동인구의 통행량
> (   ) 주변에 대표적 건물(시설)이나 유명브랜드매장 유무

보기	㉠ 인지성	㉡ 접근성
	㉢ 홍보성	㉣ 가시성

① ㉠ – ㉡ – ㉣ – ㉢
② ㉣ – ㉡ – ㉢ – ㉠
③ ㉢ – ㉡ – ㉠ – ㉣
④ ㉣ – ㉠ – ㉢ – ㉡
⑤ ㉢ – ㉡ – ㉣ – ㉠

해 설 ㉣ 가시성 : 일반적으로 이동 중에 점포가 보이는 거리로 점포의 가시성을 평가한다.
㉡ 접근성 : 도보 또는 차량으로 점포의 진입이 얼마나 유리한가를 평가한다.
㉢ 홍보성 : 고객들을 지속적으로 유인하기 위한 평가항목에 해당한다.
㉠ 인지성 : 점포를 찾기 쉬운 정도나 점포위치를 설명하기 용이한가에 대해 평가한다.

51 점포의 임대차과정에서 다루게 되는 권리금에 대한 설명으로 옳지 않은 것은?

① 토지 또는 건물의 임대차와 관련해 발생하는 부동산이 갖는 특수한 장소적 이익의 대가를 의미한다.
② 점포의 영업시설, 비품, 거래처, 신용, 영업상의 노하우, 상가건물 위치에 따른 영업상의 이점 등을 양도 또는 이용하는 대가이다.
③ 점포에 내재된 부가가치의 하나로 바닥권리금, 시설권리금, 영업권리금, 기타권리금 등이 포함된다.
④ 기타권리금이란 사업자가 확보한 단골고객의 가치로서 영업활동을 통해 얻을 수 있는 이익에 의하여 형성된 권리금이다.
⑤ 권리금 계약은 신규임차인이 되려는 자가 임차인에게 권리금을 지급하기로 하는 계약이다.

해 설 사업자가 확보한 단골고객의 가치로서 영업활동을 통해 얻을 수 있는 이익에 의하여 형성된 권리금은 영업권리금이다.

52 소매업의 공간적 분포와 관련된 설명 중에서 옳지 않은 것은?

① 소매 판매액의 변화가 없어도 해당 지역의 인구가 감소하면 중심성지수는 높아지게 된다.

② 교외형 쇼핑센터가 개발되고 소매업이 교외로 적극적으로 진출하게 되면 도시간 분업이 강화된다.

③ 자기 지역의 소매업을 강화하여 구매력의 유출을 막고 인접도시에서 구매고객을 유인하려는 도시간 경쟁이 나타나고 있다.

④ 주변도시는 선매품에 대해서는 중심부로 흡인되지만 그와 함께 그보다 바깥에 위치한 지역으로부터 구매력을 흡인하게 된다.

⑤ 소매상권이 지리적으로 어느 정도의 범위를 갖는가를 확인하는 방법으로 기존점포 상권의 경우에는 거주지 확인법(spotting technique)을 주로 활용한다.

해 설 교외형 쇼핑센터가 개발되고 진출하게 되면, 도시간 분업이 강화되기 보다는 쇼핑센터가 진출한 해당 도시의 고용창출 등 지역경제가 활성화될 수 있다.

53 소매점 상권의 범위나 일반적인 특성에 대한 설명으로 가장 옳지 않은 것은?

① 소매점포를 둘러싼 배후지 거주자들의 연령별, 성별 인구구성에 따라 상권의 범위와 특성이 달라질 수 있다.

② 대도시의 경우 소매점포를 이용하는 소비자들이 분포하는 공간을 상권으로 인식하는데 상권의 형태는 일반적으로 동심원 구조로 나타난다.

③ 교통수단이 발달할수록 고객의 접근성이 커지면서 상권의 공간적 범위가 확대될 수 있다.

④ 상권의 범위는 경쟁자가 없는 방향으로는 확대될 수 있는 반면, 유력 경쟁자가 있는 방향으로는 축소될 수 있다.

⑤ 3차상권은 2차상권의 외부에 위치하며 소비자의 밀도가 상대적으로 낮고 상권의 한계가 되는 지역범위로 구획한다.

해 설 동심원 구조는 대도시보다는 주로 소도시 상권의 형태를 설명하기 좋은 형태이다.

54 아래 글상자 안의 내용과 가장 관련이 깊은 것은?

> ⊙ 주거, 업무, 여가의 각 활동을 동시에 수용하는 건물의 건축
> ⓛ 물리적, 기능적 통합에 의한 고도의 토지 이용을 창출함
> ⓔ 규모, 용도, 형태, 밀도, 구성, 공정 등에 있어 일관된 계획 하에 추진됨

① 도심 활성화 프로젝트
② 도시 공간 재배치
③ 도심 공동화 방지 정책
④ 복합용도 개발
⑤ 상권활성화 지역 선정

해 설 복합용도 개발
- 세 가지 이상의 주요 소득 용도를 수용 : 복합용도로 개발된 건물은 호텔, 오피스, 상가, 주거 등 도시 속 인간 생활의 기본요소인 주거, 업무, 여가의 각 활동을 동시에 수용하는 건물로서 세 가지 이상의 용도가 한 건물에 물리적ㆍ기능적으로 복합된 건물을 말한다.
- 물리적ㆍ기능적 규합 : 구성요소들 간에 견고한 물리적 기능을 통합함으로써 고도의 토지이용을 창출한다.
- 통일성 있는 계획에 의한 개발의 성공 : 복합용도 개발은 단위개발 프로젝트에 비해 관련 전문분야와의 협력이 필요하며, 전체 프로젝트의 규모, 형태, 밀도, 용도, 공정, 구성, 용도들 간의 상대적인 관계, 오픈스페이스, 인프라 등의 일관된 계획에 의해 이루어져야 한다.

55 입지조건을 고려하여 점포의 매력도를 평가할 때 이용할 수 있는 회귀분석 모형에 관한 설명으로 가장 옳지 않은 것은?

① 분석에 사용하는 표본의 수가 충분하게 확보되어야 한다.
② 소매점포의 성과에 영향을 미치는 요소들을 파악할 수 있다.
③ 성과에 영향을 미치는 독립변수에는 상권내 소비자의 특성이 포함될 수 있다.
④ 회귀분석모형에 포함되는 독립변수는 서로 상관성이 높은 변수들을 활용한다.
⑤ 성과에 영향을 미치는 독립변수에는 점포특성과 상권 내 경쟁수준 등이 포함될 수 있다.

해 설 회귀분석모형에 포함되는 독립변수 상호간에는 상관관계, 즉 서로 관련성이 없어야 한다.

56 다점포운영에 대한 설명으로 옳지 않은 것은?

① 일반적으로 점포가 개설되어 있는 지역규모의 시장을 대상으로 상품, 가격, 촉진전략을 관리하는 데에 가장 효과적인 방법이다.

② 자기잠식에 의해 고객은 상대적으로 덜 혼잡한 점포 내에서 쇼핑환경을 경험한다.

③ 좁은 지역에서의 다점포 운영은 상품의 다양성을 확보할 수 있어 규모의 경제가 가능하다.

④ 점포의 잠재성장력에 영향을 미치게 되어 개별점포의 수익은 지속적으로 감소한다.

⑤ 지역 담당 관리자는 점포가 개점된 지역시장에 대한 계획수립이 불가능하다.

해 설 다점포운영은 촉진활동과 유통 등의 과정에서 규모의 경제효과를 얻을 수 있어 이를 통해 계획적으로 여러 지역에 출점이 가능하므로 지역 담당 관리자는 점포가 개점된 지역시장에 대한 계획수립이 가능하다.

57 국토의 계획 및 이용에 관한 법률(법률 제17898호, 2021.1.12., 일부개정)에 따르면 상업지역은 도심기능 및 서비스 범위를 기반으로 세분화하여 지정하게 되는데 그 내용이 옳지 않은 것은?

① 중심상업지역 : 도심 · 부도심의 상업기능 및 업무기능의 확충을 위하여 필요한 지역

② 일반상업지역 : 일반적인 상업기능 및 업무기능을 담당하게 하기 위하여 필요한 지역

③ 근린상업지역 : 근린지역에서의 일용품 및 서비스의 공급을 위하여 필요한 지역

④ 유통상업지역 : 도시 내 및 지역 간 유통기능의 증진을 위하여 필요한 지역

⑤ 주거상업지역 : 주거지역 인근에 일부 상업기능을 보완하기 위하여 필요한 지역

해 설 주거기능을 위주로 이를 지원하는 일부 상업기능 및 업무기능을 보완하기 위하여 필요한 지역은 준주거지역에 해당한다(국토의 계획 및 이용에 관한 법률 시행령 제30조 제1항 제1호 다목).

※ 용도지역의 세분(국토의 계획 및 이용에 관한 법률 시행령 제30조 제1항 제2호)
- 중심상업지역 : 도심 · 부도심의 상업기능 및 업무기능의 확충을 위하여 필요한 지역
- 일반상업지역 : 일반적인 상업기능 및 업무기능을 담당하게 하기 위하여 필요한 지역
- 근린상업지역 : 근린지역에서의 일용품 및 서비스의 공급을 위하여 필요한 지역
- 유통상업지역 : 도시 내 및 지역 간 유통기능의 증진을 위하여 필요한 지역

58 소매상권을 평가하여 소매입지를 선정할 때 여러 가지의 지수법(index)이 활용되기도 한다. 아래의 내용 중에서 각종 지수법에 대한 설명으로 옳지 않은 것은?

① 구매력지수(BPI)는 시장의 구매력을 측정하는 지표로서 주로 인구, 소매 매출액, 유효소득 등의 요인을 이용하여 측정한다.

② 구매력지수(BPI)와 판매활동지수(SAI)가 높을수록 시장 구매력이 크다고 볼 수 있다.

③ 시장포화지수(RSI)는 특정 시장내에서 주어진 제품계열에 대한 점포면적당 잠재매출액의 크기이다.

④ 판매활동지수(SAI)는 특정지역의 총면적당 점포면적 총량의 비율을 말한다.

⑤ 시장확장잠재력지수(MEP)는 지역 내 소비자들이 타 지역에서 쇼핑하는 비율을 고려하여 계산한다.

해 설 판매활동지수(SAI ; Sales Activity Index)는 타 지역과 비교한 특정한 지역의 1인당 소매매출액을 가늠하는 것으로 인구를 기준으로 해서 소매매출액의 비율을 계산하는 방식이다.

59 일반적인 상업시설과 관련한 설명으로 적절하지 않은 것은?

① 상가에서 독립한 건물로서 구분소유의 대상이 되고 독립된 건물로서 사용될 수 있는 부분이 전유부분이다.

② 수개의 전유부분으로 통하는 복도, 계단, 기타 구조상 구분소유자의 전원 또는 일부의 공용에 제공되는 건물부분을 공용부분이라 한다.

③ 전유부분이라 하더라도 공동의 휴게실, 도서실, 집회실 등 구분소유자간의 합의에 의해 공용부분으로 사용할 수 있다.

④ 전유부분이 될 수 있는 요건으로는 구조상의 독립성과 이용상의 독립성이 있어야 한다.

⑤ 구조상의 독립성이란 독립한 건물과 동일한 경제적 효용을 가진 것을 말한다.

해 설 구조상의 독립성이란 주로 소유권의 목적이 되는 객체에 대한 물적 지배의 범위를 명확히 하는 것으로, 구조상의 구분에 의해 구분소유권의 객체범위를 확정할 수 없는 경우에는 구조상의 독립성이 없다는 것으로 판단될 수 있다.

60 건축물의 바닥면적, 연면적, 대지면적 등을 비교하여 산정되는 용적률과 건폐율에 대한 설명으로 가장 옳지 않은 것은?

① 토지이용 과밀화 방지나 토지이용도 제고를 위해 건폐율을 강화 또는 완화하여 적용한다.

② 용적률과 건폐율은 대지내부의 입체적 또는 평면적 건축밀도를 나타내는 지표로 활용된다.

③ 지하층의 면적, 주민공동시설의 면적은 용적률 산정에서 제외된다.

④ 지상층의 주차용 면적은 해당 건축물의 부속용도로 쓰는 경우 용적률 산정에 포함된다.

⑤ 용적률은 기준용적률, 허용용적률, 상한용적률로 세분되기도 한다.

해 설 지상층의 주차용(해당 건축물의 부속용도인 경우만 해당한다)으로 쓰는 면적은 용적률을 산정할 때 제외한다.

61 유통업체브랜드(PB ; Private Brand)에 대한 설명으로 옳지 않은 것은?

① 오프라인 소매점 뿐만 아니라 홈쇼핑 및 온라인 유통점까지 다양한 유통업체에서 유통업체브랜드가 활용되고 있다.

② 유통업체브랜드를 통해 유통업체의 차별성을 강화할 수 있다.

③ 유통업체는 판매촉진에 대한 통제력을 이용해 자사 유통업체브랜드 제품들의 상대적 우위를 강화할 수 있다.

④ 유통업체브랜드를 통해 유통업체는 독점적인 제품들을 확보할 수 있다.

⑤ 유통업체브랜드를 활용함으로써 유통업체의 부가가치는 감소하고 제조업체의 부가가치는 증가한다.

해설 유통업체브랜드를 활용함으로써 유통업체의 부가가치는 증가하고 제조업체의 부가가치는 감소한다.
※ 유통업체브랜드 활용의 이점
- 소비자의 다양한 니즈를 충족시킬 수 있다.
- 유통업체 입장에서는 제조업체브랜드보다 높은 이윤을 얻을 수 있다.
- 경쟁 점포와의 차별화 효과를 만들어줄 수 있다.
- 제품 가격의 융통성을 확보할 수 있다.
- 제조업체브랜드에 대한 견제력을 확보하고 공급라인을 다양화할 수 있다.

62 아래 글상자의 내용이 설명하는 제품의 유형으로 가장 옳은 것은?

> ㉠ 소비자가 디자인, 품질, 포장 등과 같은 제품의 특성을 토대로 대안들을 비교 평가한 다음에 구매함
> ㉡ 소비자는 여러 점포를 방문하고 다양한 브랜드의 제품을 비교한 후 구매를 결정하는 구매행동을 보임
> ㉢ 소비자가 구매계획과 정보탐색에 많은 시간을 할애함

① 편의품(convenience goods)

② 전문품(speciality goods)

③ 선매품(shopping goods)

④ 비탐색품(unsought goods)

⑤ 필수품(staple goods)

해설 ① 구매빈도가 높고 구매자가 구매에 시간이나 노력을 소비하지 않으며 저가격, 저마진, 고회전율을 가진 상품이다.
② 구매빈도가 극히 낮고 가격은 매우 비싸며, 회전율이 대단히 낮고 마진은 상당히 높은 상품으로, 소비자는 상품에 대한 충분한 정보와 특정 상표에 대한 선호도가 매우 높으므로 철저한 구매계획을 통해서 상품을 구매한다.
④ 소비자들이 상품에 대하여 알든지 모르든지 간에 평소에 탐색 의도를 거의 보이지 않는 제품을 말한다.
⑤ 일상생활에 없어서는 안 되는 반드시 필요한 물건을 의미한다.

63 원가와 이익에 대한 설명으로 가장 옳지 않은 것은?

① 매입원가란 슈퍼마켓, 백화점 등 재판매점업자가 공급업자에게서 상품을 구입하여 판매가능한 상태로 만들기까지 필요한 원가이다.

② 매입원가는 매입가격에 매입에 관련된 운반비용, 보험료 등을 합한 것으로 인도조건에 따라 매입비용의 금액이 변화한다.

③ 매출총이익이란 해당기간의 매출액에 대한 이익으로 단순히 총매출액에서 매출원가를 공제한 것을 의미한다.

④ 매출원가란 해당기간 동안 상품의 매입 또는 제조로 발생한 원가를 의미한다.

⑤ 매출원가는 [기초상품재고액 + 당기상품매입액 − 기말상품재고액]으로 구한다.

해 설 매출원가란 판매된 상품의 매입원가 또는 제품의 제조원가를 의미한다.

64 브랜드에 대한 일반적인 설명으로 옳은 것은?

① 브랜드의 수명은 제품의 수명보다 짧기 때문에 기업은 지속적으로 신규 브랜드를 개발하여야 한다.

② 진부화효과를 피하기 위해서 상표명(브랜드 네임)은 일정기간이 지나면 변경해 주는 것이 바람직하다.

③ 브랜드는 기업의 성과를 담는 그릇이라 브랜드를 구축하는 과정 또한 마케팅이라 할 수도 있다.

④ 브랜드를 중심으로 비교구매하는 행위는 소비자의 정보처리비용을 증가시킨다.

⑤ 소비자들이 브랜드를 구매의사결정의 기준으로 삼는 것은 제품의 속성정보를 중요시하기 때문이다.

해 설 ① · ② 브랜드는 수명주기가 없으며, 브랜드네임은 쉽게 바꾸어서는 안 된다.
④ 브랜드는 소비자들에게 제품구입 시 정보해석과 처리의 효과를 높이기 때문에 브랜드를 중심으로 비교구매하는 행위는 소비자의 정보처리비용을 감소시킨다.
⑤ 소비자들이 브랜드를 구매의사결정의 기준으로 삼는 것은 제품의 태도정보를 중요시하기 때문이다.

65 상시저가격전략(EDLP)과 고/저가격전략(High/Low Pricing)의 장단점에 대한 설명으로 옳지 않은 것은?

① 상시저가격전략은 광고비를 절감하는데 도움이 된다.

② 상시저가격전략은 재고관리의 효율화에 도움이 된다.

③ 고/저가격전략은 서비스에만 민감하고 가격에는 민감하지 않은 소비자들에게 집중한다.

④ 고/저가격전략은 잦은 할인으로 일시적으로 소비자가 증가할 수 있다.

⑤ 고/저가격전략은 가격차별을 통한 수익 증대를 추구할 수 있다.

해 설 고/저가격전략은 원가에 일정 마진을 붙여서 보통 때는 비싸게 팔다가 물건이 잘 안 팔리면 할인해서 싸게 파는 전략으로, 고객의 유입을 자극하기 위해 주기적 · 일시적인 가격인하를 하여 고객을 현혹하기 때문에 가격에 민감하지 않은 소비자뿐만 아니라 가격에 민감한 소비자들에게도 집중한다.

66 마케팅전략을 기업 차원(corporate level)에서의 전략과 사업 단위(business level)별 전략으로 나누어 봤을 때, 다음 중 사업 단위에서 수행되는 마케팅 전략으로 가장 옳지 않은 것은?

① 사업환경의 분석
② 시장세분화와 표적시장 선택
③ 사업포트폴리오의 설계
④ 경쟁사와의 강약점 비교분석
⑤ 마케팅 프로그램 개발

해설 사업포트폴리오의 설계는 기업 차원에서 수행되는 마케팅 전략에 해당한다.

67 성장전략 중 제품시장 경계(product-market boundary)와 관련된 전략이 아닌 것은?

① 시장개척전략
② 다각화전략
③ 전방통합전략
④ 시장침투전략
⑤ 제품개발전략

해설 전방통합은 가치사슬상의 하위활동분야로 진출하는 것으로, 제품시장 경계와 관련된 전략에 해당하지 않는다.
① 기존제품을 새로운 시장에 판매함으로써 성장을 추구하는 전략이다.
② 특정 기업이 성장추구, 위험분산, 범위의 경제성, 시장지배력, 내부시장의 활용 등을 목적으로 현재 전념하고 있지 않은 상이한 여러 산업에 참여하는 것을 말한다.
④ 기존 제품·시장에서 매출액 및 시장점유율을 높이는 전략이다.
⑤ 기존고객들에게 새로운 제품을 개발·판매함으로써 성장을 추구하는 전략으로 동일한 표적시장의 고객에게 다른 소매믹스를 가진 새로운 소매업태를 제공한다.

68 시장세분화 과정에 대한 설명으로 옳지 않은 것은?

① 시장세분화를 위한 기준을 확인한다.
② 각 세분시장의 잠재적 성장가능성을 파악한다.
③ 각 세분시장의 매력도를 측정할 수 있는 수단을 개발한다.
④ 기업이 사업을 추진하는데 적합한 세분시장을 선정한다.
⑤ 각 세분시장의 크기 및 특성을 확인한다.

해설 기업이 사업을 추진하는데 적합한 세분시장을 선정하는 것은 표적시장에 대한 설명이다. 표적시장은 기업이 시장에 진출하기 위하여 각 세분시장을 평가하고, 하나 또는 그 이상의 세분시장을 선택하는 과정을 말한다.

2021

69 아래 글상자의 설명에 해당하는 용어로 옳은 것은?

> ㉠ TV광고를 통해 제품구매를 유도하는 소매방식으로 직접반응광고를 이용한 주문방식의 일종임
> ㉡ TV광고를 통해 제품소개와 주문전화번호를 제공하면 소비자가 무료전화를 이용하여 제품을 주문하는 방식

① 인포머셜(informercial)
② 재핑(zapping)
③ 협동광고(cooperative advertising)
④ 통합광고(coordinated advertising)
⑤ 구매시점광고(point of purchase advertising)

해 설 ② 방송 프로그램 시작 전후로 노출되는 광고를 피하기 위해 채널을 돌리는 행위를 말하는 것으로, 재핑 시 의도하지 않은 방송을 보게 되지만, 호기심에서 그 채널에 머물러 장기간 시청으로 연결되는 경우를 재핑 효과라 한다.
③ 둘 이상의 광고주가 공동으로 실시하는 광고로, 광고주가 동업자나 관련 산업계의 여러 기업 또는 상점가의 여러 업주들과 협동하여 실시하는 수평적 협동광고와 광고주가 자사의 유통경로와 공동으로 실시하는 수직적 협동광고가 포함된다.
④ 다양한 미디어를 이용해 광고를 집행하고자 하는 광고주에게 보다 효과적인 미디어믹스의 방향성을 제시하는 것을 말한다.
⑤ 광고상품이 소비자에게 최종적으로 구입되는 장소, 즉 소매점이나 가두매점 등에서 광고물을 제작, 직접적인 광고 효과를 얻게 하는 것을 말한다.

70 아래 글상자의 내용은 우유부단형 고객의 특성을 나열한 것이다. 우유부단형 고객에 대한 판매원의 대응방식으로 가장 옳지 않은 것은?

> • 잘못된 의사결정에 대한 두려움이 큼
> • 판매원이 결정해 주기를 바람
> • 모든 결정을 미루려는 성향이 강함

① 판매원은 자신감을 보여야 한다.
② 가능한 한 빨리 고객욕구를 파악하여 이에 집중하여야 한다.
③ 작은 부분부터 먼저 결정할 수 있게 도와준다.
④ 가능한 한 비슷한 대안을 많이 제시하여 고객이 최선의 대안을 선택할 수 있게 한다.
⑤ 판매포인트를 좁게 제시하여 우유부단함을 극복하고 쉽게 판단할 수 있도록 한다.

해 설 우유부단형 고객에게 비슷한 대안을 많이 제시하게 되면 의사결정에 더욱 어려움을 겪을 수 있으므로, 판매원은 적합한 대안을 하나 선정하여 고객의 의문이나 불만에 명쾌한 해답을 줌으로써 결단을 촉구하는 것이 좋다.

71 인터넷의 발달로 소비자들의 라이프스타일에 많은 변화가 발생했다. 마케팅 방식도 전통적 기본 요소인 4P 대신, 인터넷 기반을 활용해 소비자들에게 제공해야 할 편익을 의미하는 4C로 변경되고 있다. 4C의 구성요소로서 가장 옳은 것은?

① Consumer, Communication, Commerce, Cost
② Contents, Community, Commerce, Communication
③ Customization, Community, Cost, Communication
④ Contents, Customization, Commerce, Cost
⑤ Consumer, Contents, Cost, Communication

해 설 전자상거래 사업의 구성요소(4C)
• 콘텐츠(Contents)
• 커뮤니티(Community)
• 커머스(Commerce)
• 커뮤니케이션(Communication)

72 구매 전 단계에 있는 고객에 대한 커뮤니케이션의 역할로 옳지 않은 것은?

① 구매 위험을 감소시킨다.　　　② 인지부조화를 감소시킨다.
③ 구매확률을 높인다.　　　④ 브랜드 자산을 구축한다.
⑤ 브랜드 인지도를 제고한다.

해 설 인지부조화는 소비자가 선택한 상표에 대한 만족을 하거나 또는 결점을 발견하고 자신의 선택에 갈등을 느낄 수도 있다는 것으로, 소비자들은 정도의 차이는 있지만 거의 모든 제품을 구매한 후에 부조화를 느끼게 된다. 따라서 인지부조화를 감소시키는 것은 구매 후 단계에 있는 고객에 대한 커뮤니케이션 역할에 해당한다.

73 서비스수명주기에 관한 설명으로 가장 옳지 않은 것은?

① 보통 서비스수명주기는 상품수명주기와 같은 단계들로 이루어진 것으로 파악한다.
② 도입단계에서는 시장이 기업과 그 서비스를 인식하도록 인지도 확대에 집중해야 하며 구전커뮤니케이션이 효과적인 수단이다.
③ 성장단계에서는 신규기업들의 진입으로 인해 경쟁이 치열하기 때문에 경쟁사와의 차별화된 서비스 전략이 필요하다.
④ 성숙단계에서는 취약한 경영구조를 갖는 서비스 기업들이 시장에서 퇴출되기 때문에 기존고객의 재구매를 유도하기 보다는 신규고객이나 가망고객들을 유치하는 전략이 효과적이다.
⑤ 쇠퇴단계에서는 매출이 급격히 감소하기 때문에 사업에서 철수하거나 신규 표적시장에게 소구할 수 있도록 새로운 서비스 제공을 모색할 필요가 있다.

해 설 성숙단계에서는 기존에 구축된 광범위한 유통망을 유지·보호하는 데 힘써야 하므로, 성숙된 시장에서 제품을 다시 한번 활성화시키는 재활성화를 시도할 필요가 있다. 따라서 신규고객이나 가망고객을 유치하는 전략보다는 고객별 서비스 차별화 전략을 통해 기존고객의 재구매를 유도하는 전략이 효과적이다.

74 고객들에게 제공하는 서비스경험의 가치를 극대화하려는 Servuction 프로세스에 대한 설명으로 가장 옳은 것은?

① Service와 Product의 두 단어의 결합으로 만들어진 합성어로 서비스의 상품화 과정을 의미한다.

② 서비스의 특징인 비분리성으로 인해 발생하는 고객접점에서의 서비스를 최우선으로 하는 서비스 프로세스를 의미한다.

③ Servuction 프로세스의 구성요인 중 하나인 서비스스케이프(servicescape)는 물리적 증거를 사용하여 서비스 환경을 디자인한 것을 말한다.

④ 서비스품질격차를 최소화하기 위해 다양한 서비스를 최적화하는 서비스 개선프로세스를 의미한다.

⑤ 가격인하 또는 촉진활동 등을 통해 서비스의 소멸성을 극복하고 서비스 제공을 지속화하는 프로세스를 의미한다.

해 설 Servuction은 서비스(Service)와 프로덕션(Production)의 합성어로 서비스 생산 모델을 의미한다. Servuction 프로세스의 구성요인 중 하나인 서비스스케이프(servicescape)는 사회·자연적 환경과 반대되는 개념으로 기업이 컨트롤할 수 있는 인위적인 환경, 즉 의도적으로 디자인한 물리적 환경을 의미한다.

75 가격결정 방식들에 대한 설명으로 옳지 않은 것은?

① 원가기반 가격결정 방식은 이윤의 극대화를 명시적으로 고려하지 않는다.

② 원가기반 가격결정 방식의 활용을 위해서는 판매량을 가정할 필요가 있다.

③ 가치기반 가격결정 방식에서는 제품의 객관적 가치의 측정이 중요하다.

④ 경쟁기반 가격결정 방식의 활용을 위해 유사한 제품 및 서비스를 제공하는 경쟁자들의 가격정책을 모니터링 할 필요가 있다.

⑤ 경쟁기반 가격결정방식을 사용할 경우 유사한 제품 및 서비스를 제공하는 기업들 간 가격경쟁이 발생할 수 있다.

해 설 가치기반 가격결정 방식은 판매자의 원가보다는 소비자 가치의 지각에 중점을 두고 가격을 책정하는 방식이므로 제품에 대한 소비자의 주관적 가치의 측정이 중요하다.

76 아래 글상자에서 설명하는 판매촉진 방법으로 옳은 것은?

> ㉠ 장기적 재구매 행동을 촉진하는 프로그램으로서 고객충성도를 구축하는데 목표를 둠
> ㉡ 보통 구매에 대한 평가점수를 누적하는 공식적 방법을 사용함
> ㉢ 누적된 점수가 일정 수준에 도달하면 제품, 서비스, 할인, 혹은 현금 등을 추가로 제공하여 보상함

① 쿠 폰   ② 가격할인
③ 환불과 상환   ④ 프리미엄
⑤ 상용고객 프로그램

해 설 ① 구매자가 특정제품을 구입할 때 구매자가 할인혜택을 받을 수 있도록 하는 증서
② 정가에서 소액 할인된 가격으로 소비자에게 판매하여 절약의 혜택을 주는 것
④ 제품을 구입하는 인센티브로서 무료로 제공하거나 또는 저가로 제공하는 물품

77 재고총이익률(GMROI)을 구성하는 요인들에 대한 설명으로 옳지 않은 것은?

① 재고회전율은 판매액을 누적 재고 금액으로 나눈 값이다.
② 총이익률은 총이익을 판매액으로 나눈 값이다.
③ 재고총이익률은 재고회전율과 총이익률의 곱으로 나타난다.
④ 재고총이익률은 총이익을 평균 재고 금액으로 나눈 값이다.
⑤ 재고회전율에만 초점을 맞출 경우 총이익률과 재고총이익률이 감소할 수 있다.

해 설 재고회전율은 순매출을 평균재고(소매가)로 나눈 값이다.

78 카테고리관리에 대한 설명으로 옳은 것은?

① 카테고리는 고객들이 대체가능하다고 생각하는 품목들을 모아놓은 것이며, 고객별로 분류할 수도 있다.
② 카테고리관리를 잘 하기 위해서는 상품 공급업체 중심으로 상품기획활동을 수행해야 한다.
③ 카테고리는 상품계열(product classification)보다 큰 개념이다.
④ 공급업체 입장의 카테고리와 소매업체 입장의 카테고리는 동일하여야 한다.
⑤ 매입담당자가 각자 최선을 다한다면 매입관리로 카테고리관리 기능을 대신할 수 있다.

해 설 ② 카테고리관리는 유통업자와 상품공급업자가 정보기술을 이용하여 머천다이징 전략과 구매의사결정을 공동으로 하는 것을 말한다.
③ 카테고리는 상품계열보다 작은 개념이다.
④ 공급업체 입장의 카테고리와 소매업체 입장의 카테고리는 동일하지 않아도 된다.
⑤ 카테고리관리를 수행하고자 하는 기업은 카테고리관리자에게 상품구색, 재고, 상품진열공간 할당, 판촉, 구매 등에 대한 권한을 부여하게 된다.

79 소매점의 경쟁우위 원천 중에서 그 효과가 장기적이고 지속적인 요인들만 나열한 것으로 가장 옳은 것은?

① 보다 편리한 입지, 보다 많은 상품 구색, 보다 깨끗한 점포, 보다 좋은 물류시스템

② 보다 편리한 입지, 보다 나은 정보 시스템, 보다 좋은 물류시스템, 보다 우호적인 공급자 관계

③ 보다 깨끗한 점포, 보다 독점적인 상품, 보다 나은 정보시스템, 보다 빠른 컴퓨터

④ 보다 광범위한 고객 데이터베이스, 보다 많은 상품 구색, 보다 우수한 종업원, 보다 큰 구매력

⑤ 보다 많은 상품 구색, 보다 독점적인 상품, 보다 우수한 고객서비스, 보다 시각적으로 우수한 상품기획

해 설 입지조건, 시스템의 활용, 공급업자와의 강한 유대관계, 고객충성도, 저비용·고수익 구조 등은 장기적이고 지속적인 경쟁우위 요소에 해당한다.

80 국내 TV홈쇼핑 산업에 대한 설명으로 옳지 않은 것은?

① TV홈쇼핑은 비교적 역사가 짧은 무점포소매업으로 정부의 허가와 규제를 받는다.

② TV홈쇼핑 사업은 우수한 상품조달 능력, 체계적인 물류시스템, 효율적 고객데이터 관리 및 다양한 고객서비스가 요구된다.

③ 방송법상 TV홈쇼핑 사업자는 T커머스 사업을 동시에 할 수 없다.

④ 사업 초기에는 유형상품을 주로 판매하였으나, 최근 들어 관광, 보험, 금융과 같은 서비스 상품까지 판매영역을 확대하고 있다.

⑤ 홈쇼핑 호스트는 단순 상품소개 진행자가 아니며, 방송진행기법, 상품지식, 소비심리파악 등에 대해서도 잘 알고 있어야 한다.

해 설 TV홈쇼핑 사업자는 T커머스 사업을 동시에 할 수 있다.

81 아래 글상자 (   ) 안에 들어갈 기술로 가장 옳은 것은?

> QR 물류시스템은 (   )을(를) 통해 소매결산데이터를 자동으로 변환하여 제품생산과정에 반영할
> 수 있도록 정보를 제공해 줌으로써, 정보왜곡효과를 줄여준다. 이러한 사실만으로도 구매업체와 공
> 급업체의 통합물류정보시스템의 구축에 대한 투자는 충분히 의미가 있다.

① NFC(Near Field Communication)
② EDI(Electronic Data Interchange)
③ Wireless Network
④ OLTP(Online Transaction Processing)
⑤ OLAP(Online Analytical Processing)

해설 ① 가까운 거리에서 비접촉식으로 무선 데이터를 주고받는, 상대적으로 보안이 우수하고 가격이 저렴한 기술이다.
③ 특정한 지역 내에서 운용되는 각종 무선망으로, 단일 무선망과 다중 채널을 사용하는 다중 무선망으로 나누어진다.
④ 은행이나, 항공사, 슈퍼마켓, 제조업체 등 많은 기업체에서 데이터 입력이나 거래조회 등을 위한 트랜잭션 지향의
업무를 쉽게 관리해주는 프로그램이다.
⑤ 최종 사용자가 다차원 정보에 직접 접근하여 대화식으로 정보를 분석하고 의사결정을 활용하는 과정이다.

82 SCOR(Supply Chain Operation Reference) 모델의 성과측정 구성요소가 아닌 것은?

① 신뢰성(reliability)
② 유연성(flexibility)
③ 대응성(responsiveness)
④ 비용(cost)
⑤ 자본(capital)

해설 SCOR 모델의 성과측정 구성요소
• 공급사슬 신뢰성 : 인도성과, 주문충족 리드타임, 충족률, 완전주문충족
• 유연성 · 대응성 : 공급사슬 대응시간, 생산유연성
• 비용 : 총공급사슬관리비용, 보상 및 반품처리비용, 부가가치생산성
• 자산 : 총공급재고일수, 현금화 사이클타임, 순자산회전율

83 공급사슬관리의 발전 방향에 대한 설명으로 가장 옳지 않은 것은?

① 공급자 주도에서 시장 주도로 변화된다.

② 대량 생산에서 고객 맞춤화로 변화된다.

③ 대중 마케팅에서 일대일 마케팅으로 변화된다.

④ 재고 기반에서 정보 기반으로 변화된다.

⑤ 고객 가치 지향 생산에서 저비용 생산으로 변화된다.

> **해 설** 공급사슬관리는 유통공급망에 참여하는 전 기업들의 협력으로 양질의 상품 및 서비스를 소비자에게 전달하고 소비자는 극대의 만족과 효용을 얻는 것을 목적으로 하기 때문에 저비용 생산에서 고객 가치 지향 생산으로 변화된다.

84 아래 글상자 (　　) 안에 들어갈 용어로 가장 옳은 것은?

> 검색화면은 국가물류종합정보센터의 국가물류시설지도 예시로, 지도서비스와 물류시설정보를 융합하여 서비스를 제공한다. 이렇게 한 개 이상의 서로 다른 데이터 소스 또는 서비스를 융합하여 새로운 서비스를 만드는 것을 (　　)(이)라 한다.
>
>

① 텍스트마이닝(Text mining)

② 이미지마이닝(Image mining)

③ GPS(Global Positioning System)

④ 매시업(Mash up)

⑤ 대시보드(Dash board)

> **해 설** ① 비정형 데이터에 대한 마이닝 과정으로, 데이터로부터 통계적인 의미가 있는 개념이나 특성을 추출하고 이것들 간의 패턴이나 추세 등의 고품질의 정보를 끌어내는 과정이다.
> ② 영상처리 및 객체인식 기술을 이용하여 영상 내에 포함된 정보를 추출하고 메타데이터화한 후, 그 메타데이터를 수학적 분석을 이용하여 메타데이터에 있는 패턴 및 트렌드를 찾아내는 프로세스이다.
> ③ 위성에서 보내는 신호를 수신해 사용자의 현재 위치를 계산하는 위성항법시스템이다.
> ⑤ 운전석과 조수석 정면의 각종 계기들이 달린 부분 또는 웹의 정보 관리 인터페이스를 의미한다.

85 가치사슬 활동에 대한 설명으로 가장 옳지 않은 것은?

① 가치사슬 활동은 주활동과 보조활동으로 구성되어 있다.

② 주활동은 인바운드 로지스틱(inbound logistics) 활동, 아웃바운드 로지스틱(outbound logistics) 활동, 판매 및 마케팅 활동 등으로 구성된다.

③ 보조활동은 회사의 인적자원관리 활동, 연구와 개발활동 등으로 구성된다.

④ 대표적인 아웃바운드 로지스틱(outbound logistics) 활동에는 리벌스 로지스틱(reverse logistics) 활동이 있다.

⑤ 주활동과 보조활동은 경쟁 우위 창출에 영향을 미친다.

해 설 아웃바운드 로지스틱에는 최종 제품을 소비자에게 배포하기 위한 활동이 포함되므로 리벌스 로지스틱(역물류)활동은 대표적인 아웃바운드 로지스틱 활동에 포함되지 않는다.

86 A사는 유통정보시스템을 발주하여 마무리단계에 있다. A사 담당자는 요구사항을 분석하여 모두 시스템으로 구축되었는가, 사용이 편리한가 등을 고객이 직접 참여해서 테스트할 일정을 협의 중에 있다. 이 단계에서 이루어지는 테스트를 지칭하는 용어로 가장 옳은 것은?

① 코드단위 테스트

② 단위 테스트

③ 통합 테스트

④ 인수 테스트

⑤ 시스템 테스트

해 설 소프트웨어 개발 단계에 따른 테스트

• 단위 테스트(unit test) : 구현 단계에서 각 모듈의 개발을 완료한 후 개발자가 명세서의 내용대로 정확히 구현되었는지를 테스트하는 것으로, 프로그램의 기본 단위인 모듈을 테스트하여 모듈 테스트(module test)라고도 한다.

• 통합 테스트(integration test) : 단위 테스트가 끝난 모듈을 통합하는 과정에서 발생할 수 있는 오류를 찾는 테스트로, 실제 업무에서는 단위 모듈이 개별적으로 존재하는 것이 아니고 여러 모듈이 유기적 관계를 맺고 있으므로 이러한 모듈들을 결합한 형태로 테스트를 수행해봐야 한다.

• 시스템 테스트(system test) : 모듈이 모두 통합된 후 사용자의 요구 사항들을 만족하는지 테스트하는 것으로, 사용자에게 개발된 시스템을 전달하기 전에 개발자가 진행하는 마지막 테스트라 할 수 있다.

• 인수 테스트(acceptance test) : 시스템이 예상대로 동작하는지 확인하고, 요구사항에 맞는지 확신하기 위해 하는 테스트로, 시스템을 인수하기 전 요구 분석 명세서에 명시된 대로 모두 충족시키는지를 사용자가 테스트한다.

• 회귀 테스트(regression test) : 한 모듈의 수정이 다른 부분에 영향을 끼칠 수도 있다고 생각하여 수정된 모듈뿐 아니라 관련된 모듈까지 문제가 없는지 테스트하는 것으로, 한 모듈의 수정이 다른 부분에 미치는 영향을 최소화하기 위해 필요하다.

87 아래 글상자 (㉠), (㉡)에 들어갈 용어로 가장 옳은 것은?

> A사는 유통정보시스템을 구축하고자 한다. A사는 시스템 구축 계획 및 수행에 필요한 정보 수집을 목적으로 시스템에 대한 개괄적인 내용을 작성하여 주요 관련 공급업체에게 (㉠)을(를) 보냈다. 이를 통해 수집된 정보를 바탕으로 본 시스템 구축을 위해 필요한 기능과 서비스, 인프라 등에 대한 구체적인 요구사항을 정리하여 (㉡)을(를) 작성하고 입찰공고를 하였다.

① ㉠ RFD(Request for Demo), ㉡ RFP(Request for Proposal)
② ㉠ RFI(Request for Information), ㉡ RFQ(Request for Quotation)
③ ㉠ RFI(Request for Information), ㉡ RFP(Request for Proposal)
④ ㉠ RFQ(Request for Quotation), ㉡ RFI(Request for Information)
⑤ ㉠ RFP(Request for Proposal), ㉡ RFI(Request for Information)

해 설 • 자료요청서(RFI ; Request for Information) : AM/FM/GIS 용역 회사 및 시스템 공급사들에게 자료 요청을 하는 것으로, 자료의 내용은 시스템 제공 회사의 현황(조직, 전담 인원, 매출액 등). 시스템의 기능 및 성능, 향후 기술적 추이, 응용프로그램의 예, 고객 현황, 개략적인 시스템 구축비용 등이 있다.
• 제안요청서(RFP ; Request for Proposal) : 용역 회사와 시스템 공급사 등 제안 업체들에게 제안 요청을 하는 것으로, 제안 요청 내용은 시스템개발 부문, 기술 부문, 사업수행 부문, 사업지원 부문 등이 있다.

88 CRP(Continuous Replenishment Program)를 추진함으로써 얻을 수 있는 효과로 가장 옳지 않은 것은?

① 상품의 결품 예방
② 상품 흐름의 원활화
③ 대량생산시스템을 통한 규모의 경제
④ 상품의 적시공급을 통한 재고비용 절감
⑤ 유통업체와 제조업체 간 상품 공급망의 유지비용 감소

해 설 CRP(지속적인 상품보충)는 실제 판매된 판매데이터와 예측된 수요를 근거로 하여 상품을 보충시키는 방식이므로 대량생산시스템을 통한 규모의 경제 효과와는 거리가 멀다.

89 UN에서 전자자료교환(EDI) 국제표준으로 제정하고 이후 국제표준화기구(ISO)가 승인하여 현재 각국에서 널리 사용되고 있는 EDI 국제표준으로 가장 옳은 것은?

① PSDN
② KTEDI
③ KTNET
④ EDIFACT
⑤ ANSI X.12

해 설 EDI표준
EDI사용자 간에 교환되는 전자문서의 내용 및 구조, 통신방법 등에 관한 지침으로서 거래당사자들 간의 전자문서교환을 가능하게 하는 기본요건이며, EDI표준은 UN/EDIFACT가 통용되고 있다.

90 전자상거래 등에서의 소비자보호에 관한 법률(법률 제15698호, 2018.6.12., 일부개정)에 따라 소비자가 사업자의 신원 등을 쉽게 알 수 있도록 사이버몰의 운영자가 표시해야 하는 정보로 옳지 않은 것은?

① 상호 및 대표자 성명　　　　　　② 영업소가 있는 곳의 주소

③ 전화번호, 전자우편주소　　　　　④ 사업자 주민등록번호

⑤ 사이버몰의 이용약관

> **해 설** 사이버몰의 운영(전자상거래 등에서의 소비자보호에 관한 법률 제10조 제1항)
> 전자상거래를 하는 사이버몰의 운영자는 소비자가 사업자의 신원 등을 쉽게 알 수 있도록 다음의 사항을 총리령으로 정하는 바에 따라 표시하여야 한다.
> • 상호 및 대표자 성명
> • 영업소가 있는 곳의 주소(소비자의 불만을 처리할 수 있는 곳의 주소를 포함한다)
> • 전화번호 · 전자우편주소
> • 사업자등록번호
> • 사이버몰의 이용약관
> • 그 밖에 소비자보호를 위하여 필요한 사항으로서 대통령령으로 정하는 사항

91 GS1 표준기반 이력추적시스템 설계 시 검토해야 하는 요소로 수요와 편익, 비용 및 성능요소 등이 있는데, 이 중 비용(costs) 평가요소로 가장 옳지 않은 것은?

① 공급망의 복잡성　　　　　　　　② 이력추적의 범위

③ 추적의 정확성 수준　　　　　　　④ 상품 세분화의 정도

⑤ 타 시스템과 데이터의 호환성

> **해 설** 타 시스템과 데이터의 호환성은 수요와 편익 평가요소에 해당한다.

92 아래 글상자 내용이 설명하는 용어로 가장 옳은 것은?

> 이 분석기법은 기저귀를 구입하는 사람은 동시에 맥주를 구입할 확률이 높다라는 분석으로 유명해졌다. 대량의 데이터로부터 어떤 2개의 사항이 동시에 발생할 가능성이 높은지를 발견하려는 경우에 사용하는 단순하지만 범용성이 높은 기법이다.

① 회귀분석　　　　　　　　　　　② 장바구니분석

③ A/B테스트　　　　　　　　　　④ 중위수평균

⑤ 로지스틱회귀분석

> **해 설** ① 하나나 그 이상의 독립변수가 종속변수에 미치는 영향에 대한 추정을 할 수 있는 통계기법이다.
> ③ 디지털 마케팅에서 두 가지 이상의 시안 중 최적안을 선정하기 위해 시험하는 방법으로, 웹페이지나 앱 개선 시 사용자 인터페이스(UI/UX)를 최적화하기 위해 실사용자들을 두 집단으로 나누어 기존의 웹페이지 디자인 A안과 새로 개선된 B안을 각각 랜덤으로 보여준 후, A와 B중 선호도가 높게 나온 쪽으로 결정한다.
> ④ 중위수는 통계집단의 변량을 크기의 순서로 늘어놓았을 때, 중앙에 위치하는 값을 의미한다.
> ⑤ 독립변수의 선형 결합을 이용하여 사건의 발생 가능성을 예측하는 데 사용되는 통계기법이다.

93 아래 글상자 (㉠), (㉡)에 들어갈 용어로 가장 옳은 것은?

> A사는 유통정보를 활용하기 위한 데이터분석을 수행하고자 한다. 데이터분석에서는 (㉠)와(과) (㉡)을(를) 명확히 구분할 필요가 있다. 예를 들어, '매상이 떨어지고 있다', '고객 이탈이 보인다' 등은 (㉠)이며, 이것이 (㉡)인가 아닌가는 이러한 (㉠)을(를) 가지고 기획자, 엔지니어, 서비스운용자 등 비즈니스 담당자와 의논하여 이상적인 모습을 찾아내고 공유함으로써 결정된다.

① ㉠ 현상, ㉡ 문제
② ㉠ 문제, ㉡ 현상
③ ㉠ 문제, ㉡ 목표
④ ㉠ 목표, ㉡ 문제
⑤ ㉠ 현상, ㉡ 목표

해 설 성공적인 데이터분석을 위해서는 현재의 문제를 명확하게 정의하고, 그에 맞는 데이터분석 목적을 설정해야한다. 따라서 어떠한 현상이 반드시 문제가 되는 것은 아니기 때문에 진짜 문제를 이해하기 위해서는 현상과 문제를 명확히 구분하여 실제 발생한 현상이 문제인지 아닌지의 여부를 각 비즈니스 담당자와 의논하여 결정해야 한다.

94 전자상거래 이용자가 온라인 채널에서 상품을 주문하고, 오프라인 매장에서 주문한 물건을 찾아가는 새로운 소비행동을 무엇이라고 하는가?

① 클릭 앤 콜렉트(click and collect)
② 무인점포(unmanned store)
③ 단일채널(single channel)
④ 고객접점(customer touch point)
⑤ 브릭 앤 모타르(bricks and mortar)

해 설 클릭 앤 콜렉트는 인터넷이나 스마트폰 등으로 먼저 결제를 한 후 오프라인 매장에서 물건을 받는 것으로 '역쇼루밍'이라고도 불린다.
※ **클릭 앤 모타르(click and mortar)와 브릭 앤 모타르(bricks and mortar)**
전통적인 형태의 기업을 의미하는 '브릭 앤 모타르(brick and mortar ; 벽돌과 모래반죽)'는 공장이나 매장처럼 물리적 실체를 가진 제조업을 의미하는데, 이와 대비되는 '클릭 앤 모타르(click and mortar)'는 온라인을 기점으로 오프라인까지 확산에 성공한 기업들을 일컫는 신조어다.

95 빅데이터 구축을 위해 A사가 확보하고자 하는 데이터의 유형 중 비정형 데이터에 속하지 않는 것은?

① 소셜미디어에 A사가 수집하고자 하는 내용이 담긴 실시간 대화
② A사의 고객 체험단과 온라인 모바일을 통해 지속적으로 오가는 SMS, 이메일 메시지
③ 블로그나 커뮤니티에서 게시된 A사 제품에 대한 제품사진을 포함한 사용 후기
④ A사의 유통성과 지표관리를 위해 산식에 적용되는 실시간으로 산정 · 관리되는 유통계수
⑤ A사가 속한 산업과 관련된 전문정보 및 뉴스 기사

해설 ④는 정형 데이터에 속한다.

※ 정형 데이터와 비정형 데이터
 • 정형 데이터 : 미리 정해 놓은 형식과 구조에 따라 저장되도록 구성된 데이터이다.
 • 비정형 데이터 : 정의된 구조가 없이 정형화되지 않은 데이터로 동영상 파일, 오디오 파일, 사진, 보고서(문서), 메일 본문 등이 있다.

96 아래 글상자 (㉠), (㉡), (㉢)에 들어갈 용어로 가장 옳은 것은?

> 의사결정과정 선택단계에서는 탐색접근 방법에 따라 탐색된 대안들을 평가해야 한다. 이럴 때 쓰이는 분석기법으로는 기준이 변화되었을 때 대안에 어떠한 영향을 미치는지 알아보는 (㉠), 변수들이 변화되었을 때 그 결과가 어떻게 되는가에 대한 (㉡), 목표를 충족시키기 위한 의사결정 요소들의 중요성을 결정하는 데 도움을 주는 (㉢) 등이 있다.

① ㉠ 목적추구(goal seeking) 분석, ㉡ 민감도(sensitivity) 분석, ㉢ 가정(what if) 분석
② ㉠ 가정(what if) 분석, ㉡ 목적추구(goal seeking) 분석, ㉢ 민감도(sensitivity) 분석
③ ㉠ 민감도(sensitivity) 분석, ㉡ 가정(what if) 분석, ㉢ 목적추구(goal seeking) 분석
④ ㉠ 민감도(sensitivity) 분석, ㉡ 목적추구(goal seeking) 분석, ㉢ 가정(what if) 분석
⑤ ㉠ 목적추구(goal seeking) 분석, ㉡ 가정(what if) 분석, ㉢ 민감도(sensitivity) 분석

해설 의사결정지원시스템의 분석기법
 • What-if 분석(What-if Analysis) : 불확실성을 최소화하기 위해서 입력변수 또는 매개변수의 값들의 변화가 결과변수에 얼마나 영향을 미치는지를 분석하는 것이다.
 • 민감도 분석(Sensitivity Analysis) : What-if 분석의 특수한 경우로 수리적 모델에서 주요 변수들의 값을 점진적으로 변화시켰을 때 대안들의 성과 변동 폭에 얼마나 영향을 미치는지를 추가로 분석하여 사업의 위험성을 평가한다.
 • 목표탐색(추구) 분석(Goal-seeking Analysis) : 일정한 목표값을 먼저 설정한 후 정해진 목표값을 달성하기 위해서 관련된 입력변수의 값이 얼마의 값을 가져야 하는지를 지속적으로 변화시키면서 찾는 분석기법이다.
 • 최적화 분석법 : 하나 이상의 목표변수의 최적값을 구하는 것으로 선형계획법과 경영과학기법에 이용한다.

97 물류 정보망 중 화물유통과 관련한 VAN(Value Added Network)의 기능에 포함되지 않는 것은?

① 자동운임계산
② 수발주 데이터 교환
③ 판매정보 수집관리
④ 재고정보 교환
⑤ 송장 수집 및 축적관리

해 설 판매정보 수집관리는 POS(Point Of Sales)시스템의 기능에 포함된다.

98 정보화 사회에 진입하면서 기업경영에서 정보자원관리의 필요성을 설명한 내용으로 가장 옳지 않은 것은?

① 사회환경변화에 민첩하게 대응하기 위해 보다 빠른 의사결정을 해야 하기 때문이다.
② 정보기술의 급격한 발전으로 디지털 시대가 확산되면서 경제활동의 글로벌화가 더욱 빠르게 진행될 것으로 예상할 수 있기 때문이다.
③ 복잡한 경영문제를 보다 효과적이고 효율적으로 해결하기 위한 수단으로 정보기술의 활용이 그 어느 때보다 절실히 요구되기 때문이다.
④ 당면한 경영문제에 대한 합리적인 의사결정을 하기 위하여 다양한 정보 요구의 증대와 아울러 의사결정자에게 선택의 폭을 줄여주기 때문이다.
⑤ 고객의 기호가 다양화 되고 급변하고 있는 시장환경에 신속하고 유연하게 대응하기 위해 다양한 정보를 빠른 시간에 분석해서 보다 빠른 의사결정을 요구하기 때문이다.

해 설 ④는 의사결정지원시스템의 필요성에 대한 설명이다.
※ 의사결정지원시스템(DSS ; Decision Support System)
• 인적 자원과 지식 기반, 소프트웨어와 하드웨어 등으로 구성된 일단의 문제해결기법으로, 경영자가 최적의 선택을 할 수 있는 의사결정 과정을 지원하는 시스템이다.
• 경영환경이 복잡해지고 불확실성이 증가함에 따라 의사결정과정에 있어 나타나는 여러 가지 선택에 대한 폭넓은 분석을 지원함으로써 효과적인 의사결정을 지원할 수 있다.

99 가트너 그룹 등이 빅데이터를 정의하면서 제시한 빅데이터 3대 특성으로 가장 옳은 것은?

① 빅데이터 생성 속도, 빅데이터 규모, 빅데이터의 다양한 형태

② 빅데이터 저장, 빅데이터 관리, 빅데이터 분석

③ 빅데이터 자원, 빅데이터 기술, 빅데이터 인력

④ 빅데이터 경제성, 빅데이터 투명성, 빅데이터 시각화

⑤ 빅데이터 가치, 빅데이터 복잡성, 빅데이터 규모

해 설 빅데이터의 3대 특성
- 빅데이터 규모(Volume)
- 빅데이터의 다양한 형태(Variety)
- 빅데이터 생성 속도(Velocity)

2021

100 유통정보시스템을 구축하는 과정에서 기획 단계에 수행해야 하는 것으로 가장 옳은 것은?

① 유통정보시스템 통제 방안 마련

② 유통정보시스템 분석 및 설계

③ 유통정보시스템의 문제점 파악 및 개선작업

④ 유통정보시스템 요구사항 분석

⑤ 유통정보시스템의 단계적 실무 적용

해 설 ① · ② 개발 단계
③ · ⑤ 적용 단계
※ 유통정보시스템의 구축 단계
기획단계 → 개발단계 → 적용단계

아이들이 답이 있는
질문을 하기 시작하면
그들이 성장하고 있음을 알 수 있다.

존 J. 플롬프

2022년

기출문제해설

제2회 기출문제해설[2022. 08. 20 시행]

행운이란 100%의 노력 뒤에 남는 것이다.

− 랭스턴 콜만 −

제2회 | 기출문제해설

1급	A형	소요시간	문항수
		100분	100문항

01 유통경영(1~20)

01 글상자의 괄호 안에 공통적으로 들어갈 용어로 가장 옳은 것은?

> – ( )은 조직 내 공식적인 지위에서 비롯되는 힘이다.
> – 관리자는 자신의 부서에 대한 의사결정권을 부여받게 되는데 책임을 맡은 영역에서 벗어날수록
> ( )은 약화된다.

① 준거력(referent power)

② 합법력(legitimate power)

③ 보상력(reward power)

④ 강제력(coercive power)

⑤ 전문력(expert power)

해 설 ① 준거력(referent power) : 한 경로구성원이 여러 측면에서 장점을 갖고 있고 다른 경로구성원이 그와 일체성을 가지고 한 구성원이 되고 싶어 하며 거래관계를 계속 유지하고 싶어 할 때 미치는 영향력
③ 보상력(reward power) : 한 경로구성원이 다른 경로구성원에게 여러 가지 물질적 또는 심리적인 도움을 줄 수 있을 때 형성되는 영향력
④ 강제력(coercive power) : 한 경로구성원의 영향력 행사에 대해서 구성원들이 따르지 않을 때 처벌이나 부정적 제재를 받을 것이라고 지각하는 경우에 미치는 영향력
⑤ 전문력(expert power) : 한 경로구성원이 특별한 전문지식이나 경험을 가졌다고 상대방이 인지할 때 가지게 되는 영향력

02 엘튼 메이요(Elton Mayo)의 호손(Hawthorne)실험 결과와 관련 있는 내용으로 가장 옳은 것은?

　　① 근로자들은 금전적 요인에 의해서 동기부여 된다.

　　② 근로자들의 대우를 향상시키면 생산성이 향상될 것이다.

　　③ 각 근로자들은 한 명의 상관에게 보고할 의무를 가져야 한다.

　　④ 근로자들은 누군가가 관심을 가지고 있기에 더 열심히 일하기도 한다.

　　⑤ 근로자들에게는 적절한 휴식과 최적의 작업환경이 필요하다.

해 설　메이요의 호손실험의 결과에서 근로자 작업능률은 물리적인 환경조건보다는 동료 등 인간관계에 의해 크게 좌우된다는 사실을 발견했다. 즉 근로자는 경제적 욕구나 합리적인 행동보다는 사회적 욕구, 심리적 욕구, 집단의 지지, 교우관계, 집단의 승인, 인정, 지위, 자아실현의 욕구 등 비경제적인 요인에 따르는 행동을 중시한다는 것이다.

03 조직몰입(organizational commitment)에 대한 설명으로 가장 옳지 않은 것은?

　　① 정서적 몰입, 지속적 몰입, 규범적 몰입 등으로 구성된다.

　　② 조직을 이탈할 때의 엄청난 부담 때문에 조직에 몰입하는 것을 정서적 몰입이라 한다.

　　③ 규범적 몰입이란 심리적 부담이나 의무감 때문에 몰입하게 되는 경우를 말한다.

　　④ 직장 동료들이나 상사로부터의 압력에 의한 부담은 규범적 몰입에 속한다.

　　⑤ 자신의 회사에 대해 자부심을 갖는 것은 정서적 몰입에 해당한다.

해 설　조직을 이탈할 때의 엄청난 부담 때문에 조직에 몰입하는 것을 지속적 몰입이라 한다.

04 조직에 관한 설명으로 가장 옳지 않은 것은?

　　① 관료제는 환경이 안정적이고 정태적인 경우에 적합하다.

　　② 유기적 조직은 기계적 조직에 비해 전문화(분화) 정도가 낮다.

　　③ 기계적 조직은 유기적 조직에 비해 공식화 정도가 낮다.

　　④ 팀조직은 환경변화를 민감하게 감지하고 효과적으로 대응하는 데 유리하다.

　　⑤ 임시특별조직(adhocracy)은 관료제에 비하여 유기성, 동태성, 비일상성을 강조하는 조직구조이다.

해 설　기계적 조직은 유기적 조직에 비해 공식화 정도가 높다.

05 종업원에게 공정한 보상시스템을 설계할 경우 고려해야 할 사항을 글상자의 괄호 안에 들어갈 순서대로 나열한 것으로 가장 옳은 것은?

> – 종업원들이 교환관계에서 존중받거나 존엄성 있게 대우받고 있는지에 대한 지각에 관련된 (㉠) 공정성
> – 자신이 받은 산출을 결정하는 데 사용된 과정에 관련된 (㉡) 공정성
> – 투입에 대비한 산출 결과의 형평성과 관련된 (㉢) 공정성

① ㉠ 절차, ㉡ 상호작용, ㉢ 분배
② ㉠ 상호작용, ㉡ 절차, ㉢ 분배
③ ㉠ 분배, ㉡ 절차, ㉢ 상호작용
④ ㉠ 분배, ㉡ 상호작용, ㉢ 절차
⑤ ㉠ 상호작용, ㉡ 분배, ㉢ 절차

해 설 ㉠ 상호작용 공정성 : 보상절차 과정에서 상사의 처우방식과 내용이 공정한가를 다룬다.
㉡ 절차 공정성 : 보상배분에 적용된 절차와 규칙이 공정한가를 다룬다.
㉢ 분배 공정성 : 보상의 결과가 공정한가를 다룬다.

06 리더십이론에 대한 설명으로 가장 옳지 않은 것은?
① 상황적합성이론 : 리더의 성공은 상황특성과 리더 특성간의 상호작용관계에 달려있다.
② 경로–목표이론 : 리더의 역할은 부하직원들이 성공할 수 있도록 도와주는 데 있다.
③ 리더 구성원 교환모형 : 리더십을 리더와 부하 간의 상호관계의 질을 중심으로 이해하는 과정으로 개념화한 이론이다.
④ 진정성 리더십이론 : 리더는 부하에게 진정성 있게 다가가며, 영감을 불러일으키며 지적 자극을 주고, 능력 이상의 업무를 하도록 이끌어 낼 수 있어야 한다.
⑤ 거래적 리더십이론 : 리더는 구성원의 욕구를 파악하고, 주어진 성과의 달성정도에 따라 그들의 욕구를 충족시켜, 조직의 내부적인 안정과 유지에 초점을 맞춘다.

해 설 리더의 진정성을 강조하는 리더십인 진정성 리더십은 명확한 자기 인식에 기초하여 확고한 가치와 원칙을 세우고 투명한 관계를 형성하여 조직 구성원들에게 긍정적인 영향을 미치는 리더십이다. 영감을 불러일으키며 지적 자극을 주고, 능력 이상의 업무를 하도록 이끌어내는 리더십은 영감적 리더십에 대한 설명이다.

07 직무평가(job evaluation)를 위해 사용할 수 있는 방법으로 가장 옳지 않은 것은?

① 서열법
② 요소비교법
③ 점수법
④ 행동기준평가법
⑤ 분류법

해 설 직무평가방법에는 서열법, 분류법, 점수법, 요소비교법 등이 있다.
- 서열법 : 직무평가요소들을 전체적으로 고려하여 직무 간에 서열을 매기는 방법(평균, 가중치, 쌍대서열법 등)
- 분류법 : 1~5등급, 상중하 등의 등급표를 만들어 각 등급에 해당되는 직무요소의 기준을 설명하고 직무를 살펴본 후, 각 기준에 부합되는 등급에 분류 · 배치하는 방식
- 점수법 : 모든 직무에 공통적으로 적용될 수 있는 평가요소를 미리 선정하고 각 평가요소별로 등급을 매긴 후 그 점수를 모두 종합하는 방식
- 요소비교법 : 회사의 핵심이 되는 기준직무 몇 개를 우선 선정하여 그 기준직무를 대상으로 평가요소별 서열을 매기고, 기준직무에 해당되는 기존의 임금액을 평가요소별 서열에 따라 분류하여 기타 다른 직무를 기준직무와 비교하면서 직무가치와 임금액을 결정하는 방식

08 저비용전략과 차별화전략은 동시에 추구할 수 없다는 주장과 가능하다는 주장이 대립하고 있다. 차별화와 저비용을 통해 경쟁이 없는 새로운 시장을 창출하자는 주장 또는 설명으로 가장 옳은 것은?

① 한계생산성체감의 법칙
② 블루오션전략
③ 본원적 경쟁전략
④ 가치영역이론
⑤ 수확체증의 법칙

해 설 블루오션전략은 차별화와 저비용을 통해 경쟁이 없는 새로운 시장을 창출하려는 경영전략으로, 산업혁명 이래로 기업들이 끊임없이 거듭해 온 경쟁의 원리에서 벗어나, 발상의 전환을 통해 고객이 모르던 전혀 새로운 시장을 창출해야 한다는 전략이다.
① 한계생산성체감의 법칙 : 노동을 한 단위 더 투입할 때 처음에는 생산량이 늘어나지만 노동을 추가함에 따라 증가하는 생산량이 점차 줄어드는 현상을 나타내는 법칙이다.
③ 본원적 경쟁전략 : 산업 내에서 경쟁우위를 차지하기 위해 효과적인 전략을 세우는 방법으로, 원가우위전략, 차별화전략, 집중화전략으로 구분할 수 있다.
⑤ 수확체증의 법칙 : 투입된 생산요소가 늘어나면 늘어날수록 산출량이 기하급수적으로 증가하는 현상을 말한다.

09 보상관리에 관한 설명으로 가장 옳은 것은?

① 기업의 임금수준을 결정하는 내부요인으로 기업의 지불능력, 직무의 가치, 노동시장에서의 평균 임금수준 등이 있다.
② 직무급의 임금은 종업원의 능력, 연공, 학력, 성과에 의해 결정된다.
③ 임금의 내부공정성이란 해당 기업의 임금수준과 타 기업의 임금수준과의 공정성 여부를 말한다.
④ 직능급을 도입할 경우, 종업원의 성장욕구를 자극하고 충족시킬 기회를 주며, 동기부여를 할 수 있다는 장점이 있다.
⑤ 럭커 플랜(Rucker plan)은 개인성과급제도의 모델이다.

직능급은 직무수행능력에 따라 임금의 사내격차를 만드는 능력급체계이므로 직능급을 도입할 경우, 종업원의 성장욕구를 자극하고 충족시킬 기회를 주며, 동기부여를 할 수 있다.

① 노동시장에서의 평균 임금수준은 외부요인에 해당한다.

② 직무급의 임금은 직무의 중요성과 곤란도 등에 따라서 각 직무의 상대적 가치를 평가하고, 그 결과에 의거하여 결정된다.

③ 임금의 외부공정성이란 해당 기업의 임금수준과 타 기업의 임금수준과의 공정성 여부를 말한다.

⑤ 럭커 플랜(Rucker plan)은 조직이 창출한 부가가치 생산액을 구성원 인건비를 기준으로 배분하는 제도이다.

10 버클린(Bucklin)이 주장한 규범적 유통경로(normative distribution channel)와 관련된 서비스 기대수준(ELSO ; expected level of service out)에 대한 설명으로 옳지 않은 것은?

① 제품의 다양성(product variety)을 적게 원할수록 ELSO가 낮다.

② 1회 구매량(lot size)의 크기가 작을수록 ELSO가 높다.

③ 대기시간(waiting time)이 짧기를 바랄수록 ELSO가 높다.

④ 부수적 서비스를 많이 바랄수록 ELSO가 높다.

⑤ 시장 분산(market decentralization)이 잘되어 있기를 원할수록 ELSO가 낮다.

시장 분산(market decentralization)이 잘되어 있기를 원할수록 ELSO가 높다.

11 기업윤리에 대한 설명 중에서 가장 옳지 않은 것은?

① 기업윤리란 기업이 사회의 구성원으로서 마땅히 지켜야 할 도리를 말한다.

② 기업경영에서 의사결정 시 고려해야 할 도의적 가치와 옳고 그름을 판별하는 규범이기도 하다.

③ 기업에 대한 일반 대중의 기대가 높아진 것도 기업윤리의 등장 배경 중 하나이다.

④ 현대 사회에서 기업이 비윤리적 행동을 하게 되는 일반적인 동기로는 자사의 이익을 위한 타 기업과의 치열한 경쟁, 기업의 목표와 개인의 가치 상충 등을 들 수 있다.

⑤ 기업이 고객과 관련해서 기업윤리에서 다뤄야 할 문제에는 탈세, 내부자거래, 고용차별 등이 있다.

탈세는 정부, 내부자거래는 투자자, 고용차별은 종업원과 관련해서 기업윤리에서 다뤄야 할 문제이다.

12 다양한 장애요인 때문에 조직 내 의사소통이 정확하게 이루어지지 않을 수 있다. 조직 내 의사소통의 장애를 극복하는 방안으로 가장 옳지 않은 것은?

① 피드백의 활용
② 사용 언어의 단순 · 명확화
③ 적극적인 경청
④ 공식 커뮤니케이션의 활용
⑤ 선택적 지각의 강화

선택적 지각은 송신자가 전달한 내용을 수신자가 지각을 할 때 그의 욕구, 경험, 배경, 그 밖의 많은 개인적 특성에 어울리는 것만 선택되어지는 것으로 이는 해석과정의 잘못으로 인한 의사소통의 장애요인에 해당한다.

13 매트릭스 조직(matrix organization)에 대한 설명으로 옳지 않은 것은?

① 기능적 부문화와 제품별 부문화를 결합한 형태라 할 수 있다.

② 명령의 통일성 원칙이 파괴되기 쉬운 조직구조이다.

③ 정보의 호환성이 떨어지고, 조직내에서 정보가 신속하게 공유되지 못하는 단점이 있다.

④ 복잡하고 상호의존적인 활동이 필요할 때 조율이 용이하다는 장점이 있다.

⑤ 환경변화가 빨라서 신축성과 적응성이 요구되는 상황에서 신규 사업 등을 추진하는 데 도움이 된다.

해 설 매트릭스 조직은 서로 다른 기능부서에 속해 있는 전문 인력들이 함께 일하게 되면서 신속한 의사소통, 창조성 개발, 효율적 자원 사용 등이 이루어지게 된다.

14 종업원의 업무의욕을 향상시키기 위한 동기 이론(motivation theory) 중 동기부여되는 과정에 초점을 맞춘 이론으로 가장 옳은 것은?

① 욕구단계이론

② ERG이론

③ 성취동기이론

④ 동기-위생요인이론

⑤ 기대이론

해 설 욕구단계이론, ERG이론, 성취동기이론, 동기-위생요인이론은 동기부여되는 내용에 초점을 맞춘 이론이고, 기대이론, 공정성이론, 목표설정이론, 상호작용이론, 인지평가이론 등은 동기부여되는 과정에 초점을 맞춘 이론이다.

15 기업차원에서의 노동소득분배율에 관한 설명으로 옳은 것은?

① 기업의 평균생산비용에서 인건비가 차지하는 비율

② 기업의 부가가치에서 인건비가 차지하는 비율

③ 기업의 매출에서 인건비가 차지하는 비율

④ 기업의 매출원가에서 인건비가 차지하는 비율

⑤ 기업의 총비용에서 인건비가 차지하는 비율

해 설 기업의 부가가치에서 인건비가 차지하는 비율은 노동소득분배율이고, 기업의 매출에서 인건비가 차지하는 비율은 노무비율이다.

16 국내 와인 소매시장의 급성장 추세에 대응하여 국내 유통업체가 외국 현지 와이너리의 인수를 추진한다고 하자. 현지 양조장에서 생산한 와인을 수입해서 판매하는 것을 넘어 생산까지 직접 수행하려는 이러한 성장전략의 명칭으로 가장 옳은 것은?

① 다각화전략
② 내적성장전략
③ 수평통합전략
④ 수직통합전략
⑤ 신제품개발전략

해 설 수직통합전략은 다각화전략의 일환으로서 한 기업이 원자재공급, 생산, 판매(유통)까지의 수직적 활동분야(가치사슬) 가운데 2개 이상의 활동분야를 직접 소유(수행)하여 성장을 추구하는 것이다.

17 아래 글상자의 자료를 통해 손익분기점의 매출액을 구한 것으로 옳은 것은?

> 상품판매단가 : 2만원
> 단위당변동비 : 1만원
> 고정비 : 10만원

① 10만원
② 20만원
③ 30만원
④ 40만원
⑤ 50만원

해 설
- 손익분기점 판매량 $= \dfrac{\text{고정비}}{\text{판매단가} - \text{단위당변동비}} = \dfrac{10\text{만원}}{2\text{만원} - 1\text{만원}} = 10\text{만원}$
- 손익분기점 매출액 = 손익분기점 판매량 × 판매단가 = 10만원 × 2만원 = 20만원

18 "최저임금법"(법률 제17326호, 2020.5.26., 타법개정)의 내용으로 옳지 않은 것은?
① 근로자에 대하여 임금의 최저수준을 보장하여 근로자의 생활안정과 노동력의 질적향상을 꾀함으로써 국민경제의 건전한 발전에 이바지하는 것을 목적으로 한다.
② 사용자는 최저임금의 적용을 받는 근로자에게 최저임금액 이상의 임금을 지급하여야 한다.
③ 사용자는 종전의 임금수준이 최저임금보다 높을 경우, 이 법에 따라 종전의 임금수준을 낮출 수 있다.
④ 고용노동부장관은 매년 8월 5일까지 최저임금을 결정하여야 한다.
⑤ 최저임금은 근로자의 생계비, 유사 근로자의 임금, 노동 생산성 및 소득분배율 등을 고려하여 정한다.

해 설 사용자는 이 법에 따른 최저임금을 이유로 종전의 임금수준을 낮추어서는 아니 된다(최저임금법 제6조 제2항).

19 매출 목표 수립 시 필요한 자료로 가장 옳지 않은 것은?

① 전년도 매출액 동향

② 회사의 경영계획

③ 경쟁사 동향

④ 전년도 근로자 수

⑤ 경제성장률

해 설 매출 목표 수립 시 필요한 자료
- 과거의 매출액
- 과거의 잠재수요에 대한 미충족량
- 일반적인 경제상황(경제성장률, 실업률 등 경제지표 동향)
- 산업의 경제상황
- 시장점유율
- 산업의 경쟁정도와 경쟁사 동향
- 회사의 경영계획
- 근로자의 자질 및 능력

20 아래 글상자의 괄호 안에 들어갈 용어를 순서대로 나열한 것으로 가장 옳은 것은?

$$목표매출액 = \frac{(\ ㉠ \ ) + 목표이익}{1 - \dfrac{(\ ㉡ \ )}{매출액}}$$

① ㉠ 고정비, ㉡ 변동비

② ㉠ 고정비, ㉡ 판매관리비

③ ㉠ 변동비, ㉡ 고정비

④ ㉠ 변동비, ㉡ 구입원가

⑤ ㉠ 판매관리비, ㉡ 구입원가

해 설 $목표매출액 = \dfrac{고정비 + 목표이익}{공헌이익률}$

$공헌이익률 = \dfrac{공헌이익}{매출액}$

$공헌이익 = 매출액 - 변동비$

따라서 $목표매출액 = \dfrac{고정비 + 목표이익}{\dfrac{매출액 - 변동비}{매출액}} = \dfrac{고정비 + 목표이익}{1 - \dfrac{변동비}{매출액}}$

21 해상으로 수입되는 화물의 관리단계를 순서대로 나열한 것으로 옳은 것은?

> ㉠ 내륙지 보세구역으로 보세운송하는 단계
> ㉡ 내륙지 보세구역에 반입되는 단계
> ㉢ 수입물품을 적재한 외국무역선이 입항하는 단계
> ㉣ 선박으로부터 물품을 하선하는 단계
> ㉤ 하선 완료된 물품이 입항지 보세구역에 반입되는 단계

① ㉠ – ㉡ – ㉢ – ㉣ – ㉤ ② ㉡ – ㉢ – ㉣ – ㉤ – ㉠

③ ㉢ – ㉣ – ㉤ – ㉠ – ㉡ ④ ㉣ – ㉤ – ㉠ – ㉡ – ㉢

⑤ ㉤ – ㉠ – ㉡ – ㉢ – ㉣

해 설 **해상으로 수입되는 화물의 관리단계**
㉢ 수입물품을 적재한 외국무역선이 입항하는 단계 → ㉣ 선박으로부터 물품을 하선하는 단계 → ㉤ 하선 완료된 물품이 입항지 보세구역에 반입되는 단계 → ㉠ 내륙지 보세구역으로 보세운송하는 단계 → ㉡ 내륙지 보세구역에 반입되는 단계
※ **보세구역**
효율적인 화물관리와 관세행정의 필요성에 의하여 세관장이 지정하거나 특허한 장소로서, 사내창고나 물류센터에서 출고된 수출품의 선적을 위해 거치게 되는 곳이다.

22 아래 글상자의 물류 활동에 대한 설명 중 옳지 않은 내용을 모두 나열한 것은?

> ㉠ 생산물류는 주문을 받은 수주기업이 원자재, 부품 등을 포장, 단위화하여 발주기업 창고에 제때 납품하고 있는지를 관리하는 물류 활동이다.
> ㉡ 조달물류는 생산회사의 자재창고로부터 출고, 생산라인에의 운반, 하역 및 제품창고 입고에 이르기까지의 물류활동이다.
> ㉢ 판매물류는 완제품을 소비자에게 전달하는 일체의 물류활동으로 제품창고에서 출고, 배송센터까지 운반 및 소비자에게 배송하는 작업 등이 포함된다.
> ㉣ 반품물류는 상품 자체의 문제점이나 파손, 하자, 고객요구 불일치 등으로 인하여 발생되는 물류활동을 말한다.

① ㉠, ㉡ ② ㉠, ㉢, ㉣

③ ㉠, ㉣ ④ ㉢, ㉣

⑤ ㉡, ㉣

해 설 ㉠ 생산물류는 물자가 생산공정에 투입될 때부터 제품의 생산에 이르기까지의 운반, 하역, 창고에 입고까지의 활동이다.
㉡ 조달물류는 물류의 시발점으로 물자가 조달처로부터 운송되어 매입자의 보관창고에 입고·관리되어 생산공정에 투입직전까지의 활동이다.

23 포장 표준화의 4가지 핵심 요소에 해당되는 것을 모두 나열한 것으로 가장 옳은 것은?

㉠ 포장비용	㉤ 포장재 원산지
㉡ 포장재료	㉥ 포장치수
㉢ 포장시간	㉦ 포장강도
㉣ 포장기법	

① ㉠, ㉣, ㉤, ㉥   ② ㉡, ㉣, ㉤, ㉦
③ ㉠, ㉢, ㉤, ㉥   ④ ㉣, ㉤, ㉥, ㉦
⑤ ㉡, ㉣, ㉥, ㉦

해 설 포장 표준화의 4대요소
• 치수의 표준화
• 강도의 표준화
• 기법의 표준화
• 재료의 표준화

24 국제물류의 환경변화에 대한 일반적인 설명으로 가장 옳지 않은 것은?

① 친환경 녹색물류에 대한 중요성이 증가하고 있다.
② 위험요인을 사전에 제거하기 위해 물류보안의 적용범위가 확대되고 있다.
③ IoT, AI 같은 정보기술이 적용되어 고도화되고 있다.
④ 고객서비스 수준의 향상을 위해 물류기업 간 제휴나 M&A보다 각자 독자적으로 노선구축을 하는 것이 증가하고 있다.
⑤ 고부가가치 창출을 위해 특수한 형태의 물류 서비스가 성장하고 있다.

해 설 기업 간 국제경영활동의 증가로 고객서비스 경쟁이 심화되면서 전략적 제휴가 확대되었다.

25 항공운송사들이 국제선 운임이나 화물 요율 등에 대해 항공사의 의견을 수렴, 조정하기 위해 설립한 국제항공운송협회는 무엇인가?

① ISO   ② ILO
③ IATA   ④ ICC
⑤ ILA

해 설 국제항공운송협회(IATA ; International Air Transport Association)는 세계항공운송에 관한 각종 절차와 규정을 심의하고 제정·결정하는 순수 민간의 국제협력단체로, 운임, 운항, 정비, 정산업무 등 상업적·기술적 활동 등이 설립목적이다.
① ISO(국제표준기구) : 공업 상품이나 서비스의 국제 교류를 원활히 하기 위하여 이들의 표준화를 도모하는 세계적인 기구로서 스위스 제네바에 본부를 두고 있다.
② ILO(국제노동기구) : 각국의 노동입법, 적정한 노동시간, 임금, 노동자의 보건, 위생 등에 관한 권고나 지도를 하고 국제노동기준을 제정, 가입국이 그것을 준수하도록 감독하며 노동자의 생활에 관한 조사연구를 한다.

④ ICC(국제상업회의소) : 제1차 세계대전 후 세계경제 부흥을 도모하기 위하여 세계 각국의 기업 및 사업자 대표들로 조직된 국제기관이다.

⑤ ILA(국제법협회) : 국제법학에 관한 연구를 진행하는 민간 학술 연구단체로, 국제법학에 관한 연구와 국가 간 학술교류 등을 진행한다.

26 공급자 측면에서 e-마켓플레이스를 활용함으로써 생기는 이점에 대한 설명으로 옳지 않은 것은?

① 온라인으로 주문을 처리함으로써 판매비용을 줄일 수 있다.

② 공급자들은 시장에 대한 정보를 확보할 수 있지만 수익창출의 기회를 얻을 수는 없다.

③ 소량 구매주문을 집적하는 효과를 가짐으로써 소량 구매자들과도 경제적으로 거래를 할 수 있다.

④ 공급자들은 전통적인 마케팅 방식에 비해 훨씬 더 낮은 비용으로 신규 구매자들을 탐색하고 이들에게 접근할 수 있어 고객확보 비용을 줄일 수 있다.

⑤ 공급자는 구매자와 온라인 협력을 통하여 상호 간의 관계를 향상시킬 수 있다.

해 설 공급자 측면에서는 고객확보와 판매비용을 절감할 수 있으며, 시장정보를 확보하고 온라인 협력을 통하여 공급업자와 구매자 간의 관계를 향상시킴으로써 수익창출의 기회를 얻을 수 있다.

27 ICD에 대한 내용으로 옳은 것을 모두 나열한 것은?

> ⊙ International Container Distribution의 약자
> ⓒ 수출입 통관을 제외한 컨테이너의 적입, 인출 및 수리가 이루어짐
> ⓒ 항만과 철도의 연계가 편리한 주거지역에 컨테이너의 인수도를 위해 마련한 대규모 장치장
> ② 공(空)컨테이너를 항만의 터미널까지 반송하지 않고 이곳에서 점검, 보수하여 화주에게 인도, 인수할 수 있음

① ⊙　　　　　　　　　　　　　　　② ⓒ
③ ⓒ　　　　　　　　　　　　　　　④ ②
⑤ ⓒ, ⓒ

해 설 ⊙ Inland Container Depot의 약자
ⓒ 항만 내에서 이루어져야 할 본선작업과 마샬링기능을 제외한 장치보관기능, 집하분류기능, 수출 컨테이너화물에 대한 통관기능 등 전통적인 항만의 기능과 서비스 일부를 수행
ⓒ 공장단지와 수출지 항만과의 사이를 연결하여 화물의 유통을 신속 · 원활히 하기 위한 대규모 물류단지

28 복합운송에 관한 설명으로 가장 옳은 것은?

① 운송인이 화물을 인수한 지점에서 인도지점까지 복합운송 계약에 의거하여 적어도 3개 이상의 동일 운송수단을 활용한 화물운송을 말한다.

② 통운임(through rate)은 구간별로 다른 운송사들이 화주에게 따로따로 부과하는 개별운임을 말한다.

③ birdy back 방식은 화물을 항공과 선박을 이용해 운송하는 것을 말한다.

④ piggy back 방식은 화물을 트럭과 선박을 이용해 운송하는 것을 말한다.

⑤ 컨테이너화로 인해 각 운송수단이 유기적으로 결합되어 궁극적으로 door to door 운송이 가능해졌다.

해설 ① 적어도 2개 이상의 운송수단을 활용한 화물운송을 말한다.
② 통운임(through rate)은 일관된 운송계약에 의하여 최초의 적출지에서부터 최후의 목적지에 이르기까지의 전 운송구간에 대하여 최초의 운송인이 징수하는 단일운임을 말한다.
③ birdy back 방식은 화물을 트럭과 항공기를 이용해 운송하는 것을 말한다.
④ piggy back 방식은 화물을 트럭과 철도를 이용해 운송하는 것을 말한다.

29 아래 글상자에서 설명하는 하역합리화의 원칙으로 가장 옳은 것은?

> 화물을 모아 한 단위로 묶는 것으로 하역합리화의 중요한 방안이 된다. 이를 통해 화물의 손상, 감모, 분실을 줄일 수 있고 수량확인도 용이해지며 하역작업의 효율을 기할 수 있다. 이 원칙이 하역합리화의 원점이라고 불리는 것은 시스템의 규격화(모듈화)와 관련이 있기 때문이다.

① 시스템화   ② 인터페이스

③ 기계화   ④ 활성화

⑤ 단위화

해설 ① 시스템화 : 개개의 하역 활동을 유기체적인 활동으로 간주하는 원칙으로, 종합적인 관점에서 보았을 때 시스템 전체의 균형을 고려하여 시너지(Synergy) 효과를 올리는 것
② 인터페이스 : 하역작업 공정 간의 계면 또는 접점을 원활히 하는 원칙으로, 창고에서 파렛트(Pallet) 단위로 반출시킨 화물을 트럭에 싣는 경우 인력에만 의존하지 않고 자동적재장치(Dock Leveller 등)를 사용하여 트럭에 싣는 것
③ 기계화 : 인력작업을 기계화 작업으로 대체함으로서 효율성을 높이는 원칙
④ 활성화 : 운반활성화 지수를 최대화로 지향하는 원칙으로서 관련작업과 조합하여 전체적인 활성화를 능률적으로 운용하는 것을 목적으로 하는 원칙

30 아래 글상자에서 창고관리시스템(WMS ; Warehouse Management System)의 효과로 옳은 것을 모두 고르면?

> ㉠ 창고의 효율성 증대
> ㉡ 상품정보의 실시간 제공
> ㉢ 상품재고의 적정수준 유지 가능
> ㉣ 입고와 피킹에 필요한 시간 절감
> ㉤ 무서류(無書類) 작업으로 인한 업무량 감소

① ㉠
② ㉠, ㉡
③ ㉠, ㉡, ㉢
④ ㉠, ㉡, ㉢, ㉣
⑤ ㉠, ㉡, ㉢, ㉣, ㉤

해 설 창고관리시스템(WMS)은 최소의 비용으로 창고의 면적, 작업자 및 하역설비 등 경영자원을 유효하게 활용하고 고객에 대한 서비스 수준을 제고시키는 것이 주 목적으로, 창고관리시스템 구축을 통해 제품이 입고되어 적재되는 것으로부터 선택되어 출하되는 모든 작업과정과 그 과정상에서 발생되는 물류데이터를 자동적으로 처리할 수 있다. 따라서 글상자의 ㉠, ㉡, ㉢, ㉣, ㉤이 창고관리시스템의 효과로 모두 옳은 내용이 된다.

31 보관물류의 효율화를 위한 각종 원칙에 대한 설명으로 가장 옳지 않은 것은?

① 회전대응보관의 원칙은 출하빈도가 높은 제품을 출입구 쪽에 보관하는 것이다.
② FIFO의 원칙은 먼저 보관한 것을 먼저 꺼내는 것이다.
③ 중량특성의 법칙은 제품을 중량별로 구분해서 보관하는 것이다.
④ 유사성의 원칙은 물품의 형상 특성에 맞게 보관방법을 달리하는 것이다.
⑤ 높이쌓기의 원칙은 파렛트나 렉을 이용하여 높이 쌓아서 보관하는 것이다.

해 설 동일성 · 유사성의 원칙은 동일품종은 동일장소에 보관하고, 유사품은 근처 가까운 장소에 보관해야 한다는 것이다. 물품의 형상 특성에 맞게 보관방법을 달리하는 것은 형상특성의 원칙에 대한 설명이다.

32 변동환율제에서 심한 환율변동으로 선사가 입을 수 있는 환차손을 화주에게 부담시키는 할증료로 옳은 것은?

① Bulky Cargo Surcharge
② Optional Surcharge
③ Congestion Surcharge
④ Bunker Adjustment Surcharge
⑤ Currency Adjustment Surcharge

통화할증료(Currency Adjustment Surcharge)는 선주가 환율의 급격한 변동에 따른 운항비의 결손을 보전하기 위하여 화주에게 부과하는 할증료이다.

① 용적할증료(Bulky Cargo Surcharge) : 화물 1단위가 일정한 용적을 초과하는 경우에 초과분에 대하여 적용되는 할증운임

② 양륙지선택료(Optional Surcharge) : 선적할 때 그 양륙항이 확정되지 않고 기항 순서에 따라 몇 개의 항(港)을 기재하고 화주가 화물의 도착 전에 양륙항을 결정하는 조건(Optional Shipment)으로 선적된 화물에 부과되는 할증료

③ 체선할증료(Congestion Surcharge) : 양륙불능으로 체선이 발생하는 경우에 생기는 손실을 커버하기 위한 할증료

④ 유가할증료(Bunker Adjustment Surcharge) : 선박연료 중유(Bunker Fuel Oil) 가격이 급등하여 선박회사의 채산이 악화되는 경우 연료비 할증을 화주에 부과하는 것

---

33 물류비에 대한 내용 설명으로 가장 옳지 않은 것은?

① 상품, 용기, 포장자재 등의 매입처로부터 발주자인 도 · 소매업자에게 반입될 때까지의 물류원가는 도 · 소매업자에게는 조달물류비에 속한다.

② 용기, 파렛트, 컨테이너 등의 회수물류비는 역물류비에 속한다.

③ 기업이 고객에게 제품을 출하하여 인도할 때까지의 물류원가는 판매물류비에 속한다.

④ 포장, 수송, 보관 등의 업무에 수반하여 제품을 동일시설 내에서 상하, 좌우 등으로 이동시키는 데 필요로 하는 비용은 유통가공비에 속한다.

⑤ 제조, 도 · 소매 등의 화주기업이 자가용 수송수단을 이용하여 수송할 때 소비하는 물류비용은 자가 수송비에 속한다.

포장, 수송, 보관 등의 업무에 수반하여 제품을 동일시설 내에서 상하, 좌우 등으로 이동시키는 데 필요로 하는 비용은 하역비에 속한다.

---

34 아래 글상자의 괄호 안에 들어갈 물류의 기본적인 효용에 관한 용어를 순서대로 옳게 나열한 것은?

> – 농산물을 생산지에서 트럭을 통해 소비자가 있는 시장으로 이동함으로써 (㉠)이 창출된다.
> – 소비자가 필요로 할 때를 대비해 제품의 재고량을 적절하게 유지함으로써 (㉡)을 창출한다.

① ㉠ 소유효용, ㉡ 장소효용

② ㉠ 장소효용, ㉡ 시간효용

③ ㉠ 형태효용, ㉡ 소유효용

④ ㉠ 형태효용, ㉡ 장소효용

⑤ ㉠ 시간효용, ㉡ 장소효용

㉠ 장소효용 : 운송기능을 통해 생산지와 소비지 간 장소적 차이를 극복시켜 준다.
㉡ 시간효용 : 보관기능을 통해 생산과 소비 간 시간적 차이를 극복시켜 준다.

35 물류의 총비용개념을 적용한 경우로 가장 옳지 않은 것은?

① 물류센터의 위치를 결정하는 경우, 운송비용과 재고비용의 합이 최소화되는 지점을 선택한다.

② 개별활동비용에 초점을 두기보다 물류활동 전체 비용을 최소화하는 것을 목표로 한다.

③ 재고비용과 생산비용의 총합을 고려해 제품생산기간을 결정한다.

④ 판매손실비용과 재고비용의 합이 최소화되는 지점에서 안전재고 수준을 결정한다.

⑤ 낮은 운송비용이나 빠른 서비스 등 개별물류활동에 집중하는 것이 물류총비용 측면에서 최적의 방법이 된다.

해 설 물류활동 전체의 합리화를 추구하는 것이 물류총비용 측면에서 최적의 방법이 된다.

36 물류일괄대행 서비스를 일컫는 용어로서, 물류를 수행하는 업체가 유통사 측의 판매상품의 입고, 분류, 재고관리, 품질관리, 배송 등 고객에게 도착하는 물류 전 과정을 일괄처리해주는 것을 무엇이라고 하는가?

① 풀필먼트(fulfillment)
② 3PL(3rd Party Logistics)
③ Hub and spoke system
④ 드랍 쉬핑(Drop shipping)
⑤ Last mile delivery

해 설
② 3PL(3rd Party Logistics) : 3자 물류는 화주기업이 고객서비스의 향상, 물류관련 비용의 절감 그리고 물류활동에 대한 운영효율의 향상 등을 목적으로 공급사슬 전체 또는 일부를 특정 물류전문업자에게 위탁(Outsourcing)하는 것을 말한다.
③ Hub and spoke system : 물류 또는 항공노선을 구성하는 한 형태로 각각의 출발지(spoke)에서 발생하는 물량을 중심거점(Hub)으로 모으고, 중심거점에서 물류를 분류하여 다시 각각의 도착지(spoke)로 배송하는 형태를 의미한다.
④ 드랍 쉬핑(Drop shipping) : 판매자가 상품 재고를 두지 않고 주문을 처리하는 유통 방식을 말한다.
⑤ Last mile delivery : 유통업체의 상품이 목적지에 도착하기까지의 전 과정을 뜻하는 용어로, 유통업체들이 서비스 차별화를 위해 배송 품질에 주안점을 두면서 생겨난 신조어이다.

37 ISO 표준화위원회의 표준화 원리에 대한 설명으로 옳지 않은 것은?

① 규격은 일정 간격으로 다시 검토하고 필요에 따라 개정한다.

② 표준화는 경제활동이며 사회활동이고 협력에 의해 추진되어야 한다.

③ 제품의 성능을 규정할 때에는 적합성의 검사방법을 사양에 포함시켜야 한다.

④ 표준화는 본질적으로 단순화이며 장래의 무질서를 예방하려는 것이 목적이다.

⑤ 강제규정은 규격의 성질, 공업화의 정도, 사회의 법률 및 관습 등을 전혀 고려할 필요가 없다.

해 설 ISO(국제표준화기구)는 강제력 없는 비정부 기구로, 전 세계에 많은 회원국을 거느린 집단이다. 비록 강제력은 없지만 워낙 영향력이 크기 때문에 ISO에서 발의된 표준 권고는 대부분 협약을 통해 제도화된다.

38 물류표준화에 대한 설명으로 가장 옳지 않은 것은?

① 물류활동의 안정성과 합리성을 높여준다.

② 작업의 자동화, 기계화를 위한 선행조건이 된다.

③ 물류활동 관련 규격의 표준을 설정한다.

④ 파렛트, 보관시설, 트럭 적재함 등의 하드웨어적인 부문을 대상으로 하므로 소프트웨어적인 부문은 고려되지 않는다.

⑤ 기본적인 포장 표준화뿐만이 아닌 안전기준과 환경기준까지 대상으로 한다.

해 설 물류표준화는 파렛트, 보관시설, 트럭 적재함 등의 하드웨어적인 부문뿐만 아니라 물류용어 통일, 거래단위 표준화, 포장치수 표준화 등의 소프트웨어적인 부문도 고려된다.

39 물류정책기본법(시행 2021. 12. 30., 법률 제17799호, 2020. 12. 29., 타법개정)상 제11조 국가물류기본계획의 수립에 관한 설명으로 가장 옳지 않은 것은?

① 국토교통부장관 및 해양수산부장관은 국가물류정책의 기본방향을 설정하는 10년 단위의 국가물류기본계획을 5년마다 공동으로 수립하여야 한다.

② 물류기능별 물류정책 및 운송수단별 물류정책의 종합·조정에 관한 사항을 포함한다.

③ 국제물류를 제외한 국내물류의 촉진·지원에 관한 모든 사항을 포함한다.

④ 물류인력의 양성 및 물류기술의 개발에 관한 사항을 포함한다.

⑤ 물류시설·장비의 수급·배치 및 투자 우선순위에 관한 사항을 포함한다.

해 설 국가물류기본계획에는 다음의 사항이 포함되어야 한다(물류정책기본법 제11조 제2항).
- 국내외 물류환경의 변화와 전망
- 국가물류정책의 목표와 전략 및 단계별 추진계획
- 국가물류정보화사업에 관한 사항
- 운송·보관·하역·포장 등 물류기능별 물류정책 및 도로·철도·해운·항공 등 운송수단별 물류정책의 종합·조정에 관한 사항
- 물류시설·장비의 수급·배치 및 투자 우선순위에 관한 사항
- 연계물류체계의 구축과 개선에 관한 사항
- 물류 표준화·공동화 등 물류체계의 효율화에 관한 사항
- 물류보안에 관한 사항
- 물류산업의 경쟁력 강화에 관한 사항
- 물류인력의 양성 및 물류기술의 개발에 관한 사항
- 국제물류의 촉진·지원에 관한 사항
- 환경친화적 물류활동의 촉진·지원에 관한 사항
- 그 밖에 물류체계의 개선을 위하여 필요한 사항

40 유통물류센터 정보시스템에 관련된 내용으로 옳지 않은 것은?

① 시스템상의 재고와 실제 보유 재고가 일치해야 한다.

② 품절이나 결품 없이 재고회전율을 향상시키면서 재고를 최소한으로 줄일 수 있는 보충시스템을 구축해야 한다.

③ 작업자의 피킹 생산성을 높일 수 있게 하는 시스템이어야 한다.

④ 각 공정의 비용을 파악하고 물류비 전체를 절감하는 데 도움을 주는 시스템이어야 한다.

⑤ 피킹실수를 방지하는 시스템은 구축해야 하지만 검품시스템은 구축할 필요는 없다.

해설 창고 내 작업에 대한 피킹리스트 출력의 시점을 중시하는 피킹시스템뿐만 아니라 검품시스템도 구축해야 한다.

03 상권분석(41~60)

41 소매점포의 상권분석에 점차 활용도가 높아지고 있는 지리정보시스템(GIS)의 주요 기능으로 볼 수 없는 것은?

① 버퍼링(buffering)

② 커버링(covering)

③ 주제도 작성

④ 데이터 및 공간조회

⑤ 정보의 보완 및 수정작업

해설 ① 버퍼링(buffering) : 어떤 지도형상, 즉 점이나 선 혹은 면으로부터 특정한 거리 이내에 포함되는 영역을 의미하는 것으로 면의 형태를 하고 있다.

③ 주제도 작성 : 속성정보를 요약하여 표현한 지도를 작성하는 것으로 면, 선, 점의 형상으로 구성된다.

④ 데이터 및 공간조회 : 지도상에서 데이터를 조회하여 표현하고, 특정 공간기준을 만족시키는 지도를 얻기 위해 지도를 사용하는 것이다.

⑤ 정보의 보완 및 수정작업 : GIS에서 제공하는 공간분석의 수행 과정을 통하여 다양한 계획이나 정책수립을 위한 시나리오의 분석, 의사결정 모형의 운영, 변화의 탐지 및 분석기능에 활용한다.

42 도시단위의 상권분석과 같이 비교적 넓은 상권의 개략적인 수요를 측정할 때 유용하게 사용되는 구매력지수(BPI)를 계산하는 과정에서 필요하지 않은 자료로 가장 옳은 것은?

① 전체 지역의 소매매출액(retail sales)

② 해당 지역의 인구수(population) 비율

③ 해당 지역의 소매매출액(retail sales) 비율

④ 해당 지역의 소매점면적(sales space) 비율

⑤ 해당 지역의 가처분소득(effective buying income) 비율

해설 구매력지수를 산출하기 위해서는 다음과 같이 인구, 소매 매출액, 유효소득 등 3가지 요소에 가중치를 곱하여 합산하는 공식을 사용한다.

BPI = (인구비 × 0.2) + (소매 매출액비 × 0.3) + (유효구매 소득비 × 0.5)

43 소매포화지수(IRS)와 시장성장잠재력(MEP)에 대한 설명으로 옳은 것은?

① MEP는 어떤 지역범위 내에서 특정 소매업종의 단위매장면적당 잠재수요이다.

② MEP가 낮을수록 점포가 초과 공급되어 매력적인 시장이 아니라는 것을 의미한다.

③ IRS가 크다는 것은 거주자의 역외구매 정도가 낮다는 것을 의미한다.

④ IRS가 낮으면 시장의 포화정도가 낮아 아직 경쟁이 치열하지 않음을 의미한다.

⑤ MEP는 지역시장의 미래 성장가능성을 추정할 수 있는 잠재력 측정 지표가 된다.

해설 ① MEP는 한 지역시장에서의 수요 및 공급의 현 수준을 반영하는데, 통상적으로 지역시장의 매력도는 기존 수요 · 공급뿐만 아니라 미래의 시장성장잠재력에 의해서도 좌우된다.
② IRS가 낮을수록 점포가 초과 공급되어 매력적인 시장이 아니라는 것을 의미한다.
③ MEP가 높으면 역외구매 현상이 많아 신규수요창출 가능성이 크다고 본다.
④ IRS가 높으면 시장의 포화정도가 낮아 아직 경쟁이 치열하지 않음을 의미한다.

44 상권 매력도를 평가하는 요인 중 하나인 역외구매(outshopping)에 대한 설명으로 가장 옳지 않은 것은?

① 해당지역에 거주하는 소비자들이 상권 외부지역에서 구매하는 현상을 말한다.

② 해당지역에서의 가구당(혹은 1인당) 예상지출액과 실제지출액의 차이를 유발한다.

③ 해당지역과 타지역간의 소매점 마케팅능력 차이는 반영되지 않는다.

④ 역외구매 현상이 활발하면 상권 내 신규수요창출 가능성이 크다고 볼 수 있다.

⑤ 교통수단의 발달은 역외구매현상을 촉진한다.

해설 해당지역에 거주하는 소비자들의 욕구가 충족되지 못해서 타지역으로 가서 쇼핑하는 경우이므로 해당지역과 타지역간 소매점의 마케팅능력 차이를 반영한다.

45 건축용지의 특성의 하나인 '획지'에 관한 설명으로 옳지 않은 것은?

① 획지는 건축용으로 구획정리를 할 때 단위가 되는 땅으로 직각형, 정형, 부정형 등이 있다.

② 각지는 획지 중에서도 2개 이상의 가로각(街路角)에 해당하는 부분에 접하는 토지를 의미한다.

③ 각지는 접면하는 각의 수에 따라 2면각지, 3면각지 등으로 구분할 수 있다.

④ 각지는 일반적으로 일조와 통풍이 양호하고 출입이 편리하며 광고선전의 효과가 높고 단위면 적당 가격이 높다.

⑤ 계통이 다른 도로에 면한 각지를 순각지라고 하며 그 중 3면가로각지는 3면이 가로에 접한 토지를 말한다.

해 설 3면가로각지는 획지의 3면에 계통이 다른 가로에 접하여 있는 토지를 말한다.

46 아래 글상자의 자료를 Reilly의 소매인력이론에 적용하여 추정한 C시에서 A시로 흡인되는 숫자로 가장 옳은 것은?

```
– A시 인구 : 20만 명
– B시 인구 : 40만 명
– A시와 B시의 중간에 위치한 C시의 인구 : 6만 명
– C시와 A시의 거리 : 5Km
– C시와 B시의 거리 : 10Km
```

① 1만 명   ② 2만 명
③ 3만 명   ④ 4만 명
⑤ 5만 명

해 설 Reilly의 소매인력이론 공식

$$\frac{B_a}{B_b} = \left(\frac{P_a}{P_b}\right)\left(\frac{D_b}{D_a}\right)^2$$

$$\frac{B_a}{B_b} = \left(\frac{20만}{40만}\right)\left(\frac{10}{5}\right)^2$$

$$\frac{B_a}{B_b} = 2$$

A시와 B시의 중간에 위치한 C시의 인구가 6만 명이므로 $B_a = 4$만 명, $B_b = 2$만 명

따라서 C시에서 A시로 흡인되는 숫자 B_a는 4만 명이다.

47 아래 글상자에서 괄호 안에 들어갈 입지조건을 평가하는 항목을 순서대로 나열한 것으로 가장 옳은 것은?

- 점포 전면의 유리창 크기, 가로수 유무 (㉠)
- 지하철역 또는 버스정류장과의 거리 (㉡)
- 점포 주변의 대표적 건물이나 유명 매장 유무 (㉢)

---

① ㉠ 인지성, ㉡ 접근성, ㉢ 홍보성
② ㉠ 가시성, ㉡ 접근성, ㉢ 인지성
③ ㉠ 홍보성, ㉡ 인지성, ㉢ 접근성
④ ㉠ 가시성, ㉡ 홍보성, ㉢ 접근성
⑤ ㉠ 인지성, ㉡ 가시성, ㉢ 접근성

해설 입지의 분석에 사용되는 주요 기준
- 접근성 : 얼마나 그 점포를 쉽게 찾아 올 수 있는가 또는 점포 진입이 수월한가를 의미
- 인지성 : 점포를 찾아오는 고객에게 점포의 위치를 쉽게 설명할 수 있는 설명의 용이도
- 가시성 : 점포 전면을 오고 가는 고객들이 그 점포를 쉽게 발견할 수 있는지의 척도
- 홍보성 : 사업 시작 후 고객에게 어떻게 유효하게 점포를 알릴 수 있는가를 의미
- 호환성 : 점포에 입점 가능한 업종의 다양성 정도, 즉 다양한 업종의 성공가능성을 의미

48 상권분석 기법들 중에서 고객점표법(CST), 티센다각형(thiessen polygon), 컨버스의 분기점 모델의 공통점으로 볼 수 있는 것은?

① 점포의 매출액 예측 방법으로 이용된다.
② 상권의 공간적 경계를 파악하는 데 이용된다.
③ 개별 소비자의 위치를 분석하는 데 이용된다.
④ 경쟁점의 영향력을 파악하는 데 이용된다.
⑤ 소비자를 대상으로 설문조사를 거쳐야 한다.

해설
- 고객점표법(CST) : 소비자들로부터 획득한 직접정보를 이용하여 1차 상권과 2차 상권을 획정하는 기법으로, 주로 기존 점포를 이용하는 소비자의 공간적 분포를 분석하는 데 활용된다.
- 티센다각형(thiessen polygon) : 소비자들이 가장 가까운 소매시설을 이용한다고 가정하며, 공간독점 접근법에 기반한 상권 구획모형의 일종으로, 두 다각형의 공유 경계선상에 위치한 부지를 신규 점포부지로 선택할 경우 이곳은 두 곳의 기존 점포로부터 최대의 거리를 둔 입지가 된다.
- 컨버스의 분기점모델 : 컨버스는 흡인되는 구매력 정도가 동일하여 두 도시 사이의 거래가 분기되는 중간지점의 정확한 위치를 결정하기 위해 레일리의 소매인력법칙을 수정하여 거리-감소함수를 도출하였다.

49 상권분석시 고려해야 할 공간적 불안정성(spatial non-stability)에 관한 설명으로 가장 옳지 않은 것은?

① 소비자의 이질성으로 인해 공간상호작용모델의 모수들이 공간적으로 차이가 나는 것을 의미한다.

② 지역의 주변 거주자보다 중심 거주자의 경우에 거리증감에 따른 효용감소효과 모수의 절댓값이 작은 경우도 여기에 해당한다.

③ 고소득층 보다 상대적으로 자동차 소유비율이 낮은 저소득층은 근거리에 위치한 점포를 애용할 가능성이 높은 것도 여기에 해당한다.

④ 지역별 교통상황의 차이나 점포의 밀도가 원인이 될 수 있으므로 세분시장별로 모델을 추정하는 것은 지양해야 한다.

⑤ 공간적 불안정성이 크면 통계적 적합도가 높은 경우에도 분석 결과에 오차가 발생할 수 있다.

해 설 지역별 교통상황의 차이나 점포의 밀도가 공간적 불안정성의 원인이 될 수 있으므로 세분시장별로 모델을 추정하는 것을 지향해야 한다.

50 회귀분석의 일반적 특성과 구분되는 단계적 회귀분석의 장점으로 가장 옳은 것은?

① 과거의 연구결과 혹은 분석자의 판단 등을 토대로 소매점포의 성과 결정에 중요해 보이는 소수의 변수를 도출할 수 있다.

② 상업시설의 운영성과에 영향을 주는 각 요소들의 상대적 영향력을 계량적으로 측정할 수 있다.

③ 분석을 위해서는 많은 점포에 대한 자료가 필요하기 때문에 다수의 점포를 운영하는 체인소매점의 분석에 이용할 수 있다.

④ 다중공선성의 문제를 해결하는 동시에 포함된 변수가 너무 많아 모델의 해석이 어려워지는 것을 방지할 수 있다.

⑤ 경쟁업체 및 자사 전체의 네트워크를 충분히 고려하여 특정 점포나 부지를 고립적으로 평가할 수 있다.

해 설 단계적 회귀분석은 독립변수를 모두 투입하기는 하지만 연구자의 설정에 따라 종속변수에 영향을 미치는 요인과 영향을 미치지 않는 요인을 구분하여 영향이 있는 독립변수만 나타내는 방법이므로 다중공선성의 문제를 해결하는 동시에 포함된 변수가 너무 많아 모델의 해석이 어려워지는 것을 방지할 수 있는 장점이 있다.

※ **다중공선성**

회귀분석에서 독립변수들 간에 강한 상관관계로 인해 데이터 분석 시 부정적인 영향을 미치는 현상을 말한다.

51 확률적 상권분석모델에서 활용가능한 상권내 점포들의 점포선택 등확률선(isoprobability contours)을 통해 파악할 수 있는 내용으로 가장 옳지 않은 것은?

① 점포별 상권 잠식 현상

② 소매점포의 경쟁자

③ 유동인구의 흐름

④ 1차상권, 2차상권, 한계상권의 범위

⑤ 거리증가에 따른 점포선택확률 감소 현상

해 설 유동인구의 흐름은 내점객조사를 통해 파악할 수 있는 내용이다.

52 "유통산업발전법"[시행 2021.1.1.][법률 제17761호, 2020.12.29., 타법개정]에서 규정하는 대규모점포의 개설등록에 관한 내용으로 옳지 않은 것은?

① 대규모점포를 개설하려는 자는 영업 시작 전에 상권영향평가서 및 지역협력계획서를 산업통상자원부장관에게 제출하여야 한다.

② 각종 지자체장은 매장면적이 10분의 1이상 증가하는 전통 상업지역내 대규모점포의 변경등록을 제한할 수 있다.

③ 지역협력계획서에는 지역 중소유통기업과의 상생협력, 지역고용활성화 등의 사항이 포함될 수 있다.

④ 상권영향평가서나 지역협력계획서가 미진할 때는 각종 지자체장은 그 사유를 명시하여 보완을 요청할 수 있다.

⑤ 각종 지자체장은 점포소재지를 변경하려고 하는 전통 상업지역내 대규모점포의 변경등록을 제한할 수 있다.

해 설 대규모점포를 개설하거나 전통상업보존구역에 준대규모점포를 개설하려는 자는 영업을 시작하기 전에 산업통상자원부령으로 정하는 바에 따라 상권영향평가서 및 지역협력계획서를 첨부하여 특별자치시장·시장·군수·구청장에게 등록하여야 한다. 등록한 내용을 변경하려는 경우에도 또한 같다(유통산업발전법 제8조 제1항).

53 우리나라의 인구주택총조사 자료를 통해 확인할 수 있는 광역 및 지역단위 상권 정보로서 가장 옳지 않은 것은?

① 1인가구의 비율

② 가구의 소득 분포

③ 가구의 가족생애주기

④ 인구의 단체 가입 활동

⑤ 인구의 연령별 교육 수준

인구주택총조사 항목

구 분	세부항목
인구 · 가구항목	교육정도, 혼인상태, 사회활동, 생활비 원천, 활동제약 및 돌봄, 반려동물
인구 특성항목	여성, 출산력, 아동, 인구이동, 통근 · 통학
가구 · 주택특성항목	1인가구, 주거실태, 빈집

※ 인구주택총조사 규칙상 조사사항(인구주택총조사 규칙 제4조)
　① 인구총조사는 다음 각 호의 사항에 관하여 실시한다.
　　1. 조사대상자의 성명, 성별, 나이, 가구주(家口主)와의 관계, 국적, 교육 정도 및 혼인 상태 등 인구 특성에 관한 사항
　　2. 조사대상자의 출생지와 특정 시점의 거주지 등 인구이동에 관한 사항
　　3. 조사대상자의 경제활동 상태 및 직업(직위를 포함한다) 등 경제활동에 관한 사항
　　4. 조사대상자의 가구 구분, 주거시설 형태, 사용 방 수 및 점유 형태 등 가구 특성에 관한 사항
　　5. 그 밖에 인구 및 가구의 실태를 파악하기 위하여 필요한 사항으로서 통계청장이 정하는 사항
　② 주택총조사는 다음 각 호의 사항에 관하여 실시한다.
　　1. 거처의 종류에 관한 사항
　　2. 주택의 주거용 연면적, 대지면적, 총 방 수, 건축연도, 주거시설 수 등 주택의 구조 · 시설 및 그 특성에 관한 사항
　　3. 그 밖에 주택의 실태를 파악하기 위하여 필요한 사항으로서 통계청장이 정하는 사항
　③ 통계청장은 필요하다고 인정되는 경우에는 조사구에 따라 조사사항을 달리 정할 수 있다.

54 소매점포의 상권범위를 유추하거나 매출액을 추정할 때 활용할 수 있는 Huff모델에 대한 설명으로 옳지 않은 것은?

① 분석과정에서 실제 소비자의 점포선택 자료를 활용하며 점포의 매력도와 통행거리를 주요 변수로 고려한다는 점에서 공간상호작용 모델의 하나로 볼 수 있다.

② 상권으로 추정되는 공간에 분포하는 개별 소비자들의 점포선택행동을 확률적 현상으로 보는 확률적 분석방법이다.

③ 점포를 중심으로 형성되는 상권이 경쟁점포의 상권과 중복되지 않고 공간상에서 단절되어 단속적으로 형성된다고 가정한다.

④ 각 소비자와 점포사이의 공간적 이동거리는 이동시간 자료로 대체하여 분석하기도 한다.

⑤ 상권내 소비자들의 점포선택 행동을 추정하고 이를 근거로 각 점포별 점유율 및 매출액을 예측하는 상권분석기법이다.

Huff모델은 소비자가 특정 지역의 쇼핑센터에 갈 확률이 소비자와 행선지의 거리, 경쟁하는 쇼핑센터의 수, 쇼핑센터의 크기로 결정된다는 가정 하에 식으로 표현하는 모델로, 어떤 지역에서 다수의 경쟁업체가 입지할 경우 각 점포의 이론적인 소비자의 유인흡인력 및 매상고를 추산하는 데 유용하므로 점포를 중심으로 형성되는 상권이 경쟁점포의 상권과 중복될 수 있다.

55 점포입지 결정과정에서는 부지의 특성과 건물구조 등 구체적 입지조건을 평가하게 된다. 이와 관련한 내용으로 가장 옳지 않은 것은?

① 일정 크기를 넘으면 점포의 면적이 증가해도 매출은 더 이상 효율적으로 증가하지 않는다.

② 점포의 주요 출입구 전면에 있는 단차는 소비자의 출입을 방해하는 장애물로 작용한다.

③ 같은 면적이라면 점포의 깊이보다 정면너비가 더 큰 장방형 부지가 가시성 확보 차원에서 더 바람직하다.

④ 건축선 후퇴(setback)는 점포의 가시성을 직접적으로 높이는 효과적인 방법이다.

⑤ 점포의 구조적 형태가 직사각형이면 데드스페이스(dead space)의 발생가능성이 낮아 집기나 진열선반 등을 효율적으로 배치하기 쉽다.

해 설 건축선 후퇴로 인해 앞 건물에 가려져 보이지 않는 경우도 발생하므로 건축선 후퇴는 직접적으로 가시성에 부정적인 영향을 미친다.
※ 건축선 후퇴
　도로폭이 4미터에 이르지 못하는 경우 도로 중심선에서 2미터 후퇴한 선이 건축선에 해당되는 것

56 여러 개의 점포를 운영하는 체인형 소매업체는 새로운 시장에 진출하기 전에 기존시장을 포화시키는 출점전략을 실행하기도 한다. 기존시장 포화전략에 대한 설명으로 가장 옳지 않은 것은?

① 개별점포의 이익보다 체인 전체의 이익을 강조하는 전략이다.

② 체인수준에서의 광고, 물류 등과 관련된 규모의 경제가 증가할 수 있다.

③ 점포수준에서의 고객서비스, 재고유지 등과 관련된 규모의 경제가 증가할 수 있다.

④ 경쟁점포의 진입을 억제하거나 매출을 감소시키는 경쟁효과를 얻을 수 있다.

⑤ 점포신설의 한계이익이 한계비용을 초과하는 한 논리적으로 타당한 전략이다.

해 설 점포수준에서 시장 참여자수 증가, 대규모 경영에 따른 비용절감과 관련된 규모의 경제가 증가할 수 있다.

57 "상가건물 임대차보호법" [시행 2022.1.4.] [법률 제18675호, 2022. 1. 4., 일부개정]에서 임대인은 임차인이 임대차기간이 만료되기 6개월 전부터 1개월 전까지 사이에 계약갱신을 요구할 경우 정당한 사유 없이 거절하지 못한다고 규정하면서 몇 가지 예외를 인정하고 있다. 이 규정의 예외 상황으로서 옳지 않은 것은?

① 임차인이 거짓이나 그 밖의 부정한 방법으로 임차한 경우

② 서로 합의하여 임대인이 임차인에게 상당한 보상을 제공한 경우

③ 임차인이 임차한 건물의 전부 또는 일부를 고의나 중대한 과실로 파손한 경우

④ 임차인이 임대인의 동의 없이 목적 건물의 전부 또는 일부를 전대(轉貸)한 경우

⑤ 임차인이 연속 2기의 차임액에 해당하는 금액에 이르도록 차임을 연체한 사실이 있는 경우

계약갱신 요구 등(상가건물 임대차보호법 제10조 제1항)

임대인은 임차인이 임대차기간이 만료되기 6개월 전부터 1개월 전까지 사이에 계약갱신을 요구할 경우 정당한 사유 없이 거절하지 못한다. 다만, 다음 각 호의 어느 하나의 경우에는 그러하지 아니하다.

1. 임차인이 3기의 차임액에 해당하는 금액에 이르도록 차임을 연체한 사실이 있는 경우
2. 임차인이 거짓이나 그 밖의 부정한 방법으로 임차한 경우
3. 서로 합의하여 임대인이 임차인에게 상당한 보상을 제공한 경우
4. 임차인이 임대인의 동의 없이 목적 건물의 전부 또는 일부를 전대(轉貸)한 경우
5. 임차인이 임차한 건물의 전부 또는 일부를 고의나 중대한 과실로 파손한 경우
6. 임차한 건물의 전부 또는 일부가 멸실되어 임대차의 목적을 달성하지 못할 경우
7. 임대인이 다음 각 목의 어느 하나에 해당하는 사유로 목적 건물의 전부 또는 대부분을 철거하거나 재건축하기 위하여 목적 건물의 점유를 회복할 필요가 있는 경우
   가. 임대차계약 체결 당시 공사시기 및 소요기간 등을 포함한 철거 또는 재건축 계획을 임차인에게 구체적으로 고지하고 그 계획에 따르는 경우
   나. 건물이 노후·훼손 또는 일부 멸실되는 등 안전사고의 우려가 있는 경우
   다. 다른 법령에 따라 철거 또는 재건축이 이루어지는 경우
8. 그 밖에 임차인이 임차인으로서의 의무를 현저히 위반하거나 임대차를 계속하기 어려운 중대한 사유가 있는 경우

58 소매점포 네트워크의 설계, 신규점포의 추가, 기존점포의 재입지나 폐점 등 복수의 점포 네트워크에 대한 분석기법인 입지배정모형(location-allocation model)의 주요 구성요소로 옳지 않은 것은?

① 목적함수
② 수요지점
③ 실행가능한 부지
④ 지점간 거리(시간) 데이터
⑤ 관계규칙

입지배정모형
- 개념 : 두 개 이상의 점포를 운영하는 경우 소매점포 네트워크의 설계, 신규점포 개설 시 기존 네트워크에 대한 영향 분석, 기존 점포의 재입지 또는 폐점 의사결정 등의 상황에서 유용하게 활용될 수 있는 분석방법이다.
- 주요 구성요소 : 목적함수, 교통망, 지점간 거리자료, 수요지점, 실행가능한 부지, 배정규칙

59 소매점포 상권의 결정에 관한 설명으로서 가장 옳지 않은 것은?

① 소매점포의 상권은 점포의 경쟁력에 따라 달라진다.
② 대형점포의 상권범위 안에 간선도로 등 신규도로가 개설되면 점포를 중심으로 동심원형태로 상권이 확대된다.
③ 경쟁이 상권 결정에 미치는 영향은 소매점포의 유형에 따라 다르다.
④ 상품구색이 유사한 경쟁업체들의 밀집은 상권을 확대하기도 하지만 지나친 밀집은 상권확대에 역효과를 가져올 수 있다.
⑤ 공간적 계층성에 따라 개별 소매점포의 상권범위가 달라질 수 있다.

동심원 구조는 대형보다는 주로 소형점포의 상권 형태를 설명하기 좋은 형태이다.

60 상권 결정에 관한 컨버스(P. D. Converse)의 제2법칙이 설명하는 대상으로 가장 옳은 것은?

① 인접한 두 도시의 상권이 분기하는 중간 지점
② 경쟁하는 쇼핑센터들 각각에 대해 개인소비자가 구매할 확률
③ 중소도시 소비자의 선매품 지출이 인근 대도시로 유출되는 비율
④ 소매점포의 가격경쟁력이 소비자의 점포선택에 미치는 영향의 크기
⑤ 지리적 장애요인들이 상권 범위의 결정에 미치는 상대적 영향의 크기

해 설 컨버스의 제2법칙은 소비자가 소매점포에서 지출하는 금액이 거주도시와 경쟁도시 중 어느 지역으로 흡수되는가에 대한 것으로 중·소도시의 소비자가 선매품을 구입하는 데 있어 인근 대도시로 얼마나 유출되는지를 설명해주는 이론이다.

04 유통마케팅(61~80)

61 고관여제품의 소비자 구매특징 및 유통전략으로 가장 옳지 않은 것은?

① 여러 상표와 모델을 동시에 비교하고자 하는 동시비교 욕구가 상대적으로 강하다.
② 여러 품목을 동반구매하므로 여러 제품의 카테고리를 통합하는 머천다이징이 요구된다.
③ 구매가 상대적으로 빈번히 일어나지 않으며 구매자는 주로 목적구매를 한다.
④ 전문품의 경우는 주로 대리점, 백화점, 카테고리 킬러를 통해 유통된다.
⑤ 제품의 구매결정까지 오랜 시간과 다양한 정보를 필요로 한다.

해 설 여러 제품의 카테고리를 통합하는 머천다이징이 요구되는 것은 저관여제품의 유통전략 특징에 해당한다.

62 아래 글상자에서 설명하는 소매발전과정을 증명하는 가설 및 이론으로 가장 옳은 것은?

> 새로운 형태의 소매상은 유통시장 진입초기에 낮은 가격, 낮은 마진, 낮은 서비스의 점포운영방식으로 시장에 진입하여 기존의 높은 가격, 높은 마진, 높은 서비스의 소매업태와 경쟁하게 된다. 그러나 시간이 지나면 높은 가격, 높은 마진, 높은 서비스의 소매업태로 바뀌어간다.

① 소매차륜가설(wheel of retailing hypothesis)
② 소매아코디언이론(retail accordion theory)
③ 소매변증법적 과정(dialectic process)
④ 소매진공이론(vacuum zone theory)
⑤ 소매수명주기이론(retail life cycle theory)

② 소매아코디언이론 : 소매점은 다양한 상품 구색을 갖춘 점포로 시작하여 시간이 경과함에 따라 점차 전문화된 한정된 상품 계열을 취급하는 소매점 형태로 진화하며, 이는 다시 다양하고 전문적인 상품 계열을 취급하는 소매점으로 진화해간다고 한다. 그 진화과정은 상품믹스의 확대 → 수축 → 확대 과정이 아코디언과 유사하여 이름 붙여진 이론이다.

③ 소매변증법적 과정 : 두 개의 서로 다른 경쟁적인 소매업태가 하나의 새로운 소매업태로 합쳐지는 소매업태 혁신의 합성이론을 의미한다. 즉, 고가격, 고마진, 고서비스, 저회전율 등의 특징을 가지고 있는 백화점이 출현하면(정) 이에 대응하여 저가격, 저마진, 저서비스, 고회전율 등의 반대적 특징을 가진 할인점(반)이 나타나 백화점과 경쟁하게 된다.

④ 소매진공이론 : 기존의 소매업태가 다른 유형의 소매로 변화할 때 그 빈자리, 즉 진공지대를 새로운 형태의 소매업태가 자리를 메운다는 이론이다.

⑤ 소매수명주기이론 : 새로운 소매형태가 시장에 도입된 이후에 시간이 흘러감에 따라 제품수명주기와 같은 도입기 → 성장기 → 성숙기 → 쇠퇴기를 거치는 현상을 설명하는 이론이다.

63 아래 글상자의 유통판매촉진 유형 중 가격판촉만을 나열한 것으로 가장 옳은 것은?

㉠ 진열 수당(공제)	㉡ 사은품
㉢ 협동광고 수당(공제)	㉣ 판매도우미 파견
㉤ 구매량에 따른 할인	㉥ 판매상 지원(dealer loader)

① ㉠, ㉢, ㉤   ② ㉡, ㉢, ㉣

③ ㉡, ㉣, ㉥   ④ ㉢, ㉣, ㉤

⑤ ㉡, ㉤, ㉥

㉠, ㉢, ㉤ 가격판촉
㉡, ㉣, ㉥ 비가격 판촉

64 오프라인 소매점포가 제한된 공간에서 매출과 이익을 극대화하기 위해 여러 가지 상품들을 고루 갖추어 놓는 것을 의미하는 용어로 옳은 것은?

① 재고관리   ② 매입관리

③ 상품구색관리   ④ 가격관리

⑤ 진열관리

상품구색관리의 의미
• 점포에서 취급하는 상품 중 특정한 품목의 관리가 소홀해지거나 과도하게 재고를 보유하는 등의 문제점이 발생하지 않도록 체계적으로 관리하는 것이 상품구색이다.
• 상품구색은 목표소비자의 쇼핑편의를 도모하고 만족을 증대시키기 위해 특정점포에서 판매를 목적으로 취급하고 있는 모든 상품을 말한다.
• 상품구색은 상품계열로 분류가 가능한데, 상품계열이란 동일 혹은 유사한 기능과 고객층, 동일한 용도, 유사한 가격 수준 등에 따라 상품을 분류할 때 서로 관련성을 한데 묶을 수 있는 상품군을 말한다.

65 가격차별화(price discrimination) 전략에 대한 설명 중 가장 옳지 않은 것은?

① 고객들이 싼 값에 사서 비싼 값에 되파는 일이 일어나지 않도록 하여야 한다.

② 학생, 노인 등 특정 집단을 대상으로 가격을 할인할 수도 있다.

③ 택시요금처럼 기본요금에 사용요금을 부가하는 것을 이중요율(two-part tariff)이라고 한다.

④ 일정한 시간대에 가격을 할인해주는 것은 할인시간가격(off-peak pricing)이다.

⑤ 유보가격이 높은 집단에게는 낮은 가격을 제시하여 구매를 성사시키는 전략이다.

해 설 유보가격은 구매자가 특정 상품을 사기 위하여 지불할 용의가 있는 최대가격을 의미하므로 유보가격이 높은 집단에게는 높은 가격을 제시하여 구매를 성사시킨다.

66 아래 글상자의 괄호 안에 들어갈 고객관계관리와 관련된 용어를 순서대로 나열한 것으로 가장 옳은 것은?

(㉠)이란 고객을 구매 최근성, 구매 빈도, 구매 금액을 기준으로 분류하여, 초우량고객, 우량고객, 일반고객 등으로 등급화를 시도하는 기법을 말한다.

(㉡)이란 각 대상의 유사성을 측정하여 유사성이 높은 대상끼리 같은 집단으로 묶는 방법이다.

① ㉠ RFM분석, ㉡ 회귀분석

② ㉠ RFM분석, ㉡ 판별분석

③ ㉠ RFP분석, ㉡ 군집분석

④ ㉠ RFP분석, ㉡ 판별분석

⑤ ㉠ RFM분석, ㉡ 군집분석

해 설 ㉠ RFM분석 : 고객의 미래 구매 행위를 예측하는데 있어 가장 중요한 것이 과거 구매내용이라고 가정하는 시장분석 기법으로, 최근의(Recency) 주문 혹은 구매 시점, 특정 기간 동안 얼마나 자주(Frequency) 구매하였는가, 구매의 규모는 얼마인가(Monetary Value)를 의미하며, 각 고객에 대한 RFM을 계산한 후 이를 바탕으로 고객군을 정의하는 기법이다.

㉡ 군집분석 : 어떤 목적 변수(Target)를 예측하기보다는 고객수입, 고객연령과 같이 속성이 비슷한 고객들을 묶어서 몇 개의 의미 있는 군집으로 나누는 기법으로 전체가 너무 복잡할 때에는 몇 개의 군집을 우선 살펴봄으로써 전체를 개관할 수 있다.

67 High/Low 가격(pricing) 전략에 대한 설명으로 가장 옳지 않은 것은?

① 충성고객을 위한 가격전략이다.

② 동일한 상품으로 가격에 탄력적인 고객과 비탄력적 고객 모두에게 소구할 수 있다.

③ Low 가격전략은 고객을 자극하고, 모으는 효과가 있다.

④ Low 가격전략은 판매가 부진한 상품에 대한 재고를 줄이는 데 있어 효과적이다.

⑤ 제품 출시 시기의 High 가격전략은 고객에게 높은 품질에 대한 믿음을 제공하는 효과가 있다.

High/Low 가격전략은 1년에 250일 정도는 비싸게 팔다가, 80일 정도는 바겐세일기간으로 정하여 싸게 파는 전략으로, 원가에 일정 마진을 붙여서 보통 때는 비싸게 팔다가 물건이 잘 안 팔리면 할인해서 싸게 팔기 때문에 충성고객을 위한 가격전략과는 거리가 멀다.

68 마이클 포터(Michael E. Porter)의 본원적 경쟁전략 중 특정세부시장을 대상으로 비용절감에 집중하는 경쟁전략으로 옳은 것은?

① 차별화전략(differentiation strategy)

② 원가주도전략(cost leadership strategy)

③ 집중차별화전략(differentiation focus strategy)

④ 다각화전략(diversification strategy)

⑤ 원가집중전략(cost focus strategy)

① 차별화전략 : 광범위한 고객들을 대상으로 고객집단별로 그들이 요구하는 제품이나 서비스를 세분화 · 차별화하여 경쟁우위를 확보하는 전략이다.

② 원가주도전략 : 규모의 경제성, 경험 축적, 숙련된 기술 등으로 인한 원가절감을 통해 비용요소를 철저하게 통제하고 기업 조직의 가치사슬을 최대한 효율적으로 구사하는 전략이다.

③ 집중차별화전략 : 메인 시장과는 다른 특성을 지니는 틈새시장(Niche Market)을 대상으로 해서 소비자들의 니즈를 원가우위 또는 차별화전략을 통해 충족시켜 나가는 전략이다.

④ 다각화전략 : 유통기업이 보유하고 있는 능력과 자원을 새로운 업태 혹은 다른 업종의 사업에 투자함으로써 기존의 자원과 능력을 확장 · 발전시키고자 하는 성장전략을 말한다.

69 목표시장선정을 위해 기업이 고려해야 할 요소로 시장잠재력이 있다. 아래 글상자의 내용을 이용하여 연간 총사용량을 기반으로 한 시장잠재력을 계산한 것으로 옳은 것은?

A제품 잠재 사용자 : 1,000명
A제품 하루 평균 이용량 : 2개
A제품의 평균단가 : 10원
회사의 잠재점유율 : 30%

① 219만원   ② 250만원

③ 365만원   ④ 730만원

⑤ 850만원

1,000명 × 2개 × 10원 × 365일 = 7,300,000원

70 서비스품질을 관리하기 위한 갭(Gap)분석 모형에 대한 설명으로 가장 옳은 것은?

① 갭(Gap) 1은 고객 기대에 대한 경영진의 인식과 서비스 표준설계와의 격차를 말한다.

② 갭(Gap) 2는 고객의 기대와 이에 대한 서비스기업의 인식 간의 차이에서 발생한다.

③ 갭(Gap) 3은 고객에게 제공된 서비스가 그 서비스에 대한 외부 커뮤니케이션의 내용과 차이가 날 때 발생한다.

④ 갭(Gap) 4는 서비스 표준과 고객에게 제공된 서비스와의 불일치에서 발생한다.

⑤ 갭(Gap) 5는 고객이 기대하는 서비스와 실제로 서비스를 제공받고 인지한 것과의 차이에서 나타나는 격차를 말한다.

해 설 ① 갭(Gap) 1은 고객의 기대와 경영자의 인식의 차이를 말한다.
② 갭(Gap) 2는 경영자의 인식과 서비스품질 명세서의 차이를 말한다.
③ 갭(Gap) 3은 서비스품질 명세서와 실제 제공서비스의 차이를 말한다.
④ 갭(Gap) 4는 실제 서비스 제공과 외부 커뮤니케이션의 차이를 말한다.

71 해외시장에 진입하려는 소매업체가 그 지역 소매업체와 자원을 공동으로 이용하여 소유권, 통제권, 이익이 공유되는 새로운 회사를 설립하는 접근방식을 채택하는 경우, 이러한 접근방식을 의미하는 것으로 옳은 것은?

① 직접투자　　　　　　　　　　② 전략적 제휴

③ 가맹계약　　　　　　　　　　④ 합작투자

⑤ 인수합병

해 설 ① 직접투자 : 외국기업의 주식을 다량 구매함으로써 그 기업의 경영에 직접 참여하는 방식이다.
② 전략적 제휴 : 국제적 경쟁관계에 있는 기업들끼리 상호이익을 위해 일시적으로 협조관계를 형성하는 방식이다.
③ 가맹계약 : 동맹이나 연맹, 단체에 가입하기 위하여 일정한 법률 효과의 발생을 목적으로 청약과 승낙이 합치해야만 성립하는 법률 행위로서, 매매·고용·임대차 따위의 채권 관계를 성립시킨다.
⑤ 인수합병 : 기업의 인수는 한 기업이 다른 기업의 주식이나 자산을 취득하면서 경영권을 획득하는 것이며, 합병은 두 개 이상의 기업들이 법률적으로나 사실적으로 하나의 기업으로 합쳐지는 것을 말한다.

72 아래 글상자에서 설명하고 있는 매장의 레이아웃으로 가장 옳은 것은?

> – 판매면적을 최대한 확보할 수 있다.
> – 통로 폭이 일정하여 구성이 단조롭다.
> – 고객 통행량에 따라 동선폭을 조정하기 어렵다.
> – 진열대 크기 및 배치에 있어 규격화가 가능하다.

① 자유형 레이아웃　　　　　　　② 격자형 레이아웃

③ 타원형 레이아웃　　　　　　　④ 루프형 레이아웃

⑤ 경주로형 레이아웃

① 자유형 레이아웃 : 자유형은 규모가 작은 전문매장이나 여러 매장들이 함께 입점되어 있는 대형점포, 백화점 등에서 주로 활용되는 형태이다.
③ 타원형 레이아웃 : 타원 형태의 부드러운 곡선 레이아웃을 의미한다.
④ 루프형 레이아웃 : 주요 통로를 통해 고객의 동선을 유도하여 상품의 노출성과 고객편리성을 추구하는 레이아웃으로, 자유로운 쇼핑과 충동구매를 기대할 수 있다.
⑤ 경주로형 레이아웃 : 주로 소형 의류 매장(부티크)의 배치에 활용되며 통로를 중심으로 여러 매장 입구를 연결하여 배치하는 방법이다.

73 유통업체 브랜드(private brand)상품에 대한 설명으로 가장 옳지 않은 것은?

① PB상품은 불경기에 극빈층을 대상으로 무상표(generic)를 판매하는 것에서 시작되었다.
② PB상품은 소매마진이 큰 경우, NB와 PB상품 간의 가격차가 큰 경우 도입하게 된다.
③ 유통업체의 규모가 크고 고품질의 PB상품을 개발할 능력을 가진 경우 도입하게 된다.
④ 유통업체가 제조업체와의 제휴를 기반으로 PB상품의 기획, 설계, 개발단계에 참여하게 된다.
⑤ PB상품의 경우 유통업체가 아닌 제조업체가 가격결정권을 가지고 있다.

PB상품은 유통업체 상표로, 유통기업이 자체능력으로 기획을 하여 직접 도매기업이나 중소제조기업에 하청을 주거나 자사 계열사를 통해 생산한 후 판매하는 형태이기 때문에 유통업체가 가격결정권을 가지고 있다.

74 재고의 역할에 따른 분류 중 가장 옳지 않은 것은?

① 안전재고(safety stock) : 수요의 불확실성에 대비하여 여유분으로 보유하는 재고
② 운송재고(transportation stock) : 운송 또는 이동 중인 재고
③ 예상재고(anticipation stock) : 회사의 전략에 근거해서 보유하는 재고
④ 로트사이즈 재고(lot size stock) : 로트사이즈 크기로 인해 발생되는 재고
⑤ 운용재고(operation stock) : 목적에 맞게 충분히 활용하고 남은 재고

운용재고는 특정한 품목의 현 보유량과 주문 중에 있는 양의 합계량의 일부분을 의미한다.

75 아래 글상자에서 설명하는 용어로 가장 옳은 것은?

> 판매를 원하는 모든 사업자들에게 개방되어 있는 온라인시장을 의미한다. 미국에서는 온라인 마켓플레이스(online market place)라는 용어를 사용하며, 2000년대 후반 이후부터 우리나라의 온라인 쇼핑시장을 주도하고 있다.

① 라이브커머스(live commerce)
② 모바일쇼핑(mobile shopping)
③ 오픈마켓(open market)
④ T커머스(T-commerce)
⑤ 홈쇼핑(home shopping)

① 라이브커머스(live commerce) : 채팅으로 소비자와 소통하면서 상품을 소개하는 스트리밍 방송을 의미한다.

② 모바일쇼핑(mobile shopping) : 모바일 기기로 무선 인터넷에 접속하여 물건을 구입하는 일을 말한다.

④ T커머스(T-commerce) : TV와 커머스(commerce)가 결합된 단어로 텔레비전을 시청하다가 리모컨을 조작해 상품 구매 의사를 밝히면 즉시 주문과 결제가 이뤄진다.

⑤ 홈쇼핑(home shopping) : 직접 외출하지 않고 집에서 백화점, 슈퍼마켓 등의 상품정보를 보고 물건을 구매하는 것을 말한다.

76 고객을 대상으로 하는 마케팅 커뮤니케이션 과정의 구성요소에 대한 내용으로 옳지 않은 것은?

① 발신인 : 다른 개인이나 그룹에게 메시지를 보내는 당사자를 말한다.

② 부호화 : 전달하고자 하는 생각을 문자, 그림, 말 등으로 상징화하는 과정을 말한다.

③ 메시지 : 발신인으로부터 수신인에게 메시지를 전달하는 데 사용되는 의사전달 경로를 말한다.

④ 해독 : 발신인이 부호화하여 전달한 의미를 수신인이 해석하는 과정을 말한다.

⑤ 반응 : 메시지에 노출된 후 일어나는 수신인의 행동을 말한다.

메시지는 발신인이 전달하고자 하는 내용의 조합을 의미한다.

77 아래 글상자의 사례에서 제시된 고객충성도를 향상시키기 위한 효과적인 다빈도 구매고객프로그램으로 가장 옳은 것은?

> 행사기간 중 100만원에서 150만원 미만 구매고객에게 10만원, 150만원에서 200만원 미만 구매고객에게 15만원, 200만원에서 250만원 미만 구매고객에게 25만원의 상품권을 인센티브로 제공한다.
> 또한 250만원 이상 구매고객에게는 1박 2일 호텔무료숙박권의 특별한 보상이 주어진다.

① 계층형 보상 제공

② 고객 생애가치에 따른 VIP 대우

③ 자선활동과의 연계

④ 보상에 대한 선택권 제공

⑤ 선택된 상품의 모든 거래에 대한 보상 제공

계층형 보상 제공

계층형 로열티 프로그램은 일반적으로 초기 구매 시 약간의 인센티브를 제공하는 것으로, 고객이 로열티 사다리를 올라갈수록 보상의 가치는 증가한다. 이러한 유형의 프로그램은 항공사, 호텔, 보험회사와 같이 높은 약속 및 가격대의 비즈니스에 더 잘 작동하는 경향을 보인다.

78 아래 글상자에서 설명하는 직원의 내재적 보상(intrinsic rewards)으로 가장 옳은 것은?

> 경험이 많은 직원들이 현재 받고 있는 수입과 업무에 대해 만족하고 있어 보수나 승진이 더 이상 그들의 관심을 끌지 못할 경우 보다 광범위한 업무와 책임을 포함하도록 직무를 재설계하는 내재적 보상으로 직원들을 동기부여 시킬 수 있는 방법의 하나이다. 예를 들어, 특별한 행사를 기획하고 관리하는 일을 맡기거나 신입사원들을 훈련시키는 일 등이 있다.

① 컨테스트(contests)
② 직무충실화(job enrichment)
③ 할당 보너스(quota bonus)
④ 인센티브 보상(incentive compensation)
⑤ 현장연수(on the job training)

해설 직무충실화
직무내용을 고도화해 직무의 질을 높이는 것을 의미한다. 정도의 차이는 있지만 일반적으로 종업원은 스스로에게 부과된 직무가 양적·질적으로 충실하며 의미 있고 책임감을 느낄 수 있는 일이라고 생각되는 경우에 도전하고 싶은 동기가 생기며, 이를 수행함으로써 스스로 성장하고 싶어 하는 욕구가 발생한다.

79 브랜드 관리에 관한 내용으로 가장 옳지 않은 것은?

① 기존 브랜드와 동일한 상품 범주에 출시된 신상품에 기존 브랜드를 사용하는 것을 라인 확장이라고 한다.
② 브랜드 자산의 구성요소에는 주로 브랜드 인지도, 브랜드 연상, 브랜드 충성도, 지각된 품질 등이 있다.
③ 브랜드 아이덴티티는 기업이 목표고객의 마음속에 심어 놓고자 하는 총체적 이미지를 구현하는 통합적 집합체이다.
④ 공동 브랜드(family brand)는 브랜드 제품에 반드시 포함되는 원료, 소재, 구성품 등에 브랜드를 부여하는 것으로 사용료를 지불하고 이용한다.
⑤ 브랜드 계층구조란 보통 기업 브랜드(corporate brand), 공동 브랜드(family brand), 개별 브랜드(individual brand), 브랜드 수식어(brand modifier) 등으로 구분된다.

해설 공동 브랜드는 두 개 이상의 기업들이 연합하여 공동으로 사용하기 위해 개발된 브랜드이다.

80 매입의 종류와 특징에 대한 설명 중 가장 옳지 않은 것은?

① 직매입은 상품의 인도 시점부터 소유권이 취득되고 재고관리 부담도 소매점에서 책임진다.

② 직매입에서의 반품은 상대방 책임에 의한 불량품, 주문이외 상품, 상거래 관습에 따라 인정되는 상품과 상대방 요청이 있는 경우에 가능하다.

③ 특정매입은 소매점에서 일정 기간 동안 상품을 판매한 후 사전에 결정된 일정 비율의 수수료를 공제하고 지급하는 방식이다.

④ PB(private brand)상품의 경우는 특정매입 형태가 일반적이며 재고의 부담을 제조업체가 갖게 된다.

⑤ 임대을은 매월 고정 임대료가 아닌 매출액의 일정비율을 수수료로 지불하는 방식이다.

> 해설 PB(private brand)상품의 경우는 제조업체 브랜드에 비해 인지도나 제품디자인이 다소 떨어지는 경향이 있고 유통업체의 재고 부담이 커진다는 단점이 있다.

05 유통정보(81~100)

81 상품식별코드 부여 기준에 대한 설명으로 가장 옳지 않은 것은?

① 세트상품(종류가 다른 복수상품)의 내용물 변화가 있는 경우 새로운 상품식별코드 부여

② 기존 상품의 체적정보 또는 총중량의 20% 이상의 변화발생시, 새로운 상품식별코드 부여

③ 기존 상품 브랜드가 변화한 경우, 새로운 상품식별코드 부여

④ 기존 상품 포장의 인증마크 추가 또는 제거가 발생한 경우, 동일한 상품식별코드 부여

⑤ 기존 상품의 경미한 디자인 변화가 있는 경우, 동일한 상품식별코드 부여

> 해설 기존 상품 포장의 인증마크 추가 또는 제거가 발생한 경우, 새로운 상품식별코드를 부여해야 한다.

82 아래 글상자의 괄호 안에 들어갈 용어를 나열한 것으로 가장 옳은 것은?

> – 아마존은 내부 물류 단계인 창고 및 하적 장소에서 주로 (㉠)을 이용한 제품 운반, 피킹(picking), 포장 등의 작업을 수행하거나 현장 작업자를 지원한다.
> – DHL(2014)은 「Self-Driving Vehicles in Logistics」라는 보고서를 통해 물류 창고, 외부 물류 운송, 장거리 이동, 라스트마일 배송 등 물류 프로세스 전반에 걸쳐 (㉡)을 이용할 것을 제시하였다.

① ㉠ 자율주행트럭, ㉡ 무중단운행트럭

② ㉠ 무인이동체 로봇, ㉡ 드론

③ ㉠ 챗봇, ㉡ 원격조정트럭

④ ㉠ 드론, ㉡ 무중단운행트럭

⑤ ㉠ 무인이동체 로봇, ㉡ 자율주행트럭

해 설 ㉠ 무인이동체 로봇 : 사람의 도움 없이 스스로 외부환경을 인식해 상황판단과 임무를 수행하는 이동체로, 사람이 장시간ㆍ장기간에 걸쳐 해야 하는 일을 로봇이 대신 할 수 있다.
㉡ 자율주행트럭 : 기존의 자동차 주요 수송 기능을 수행할 수 있는 자동 운전 차량으로서 인간의 개입 없이 주위의 환경을 감지하고, 자동항법 운행이 가능하다.

83 유통정보시스템 개발 과정에서 적은 비용으로 짧은 시간에 정보시스템의 일부 실험모형을 개발하고 사용자의 평가와 요구에 의하여 수정ㆍ보완해 가는 방법으로 가장 옳은 것은?

① 최종 사용자 참여 방법론

② 객체지향 방법론

③ RAD 방법론

④ 프로토타이핑 방법론

⑤ JAD 방법론

해 설 ① 최종 사용자 참여 방법론 : 최종 사용자들이 기술 전문가의 약간의 도움이나 도움 없이 간단한 정보시스템을 개발하는 방법으로 4세대 언어, 그래픽 언어, PC 소프트웨어 도구 등을 활용한다.
② 객체지향 방법론 : 컴퓨터 프로그램을 명령어의 목록으로 보는 시각에서 벗어나 여러 개의 독립된 단위, 즉 '객체'들의 상호작용으로 요구 사항을 분석하는 방법이다.
③ RAD 방법론 : RAD(Rapid Application Development) 모형은 강력한 소프트 개발 도구(CASE 도구)를 이용하여 매우 짧은 주기로 개발을 진행하는 순차적 소프트웨어 개발 프로세스이다.
⑤ JAD 방법론 : JAD(Joint Application Design/Development)는 사용자와 개발자가 공동 참여하여 프로토타입 기반의 time-box를 수행함으로써 고객의 비즈니스 요구사항을 명확히 도출하고 그에 따른 시스템을 설계ㆍ개발하는 방법론이다.

84 키워드 검색 쿼리를 전송하면 서버가 이를 받아 미리 지정한 포털 사이트들에 쿼리를 전송해 각 검색 사이트의 검색결과를 받아 사용자에게 보여주는 방식의 검색엔진으로 가장 옳은 것은?

① 시멘틱 웹 검색엔진 　　　　　　　　② 인덱스 검색엔진

③ 주제별 검색엔진 　　　　　　　　　　④ 디렉토리 검색엔진

⑤ 메타 검색엔진

해 설 ① 시멘틱 웹 검색엔진 : 컴퓨터가 사람을 대신하여 정보를 읽고 이해하고 가공하여 새로운 정보를 만들어 낼 수 있도록, 이해하기 쉬운 의미를 가진 차세대 지능형 웹이다.
② 인덱스 검색엔진 : 가장 일반적인 방식으로 검색어가 포함된 웹 페이지를 검색한다.
③ 주제별 검색엔진 : 인터넷상의 많은 자원들을 주제별로 분류해놓고 사용자가 대분류만 알면 쉽게 정보를 찾아낼 수 있도록 구성되어 있다.
④ 디렉토리 검색엔진 : 주제별로 분류된 메뉴를 선택하여 한 단계씩 상세한 주제로 찾아가는 방법이다.

85 데이터마이닝에서 사용되는 다양한 분석기법 중 아래 글상자의 사례에 해당하는 기법으로 가장 옳은 것은?

> 집을 구매한 사람들의 65%가 2주 이내에 신형 냉장고를 구매하고, 40%가 4주 이내에 오븐을 구매한다.

① 군집분석
② 분류분석
③ 예측분석
④ 연관규칙
⑤ 순차패턴

해 설 순차패턴은 이벤트나 행동의 시간적인 순서를 나타내는 규칙, 즉 데이터에 공통으로 나타나는 순차적인 패턴을 찾아내는 것을 의미한다.
① 군집분석 : 집단 또는 범주에 대한 사전 정보가 없는 데이터의 경우 주어진 관측값을 사용하여 전체를 몇 개의 유사한 집단으로 그룹화하여 각 집단의 성격을 파악하기 위한 기법이다.
② 분류분석 : 분류결과가 알려진 과거의 데이터로부터 분류별 특성을 찾아내어 분류모형 및 분류를 알아내는 기법이다.
③ 예측분석 : 시간 구간에 대한 데이터의 변화 추이에 대한 유사성을 발견하는 기법이다.
④ 연관규칙 : 대규모의 데이터 항목들 중에서 유용한 연관성과 상관관계를 찾는 기법이다.

86 아래 글상자에서 설명하는 내용과 같은 현상을 지칭하는 용어로 가장 옳은 것은?

> A사의 경우, 판매점에서 판매되는 데스크젯 프린터의 최종 수요 변동폭에 비해 판매점이 A사 프린터 사업부에 주문하는 프린터 수량의 변동폭이 훨씬 더 크게 나타났으며, 다시 A사 프린터 사업부가 IC 사업부에 주문하는 프린터 제조용 IC칩 주문량의 변동폭은 더욱 크게 나타나는 현상이 관찰되었다.

① 수확체증의 법칙
② 파킨슨 법칙
③ 채찍효과
④ 경제적주문량모형
⑤ 수확체감의 법칙

해 설 채찍효과는 공급사슬관리에서 나타나는 정보왜곡 현상으로 하류의 고객주문정보가 상류로 전달되면서 정보가 왜곡되고 확대되는 증폭현상이 발생한다.
① 수확체증의 법칙 : 전통적인 산업에 적용되던 수확체감의 법칙에 대응하는 개념으로, 어떤 기업이 상품을 만들기 위해 생산설비를 갖추고 생산을 시작하여 일정 규모의 생산을 초과하게 되면 비용이 점차 줄어들게 되고 수익이 커지는 현상을 말한다.
② 파킨슨 법칙 : 어떤 일이든 주어진 시간이 소진될 때까지 늘어진다는 표현으로 대표되는 경험적 법칙을 의미하는 것으로, 일반적으로는 관료조직의 인력, 예산, 하위조직 등이 업무량과 무관하게 점차 비대해지는 현상을 지칭하는 용어이다.
④ 경제적주문량모형 : 자재나 제품의 구입에 따르는 제비용과 재고유지비 등을 고려해 가장 경제적이라고 판단되는 자재 또는 제품의 주문량으로, 주문비용과 단위당 재고유지비용의 합계가 최저로 되는 점(주문량)이다.
⑤ 수확체감의 법칙 : 노동력이 한 단위 추가될 때 이로 인해 늘어나는 한계생산량은 점차 줄어드는 현상을 말한다.

87 GS1 표준기반 이력추적시스템 설계 시 검토해야 하는 요소들 중 성능 평가요소로 가장 옳은 것은?

① 타 시스템과 데이터의 호환성
② 이력추적 범위
③ 상품의 세분화 정도
④ 추적의 정확성 수준
⑤ 공급망의 복잡성

해 설 GS1 표준은 비즈니스와 산업 플랫폼의 글로벌 융합을 위한 사물의 식별체계를 제공하고, 다양한 방식으로 데이터를 수집하며 데이터와 서비스를 공유하기 위한 표준도 만들기 때문에 GS1 표준기반 이력추적시스템 설계 시 검토해야 할 성능 평가요소는 타 시스템과 데이터의 호환성이다.

88 아래 글상자의 괄호 안에 들어갈 용어로 가장 옳은 것은?

> (   )은 엘리 골드렛이 제안한 최적생산기술로 프로세스 최적화를 위한 DBR(Drum-Buffer-Rope)이라는 핵심개념에서 출발하였다. 병목은 공급사슬흐름을 느리게 만드는 원인 활동으로, 결국 전체시스템의 처리시간은 병목활동에 의해 결정된다고 한다. 따라서 전체시스템의 처리시간을 개선하기 위해서는 가능한 역량을 추가하고 셋업시간을 줄이는 것이 중요하다.

① 최적화이론
② 자원배분이론
③ 제약조건이론
④ 효율최적화이론
⑤ 효율성이론

해 설 제약조건이론
최적생산기술에서 출발한 경영과학의 체계적 이론으로, 모든 기업은 더 높은 수준의 성과를 제약하는 자원이 반드시 하나 이상은 존재하며, 기업은 이러한 제약자원들을 파악하고 개선해야만 기업의 성과를 높일 수 있다는 이론이다.

2022

89 핀테크(FinTech) 서비스에 대한 설명으로 가장 옳지 않은 것은?

① 핀테크 기술은 온라인 매장에서만 이용할 수 있는 첨단 금융기술이다.
② 핀테크는 클라우드 펀딩, 이체, 지불, 인증 등의 기능을 제공한다.
③ 카카오 페이(kakao pay)는 대표적인 핀테크 서비스 성공 사례이다.
④ 기업들은 핀테크 서비스 제공을 위해 다양한 기업들이 참여하는 비즈니스 에코시스템 (business eco-systems)을 구축하고 있다.
⑤ 금융(finance)과 기술(technology)이 결합한 서비스로 편리성과 보안에 대한 강화가 요구된다.

해 설 핀테크 기술은 온라인뿐만 아니라 오프라인 매장에서도 이용할 수 있는 첨단 금융기술이다.

90 ERP시스템에서 SCM 모듈을 실행함으로써 얻을 수 있는 장점으로 가장 옳지 않은 것은?

① 공급사슬에서의 가시성 확보로 인해 공급 및 수요변화에 대한 신속한 대응이 가능하다.

② SCM 파트너는 개선된 정보 투명성을 통해 재고수준을 줄이고, 재고회전율(inventory turnover)을 감소시킬 수 있다.

③ 생산라인 및 유통채널에서의 선적지연은 공급사슬상의 비즈니스 파트너 간의 긴밀한 통합 및 협력을 통해서 해소될 수 있다.

④ 고객 트렌드(customer trends) 파악을 용이하게 함으로써 고객 니즈(customer needs)에 유연하고 신속하게 대응할 수 있다.

⑤ 실시간 비즈니스 분석과 더불어 정보의 투명성 확보로 인해 공급사슬상에서 관련 당사자들의 용역 및 서비스에 대한 현금화 주기(cash-to-cash cycle)를 단축한다.

해설 SCM 파트너는 제조 프로세스의 투명성이 향상됨에 따라 제품을 만드는 데 이용되는 원재료의 재고를 줄일 수가 있으며, 제품인도 일정계획을 보다 정확하게 수립할 수 있기 때문에 재고회전율을 향상시켜 창고에 저장된 완성품의 재고량을 줄일 수 있게 된다.

91 오늘날 유통업체에서는 보안성을 높이기 위해 물류관리 분야의 정보시스템 구현에 있어서 블록체인(Blockchain) 기술을 활용하고 있다. 이러한 블록체인 기술에 대한 설명으로 가장 옳지 않은 것은?

① 활용되는 목적에 따라 퍼블릭 블록체인(Public Blockchain), 프라이빗 블록체인(Private Blockchain), 컨소시엄형 블록체인(Consortium Blockchain)으로 구분하기도 한다.

② 퍼블릭 블록체인(Public Blockchain)은 누구나 접근가능하고 안정적이며 신뢰성이 높다.

③ 프라이빗 블록체인(Private Blockchain)은 허가받은 이용자만 접근 가능하며 기업별 특화가 가능하다.

④ 퍼블릭 블록체인(Public Blockchain)은 프라이빗 블록체인(Private Blockchain)에 비해 확장성이 좋고 거래속도가 빠르다.

⑤ 컨소시엄형 블록체인(Consortium Blockchain)은 반중앙형 블록체인으로 사용자별 권한 부여 차별화로 민감한 정보관리가 가능한 장점이 있다.

해설 프라이빗 블록체인은 기관 또는 기업이 운영하며 사전에 허가를 받은 사람만 사용할 수 있어 참여자 수가 제한되어 있기 때문에 퍼블릭 블록체인에 비해 상대적으로 속도가 빠르다.

92 유통업체에서 업무 혁신을 위해 도입하고 있는 RPA(Robotic Process Automation) 시스템에 대한 설명으로 가장 옳지 않은 것은?

① 고객과 관련된 반복적인 질의에 대응하는 업무를 정해진 규칙에 따라 처리할 수 있도록 자동화시켜 준다.

② 업무처리 속도가 매우 빠르고 업무 효율성이 매우 높다.

③ 최근 데이터에 기반한 학습을 통해 스스로 의사결정을 할 수 있는 인공지능 기술이 RPA 시스템에 이용되는 추세이다.

④ 음성 변환 기술을 활용해서 보다 많은 고객들의 요구사항에 효율적으로 응대할 수 있도록 발전하고 있다.

⑤ 설계적 오류나 병목현상 발생 시, 자동으로 프로세스를 변경할 수 있으며, 다양한 요구에 유연하게 변경가능 하여 복잡한 업무 자동화에 적합하다.

해 설 RPA(로봇 프로세스 자동화)는 기업의 재무, 회계, 제조, 구매, 고객 관리 등에서 데이터 수집, 입력, 비교 등과 같이 반복되는 단순 업무를 자동화하여 빠르고 정밀하게 수행함으로써 경영 전반의 업무 시간을 단축하고 비용을 절감할 수 있다.

93 공급사슬관리를 위한 RFID 기술에 대한 설명으로 옳지 않은 것은?

① RFID 기술은 무선 네트워크를 이용해 제품에 부착된 태그의 IC칩에 저장된 고유정보를 안테나와 리더를 통해 비접촉식 방식으로 수집할 수 있다.

② 능동형 태그는 배터리가 내재되어 있다.

③ 수동형 태그는 능동형 태그에 비해 고가이며, 원거리에서 활용가치가 높다.

④ RFID 기술은 공급사슬에서 태그가 부착된 제품의 이동경로를 추적관리할 수 있다.

⑤ 기술발전에 따라 태그 비용이 낮아지고 있고, 이에 따라 기업들은 효율적 유통관리를 위해 RFID 기술 도입에 보다 많은 관심을 가지게 되었다.

해 설 능동형 태그는 수동형 태그에 비해 고가이며, 원거리에서 활용가치가 높다.

94 빅데이터를 구축하는 데 있어 데이터를 수집하고 정제하고 저장하며 유지관리하는 전 과정에 걸쳐 데이터의 품질관리는 중요한 이슈이다. 데이터 품질관리를 위한 지표에 대한 설명으로 가장 옳지 않은 것은?

① 완전성 : 데이터 저장소인 DB를 구축함에 있어 논리적 설계와 물리적 구조를 갖추고, 업무 요건에 맞게 데이터가 저장되도록 설계·구축되었는지를 진단하는 지표

② 정확성 : 데이터가 실세계 사실 및 업무규칙에 맞게 정확한 값이 저장되어 있는지를 진단하는 지표

③ 유효성 : 사용자가 원하는 시점에 데이터의 주기에 따른 가장 최신 데이터를 유지하는지를 진단하는 지표

④ 접근성 : 사용자가 원하는 데이터를 손쉽게 사용할 수 있는지를 진단하는 지표

⑤ 일관성 : 같은 의미를 갖는 데이터는 표준을 준수하여 동일한 용어와 도메인으로 정의하고 중복, 연계 데이터의 값이 서로 일치하는지를 진단하는 지표

해 설 유효성은 데이터가 정확성과 일관성을 유지하는지를 진단하는 지표이다.

95 구매업체(유통업체) 측면에서 공급자재고관리(VMI)의 이점에 대한 설명으로 가장 옳지 않은 것은?

① 구매업체(유통업체)는 안전재고를 보유할 필요성이 감소됨

② 구매업체(유통업체)는 낮은 수준의 재고 보유로 인해 원가절감이 가능해짐

③ 구매업체(유통업체)는 적시에 적합한 제품을 가짐으로써 총서비스 수준을 개선함

④ 구매업체(유통업체)는 업무처리에 있어서 문제 발생 시에 책임이 상대기업에게 이전됨에 따라 계획 및 주문 관련 비용을 줄일 수 있음

⑤ 구매업체(유통업체)는 판매시점관리시스템 활용으로 데이터 가시성이 확보되어 생산계획 수립을 위한 개선된 수요예측이 가능해짐

해 설 공급자재고관리(VMI)는 유통업체가 판매·재고 정보를 EDI로 제조업체에 제공하면 제조업체는 이 데이터를 분석하여 수요를 예측하고, 상품의 납품량을 결정하는 시스템 환경이다.

96 아래 글상자의 내용에 부합하는 모바일 결제방식의 종류로 가장 옳은 것은?

> - 사이버 공간에 화폐가치를 저장하여 사용한다.
> - 결제 수단 외에도 할인 쿠폰, 마일리지 적립 등과 같은 부가기능도 함께 제공한다.

① 전자 지갑   ② 모바일 뱅킹

③ 휴대폰 결제   ④ 모바일 간편결제

⑤ 모바일 신용카드

전자 지갑은 디지털화된 가치를 안전하게 활용할 수 있도록 모바일 기기상에 구현한 전자 지불 시스템의 한 종류로, 신용 결제뿐 아니라 멤버십, 포인트, 쿠폰 등 다양한 결제 방식을 자유롭게 선택할 수 있기 때문에 스마트폰 혁명이 초래한 모바일 경제 시대의 새로운 결제 방식으로 각광받고 있다.

97 마이클 포터(Michael Porter)의 가치사슬 모델에서 주활동을 지원하는 보조활동에 해당되는 것으로 가장 옳은 것은?

① 인적자원관리

② 내부 물류

③ 외부 물류

④ 판매 및 마케팅

⑤ 고객 서비스

마이클 포터의 가치창출활동의 구분
- 주활동 : 제품의 생산, 운송, 마케팅, 영업, 판매, 물류, 서비스 등과 같은 현장 업무 활동으로 부가가치를 직접 창출하는 부문이다.
- 보조활동 : 구매, 기술개발, 경영혁신, 인사, 기업하부구조(재무·기획), 전산정보, 회계 등 현장 활동을 지원하는 제반업무로 부가가치가 창출되도록 간접적인 역할을 하는 부문이다

98 유통업체의 통합정보자원관리를 위한 ERP 시스템 구현과정에서 중요한 데이터 마이그레이션에 대한 설명으로 가장 옳은 것은?

① 데이터 추출 : 레거시 시스템의 데이터베이스에서 데이터를 꺼내는 작업이다.

② 데이터 정제 : 새로운 도메인의 데이터를 레거시 시스템에 추가하기 위한 작업이다.

③ 데이터 수집 : 데이터를 새로운 ERP 시스템으로 옮기는 작업이다.

④ 데이터 일치 : 데이터를 ERP 시스템에서 사용할 수 있도록 수정하는 작업이다.

⑤ 데이터 운반 : 외부로부터 유입된 데이터를 기업 표준으로 변환하는 작업이다.

② 데이터 정제 : 데이터베이스의 불완전 데이터에 대한 검출·이동·정정 등의 작업이다.
③ 데이터 수집 : 여러 장소에 있는 데이터를 한 곳으로 모으는 작업니다.
④ 데이터 일치 : 외부로부터 유입된 데이터를 기업 표준으로 변환하는 작업이다.
⑤ 데이터 운반 : 데이터를 새로운 ERP 시스템으로 옮기는 작업이다.

99 아래 글상자에서 설명하고 있는 최신기술 용어로 가장 옳은 것은?

> – 현실 세계를 기반으로 사회·경제·문화 활동이 이뤄지는 3차원(3D) 가상세계, 즉 초월적 세상을 뜻하는 기술임
> – 사례 : 2021년 12월, 이디야는 국내 커피업계 최초로 이용자가 자신과 닮은 아바타를 만들고 다른 이용자들과 교류하는 것이 가능한 플랫폼인 제페토에 가상매장 '이디야 포시즌 카페점'을 선보였고, 오픈 이틀 만에 방문자 수가 100만명을 돌파하였음

① 가상현실(Virtual Reality)

② 혼합현실(Mixed Reality)

③ 메타버스(Metaverse)

④ 증강현실(Augmented Reality)

⑤ 매쉬(Mesh)

해 설 ① 가상현실 : 컴퓨터로 만들어 놓은 가상의 세계에서 사람이 실제와 같은 체험을 할 수 있도록 하는 최첨단 기술을 말한다.
② 혼합현실 : 현실 세계에 가상 현실(VR)이 접목되어 현실의 물리적 객체와 가상 객체가 상호 작용할 수 있는 환경을 말한다.
④ 증강현실 : 현실의 이미지나 배경에 3차원 가상 이미지를 겹쳐서 하나의 영상으로 보여주는 기술이다.
⑤ 매쉬 : 애플리케이션의 다양한 부분들이 서로 데이터를 공유하는 방식을 제어하는 방법이다.

100 아래 글상자에서 설명하는 내용을 뜻하는 용어로 가장 옳은 것은?

> – 웹에서 한 화면에 다양한 정보를 중앙 집중적으로 관리하고 찾을 수 있도록 하는 사용자 인터페이스 기능으로, 주요 데이터 분석으로부터 얻어낸 정보를 한눈에 직관적으로 파악할 수 있도록 다양한 시각화 방법들을 활용하여 서비스함
> – 한국농수산식품유통공사의 도매유통정보시스템의 메인페이지에는 경매입찰 물량, 금액, 오늘의 인기품목 등을 시각화하여 실시간으로 정보를 제시함

① 스토리프레임   ② 스토리보드

③ 통계보고서   ④ 인포메이션

⑤ 대시보드

해 설 대시보드
• 웹에서, 한 화면에서 다양한 정보를 중앙 집중적으로 관리하고 찾을 수 있도록 하는 사용자 인터페이스(UI) 기능이다.
• 여러 종류의 웹 기반 콘텐츠를 재사용할 수 있도록 구성하고, 문서, 웹 페이지, 메시징, 미디어 파일 등 다양한 콘텐츠를 한 화면에서 관리한다.
• 특징으로는 의사 결정과 작업 분석에 적절한 정보 제공과 사용자 및 그룹 관리가 용이하고, 무선 응용 통신 규약(WAP) 전화, 휴대형 PC 등 이동 장비 지원이 가능하다는 점이다.

2023년

기출문제해설

제2회 기출문제해설[2023. 08. 26 시행]

행운이란 100%의 노력 뒤에 남는 것이다.

– 랭스턴 콜만 –

제2회 기출문제해설

1급	A형	소요시간	문항수
		100분	100문항

01 유통경영(1~20)

01 인사고과에서 발생하기 쉬운 각종 오류에 대한 설명 중에서 옳지 않은 것은?

① 상동적 태도(stereotyping)란 소속집단의 특성에 근거하여 개인을 평가하는 오류를 말한다.

② 근접오류는 평가시점과 가까운 시점에 일어난 사건이 평가에 큰 영향을 미치게 되는 오류를 말한다.

③ 관대의 오류와 인색의 오류를 막기 위해서는 강제배분법을 활용할 수 있다.

④ 대비오류는 피고과자를 고과자 자신의 기준에서 보는 것으로, 고과자가 자신이 유능하다고 생각하는 경우 피고과자도 유능한 것으로 판단하기 쉬운 오류를 말한다.

⑤ 중심화경향은 고과자 자신의 능력이 부족하거나 피고과자를 잘 파악하지 못하고 있는 경우에 많이 나타난다.

해 설 대비오류는 다른 사람을 판단함에 있어서 절대적 기준에 기초하지 않고 다른 대상과의 비교를 통해 평가하는 오류이다.

02 아래 글상자 수치를 참고하여 손익분기점 매출액을 구한 것으로 옳은 것은?

> – 매출액 2,000,000천원
> – 고정비 360,000천원
> – 변동비 800,000천원

① 200,000천원 ② 360,000천원

③ 600,000천원 ④ 800,000천원

⑤ 840,000천원

• 공헌이익 = 매출액 − 변동비 = 1,200,000

• 공헌이익률 = $\dfrac{공헌이익}{매출액}$ = 0.6

• 손익분기점 매출액 = $\dfrac{고정비}{공헌이익률}$ = $\dfrac{360,000}{0.6}$ = 600,000천원

03 사회적 가치와 기업의 사회적 책임(CSR)에 대한 설명 중 가장 옳지 않은 것은?

① 사회적 가치 관점의 CSR 목표는 사회의 지속가능발전에 기여하는 것이다.

② CSR은 기업 차원에서 사회적 가치를 실현하려는 노력과 관련되어 있다.

③ 사회적 가치는 경제 성장보다 ESG를 우선시한다.

④ ISO 26000은 CSR 경영의 세계적 표준의 하나이다.

⑤ 사회적 가치를 실현하는 사회적 책임 경영은 민간기업과 더불어 공공기관에도 적용된다.

사회적 가치 측정은 사회적 목적을 우선적으로 추구하는 조직이 창출한 사회적·경제적 성과와 사회적 영향을 측정하는 과정이므로 사회적 가치는 ESG보다 경제 성장을 우선시한다.

※ ESG
• 기업의 비재무적 요소인 환경(Environment)·사회(Social)·지배구조(Governance)를 뜻하는 말로, 투자 의사 결정 시 '사회책임투자(SRI)' 혹은 '지속가능투자'의 관점에서 기업의 재무적 요소들과 함께 고려한다.
• 기업의 재무적 성과만을 판단하던 전통적 방식과 달리, 장기적 관점에서 기업 가치와 지속가능성에 영향을 주는 ESG의 비재무적 요소를 충분히 반영해 평가한다.
• 기업의 ESG 성과를 활용한 투자 방식은 투자자들의 장기적 수익을 추구하는 한편, 기업 행동이 사회에 이익이 되도록 영향을 줄 수 있다.

04 유통전략수립의 일반적인 프로세스로 가장 옳은 것은?

① 내부 분석 − 외부 분석 − 조직 사명/목표확인 − 전략 구상 − 전략 실행

② 외부 분석 − 내부 분석 − 조직 사명/목표확인 − 전략 구상 − 전략 실행

③ 전략 구상 − 조직 사명/목표확인 − 외부 분석 − 내부 분석 − 전략 실행

④ 조직 사명/목표확인 − 외부 분석 − 내부 분석 − 전략 구상 − 전략 실행

⑤ 조직 사명/목표확인 − 내부 분석 − 외부 분석 − 전략 구상 − 전략 실행

유통전략수립 프로세스
조직 사명/목표확인 → 외부환경 분석 → 내부역량 분석 → 전략 수립(구상) → 전략 실행 및 평가

05 서비스를 강조하는 백화점과 저렴한 가격의 제품을 대량으로 판매하는 창고형 할인점의 두 소매 업태 간 특성 차이를 고려한 시장세분화의 기준으로 가장 옳은 것은?

① 지리적변수
② 인구통계변수
③ 심리통계변수
④ 구매행태변수
⑤ 생활양식변수

해 설 추구하는 편익 및 상품에 대한 태도를 고려하는 구매행태변수의 기준에 해당한다.
※ 시장세분화의 기준
• 지리적변수 : 지역, 인구밀도, 도시크기, 기후 등
• 인구통계변수 : 나이, 성별, 소득, 직업, 가족수명주기, 교육수준, 종교 등
• 심리통계변수 : 라이프스타일, 개성 등
• 구매행태변수 : 추구편익, 브랜드 충성도, 사용률, 상품사용경험, 구매자의 상태, 상품에 대한 태도 등

06 고객이 요구하는 유통경로서비스의 내용으로서 가장 옳지 않은 것은?

① 구색의 다양성
② 제품의 맞춤화
③ 구매 가능한 최소 수량
④ 주문 후 배달까지 소요 시간
⑤ 구매를 위한 이동의 편리함

해 설 제품의 맞춤화(×) → 제품의 표준화(○)
유통경로는 거래과정에서 제품, 가격, 구입단위, 지불조건 등을 표준화시켜 시장에서 거래를 용이하게 해준다.

07 조직변화의 이중모형(dual-core approach)에 따르면 조직을 구성하는 두 개의 핵심부문인 관리부문과 기술 부문에서 조직변화가 발생할 수 있다. 조직변화의 이중 모형이 제시하는 관리 부문 변화에 대한 설명으로 가장 옳지 않은 것은?

① 조직 자체의 설계 및 구조의 변경을 의미한다.
② 고객, 기술보다 경제상황, 인적 · 재무적 자원, 경쟁자 환경의 변화에 대응해 추진된다.
③ 기술부문의 변화보다 빈번하게 발생한다.
④ 상향식보다 하향식 프로세스를 통해 추진하는 것이 효과적이다.
⑤ 유기적 구조보다 기계적 구조가 추진에 더 적합한 조직 형태이다.

해 설 관리부문은 항상 혁신을 필요로 하는 기술부문과 달리 변화의 발생빈도가 적은 편이다.

08 아래 그림의 ㉠은 조직구성원의 몰입과 참여, 책임감, 주인 의식 등을 통해 외부환경 변화에 빠르게 대응하려는 전략적 상황을 나타낸다. 이 상황에 적합한 전략 및 조직설계를 뒷받침할 수 있는 조직문화 유형으로서 가장 옳은 것은?

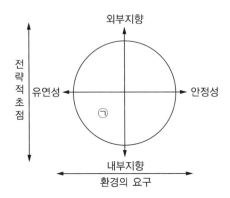

① 동족문화(clan culture)　　　　② 사명문화(mission culture)
③ 민주문화(democratic culture)　　④ 적응문화(adaptability culture)
⑤ 관료문화(bureaucratic culture)

해설 조직문화의 유형

구 분		내 용
공동체형 (동족문화)	유연성+내부지향	• 회사가 직원을 믿으면 직원도 회사에 헌신할 것이다. • 참여, 소통, 동기부여 → 사기증진, 역량개발, 몰입
혁신형	유연성+외부지향	• 실패를 용인하면 직원이 창의적으로 행동할 것이다. • 적응력, 창의성 → 혁신과 최첨단 서비스
위계형	안정성+내부지향	• 역할과 업무체계가 분명하면 직원이 효율적으로 일할 것이다. • 현실적인 업무프로세스, 일관성, 정확한 측정 → 효율성, 적시성, 오류 없는 서비스
시장형	안정성+외부지향	• 성과 기준으로 보상하면 직원이 역량을 최대한 발휘할 것이다. • 고객지향, 생산성, 직원경쟁 → 시장점유율 및 매출향상, 목표달성

09 직무분석 및 정보수집을 위해 활용할 수 있는 다양한 직무분석 접근방법들이 개발되어 있다. 이들 가운데 급변하는 경영환경에 직면한 조직의 직무분석을 위한 접근방법으로서 가장 옳은 것은?

① 주요사건법　　　　　　② 과업목록분석법
③ 역량기준접근법　　　　④ 직위분석시스템
⑤ 기능별 직무분석시스템

해설 역량기준접근법은 사람마다 행위 동기나 가치관이 다양하기 때문에 원하는 것이 서로 다를 수 있고, 원하는 것이 동일하다 하더라도 개인별 역량에 따라 성취수준이 달라진다는 판단에서 출발하는 것으로, 현재 시행되는 정책들의 결함을 포착하여 변화가 필요한 영역을 식별하는 접근방법이므로 급변하는 경영환경에 직면한 조직의 직무분석에 가장 용이하다.

10 동기부여에 관한 공정성이론의 설명으로서 가장 옳지 않은 것은?

① 자신과 타인의 산출과 투입의 비율을 비교하여 공정성을 판단한다.
② 자신과 가까운 관계에 있거나 일과 역량이 유사한 사람과 비교하여 판단한다.
③ 실제 비율보다 지각한 비율에 근거하여 판단한다.
④ 자신의 비율이 타인의 것보다 높을 때도 불공정하다고 판단한다.
⑤ 자신의 비율이 타인의 것과 비슷할 때보다 더 높을 때 더 큰 직무만족을 느낀다.

해 설 자신의 비율이 타인의 것과 비슷할 때 더 큰 직무만족을 느낀다.

11 목표에 의한 관리(MBO)는 개인이 적절한 시간범위 내에 달성할 것으로 기대하는 성과목표를 설정하고 그 달성 정도를 기준으로 성과를 평가하는 방법이다. MBO의 목표가 갖추어야 할 요건으로서 가장 옳지 않은 것은?

① 형평성   ② 구체성
③ 측정가능성   ④ 달성가능성
⑤ 조직목표 관련성

해 설 목표관리법(MBO ; Management By Objectives)
• 목표는 상위목표와 하위목표를 연계하고 상사와 부하가 같이 참여하여 설정한다(조직목표 관련성).
• 핵심사항을 중심으로 구체적인 목표를 설정한다(구체성).
• 목표 달성 시기를 구체적으로 명시한다(달성가능성).
• 가능하면 숫자로 측정 가능한 목표가 바람직하다(측정가능성).
• 단기간의 목표만을 지나치게 강조하지 않도록 유의해야 한다.

12 독점규제 및 공정거래에 관한 법률(법률 제19510호, 2023.6.20., 일부개정)은 공정한 거래를 해칠 우려가 있는 일정한 행위를 불공정거래행위로 규정하여 금지한다. 아래 글상자의 내용 중에서 불공정거래행위에 해당하는 항목만을 모두 포함한 내용으로 옳은 것은?

> ㉠ 부당하게 거래의 상대방을 차별하여 취급하는 행위
> ㉡ 자기의 거래상의 지위를 부당하게 이용하여 상대방과 거래하는 행위
> ㉢ 부당하게 경쟁자의 고객을 자기와 거래하도록 유인하는 행위
> ㉣ 부당하게 경쟁자를 배제하는 행위
> ㉤ 다른 사업자와 공동으로 거래상대방을 제한하기로 합의하는 행위

① ㉠   ② ㉠, ㉡
③ ㉠, ㉡, ㉢   ④ ㉠, ㉡, ㉢, ㉣
⑤ ㉠, ㉡, ㉢, ㉣, ㉤

해 설 **불공정거래행위의 금지(법 제45조 제1항)**

사업자는 다음 각 호의 어느 하나에 해당하는 행위로서 공정한 거래를 해칠 우려가 있는 행위(이하 "불공정거래행위"
라 한다)를 하거나, 계열회사 또는 다른 사업자로 하여금 이를 하도록 하여서는 아니 된다.

1. 부당하게 거래를 거절하는 행위
2. 부당하게 거래의 상대방을 차별하여 취급하는 행위
3. 부당하게 경쟁자를 배제하는 행위
4. 부당하게 경쟁자의 고객을 자기와 거래하도록 유인하는 행위
5. 부당하게 경쟁자의 고객을 자기와 거래하도록 강제하는 행위
6. 자기의 거래상의 지위를 부당하게 이용하여 상대방과 거래하는 행위
7. 거래의 상대방의 사업활동을 부당하게 구속하는 조건으로 거래하는 행위
8. 부당하게 다른 사업자의 사업활동을 방해하는 행위
9. 부당하게 다음 각 목의 어느 하나에 해당하는 행위를 통하여 특수관계인 또는 다른 회사를 지원하는 행위
    가. 특수관계인 또는 다른 회사에 가지급금·대여금·인력·부동산·유가증권·상품·용역·무체재산권 등을 제공
      하거나 상당히 유리한 조건으로 거래하는 행위
    나. 다른 사업자와 직접 상품·용역을 거래하면 상당히 유리함에도 불구하고 거래상 실질적인 역할이 없는 특수관
      계인이나 다른 회사를 매개로 거래하는 행위

13 할부거래법(법률 제19256호, 2023.3.21., 일부개정)에서 명시하고 있는 소비자가 할부계약을
철회할 수 없는 경우로 옳지 않은 것은?

① 소비자에게 책임 있는 사유로 재화 등이 멸실되거나 훼손된 경우
② 시간이 지남으로써 다시 판매하기 어려울 정도로 재화 등의 가치가 현저히 낮아진 경우
③ 복제할 수 있는 재화 등의 포장을 훼손한 경우
④ 사용 또는 소비에 의하여 그 가치가 현저히 낮아질 우려가 있는 것으로 재화 등을 사용 또는
   소비한 경우
⑤ 계약서에 할부계약에 관한 사항이 적혀 있지 아니한 경우

해 설 **청약의 철회(법 제8조 제2항)**

소비자는 다음 각 호의 어느 하나에 해당하는 경우에는 청약의 철회를 할 수 없다. 다만, 할부거래업자가 청약의 철회
를 승낙하거나 제6항에 따른 조치를 하지 아니한 경우에는 제2호부터 제4호까지에 해당하는 경우에도 청약을 철회할
수 있다.

1. 소비자에게 책임 있는 사유로 재화 등이 멸실되거나 훼손된 경우. 다만, 재화 등의 내용을 확인하기 위하여 포장 등
  을 훼손한 경우는 제외한다.
2. 사용 또는 소비에 의하여 그 가치가 현저히 낮아질 우려가 있는 것으로서 대통령령으로 정하는 재화 등을 사용 또
  는 소비한 경우
3. 시간이 지남으로써 다시 판매하기 어려울 정도로 재화 등의 가치가 현저히 낮아진 경우
4. 복제할 수 있는 재화 등의 포장을 훼손한 경우
5. 그 밖에 거래의 안전을 위하여 대통령령으로 정하는 경우

14 아래 글상자에서 설명하는 소매경영 활동으로 옳은 것은?

> 유통업자와 상품공급업자가 정보기술을 이용하여 머천다이징 전략과 구매의사결정을 공동으로 하는 것을 말하며, 분산되어 있는 머천다이징의 각 활동과 재고관리 등의 기능을 상품별로 모두 통합하여 매입에서 판매까지를 수직적으로 결합하여 관리하는 활동이다.

① 전략적 재고관리
② 단품관리
③ 공급망관리
④ 카테고리관리
⑤ 상품믹스관리

해 설 **카테고리관리**
• 유통업체와 공급업체 간의 협조를 통해 소비자의 구매형태를 근거로 소비자 구매패턴, 상품 및 시장동향 등을 파악하여 카테고리를 관리함으로써 업무를 개선하는 것이다.
• 개별상품이나 브랜드가 아닌 전체 상품군에 대한 이익과 판매를 강조하여, 유통업체와 공급업체가 장기적으로 마케팅활동 및 상품기획활동을 공동 수행하게 한다.
• 분산 수행되던 머천다이징 활동들과 재고관리 등을 상품별로 모두 통합하여 매입에서 판매까지를 수직적으로 결합하는 활동이다.

15 아래 글상자에서 설명하는 내용과 관련된 이론으로 가장 옳은 것은?

> 어떤 종업원이 직무를 제대로 수행하지 못한 것이 적절한 훈련을 받지 못했기 때문이라고 믿는 관리자는 이해심을 갖고 종업원에게 좀 더 자세한 지시를 내리거나 또는 더 많은 훈련을 받게 할 것이다.

① 지각 이론(perception theory)
② 태도 이론(attitude theory)
③ 귀인 이론(attribution theory)
④ 학습 이론(learning theory)
⑤ 동화대조이론(assimilation-contrast theory)

해 설 귀인 이론이란 자신이나 다른 사람들의 행동의 원인을 찾아내기 위해 추론하는 과정을 설명하는 이론으로, 다른 사람의 행동 또는 자신의 행동을 행위자의 기질이나 성격 특성과 같은 내부 요소로 귀인할 수도 있고, 상황적인 외부 요소로 귀인할 수도 있으며, 이러한 귀인 과정에서 다른 사람의 행동을 대체로 내부 귀인하는 대응 추론 편향과 같은 오류를 범하기도 한다.

16 아래 글상자에서 설명하는 내용과 관련된 이론으로 가장 옳은 것은?

> 김부장은 부하 직원인 최대리를 갑을식당에 불러서 점심을 같이하면서, 최근에 최대리가 보인 성과를 치하하며 따뜻하게 격려하였다. 그 이후 최대리는 갑을식당을 볼 때마다 그 격려와 칭찬이 떠올라서 왠지 기분이 좋았다.

① 인지부조화(cognitive dissonance)
② 고전적 조건화(classical conditioning)
③ 대리 학습(vicarious learning)
④ 관찰 학습(observational learning)
⑤ 지각방어(perceptual defense)

해 설 고전적 조건화는 행동주의 심리학의 이론으로, 특정 반응을 이끌어내지 못하던 자극(중성자극)이 그 반응을 무조건적으로 이끌어내는 자극(무조건자극)과 반복적으로 연합하면서 그 반응을 동기화시키는 학습과정을 말한다.
① 인지부조화 : 다양한 지각, 생각, 태도, 소망, 의도와 같은 인지가 서로 일치하지 않는 상태에서 형성되는 불편한 감정상태를 의미한다.
③ 대리 학습 : 타인이 어떤 특정 자극에 대해 반응하는 것을 관찰함으로써 자신이 직접 경험하지 않고도 똑같은 반응을 하는 것을 말한다.
④ 관찰 학습 : 다른 사람(모델)의 행동을 관찰한 결과 행동이 변화하는 것을 말한다.
⑤ 지각방어 : 개인에게 위협을 주는 자극이나 상황에 대한 인식을 회피하거나 왜곡하는 지각 오류를 의미한다.

17 아래 글상자는 경로성과의 거시적 평가에 관한 내용이다. 괄호 안에 들어갈 용어를 순서대로 나열한 것으로 가장 옳은 것은?

> – (㉠)은 하나의 경로시스템이 표적시장이 요구하는 서비스 산출을 얼마나 제공하였는가를 측정하는 목표지향적인 성과평가의 기준이다.
> – (㉡)은 해당 유통시스템에 의해 제공되는 혜택이 여러 세분시장에 어느 정도 골고루 배분되고 있는가를 평가하는 기준이다.

① ㉠ 효과성, ㉡ 효율성
② ㉠ 효과성, ㉡ 형평성
③ ㉠ 효율성, ㉡ 효과성
④ ㉠ 형평성, ㉡ 효율성
⑤ ㉠ 형평성, ㉡ 효과성

해 설 **유통성과에 대한 평가**
• 효율성 : '무엇을 얼마나 어떤 방법으로 생산할 것인가' 의 문제로, 최소의 비용으로 최대의 만족을 구한다는 경제행위의 원칙에 의거해 생산 또는 소비가 최선으로 이루어졌는가를 평가하는 기준을 말한다.
• 형평성 : '누구에게 분배할 것인가' 의 문제로 분배의 평가기준인 바람직한 분배상태를 말하며 주관적인 가치판단의 개입과 시대와 사회에 따라 그 의미가 변한다.
• 효과성 : 표적시장이 요구하는 서비스산출을 얼마나 제공하였는가를 측정하는 목표지향적인 성과기준이다.

18 재무제표는 자산과 부채 및 자본으로 구성되어 있다. 부채에 포함되는 항목으로 옳은 것은?

① 선급금
② 미수금
③ 임차보증금
④ 토 지
⑤ 미지급비용

해 설 유동부채와 비유동부채
• 유동부채 : 매입채무, 단기차입금, 미지급비용, 선수수익
• 비유동부채 : 장기차입금, 퇴직급여충당금, 사채

19 아래 글상자는 재고에 대한 총마진수익률(GMROI)을 계산하는 방법이다. 괄호 안에 들어갈 용어를 순서대로 나열한 것으로 옳은 것은?

$$\frac{(\ \bigcirc\ )}{(\ \bigcirc\ )} \times \frac{(\ \bigcirc\ )}{\text{평균 재고비용}} = \frac{(\ \bigcirc\ )}{\text{평균 재고비용}}$$

① ㉠ 총마진, ㉡ 순이익
② ㉠ 순이익, ㉡ 총자산
③ ㉠ 총자산, ㉡ 순이익
④ ㉠ 순매출액, ㉡ 총마진
⑤ ㉠ 총마진, ㉡ 순매출액

해 설 $GMROI = \frac{(\text{총마진})}{(\text{순매출액})} \times \frac{(\text{순매출액})}{\text{평균 재고비용}} = \frac{(\text{총마진})}{\text{평균 재고비용}}$

20 새로운 소매업태가 나타나게 되는 이유를 설명하는 가설 및 이론으로 옳지 않은 것은?

① 소매업 소매바퀴 가설
② 소매인력 이론
③ 변증법적 이론
④ 소매아코디언 이론
⑤ 소매수명주기 이론

해 설 레일리의 소매인력 이론은 점포들의 밀집도가 점포의 매력도를 증가시키는 경향이 있음을 나타내는 법칙으로, 개별점포의 상권파악보다는 이웃도시 간의 상권경계를 결정하는 데 주로 이용한다.

21 기계류와 같은 금속 제품이 운송 과정에서 녹이 생기는 것을 방지하기 위해 실시하는 포장으로 가장 옳은 것은?

① 방수포장

② 방습포장

③ 방청포장

④ 완충포장

⑤ 차광포장

해 설 ① 방수포장 : 방수포장재를 사용하여 외부로부터 물의 침입을 막는 포장기법이다.

② 방습포장 : 물류과정에서 습기가 상품에 스며들지 않도록 방지하는 포장기법이다.

④ 완충포장 : 물품이 물류과정에서 파손되는 주원인은 운송 중 진동이나 하역의 충격 등으로 인해 큰 외력(外力)을 받기 때문이므로 외력이 가해지지 않도록 완충처리를 하여 파손이 발생하는 것을 막는 방법이다.

⑤ 차광포장 : 광선의 투과를 방지하여 내용품을 빛의 영향으로부터 보호하는 포장기법이다.

22 아래 글상자에서 설명하는 용어로 옳은 것은?

원자재의 생산과 공급에서, 최종 제품의 생산과 납품에 이르기까지 공급사슬에서 수행하는 사업계획, 판매예측, 원자재와 완제품의 보충에 필요한 주요 활동들을 거래 당사자들이 함께 계획하는 협력시스템을 말한다.

① CMI(co-managed inventory)

② QR(quick response)

③ CRP(continuous replenishment planning)

④ CPFR(collaborative planning forecasting and replenishment)

⑤ ECR(efficient consumer response)

해 설 ① CMI(협력적 재고관리) : VMI(공급자주도 재고관리)에서 한 단계 더 보완된 것으로 유통업체와 공급업체 간 협업을 통해 공동으로 재고를 관리하는 것을 말한다.

② QR(신속대응) : 생산 및 유통업자가 전략적으로 협력하여 소비자의 선호 등을 즉시 파악하고, 시장변화에 신속하게 대응함으로써 시장에 적합한 제품을 적시·적소에 적절한 가격으로 제공하는 것을 원칙으로 한다.

③ CRP(지속적 제품보충) : 공급업자와 소매업자 간에 POS 정보를 공유하여 별도의 주문 없이 공급업자가 제품을 보충할 수 있는 시스템을 말한다.

⑤ ECR(효율적 소비자 대응) : 유통업체와 제조업체가 효율적 소비자 대응 활동을 통해 고객에게 보다 저렴한 가격으로 상품을 제공하고 고객만족도를 높이기 위하여, 공급체인을 기존의 푸시(Push)방식에서 풀(Pull)방식으로 변화시키는 전략이다.

23 아래 글상자의 정보를 이용해서 계산한 EOQ는 몇 개인가?

> 연간수요량 : 4,800개
> 재고품단위당 원가 : 100원
> 주문당 발생하는 주문 처리 비용 : 40원
> 단, 평균 재고유지비는 재고품 원가의 25%임

① 71   ② 73
③ 111   ④ 124
⑤ 480

해설 EOQ 공식

$$\sqrt{\frac{2 \times 1회\ 주문비용 \times 연간수요량}{연간\ 단위당\ 재고유지비}}$$

$$= \sqrt{\frac{2 \times 40 \times 4,800}{25}} = 123.9 ≒ 124$$

24 FIATA FBL의 약관해설에 관련된 정의 내용으로 옳지 않은 것은?

① 위탁인(consignor) – 포워더와 운송계약을 체결하는 자
② 수하인(consignee) – 포워더로부터 화물을 수취할 권리를 가진 자
③ 인수(taken in charge) – 포워더가 FBL에 명시된 화물의 수령장소에서 운송을 위해 화물을 수령하는 것
④ 화물(goods) – 갑판적 또는 선창적 여부에 관계없이 컨테이너, 팔레트 또는 포워더가 제공하지 않은 유사한 운송 또는 포장 용구와 생동물을 제외한 모든 자산
⑤ 화주(merchant) – 송하인, 위탁인, 수하인, FBL소지인, 화물의 수령인 및 소유자

해설 화물(goods) – 갑판적 또는 선창적 여부에 관계없이 컨테이너, 팔레트 또는 포워더가 제공하지 않은 유사한 운송 또는 포장 용구와 생동물을 포함한 모든 자산

25 위험물운송에 관한 운송수단, 국제기구, 규칙이 서로 옳지 않게 나열된 것은?

구 분	운송 수단	국제기구	규 칙
㉠	해 상	국제해사기구(IMO)	국제해상위험물규칙(IMDG Code)
㉡	항 공	국제민간항공기구(ICAO)	위험물항공운송기술지침(TI)
㉢	철 도	국제철도연맹(OTIF)	국제위험물철도운송규칙(RID)
㉣	도 로	유럽경제위원회(UN/ECE)	국제위험물도로운송규칙(ADR)
㉤	내수로	국제원자력기구(IAEA)	국제위험물내수로운송규칙(ADN)

① ㉠   ② ㉡
③ ㉢   ④ ㉣
⑤ ㉤

해 설 위험물 운송수단별 국제규칙

운송 수단	국제기구	규 칙
해 상	국제해사기구(IMO)	국제해상위험물규칙(IMDG Code)
항 공	국제민간항공기구(ICAO)	위험물항공운송기술지침(TI)
철 도	국제철도연맹(OTIF)	국제위험물철도운송규칙(RID)
도 로	유럽경제위원회(UN/ECE)	국제위험물도로운송규칙(ADR)
내수로	유엔유럽경제위원회(UNECE)	국제위험물내수로운송규칙(ADN)

26 RFID가 바코드에 비해 가지는 특징에 대한 설명으로 가장 옳지 않은 것은?

① 정보간의 충돌을 방지하는 기능을 가지고 있어 여러 정보를 동시에 판독할 수 있다.
② 태그에 저장되어 있는 정보의 수정이 가능하다.
③ 전파를 이용하여 정보를 판독하므로 원거리에서도 정보를 인식할 수 있다.
④ 보다 많은 정보를 저장할 수 있다.
⑤ 정보인식 시간은 다소 길지만 보다 정확하게 인식할 수 있다.

해 설 RFID는 바코드에 비해 정보인식 시간이 짧다.

27 고객서비스의 주요 요소인 주문주기시간(order cycle time)을 구성하는 요소들과 관련한 설명으로 가장 옳은 것은?

① 재고가용성은 제품을 창고에서 고객에게 인도하기까지의 시간이다.
② 적재서류준비, 재고기록갱신, 신용장 처리작업 등과 관련된 시간은 주문어셈블리시간이다.
③ 주문을 받아서 주문정보를 창고나 발송부서에 전달한 후부터 주문받은 제품을 발송, 준비하는 데 걸리는 시간은 주문처리시간이다.
④ 창고 내에서 적재지점까지 제품 이동에 필요한 시간은 주문처리시간이다.
⑤ 주문전달시간은 주문을 주고받는 데 소요되는 시간이다.

① 재고가용성은 창고에 보유하고 있는 재고가 없을 때 생산지의 재고로부터 보충하는 데 소요되는 시간이다.
② 적재서류준비, 재고기록갱신, 신용장 처리작업 등과 관련된 시간은 주문처리시간이다.
③ 주문을 받아서 주문정보를 창고나 발송부서에 전달한 후부터 주문받은 제품을 발송, 준비하는 데 걸리는 시간은 주문어셈블리시간이다.
④ 창고 내에서 적재지점까지 제품 이동에 필요한 시간은 주문인도시간이다.

28 기능별 물류비에 대한 설명으로 가장 옳지 않은 것은?

① 운송비는 물자를 물류거점 간 및 소비자에게 이동시키는 활동에서 소요되는 비용이다.

② 사내의 공장이나 창고 간의 운송인 사내물류비도 수송비에 포함된다.

③ 창고나 물류센터에서의 하역설비를 이용한 상하차비도 배송비에 포함된다.

④ 물자를 창고에 보관하기 때문에 발생하는 보관비는 창고비라고도 한다.

⑤ 유통가공비는 물자의 유통과정에서 물류효율을 향상시키기 위하여 이를 가공하는 데 소비되는 비용을 말한다.

창고나 물류센터에서의 하역설비를 이용한 상하차비는 하역비에 포함된다.

29 복합운송증권(MT B/L)의 법적 성질로 옳은 것만을 모두 나열한 것은?

㉠ 지시증권성	㉡ 처분증권성
㉢ 제시증권성	㉣ 상환증권성
㉤ 인도증권성	

① ㉠

② ㉠, ㉡

③ ㉠, ㉡, ㉢, ㉣, ㉤

④ ㉡, ㉢, ㉣

⑤ ㉢, ㉣, ㉤

복합운송증권의 법적 성질
㉠ 지시증권성 : 증권에 권리자로 기명되어 있는 특정인이나 그가 지정하는 자에게 증권에 대한 권리의 행사를 인정하는 것을 의미한다.
㉡ 처분증권성 : 복합운송증권이 발행된 경우 물품의 수수는 증권에 의해 이루어져야 하므로 처분증권이라 한다.
㉢ 제시증권성 : 수하인은 어떤 다른 방법으로 자기가 물품의 정당한 권리자라는 것을 증명하더라도 복합운송증권을 제시한 경우에만 물품을 수취할 수 있다.
㉣ 상환증권성 : 복합운송증권과 상환으로만 물품의 인도를 청구할 수 있다.
㉤ 인도증권성 : 운송인이 복합운송증권의 정당한 소지인에게 물품을 인도하는 것은 증권기대의 물품 그 자체를 인도하는 것과 동일한 효력을 가진다.

30 아래 글상자의 괄호 안에 들어갈 내용으로 가장 옳은 것은?

> ( )은 다국적 기업에서 많이 볼 수 있는 조직형태로서 기본적으로는 모회사와 자회사 간의 권한위양이라는 형태를 갖는다. 또한 모회사 부문의 스탭 부문이 복수의 자회사의 해당 부문을 관리하고 지원하는 형태의 물류조직이다.

① 기업형 물류조직　　　　　　　② 독립형 물류조직
③ 직능형 물류조직　　　　　　　④ 그리드형 물류조직
⑤ 사업부제 물류조직

해 설 ③ 직능형 물류조직 : 스탭부문과 라인부문이 분리되지 않은 조직형태이다(상물미분리).
⑤ 사업부제 물류조직 : 현재 가장 일반적인 물류조직으로, 상품을 중심으로 한 사업부형과 지역을 중심으로 한 지역별 사업부형을 절충한 조직형태이다.

31 아래 글상자는 물류정책기본법(법률 제18945호, 2022.6.10., 일부개정)에서 규정하는 국가물류기본계획의 수립에 관한 내용이다. 괄호 안에 들어갈 내용을 순서대로 바르게 나열한 것은?

> (㉠)은 국가물류정책의 기본 방향을 설정하는 (㉡) 단위의 국가물류기본계획을 (㉢)마다 공동으로 수립하여야 한다.

① ㉠ 국무총리 및 국토교통부장관, ㉡ 3년, ㉢ 5년
② ㉠ 국토교통부장관 및 산업통상자원부장관, ㉡ 10년, ㉢ 5년
③ ㉠ 국토교통부장관 및 산업통상자원부장관, ㉡ 5년, ㉢ 10년
④ ㉠ 국토교통부장관 및 해양수산부장관, ㉡ 10년, ㉢ 5년
⑤ ㉠ 국토교통부장관 및 해양수산부장관, ㉡ 5년, ㉢ 10년

해 설 국토교통부장관 및 해양수산부장관은 국가물류정책의 기본방향을 설정하는 10년 단위의 국가물류기본계획을 5년마다 공동으로 수립하여야 한다(물류정책기본법 제11조 제1항).

32 아래 표의 항공화물운송장과 선하증권의 차이점 중 옳지 않은 것은?

구 분	항공화물운송장	선하증권
㉠	화물수령장	유가증권
㉡	지시식(무기명식)	기명식
㉢	창고에서 수령하고 발행 가능	본선 선적 후 발행
㉣	송하인이 작성 원칙	운송사가 작성
㉤	비유통성(non-negotiable)	유통성(negotiable)

① ㄱ

② ㄴ

③ ㄷ

④ ㄹ

⑤ ㅁ

해 설 항공화물운송장은 기명식이고, 선하증권은 지시식(무기명식)이다.

33 포장명세서의 기능 설명으로 옳지 않은 것은?

① 개별 화물의 사고 발생 분에 대한 확인 자료로 사용할 수 있다.

② 검수 또는 검량업자가 실제 화물과 대조하는 참조 자료로 이용할 수 있다.

③ 수출입 통관절차에서 심사자료로써 활용되고 양륙지에서 화물의 처리 단계에서 이용된다.

④ 계약체결에 따른 선적화물의 포장 및 명세를 기재한다.

⑤ 각각의 용량 표시는 없지만 전체 중량 표시를 통해 선박회사가 운송계약을 체결할 때 일차적인 기준자료로 사용할 수 있다.

해 설 중량 외에 각각의 용량이 표시되어 있으므로 선박회사가 운송계약을 체결할 때 일차적인 기준자료로 사용할 수 있다.

34 공항 항공터미널에서 사용되는 장비로서, 단위탑재용기(ULD) 화물을 운반하는 자체 구동력이 없는 것으로 옳은 것은?

① 도크(dock)

② 도크 조절기(dock leveler)

③ 돌리(dolly)

④ 트랜스퍼 크레인(transfer crane)

⑤ 리치 스태커(reach stacker)

해 설 ① 도크 : 건조된 선박을 바다에 띄울 수 있도록 해주는 시설이다.
④ 트랜스퍼 크레인 : 컨테이너부두의 야드에서 컨테이너를 이동시키거나 들고 내리는 하역 장비이다.
⑤ 리치 스태커 : 대형지게차에 유압식 지브크레인이 설치된 형상으로 크레인 끝에 스프레더가 장착되어 컨테이너 운반 및 하역에 사용된다.

2023

35 포장표준화의 효과와 관련된 설명으로 가장 옳지 않은 것은?

① 판매 시 이용의 효율화로 판매효율이 향상된다.

② 보관, 수송, 하역의 효율화로 물류비를 절감할 수 있다.

③ 제품가격의 인하 효과로 시장에서의 경쟁력이 강화된다.

④ 포장설계를 간소화함으로써 포장비, 포장재료비, 포장작업비 등을 절감할 수 있다.

⑤ 포장재료 합리화와 포장폐기물 감소 효과는 상충관계이기 때문에 중점관리가 필요하다.

해 설 포장재료 합리화가 향상될수록 포장폐기물 감소 효과가 증가하므로 포장재료 합리화와 포장폐기물 감소 효과는 상생 관계이다.

36 자동발주시스템(EOS) 도입 효과 설명으로 옳지 않은 것은?

① 재고관리비용 감소
② 다양한 고객의 욕구에 대응
③ 납품 후 발주 등 비정상적인 거래 근절
④ 수발주데이터를 토대로 보다 합리적인 영업관리 가능
⑤ 납품에 필요한 배차횟수증가, 인력증가를 통해 효율적인 물류체계 확립이 가능

해 설 납품에 필요한 배차횟수 단축과 인력감소를 통해 효율적인 물류체계 확립이 가능하다.

37 물류의 서비스를 공급자와 고객 간 거래행위가 발생하는 시점을 기준으로 거래 이전, 거래 시점, 거래 이후로 구분하는 경우 거래 이전의 서비스 구성 요소에 관한 내용으로 가장 옳지 않은 것은?

① 제품의 대체 가능성
② 고객에게 명문화된 절차를 제공할 수 있는 능력
③ 시스템의 유연성
④ 기술적인 서비스 지원
⑤ 절차 및 규정의 명문화

해 설 제품의 대체 가능성은 거래 시점의 서비스 구성 요소에 관한 내용이다.

38 아래 글상자 내용의 물류비 비목별 계산 과정이 순서대로 바르게 나열된 것은?

㉠ 물류비 계산 욕구의 명확화	㉡ 물류비 배부기준의 선정
㉢ 물류비 계산의 보고	㉣ 물류비 자료의 식별과 입수
㉤ 물류비 배부와 집계	

① ㉣ - ㉤ - ㉠ - ㉡ - ㉢
② ㉠ - ㉢ - ㉣ - ㉤ - ㉡
③ ㉤ - ㉠ - ㉡ - ㉢ - ㉣
④ ㉠ - ㉣ - ㉡ - ㉤ - ㉢
⑤ ㉠ - ㉡ - ㉢ - ㉣ - ㉤

해 설 **물류비 계산 절차**
• 1단계 물류비 계산욕구의 명확화 : 물류비 계산의 목표를 해당 기업의 물류비 관리 필요성이나 목표에 의거하여 명확하게 작성한다.
• 2단계 물류비 자료의 식별과 입수 : 물류비 계산을 위해 물류활동에 의해 발생한 기본적인 회계자료 및 관련 자료를 계산대상별로 식별하고 입수한다.
• 3단계 물류비 배부기준의 선정 : 회계부문으로부터 물류비 관련 회계자료가 입수되면, 계산대상별로 물류비를 계산하기 위해 물류비의 배부기준과 배부방법을 선정한다.
• 4단계 물류비의 배부와 집계 : 2단계에서 입수된 물류비 관련 사료를 사용하고, 3난계의 배부기순 및 배부방법으로 물류비를 배부하여 집계하는 단계이다.
• 5단계 물류비 계산의 보고 : 물류비 계산의 실시에 따른 보고서를 계산대상별로 작성하고 이를 종합하여 물류활동에 관한 물류비 보고서를 제출한다.

39 물류채산분석을 물류원가계산과 비교한 특징에 대한 설명으로 가장 옳지 않은 것은?

① 물류채산분석은 물류활동의 의사결정이 계산 목적이다.
② 물류채산분석은 물류활동과 관련한 업무 전반을 대상으로 한다.
③ 물류채산분석의 계산 기간은 개선안의 전(특정) 기간이다.
④ 물류채산분석은 계산방식이 상황에 따라 상이하다.
⑤ 물류채산분석은 할인계산을 한다.

해 설 물류채산분석은 특정의 개선안·대체안을 대상으로 하지만, 물류원가계산은 물류업무 전반을 대상으로 한다.

40 스마이키(E. W. Smykey)가 주장한 물류의 7R 원칙에 해당되는 내용이 아닌 것은?

① Right impression ② Right quality
③ Right image ④ Right place
⑤ Right quantity

해 설 7R 원칙은 적절한 제품(Right Commodity), 적절한 품질(Right Quality), 적절한 양(Right Quantity), 적절한 시간(Right Time), 적절한 장소(Right Place), 적절한 인상(Right Impression), 적절한 가격(Right Price)을 포함하고 있다.

03 상권분석(41~60)

41 도매업의 경우 생산구조와 소비구조의 특징에 따라 입지 유형이 달라진다. 다음 중 다수 생산자에 의한 소량분산형 생산구조와 소수 소비자에 의한 대량집중형 소비구조를 가진 산업에 종사하는 도매상의 입지 특성으로서 가장 옳은 것은?

① 수집기능의 수행보다는 분산기능의 수행이 용이한 곳에 입지한다.
② 수집기능이나 분산기능보다는 중개기능의 수행이 용이한 곳에 입지한다.
③ 수집기능의 수행보다는 중개기능의 수행이 용이한 곳에 입지한다.
④ 수집기능과 분산기능이 모두 용이한 곳에 입지한다.
⑤ 분산기능의 수행보다는 수집기능과 중개기능이 용이한 곳에 입지한다.

해 설 소량분산형 생산구조와 대량집중형 소비구조이므로 분산기능 수행의 중요성이 상대적으로 낮다. 따라서 분산기능의 수행보다는 수집기능과 중개기능이 용이한 곳에 입지한다.

42 상권분석에서 소비자의 이질성 때문에 발생하는 공간적 불안정성(spatial non-stability)에 관한 설명으로 가장 옳지 않은 것은?

① 동일 상권내부에 거주하는 사람들의 사회경제적 특성의 차이로 인해 발생할 수 있다.

② 상권내에서 지역별 교통상황이나 점포 밀도의 차이가 원인이 될 수도 있다.

③ 공간상호작용모델의 모수들이 공간적으로 차이나는 것과는 관련성이 낮다.

④ 공간적 불안정성이 크면 도출된 모형의 통계적 적합도가 높은 경우에도 분석과정에서 오차가 발생할 수 있다.

⑤ 분석대상이 되는 공간을 세분시장별로 나누어서 모델을 추정함으로써 발생가능성을 줄일 수 있다.

해 설 공간적 불안정성은 공간상호작용모델의 모수들이 공간적으로 차이나는 것을 의미한다.

43 상권분석을 위해 활용되는 회귀분석에 대한 내용으로 가장 옳지 않은 것은?

① 점포 성과는 점포의 특성, 고객의 사회·경제적 특성, 상권내 경쟁수준 등에 의해 영향을 받는다고 가정한다.

② 회귀모형에서 최종적으로 선정되는 영향변수들은 서로 상관성이 높지 않고 독립적이어야 한다.

③ 소수 점포에 대한 자료만으로도 매출액을 예측할 수 있는 설명력 있는 회귀계수를 도출할 수 있다는 장점을 갖는다.

④ 단계적 회귀분석(stepwise regression analysis)은 다중공선성 문제를 해결하는 데 도움을 줄 수 있다.

⑤ 효과적인 영향변수를 상권분석에 사용할 수 있으므로 보다 정교한 예측이 가능하다는 특징을 갖는다.

해 설 회귀분석에서는 표본의 수가 충분하게 확보되어야 하므로 소수 점포에 대한 자료만으로는 설명력 있는 회귀계수를 도출하기 어렵다.

44 체인점의 도미넌트(dominant) 출점전략에 대한 설명으로 옳지 않은 것은?

① 주요 간선도로를 따라 출점하는 선적전개와 주택지역 등을 중심으로 전개하는 면적전개로 구분할 수 있다.

② 도미넌트 출점전략의 효과를 높이기 위해서는 점포 규모의 표준화가 필요하다.

③ 도미넌트 출점전략의 효과를 높이기 위해서는 상품 구색과 매장구성의 표준화가 필요하다.

④ 여러 지역에 걸쳐서 점포를 분산출점시킴으로써 단기간에 전체 시장에 진입하려는 전략이다.

⑤ 도미넌트 출점전략은 인지도 향상, 물류비 감소, 경쟁자의 출점가능성 감소 등의 장점을 갖는다.

해 설 도미넌트 출점전략은 일정 지역에 다수점을 동시에 출점하여 특정 지역을 선점함으로써 경쟁사의 출점을 억제하는 전략이다.

45 상가를 신설하기 위해 기존의 건물을 인수하기로 했다. 건물은 면적 2,000㎡의 대지 위에 건축된 2개 동(A동, B동)이다. A동은 각 층의 면적이 200㎡인 지상3층과 지하1층, B동은 각 층의 면적이 300㎡인 지상6층과 지하2층으로 구성되어 있다. 건물 내부 지상층의 주민공동시설 면적의 합은 400㎡이고, 건물 외부에는 300㎡의 지상주차장(건물부속)이 있다. 이 전체 건물의 용적률은 얼마인가?

① 100%

② 110%

③ 120%

④ 140%

⑤ 160%

해설 용적률의 계산
용적률은 대지면적에 대한 연면적의 비율로, 용적률 산정 시 지하층의 면적, 지상층의 주차용(해당 건축물의 부속용도인 경우만 해당한다)으로 쓰는 면적, 주민공동시설의 면적, 초고층 건축물과 준초고층 건축물에 설치하는 피난안전구역의 면적, 건축물의 경사지붕 아래에 설치하는 대피공간의 면적은 제외하므로

$$용적률 = \frac{(200 \times 3) + (300 \times 6) - 400}{2,000} \times 100 = 100\%$$

46 근린상권에서 편의품을 판매하는 소규모 점포를 개점하는 상황에서 입지후보지를 평가할 때 고려하는 입지조건에 관한 설명으로 가장 옳지 않은 것은?

① 부지의 한 면보다 여러 면을 활용할 수 있는 각지(角地)가 좋다.

② 멀리서부터 잘 보이는 부지가 좋은 입지이다.

③ 인접하는 도로는 교통량이 많은 6차선 이상으로 넓을수록 유리하다.

④ 주변에 랜드마크 건물이나 시설, 유명매장이 있으면 인지성이 높아진다.

⑤ 직선 도로의 경우 시계성이 좋고 회전이 용이한 도로변이 좋다.

해설 인접하는 도로가 4차선 이상이면 불리한 입지조건이다.

47 상권 및 입지분석과정에서 점포의 위치와 소비자의 분포분석을 통해 관찰할 수 있는 거리감소효과(distance decay effect)에 대한 설명으로 옳지 않은 것은?

① 일반적으로 점포로부터 멀어질수록 고객의 밀도가 낮아지는 경향을 말한다.

② 유사점포법, 회귀분석법을 이용하여 확인할 수 있다.

③ 고객점표(CST) 지도를 이용하면 쉽게 관찰할 수 있다.

④ 거리체증효과 또는 거리조락현상이라고도 한다.

⑤ 거리 마찰에 따른 비용과 시간의 증가율 때문에 발생한다.

해설 거리체감효과 또는 거리조락현상이라고도 한다.

48 유통 점포 네트워크에 대한 입지배정모형(locationallocation model)으로 보기에 가장 옳지 않은 것은?

① 최대커버링모델(maximal-covering model)

② p-메디안모델(p-median model)

③ 시장점유율모델(market-share model)

④ 다항로짓모델(multinomial logit model)

⑤ 셋커버링모델(set-covering model)

해 설 입지배정모형은 두 개 이상의 점포 네트워크를 구축하려는 경우, 각 점포가 동일 기업 내 점포 네트워크에 미치는 영향과 점포입지 상호작용에 대한 체계적인 평가가 필요할 때 점포네트워크에 대한 분석기법을 의미한다. 입지배정모형이 실제 적용되는 모형에는 시설입지분석과 관련된 P-메디안모형, 부지선정 과정에서 경쟁자들의 입지를 고려할 목적으로 개발된 시장점유율모형, 서비스센터의 네트워크를 계획하는 데 특히 유용한 커버링모형 등이 있다.

49 넬슨(R. L. Nelson)이 제시한 입지선정을 위한 8가지 원칙 가운데 상업단지까지의 동선상 고객 가로채기와 연관된 것으로 단지 내의 특정 입지 평가에 적용할 수 있는 원칙으로 가장 옳지 않은 것은?

① 접근가능성의 원칙   ② 중간저지성의 원칙

③ 누적흡인력의 원칙   ④ 양립성의 원칙

⑤ 경제성의 원칙

해 설 중간저지성의 원칙은 기존 점포나 상권지역이 고객과의 중간에 위치함으로써 경쟁점포나 기존의 상권지역으로 접근하는 고객을 중간에서 차단할 수 있는 가능성을 검토하는 것이다.

① 접근가능성의 원칙 : 관할 상권 내에 있는 고객을 자기 점포에 어느 정도 흡인할 수 있는가에 대한 가능성을 검토하는 것이다.

③ 누적흡인력의 원칙 : 영업의 형태가 비슷하거나 동일한 점포가 집중적으로 몰려 있어 고객의 흡인력을 극대화할 수 있는 가능성 및 사무실, 학교, 문화시설 등에 인접함으로써 고객을 흡인하기에 유리한 조건에 속해있는가에 대한 검토이다.

④ 양립성의 원칙 : 상호 보완 관계에 있는 점포가 서로 인접해 있어서 고객의 흡인력을 높일 수 있는 가능성에 대한 검토이다.

⑤ 경제성의 원칙 : 입지의 가격 및 비용 등으로 인한 수익성과 생산성의 정도에 관한 검토이다.

50 소매점포 상권의 크기에 대한 규범론적 설명으로서 가장 옳지 않은 것은?

① 취급상품이 다양한 점포일수록 상권이 크다.

② 개성이 강한 상품을 취급하는 점포일수록 상권이 크다.

③ 구매빈도가 낮은 상품을 취급하는 점포일수록 상권이 더 크다.

④ 배후지의 인구밀도가 높은 곳에 입지한 점포일수록 상권이 크다.

⑤ 입지한 소매단지의 점포 밀집도가 높은 점포일수록 상권이 크다.

해 설 인구밀도가 높은 배후지에 입점한 경우 상권규모는 불변이다.

51 페터(R. M. Petter)의 공간균배의 원리의 내용으로서 가장 옳지 않은 것은?

① 상권 내 소비자의 동질성과 균질분포를 가정한다.

② 상권이 넓을수록 경쟁점포들은 분산 입지한다.

③ 수요의 교통비 탄력성이 클수록 경쟁점포들은 집중 입지한다.

④ 시간의 흐름에 따라 경쟁점포들이 배후지를 균등하게 나누어 가진다.

⑤ 호텔링(H. Hotelling)모형은 수요의 탄력성이 0(영)인 경우에 해당한다.

해 설 배후지 시장이 좁고 교통비에 대한 수요의 탄력성이 작은 경우에는 점포가 중심부에 입지하고, 배후지 시장이 넓고 교통비에 대한 수요의 탄력성이 크면 점포가 분산해서 입지하는 경향이 나타난다.

52 아래 글상자의 내용은 상권분석에서 자주 활용되는 어떤 방법에 대한 설명이다. 이 방법과 가장 관련성이 높은 사람으로 옳은 것은?

> ㉠ 신규로 개설하려는 자사점포와 가장 유사한 기존점포를 선정한다.
> ㉡ 유사점포의 상권범위를 결정한다.
> ㉢ 전체상권을 단위거리에 따라 소규모지역으로 나누고, 각 지역에서의 1인당 매출액을 구한다.
> ㉣ 예상상권 내의 각 지역의 인구수에 유사점포의 1인당 매출액을 곱하여 신규점포의 예상매출액을 구한다.

① 허프(Huff, D.L.)

② 라일리(Reilly, W.J.)

③ 애플바움(Applebaum, W.)

④ 크리스탈러(Christaller, W.)

⑤ 컨버스(Converse, P.D.)

해 설 ① 허프 : 레일리나 컨버스이론, 즉 상권경계선 모델은 지역이나 도시의 고객흡인력이 긱각의 지역의 인구규모에 의해 결정되는 경험법칙이었으나, 허프는 개별소매 상권의 크기를 측정하기 위해 거리변수 대신에 거주지에서 점포까지의 교통시간을 이용하여 모델을 전개하였다.

② 라일리 : 라일리의 소매인력법칙은 점포들의 밀집도가 점포의 매력도를 증가시키는 경향이 있음을 나타내는 법칙으로, 개별점포의 상권파악보다는 이웃도시 간의 상권경계를 결정하는 데 주로 이용한다.

④ 크리스탈러 : 한 지역 내의 생활거주지(취락)의 입지 및 수적 분포, 취락들 간의 거리관계와 같은 공간 구조를 중심지 개념에 의해 설명하려는 이론이다.

⑤ 컨버스 : 흡인되는 구매력 정도가 동일하여 두 도시 사이의 거래가 분기되는 중간지점의 정확한 위치를 결정하기 위해서 레일리의 인력모델을 수정하여 거리-감소함수를 도출하였다.

53 소매상권을 평가하여 소매입지를 선정할 때 활용하는 각종 관련 지수(index)에 대한 설명으로 가장 옳지 않은 것은?

① 시장성장력지수(MEP)는 지역 내 소비자들이 타 지역에서 쇼핑하는 비율을 고려하여 계산한다.

② 소매포화지수(IRS)는 특정 시장 내에서 주어진 제품 계열의 점포면적당 매출액의 크기이다.

③ 소매포화지수(IRS)와 시장성장력지수(MEP)를 함께 검토하는 것이 상권 · 입지평가에 바람직하다.

④ 판매활동지수(SAI)는 특정 지역의 총면적에 대한 점포면적총량의 비율을 말한다.

⑤ 구매력지수(BPI)는 시장의 구매력을 측정하는 지표로서 주로 인구, 소매 매출액, 유효소득 등의 요인을 이용하여 측정한다.

해 설 판매활동지수(SAI)는 타 지역과 비교한 특정한 지역의 1인당 소매매출액을 가늠하는 것으로 인구를 기준으로 해서 소매매출액의 비율을 계산하는 방식이다.

54 상권분석 모델들 중에서 소비자의 점포방문 패턴을 공간상의 흐름으로 보고 이를 반영하여 특정 점포의 매출액과 상권규모를 예측하는 데 활용되는 공간상호작용모델과 관련된 설명으로 가장 옳지 않은 것은?

① 상권분석과 관련된 공간상호작용모델에는 Huff모델, MCI모델, MNL모델 등이 있다.

② 매출액 등의 점포성과에 영향을 미치는 입지변수들의 영향력을 설명하는 데 유용하다.

③ 공간상호작용이란 개념은 지리학에서 유래한 것으로 인구, 물자, 정보 등이 출발지(origin)에서 도착지(destination)로 이동하는 것을 분석한다.

④ 소비자의 점포선택행동을 조사한 가상의 자료를 이용하여 점포의 시장점유율이나 매출액 등 경영성과를 예측하는 데 활용된다.

⑤ 어느 한 점포에 대해 느끼는 효용(utility)이나 매력도(attraction)가 가장 크더라도 항상 그 점포를 선택하는 것은 아니고, 다른 점포를 방문하기도 한다고 가정한다.

해 설 공간상호작용모델은 소비자의 점포선택행동을 확률적 현상으로 인식하고 소비자에게 인지되는 효용이 클수록 그 점포가 선택될 가능성이 커진다는 것으로, 소비자의 실제 선택 자료를 활용하여 점포 매력도와 통행 거리와 관련한 모수 값을 측정한다.

55 A도시의 인구는 20만명, B도시의 인구는 40만명, 중간에 위치한 C도시의 인구는 6만명이다. A도시와 C도시의 거리는 5km, C도시와 B도시의 거리는 10km이다. 라일리(Reilly, W.J.)의 소매인력이론을 적용하여 추정할 때, C도시의 인구 중에서 A도시 상권으로 흡수되는 인구의 숫자로 가장 옳은 것은?

① 2만명
② 3만명
③ 4만명
④ 5만명
⑤ 6만명

레일리 이론의 공식

$$\frac{B_a}{B_b} = \left(\frac{P_a}{P_b}\right)\left(\frac{D_b}{D_a}\right)^2$$

$$\frac{B_a}{B_b} = \left(\frac{20만}{40만}\right)\left(\frac{10}{5}\right)^2 = 2$$

$B_a = 2B_b$

C도시의 인구가 6만명이므로 $B_a + B_b = 6$만명

따라서 $B_a = 4$만명, $B_b = 2$만명

56 상업시설 건축과 관련하여 필요한 인허가의 종류와 내용은 허가단계 – 착공단계 – 공사단계 – 준공단계의 단계별로 달라진다. 다음 중 준공단계의 인허가업무로서 가장 옳은 것은?

① 건축물철거 · 멸실신고

② 사업시행인가신청

③ 허가조건 이행결과서

④ 전기사용신청

⑤ 도로점용허가신청

준공단계는 건축물이 완공되어 사용될 수 있도록 준비하는 단계로, 건축물의 안전성 및 기능성을 검사하고, 관련 허가 및 검사를 받아 완료하므로 준공단계의 인허가업무로서 가장 옳은 것은 허가조건 이행결과서이다.

57 Huff모델에서 상권분석 결과를 이용한 상권표현의 도구로 활용할 수 있는 점포선택 등확률선 (isoprobability contours)에 대한 설명으로 옳지 않은 것은?

① 점포선택 등확률선(isoprobability contours)은 확률등고선으로 표현할 수도 있다.

② 점포선택 등확률선 지도를 그리면 점포를 둘러싼 공간상 다양한 위치에서의 점포선택 확률계 산이 가능하다.

③ 특정 점포를 중심으로 점포와의 거리가 멀어짐에 따라 소비자의 이용확률이 감소하는 현상을 공간적으로 표현한다.

④ Huff모델에서는 특정 상권에서의 거리에 대한 민감도계수(β)가 일정하다고 가정하므로 점포 선택 등확률선의 간격은 일정하게 나타난다.

⑤ 점포선택 등확률선 2개가 교차하는 2점포 무차별점은 2개 점포를 선택할 확률이 각각 0.5로 차이가 없는 지점을 의미한다.

Huff모델에서 민감도계수는 추정하지 않는다. Huff모델을 이용하여 시장지역 내 각 소비자의 위치로부터 특정 상업시설 에 대한 방문확률을 구하고, 동일한 방문확률을 보이는 지역을 연결하면 해당 상업시설의 등확률선을 도출할 수 있다.

58 다음은 대형 쇼핑센터의 공간구성요소에 대한 설명들이다. 그 연결이 가장 옳은 것은?

① 구역(district) – 안으로 들어올 수 있는 거점으로서, 통로의 접합점 또는 어떤 특징을 갖는 집중점이 전형적인 형태임

② 결절점(node) – 길찾기를 위한 방향성을 제공해 주는 기하학적 형상으로서, 상징적 대상을 배치하여 구심점 역할을 부여하는 것이 대표적 표현방법의 하나임

③ 통로(path) – 공간과 공간의 분리를 통해 영역성이 부여됨

④ 에지(edge) – 파사드, 난간, 벽면, 담장 등 건물에서 꺾이는 부분들이 해당됨

⑤ 지표(landmark) – 연속된 공간을 통해 목적지에 이르는 과정 즉, 어떤 목표에 이르기까지의 방향으로서 출발점을 가짐

해 설 ① 결절점(node) – 안으로 들어올 수 있는 거점으로서, 통로의 접합점 또는 어떤 특징을 갖는 집중점이 전형적인 형태임
② 지표(landmark) – 길찾기를 위한 방향성을 제공해 주는 기하학적 형상으로서, 상징적 대상을 배치하여 구심점 역할을 부여하는 것이 대표적 표현방법의 하나임
③ 구역(district) – 공간과 공간의 분리를 통해 영역성이 부여됨
⑤ 통로(path) – 연속된 공간을 통해 목적지에 이르는 과정 즉, 어떤 목표에 이르기까지의 방향으로서 출발점을 가짐

59 상권구획모형의 일종인 티센다각형(thiessen polygon) 기법에 대한 설명으로 가장 옳지 않은 것은?

① 접근성이 매장 선택의 중요 결정요소일 때 더욱 유효하다.

② 각 매장이 차별성이 없는 상품을 판매할 경우에는 설명력이 낮아진다.

③ 공간독점접근법에 기반한 상권 구획모형이다.

④ 최근접상가 선택가설에 근거하여 상권을 설정한다.

⑤ 상권에 대한 기술적이고 예측적인 도구로 사용될 수 있다.

해 설 티센다각형 기법은 소매점포들이 규모나 매력도에 있어서 유사하다고 가정하므로 각 매장이 차별성이 없는 상품을 판매할 경우에 설명력이 높아진다.

60 지리정보시스템(GIS)에서 공간적으로 동일한 경계선을 가진 두 지도 레이어들에 대해 하나의 레이어에 다른 레이어를 겹쳐 놓고 지도형상과 속성들을 비교하는 중첩(overlay) 기능으로서 가장 옳지 않은 것은?

① 교차(intersection)   ② 버퍼링(buffering)
③ 결합(union)   ④ 지우기(erase)
⑤ 동일성(identity)

해 설 버퍼기능은 근접분석을 할 때 관심 대상지역을 경계 짓는 것으로, 공간형상의 둘레에 사용자가 지정한 범위만큼의 구역을 도출하는 기능이다.

61 온라인 쇼핑몰의 마케팅채널에서 구매전환율을 높이기 위해 시도할 수 있는 방안으로 가장 옳지 않은 것은?

① 장바구니에서 오래 담겨져 있는 제품들 위주로 무료배송을 적용한다.

② 랜딩페이지에서부터 구매전환까지 이르는 프로세스를 개선한다.

③ 구매결정에 도움을 주지 못하는 필수적이지 않은 정보는 간소화하여 수정배치한다.

④ 핵심적인 바이럴 요소의 내재화 전략을 설계한다.

⑤ 장바구니에 담겨있는 제품들 위주로 관련 프로모션 안내와 함께 리마인드 메시지를 보낸다.

해 설 구매전환율은 쇼핑몰 방문자 중에 실제 구매한 사람의 비율이 얼마인지를 확인하는 지표로 계산방법은 다음과 같다.

$$구매전환율(\%) = \frac{구매횟수}{유입수(또는\ 상세페이지\ 조회수)} \times 100$$

바이럴 요소의 내재화 전략은 제품이나 서비스를 쉽게 공유할 수 있도록 설계된 것으로 유입수나 조회수는 증가시킬 수 있지만 실질적인 구매횟수를 높이는 방안으로는 볼 수 없다.

62 온라인 쇼핑몰관리를 위한 KPI(key performance indicator) 및 주요 용어에 대한 설명으로 옳지 않은 것은?

① CPM(cost per mille)은 제공하는 검색 링크나 배너 광고의 클릭 1회당 비용을 의미한다.

② CTR(click through rate)은 검색 결과 화면에 노출된 여러 가지 광고(배너 등) 중에서 해당 광고를 클릭한 횟수를 의미한다.

③ ROAS(return on advertising spend)는 광고수익률로, 온라인 광고비 대비 매출(수익)의 비율로 계산할 수 있다.

④ Impression은 온라인 사용자가 검색 키워드를 검색했을 때, 해당 쇼핑몰의 광고가 얼마나 노출되었는가를 나타낸다.

⑤ Bounce Rate는 사용자가 사이트에 들어왔다가 아무런 상호작용을 거치지 않고 즉시 떠나는 비율을 뜻한다.

해 설 CPM(cost per mille)은 웹페이지에서 광고가 1,000번 노출되었을 때의 비용을 의미한다.

63 SKU(stock keeping unit)에 대한 설명으로 옳지 않은 것은?

① 의류의 경우에는 색상, 사이즈, 스타일 등의 요소를 반영하여 정한다.

② 가장 말단의 상품분류단위로 상품에 대한 효율적인 추적과 관리를 위해 사용하는 식별관리코드를 의미한다.

③ 문자를 제외한 숫자 등의 기호로 표기되며 구매자나 판매자는 이 코드를 이용하여 특정한 상품을 지정할 수 있다.

④ 일반적으로 상품의 바코드에 표기되는 상품단위와 동일한 개념으로 사용된다.

⑤ 제조업체에 의해 정해지는데 업체에 따라 각기 다른 체계를 사용하기도 한다.

해 설 SKU는 문자와 숫자 등의 기호로 표기되며 구매자나 판매자는 이 코드를 이용하여 특정한 상품을 지정 가능하다.

64 재고관리 및 평가에 대한 설명으로 가장 옳지 않은 것은?

① 경제적 주문량모형 – 단위구입가가 물량에 관계없이 일정하다는 가정을 전제로 한다.

② 재발주점모형 – 주문기간을 일정하게 하고 주문량을 변동시키는 모형으로서, 수요가 확실한 경우 ROP는 주문기간 동안의 평균수요량에 안전재고를 더한 값으로 산출한다.

③ 재고실사법 – 매장과 창고의 현품을 직접 파악하는 방법이다.

④ 선입선출법 – 먼저 매입한 상품이 먼저 판매된 것으로 가정하여 재고자산을 산출하는 방법이다.

⑤ 이동평균법 – 상품을 매입할 때마다 단위당 평균단가를 산출하여 재고자산을 산출하는 방법이다.

해 설 재발주점모형은 주문기간을 일정하게 하고 주문량을 변동시키는 모형으로, 수요가 확실한 경우에는 안전재고가 불필요하므로 ROP는 조달기간에 1일 수요량을 곱하여 구할 수 있고, 수요가 불확실한 경우에는 품절가능성이 있으므로 안전재고를 보유해야 하므로 ROP는 주문기간 동안의 평균수요량에 안전재고를 더한 값으로 산출한다.

65 아래 글상자의 내용 중 서비스 특성의 소멸성(perishability)을 고려한 전략만을 나열한 것은?

> ㉠ 장소, 가격, 장비, 커뮤니케이션 등을 통해 품질을 추론할 수 있는 단서를 제공한다.
>
> ㉡ 서비스를 제공할 때 표준절차와 방법을 수립하고 개별화 전략을 시행한다.
>
> ㉢ 은행 번호표 같은 고객 대기 관리나 사전예약제를 통하여 수요를 미리 예측 · 관리한다.
>
> ㉣ 비수기 기간 동안에 저가격과 다양한 부가서비스를 제공하여 고객을 유인한다.
>
> ㉤ 서비스 전과 후를 비교할 수 있게 함으로써 서비스의 우수성을 평가할 수 있게 한다.
>
> ㉥ 사용경험이 있는 다른 사람의 구전을 활용하여 서비스 내용을 알 수 있게 한다.
>
> ㉦ 성수기나 피크시간대를 대비해 시간제근무 종업원을 고용하거나 다양한 직능교육을 통해 직원을 순환배치한다.

① ㉠, ㉢, ㉤

② ㉡, ㉤, ㉺

③ ㉢, ㉣, ㉧

④ ㉣, ㉤, ㉧

⑤ ㉤, ㉺, ㉧

서비스의 소멸성은 저장하거나 재고를 남길 수 없으므로 소멸성을 극복하기 위해서는 수요와 공급을 조절하는 것이 필요하다. 따라서 수요·공급 조절과 관련된 ㉢, ㉣, ㉧이 소멸성과 관련된 전략에 해당한다.

66 판매촉진지원금에 대한 설명으로 가장 옳지 않은 것은?

① 중간상이 제조업자를 위해 지역광고를 하거나 판촉을 실시할 경우 이를 지원하기 위해서 지급되는 보조금이다.

② 보통 중간상이 제조업자에게 물품대금을 지불할 때 그 금액만큼을 공제하는 방식으로 제공된다.

③ 리스팅 보조금은 신제품을 구매하거나 특별 전시하는 경우에 지급되는 판매촉진지원금이다.

④ 머천다이징 보조금은 점포 내에 판촉물을 전시하거나 소매점 광고에 자사상품을 소개하는 경우에 지급되는 판매촉진지원금이다.

⑤ 물량비례 보조금은 제조업자의 판촉기간 동안 소매업자가 구입한 상품의 재고위험성을 보상하기 위해 지급되는 판매촉진지원금이다.

물량비례 보조금은 특정 기간 내에 구매하는 상품의 양에 따라 지원금을 지급하는 것을 말한다.

67 다음 중 매력적인 목표시장 선정의 조건에 대한 설명으로 가장 옳지 않은 것은?

① 외형측면에서 충분한 시장 규모, 수익성, 시장성장률을 가지고 있어야 한다.

② 해당 세분시장이 자사의 역량과 자원에 적합한지를 살펴보아야 한다.

③ 시장의 경쟁강도뿐만 아니라 현재 경쟁자들과의 경쟁에서 확실한 경쟁적 우위를 확보할 수 있는 자원과 역량이 있는지를 분석해야 한다.

④ 시장의 규모는 자사에 규모에 따라 다르게 해석할 수 있기 때문에 상대적인 크기보다는 절대적인 크기를 고려하여 목표시장을 선택해야 한다.

⑤ 경쟁의 측면에서 개별 세분시장 내의 경쟁강도를 살펴보아야 한다.

시장의 규모는 자사에 규모에 따라 다르게 해석할 수 있기 때문에 절대적인 크기보다는 상대적인 크기를 고려하여 목표시장을 선택해야 한다.

68 아래 글상자의 괄호 안에 들어갈 서비스 품질이 순서대로 바르게 나열된 것은?

> 서비스 품질은 대개 다음과 같은 세 가지 측면에서 평가된다. 첫 번째는 (㉠)로 이는 서비스의 결과물, 즉 성과에 대한 평가이다. 예를 들어, 레스토랑에 갔을 때 소비자가 주문한 음식의 맛과 품질이 이에 해당한다. 두 번째는 (㉡)에 대한 평가로, 이는 서비스 과정에서 일어나는 종업원과의 상호교류에 대한 평가이다. 음식점에서 종업원이 주문을 받고, 음식을 제공하고, 계산해주는 과정이 이에 해당한다. 세 번째는 (㉢)로 서비스가 제공되는 현장의 물리적 환경과 분위기 등의 평가를 말한다.

① ㉠ 기대적 품질, ㉡ 기능적 품질, ㉢ 장소적 품질
② ㉠ 객관적 품질, ㉡ 공정성 품질, ㉢ 상황적 품질
③ ㉠ 성과 품질, ㉡ 과정 품질, ㉢ 물리적 환경품질
④ ㉠ 물리적 품질, ㉡ 지각된 품질, ㉢ 유형적 품질
⑤ ㉠ 결과 품질, ㉡ 공감 품질, ㉢ 장소ㆍ상황 품질

해설 서비스 품질 관리
• 성과 품질(결과 품질) : 고객이 기업과의 상호작용에서 무엇을 얻었는가를 나타내는 것으로, 서비스 결과, 유형성 및 신뢰성 같은 서비스품질 차원에 중점을 두며 구매자와 판매자의 상호작용이 끝난 뒤 고객에게 남은 것을 뜻한다.
• 과정 품질 : 고객이 서비스를 어떻게 받고, 서비스 제공과정을 어떻게 경험하는가를 나타내는 것이다.
• 물리적 환경품질 : 서비스가 제공되는 현장의 물리적 환경과 분위기 등의 평가를 의미한다.

69 유통업체 브랜드(PB)에 대한 설명으로 가장 옳지 않은 것은?

① 일반적으로 유통업체는 상품에 대한 디자인과 사양을 개발하고 그 상품을 생산해 줄 수 있는 제조업체와 계약을 한다.
② 제조업체 브랜드(NB)업체로부터 제공되지 않는 혁신적인 상품이나 더 나은 가치를 제공하는 상품을 유통업체 브랜드(PB)로 도입하기도 한다.
③ 유통업체 브랜드(PB)는 저가, 저마진을 추구하는 회전율이 높은 상품 위주로 개발한다.
④ 유통업체가 제조업체 브랜드(NB)의 벤더와 협력하여 자사 점포에서만 판매할 수 있는 상품을 개발하며 이러한 경우 NB벤더나 제조업체가 해당상품의 생산에 책임이 있다.
⑤ 유통업체는 유통업체 브랜드(PB)를 통해 점포 충성도를 증가시킬 수 있다.

해설 유통업체 브랜드(PB)는 제조업체 브랜드(NB)보다 총마진이 높다.

70 다음 중 상품 매입조건에 대한 설명으로 가장 옳지 않은 것은?

① 직매입이란 협력업체에게 직접 현금 또는 그에 상응하는 대금을 지급하고 매입하여 소매업체 책임으로 판매하는 방식을 말한다.

② 판매분 매입이란 협력업체 상품을 소매업체 책임으로 판매하고 판매액에 따라서 상품대금을 지급하는 매입 조건을 말한다.

③ 특정매입이란 백화점 등 대형소매점에서 주로 이용하는 매입방법으로서 상품은 소매업체가 관리하고 판매 대금은 판매분에 한해서 지급하는 위탁판매 방식의 일종이다.

④ 일반적으로 유통업체 브랜드(PB)는 판매분 매입을 통한 조건부 매입방식을 택한다.

⑤ 식품, 가전상품의 경우, 백화점, 대형마트 등에서는 주로 직매입방식을 택하고 있다.

해 설 판매분 매입을 통한 조건부 매입방식은 최신 유행에 맞춘 상품구성이 가능한 방식이기 때문에 신제품의 개발이 빈번하지 않고 소비자의 가격민감도가 큰 저관여 제품군에 활발히 도입되어온 유통업체 브랜드(PB) 전략에는 적합하지 않은 방식이다.

71 아래 글상자에서 설명하는 촉진믹스 전략으로 옳은 것은?

> 정원기구, 트렉터, 지게차 등과 같은 산업장비 제조업체 A는 최종소비자에게 잔디깎는 기계, 눈치우는 장비, 텃밭관리 기구 등 소비제품을 촉진하는 데 마케팅 역량을 집중하기보다는 영업사원을 통해 Lowe's, Home Depot 등 기타 중간상들이 A사 제품을 소비자들에 적극적으로 판매하도록 마케팅 하고 있다.

① 공중관계전략(public relations strategy)

② 풀전략(pull strategy)

③ 광고대행사전략(advertising agency strategy)

④ 푸시전략(push strategy)

⑤ 구매시점판촉전략(POP promotion strategy)

해 설 푸시(Push)전략 및 풀(Pull)전략
- 푸시(Push)전략 : 제조업자가 유통업자들을 대상으로 하여 촉진예산을 인적 판매와 거래점 촉진에 집중 투입하여 유통경로상 다음 단계의 구성원들에게 영향을 주고자 하는 전략으로, 일종의 인적 판매 중심의 마케팅전략이다.
- 풀(Pull)전략 : 기업(제조업자)이 소비자(최종 구매자)를 대상으로 광고나 홍보를 하고, 소비자가 그 광고나 홍보에 반응해 소매점에 상품이나 서비스를 주문·구매하는 마케팅 전략이다.

72 아래 글상자에서 공통적으로 설명하는 고객특성 분석법으로 옳은 것은?

> – 동일한 기간 내 동일한 경험을 한 집단을 대상으로 한다.
> – 주로 사용자 행동을 그룹으로 나눠 지표별로 수치화한 뒤 분석하게 된다.
> – 해당 집단의 데이터를 시간 흐름에 따라 확인하는 형태로 분석이 진행된다.
> – 보통 사용자 유지 및 이탈 시점과 패턴, 집단 간 상이한 행동 패턴 등의 분석에 이용된다.

① 검색엔진 최적화
② 코호트 분석
③ A/B 테스트
④ 텍스트 마이닝
⑤ 소셜네트워크 분석

해 설 ① 검색엔진 최적화 : 각종 검색엔진에 내 글을 효과적으로 싣고 널리 알릴 수 있도록 웹 페이지를 구성해서 검색 결과의 상위에 오르게 하는 작업이다.
③ A/B 테스트 : 통계적 가설 검정의 일종으로, 두 가지 처리 방법, 제품, 절차 중 어느 쪽이 더 우월하다는 것을 입증하기 위해 실험군을 두 그룹으로 나누어 진행하는 실험이다.
④ 텍스트 마이닝 : 비정형 데이터에 대한 마이닝 과정이다. 마이닝이란 데이터로부터 통계적인 의미가 있는 개념이나 특성을 추출하고 이것들 간의 패턴이나 추세 등의 고품질의 정보를 끌어내는 과정이다.
⑤ 소셜네트워크 분석 : 수학의 그래프 이론을 이용하여 사람, 그룹, 데이터 등 객체 간의 관계 및 관계 특성 등을 분석하고 시각화하는 측정 기법이다.

73 아래 글상자의 사례가 설명하는 시장세분화 변수로 옳은 것은?

> A매장은 연소득 1백만불 이상이고 연간 카드사용액이 적어도 10만불에서 45만불 사이인 고액 자산가들을 목표로 한다. 이 세분시장의 고객을 위해 인기 높은 레스토랑에서 특별좌석, 쇼 티켓의 우선선택, 이국적인 휴가지 지원 등과 같은 서비스를 제공한다. 동시에 중산층 이하의 사람들이 거주하는 동네를 핵심시장으로 식료품 위주의 슈퍼마켓매장을 도입하여 연소득 3만달러 이하의 가족들이 필요로 하는 생필품을 적극적으로 매입하고 프로모션 한다.

① 심리묘사적 세분화
② 사용률 세분화
③ 인구통계적 세분화
④ 행동적 세분화
⑤ 사용상황 세분화

해 설 인구통계학적 변수는 소비자들의 인구통계학적인 특성을 기준으로 시장을 나누며, 고객집단을 세분화하는 데 가장 보편적인 기준이 된다(**예** 나이, 성별, 가족생애주기, 소득, 직업, 교육, 지역, 기념일 등).

74 아래 보기 중 재고회전율을 구하는 공식으로 옳은 것은?

① (순이익/총자산)×100(%)

② (순이익/순매출액)×100(%)

③ (순매출액/총자산)×100(%)

④ (총마진/평균재고)×100(%)

⑤ (순매출/평균재고)×100(%)

해 설 재고회전율은 재고가 연간 몇 번 회전하는가를 산정하는 것으로, $\dfrac{순매출}{평균재고} \times 100(\%)$의 산식을 이용한다.

75 아래 글상자에서 설명하는 매장이 수행할만한 상품계획전략으로 가장 옳은 것은?

> 소비자에게 우리 화장품 매장에 오면 자신의 기호, 사용 목적, 예산에 알맞은 적절한 제품을 찾기가 쉬우며, 많은 후보 제품들을 탐색하고 비교해서 선택하기에 편리한 매장이라는 인식을 심어주고자 한다. 다시 말해 화장품을 구매하려면 역시 이 매장뿐이라고 생각하도록 만들고 싶다.

① 상품 라인 구성의 확대 　　　② 상품 품목 구성의 확대

③ 상품 구성의 폭 확대 　　　　④ 상품 구성의 다양성 확대

⑤ 상품 가용성 확대

해 설 **상품믹스**
- 상품품목(item) : 가격, 사이즈, 기타 속성에 따라 확실하게 구분되는 단위상품이다.
- 상품계열(line) : 소매점에서 취급하는 상품군의 다양성을 의미한다.
- 상품믹스 폭(width) : 소매점에서 취급하는 상품계열의 다양성을 의미한다.
- 상품믹스 깊이(depth) : 소매점의 동일 상품계열 내 이용 가능한 대체품목의 숫자를 의미한다.

76 다음 중 수요의 가격탄력성에 대한 설명으로 가장 옳지 않은 것은?

① 수요의 가격탄력성은 수요량의 변화율(%)을 가격의 변화율(%)로 나눈 값이다.

② 판매자가 가격을 2% 인상했을 때 수요가 10% 감소한다면 수요의 가격탄력성은 –5로 수요가 탄력적이다.

③ 수요가 비탄력적일수록 판매자는 가격 인상으로 더 많은 수입을 올릴 수 있다.

④ 수요의 가격탄력성이 1보다 큰 경우 추가 생산 및 판매 비용이 없다면 판매자는 가격 인상 정책이 유리하다.

⑤ 수요가 비탄력적인 경우보다는 탄력적인 경우에 판매자는 가격인하를 고려할 것이다.

해 설 수요의 가격탄력성이 1보다 큰 경우, 약간의 가격인상은 그 인상가격으로 인해 수요가 눈에 띄게 줄어 전체 수익의 감소를 가져오므로 가격인상 정책은 불리하다.

77 아래 글상자에서 사용하는 촉진방법과 가장 관련성이 높은 학습이론으로 옳은 것은?

> M레스토랑에서는 어린이 메뉴를 주문하면 음식이외에 추가로 장난감을 받을 수 있고, 일부 매장에서는 어린이 놀이터를 이용할 수도 있다. 또한 특정 메뉴(value menu)를 이용하면 저렴한 가격과 탄산음료수를 리필할 수도 있다. 이러한 소매상의 촉진방법은 소비자의 구매행동에 대한 보상을 통해 긍정적 강화요소로 작용하게 된다.

① 모방학습
② 수단적 조건화
③ 관찰학습
④ 기계적 학습
⑤ 고전적 조건화

해설 ① 모방학습 : 다른 사람의 행동을 관찰함으로써 새로운 행동을 학습하는 것이다.
③ 관찰학습 : 사물에 대한 관찰을 통해 그 대상에서 목적한 사항을 파악하고, 표상조직을 형성하는 학습을 의미한다.
④ 기계적 학습 : 입력되는 정보로부터 추론을 행하지 않고 직접적으로 주어진 사실이나 데이터를 기억하여 학습을 수행하는 방법이다.
⑤ 고전적 조건화 : 행동주의 심리학의 이론으로, 특정 반응을 이끌어내지 못하던 자극(중성자극)이 그 반응을 무조건적으로 이끌어내는 자극(무조건자극)과 반복적으로 연합하면서 그 반응을 동기화시키는 학습과정을 말한다.

78 아래 글상자에서 설명하는 광고예산 결정방법으로 옳은 것은?

> B사는 광고를 통해 표적시장에서 70%의 인지도를 달성하기 위해서, 매주 각 가구마다 평균 네 번씩 한 달 동안 광고를 내보내야 한다. 이 비용이 가구당 250원이고, 표적시장의 가구 수가 100만 가구여서, 광고예산을 약 2억 5천만원으로 책정하였다.

① 가용 자원법(affordable method)
② 매출액 비율법(percentage of sales method)
③ 실험법(experimentation method)
④ 경쟁자 기준법(competitive parity method)
⑤ 목표 과업법(objective and task method)

해설 목표 과업법은 광고 목표를 설정하고 설정한 목표를 달성하기 위한 과업을 결정한 후 그 과업에 필요한 광고비의 합을 예산으로 책정하는 방법이다.
① 가용 자원법 : 운영비용과 이익을 산출한 후에 사용 가능한 금액이 얼마인지에 따라 예산을 설정하는 방법이다.
② 매출액 비율법 : 매출의 일정 비율을 예산으로 설정하는 것으로 사용이 편리하나 장기적 계획이 어렵다.
③ 실험법 : 실험 집단과 통제 집단을 설정하여 다른 조건을 통제한 후, 하나의 변수가 실험 집단에 어떤 영향을 끼치는지 측정하는 것이다.
④ 경쟁자 기준법 : 경쟁사의 지출수준을 고려하여 결정하는 방법으로, 산업 평균에 근거한 예산 설정이다.

79 상품가용성에 대한 설명으로 옳지 않은 것은?

① 상품가용성이란 특정 단품의 수요가 만족되는 비율을 말한다.

② 안전재고의 양이 증가할수록 상품가용성이 증가한다.

③ 안전재고의 양과 상품가용성 간에는 선형의 관계가 나타난다.

④ 안전재고량의 수준 결정에는 수요의 변화 정도가 고려되어야 한다.

⑤ 안전재고량의 수준 결정에는 벤더(vendor)로부터 배달까지의 리드타임(lead time)이 고려되어야 한다.

해설 안전재고의 양이 증가할수록 상품가용성이 증가하는 것은 맞지만, 안전재고량은 수요 변동의 범위와 재고 이용 가능성 수준에 달려있기 때문에 안전재고량이 증가함에 따라 상품가용성이 비례해서 증가하는 선형의 관계라고는 볼 수 없다.

80 다음 중 가격 개념에 대한 설명으로 가장 옳지 않은 것은?

① 가격은 마케팅믹스 가운데 수익과 상대적으로 관련성이 높은 요소이며, 마케팅믹스의 나머지 구성 요소들은 비용을 발생시킨다.

② 일반적으로 제품원가는 가격의 하한선이 되고 제품에 대한 소비자들의 지각된 가치는 가격의 상한선이 된다.

③ 소비자는 자주 구매하는 브랜드의 가격, 과거 지불했던 가격, 유사제품의 평균가격 등을 이용해 관습가격을 형성하며, 이는 제품가격이 싼지 비싼지를 평가하는 비교기준으로 사용된다.

④ 유보가격이란 소비자가 어떤 제품에 대해 지불할 의사가 있는 최고 가격으로 소비자가 생각하고 있던 유보가격보다 제시된 제품가격이 높으면 소비자는 구매를 유보한다.

⑤ 제품가격이 어느 수준이하로 싸면 소비자는 제품에 하자가 있는 것으로 판단하고 구매를 거부하게 되는데 이러한 수준의 가격을 최저수용가격이라 한다.

해설 제품가격이 싼지 비싼지를 평가하는 비교기준으로 사용되는 가격은 준거가격이다. 관습가격은 소비자들이 관습적으로 느끼는 가격으로, 라면, 껌 등과 같이 대량으로 소비되는 생필품의 경우에 많이 적용되며, 관습가격보다 제품가격을 높이면 매출이 감소하고 가격을 낮게 책정하더라도 매출이 크게 증가하지 않는다.

81 빅데이터의 기술요건을 수집-공유-저장-분석-시각화 단계로 나누어 볼 때 각 단계별로 필요한 기술요건을 짝지어 놓은 것으로 가장 옳지 않은 것은?

① 수집 – 크롤링 엔진
② 공유 – 데이터 동기화
③ 저장 – RSS, Open API
④ 분석 – 텍스트 마이닝
⑤ 시각화 – 대시보드, 구글 차트

해 설 RSS, Open API는 수집 단계에서 필요한 기술요건이다. RSS는 사이트에서 제공하는 주소를 등록하면 PC나 휴대폰 등을 통하여 자동으로 전송된 콘텐츠를 이용할 수 있도록 지원하는 것이고, Open API는 이용자가 응용 프로그램과 서비스를 개발할 수 있도록 공개된 운영체제나 프로그래밍 언어가 제공하는 기능을 제어할 수 있게 만든 인터페이스 이다.

82 고객관계관리(CRM ; customer relationship management)에 관한 내용으로 가장 옳지 않은 것은?

① 고객생애가치 극대화
② 정보기술에 의한 관리
③ DB를 이용한 고객 정보 관리
④ 고객 개개인에 대한 1:1 마케팅
⑤ 회사의 개별부서 차원에서의 부분별 고객관리

해 설 전사적 차원에서의 개별고객 관리를 수행한다.

83 오늘날 유통업체에서는 인공지능(AI ; artificial intelligence) 기술을 활용한 정보시스템 활용 이 증가하고 있다. AI는 고객 데이터를 이용하기 때문에 올바른 이용이 중요하다. 이에 하버드 대학교 버크만 연구센터에서는 AI 윤리를 위한 8대 원칙을 제시하였는데, 가장 옳지 않은 것은?

① 기술가치 증진 AI 윤리원칙
② 투명성과 설명 가능성 AI 윤리원칙
③ 인적가치 증진 AI 윤리원칙
④ 책무성 AI 윤리원칙
⑤ 안전과 보안 AI 윤리원칙

해 설 하버드 법대 버크만 연구센터는 2016부터 2019년에 발표된 AI 윤리 원칙 중 36건을 분석하여, ① 개인정보보호, ② 책무성, ③ 안전과 보안, ④ 투명성과 설명 가능성, ⑤ 공정성과 비차별성, ⑥ 기술 통제성, ⑦ 전문가 및 이해관계자 책임, ⑧ 인적가치 증진이라는 8가지의 공통 가치를 제시했다.

84 공급망관리(공급망 계획, 조달, 제조, 배송)에 인공지능 솔루션을 활용함으로써 발생하는 변화에 대한 설명으로 가장 옳지 않은 것은?

① 재고관리에 있어서 업무처리 정확도를 높일 수 있다.

② 다양한 요구사항을 반영해서 관련 업무를 실시간으로 대응할 수 있다.

③ 다양한 데이터를 활용한 동적 조건을 반영해서 보다 신속한 공급망 계획 변경이 가능하다.

④ 창고관리의 운영 효율성을 높일 수 있다.

⑤ 지나치게 방대한 데이터를 활용함으로써 비생산적 복잡성을 유발한다.

해설 인공지능 솔루션을 활용함으로써 의미 없는 데이터를 필터링 하고, 부가적으로 결측치를 보완하거나 양식에 맞지 않는 데이터를 변환하여 의미 있게 활용할 수 있어 효과적인 데이터 분석이 가능하다.

85 아래 글상자의 괄호 안에 들어갈 기술을 순서대로 바르게 나열한 것으로 가장 옳은 것은?

> 기업은 업무효율성 증진을 위해 최신 정보기술을 도입하고 있다. 예를 들면, 단순하고 반복적인 업무를 효율적으로 처리하기 위해 업무프로세스를 자동화하는 (㉠) 기술을 도입하였다. 규칙적으로 발생하는 데이터를 일정 양식의 보고서로 작성하여 특정 부서, 사람에게 메일을 보내야 하는 업무가 있다면, 업무를 분석ㆍ설계하여 구현해 놓으므로 정해진 규칙에 따라 자동으로 업무를 수행하도록 지원한다. (㉡)은(는) 원래 빛을 이용해서 다양한 문자를 판독하는 장치로, (㉢)시스템의 문서 또는 이미지에서 텍스트를 추출하는 데 이용되기도 한다.

① ㉠ RPA, ㉡ IPA, ㉢ OCR

② ㉠ RPA, ㉡ OCR, ㉢ RPA

③ ㉠ IPA, ㉡ RPA, ㉢ OCR

④ ㉠ IPA, ㉡ Chatbot, ㉢ RPA

⑤ ㉠ IPA, ㉡ Machine learning, ㉢ IPA

해설 RPA는 데이터 입력 등의 단순 반복 업무 프로세스의 자동화에 주로 적용하는 것이고, OCR은 빛을 이용해 문자를 판독하는 장치로 종이에 인쇄되거나 손으로 쓴 문자, 기호, 마크 등에 빛을 비추어 그 반사 광선을 전기 신호로 바꿔 컴퓨터에 입력하는 장치이다.

86 개인정보보호법(법률 제16930호, 2020.2.4., 일부개정)과 관련해서 괄호 안에 들어갈 용어를 순서대로 바르게 나열한 것으로 가장 옳은 것은?

> – (㉠)은(는) 처리되는 정보에 의하여 알아볼 수 있는 사람으로서 그 정보의 주체가 되는 사람을 말한다.
> – (㉡)은(는) 개인정보를 쉽게 검색할 수 있도록 일정한 규칙에 따라 체계적으로 배열하거나 구성한 개인정보의 집합물(集合物)을 말한다.
> – (㉢)는 업무를 목적으로 개인정보파일을 운용하기 위하여 스스로 또는 다른 사람을 통하여 개인정보를 처리하는 공공기관, 법인, 단체 및 개인 등을 말한다.

	⊙	ⓛ	ⓒ
①	식별대상,	개인정보데이터베이스,	개인정보관리자
②	정보주체,	개인정보파일,	개인정보관리자
③	정보주체,	개인정보파일,	개인정보처리자
④	정보대상,	개인정보데이터베이스,	개인정보처리자
⑤	식별대상,	개인정보파일,	개인정보관리자

해 설
- "정보주체"란 처리되는 정보에 의하여 알아볼 수 있는 사람으로서 그 정보의 주체가 되는 사람을 말한다(개인정보보호법 제2조 제3호).
- "개인정보파일"이란 개인정보를 쉽게 검색할 수 있도록 일정한 규칙에 따라 체계적으로 배열하거나 구성한 개인정보의 집합물(集合物)을 말한다(개인정보보호법 제2조 제4호).
- "개인정보처리자"란 업무를 목적으로 개인정보파일을 운용하기 위하여 스스로 또는 다른 사람을 통하여 개인정보를 처리하는 공공기관, 법인, 단체 및 개인 등을 말한다(개인정보보호법 제2조 제5호).

87 유통 빅데이터 활용에 대한 설명으로 가장 옳지 않은 것은?

① 기업에서 활용하는 유통 빅데이터 형태는 텍스트, 오디오, 동영상, 문서 등 다양한 형태가 존재하고 있다.

② 맵리듀스는 대량의 데이터를 분산처리하는 방식으로 일괄처리 방식인 스파크에 비해 실시간으로 빠른 처리가 가능하다.

③ 빅데이터는 등장 초기부터 크기(volume), 속도(velocity), 다양성(variety)이라는 측면에서 전통적 데이터와 구별되는 3대 특성으로 제시되어 왔으며 최근 신뢰성, 가치, 정확성, 휘발성 등의 특성이 추가되고 있다.

④ 데이터 분석기술의 발달로 정형데이터뿐만 아니라 비정형 데이터도 분석할 수 있게 되었다.

⑤ 사물인터넷과 클라우드 컴퓨팅 등과 같은 첨단 기술의 발전은 빅데이터 활용 여건을 개선시켜 주었다.

해 설 맵리듀스는 스파크에 비해 처리 속도가 느리다.

88 아래 글상자의 메타버스에 대한 설명으로 옳지 않은 것을 모두 나열한 것은?

> ⊙ 가속연구재단(ASF ; acceleration studies foundation)은 메타버스 로드맵에 기반한 메타버스 서비스를 혼합현실, 라이프로깅, 거울세계, 가상세계 유형으로 분류하였다.
> ⓛ 메타버스 플랫폼을 제공하는 대표적인 기업으로 로블록스, 제페토 등이 있다.
> ⓒ 메타버스 유형 중 가상세계는 현실 생활의 정보를 가상세계에 증강하여 통합한 형태의 정보로 제공해 준다.
> ⓔ 메타버스 서비스는 플랫폼을 기반으로 개발자와 이용자의 참여를 통해 서비스가 운영된다.

① ⊙, ⓛ
② ⊙, ⓒ
③ ⊙, ⓔ
④ ⓛ, ⓔ
⑤ ⓒ, ⓔ

해설 ㉠ 가속연구재단(ASF ; acceleration studies foundation)은 메타버스의 유형을 가상세계, 증강현실, 라이프로깅 (life logging), 거울세계 등 4가지로 분류하였다.
㉢ 현실 생활의 정보를 가상세계에 증강하여 통합한 형태의 정보로 제공해주는 것은 증강현실이다.

89 공급사슬 동기화의 장애요인 중 하나로 원활한 시스템 흐름을 막는 병목관리에 대한 설명으로 가장 옳지 않은 것은?

① 골드랫(Goldratt)에 의해 개발된 최적생산기술의 핵심은 물류체인의 모든 활동이 병목 또는 비병목으로 분류되는 것이다.

② 전체시스템의 처리시간 속도를 높이기 위해서는 병목 부분에 초점을 두고, 가능한 역량을 추가하고 셋업 시간을 줄이는 것이 중요하다.

③ 비병목지점에서는 병목지점에서처럼 동일한 방법으로 취급하지 않아야 한다는 것을 인식하는 것이 중요하며, 병목지점의 처리량 개선이 우선되어야 한다.

④ 병목은 공급사슬 내에서 가장 속도가 느리게 이루어지는 활동으로, 전체시스템의 처리시간은 병목활동들에 의해 결정된다.

⑤ 버퍼(buffer)는 전체 시스템으로 속도를 통제하고, 드럼(drum)은 시스템제약요인이 항상 최대역량으로 작동하도록 병목지점 앞에 위치하며, 로프(rope)는 드럼과 버퍼를 연결하여 속도를 조절할 수 있도록 지원하는 활동을 의미한다.

해설 드럼(drum)은 전체 시스템으로 속도를 통제하고, 버퍼(buffer)는 시스템제약요인이 항상 최대역량으로 작동하도록 병목지점 앞에 위치하며, 로프(rope)는 드럼과 버퍼를 연결하여 속도를 조절할 수 있도록 지원하는 활동을 의미한다.

90 물류 혁신을 위해 자율주행은 매우 중요한 기술이다. 아래 글상자에서 국제자동차기술자협회 (SAE)가 제안한 자율주행에 대한 설명으로 가장 옳은 것만을 모두 나열한 것은?

2023

㉠ 레벨 1 – 자동화 기능 없이 운전자가 완전히 자동차를 조작하는 단계
㉡ 레벨 2 – 속도와 방향 중 하나만 자동제어 지원
㉢ 레벨 3 – 정해진 구역 내 속도, 방향 동시 제어 가능
㉣ 레벨 4 – 정해진 구역 내 자율주행 가능, 운전자 개입 불필요
㉤ 레벨 5 – 모든 지역과 상황에서 운전자 없이 자율주행 가능

① ㉠, ㉡, ㉢, ㉣, ㉤
② ㉠, ㉡, ㉤
③ ㉠, ㉢, ㉣
④ ㉠, ㉢, ㉣, ㉤
⑤ ㉣, ㉤

해설 ㉠ 레벨 0 – 자동화 기능 없이 운전자가 완전히 자동차를 조작하는 단계
㉡ 레벨 1 – 속도와 방향 중 하나만 자동제어 지원
㉢ 레벨 2 – 정해진 구역 내 속도, 방향 동시 제어 가능

91 유통정보시스템 개발에 활용되는 기술로 아래 글상자에서 공통적으로 설명하는 용어로 가장 옳은 것은?

> – 2014년에 이안 굿펠로우(Ian Goodfellow)가 제시한 생성자와 식별자가 서로 대립하면서 성능을 개선시켜 나가는 모델이다.
> – 심층 신경망으로 합성 영상을 생성하는 데 사용된다.

① RNN(recurrent neural network)
② GAN(generative adversarial network)
③ KMC(k-means clustering)
④ CNN(convolutional neural network)
⑤ RBM(rule-based model)

해 설 생성적 대립 신경망(GAN ; generative adversarial network)
• 생성자와 식별자가 서로 대립(경쟁)하며 데이터를 생성하는 모델이다.
• 일상생활에서는 딥페이크 동영상, 예술 및 음악 생성, 이미지 향상 등에 활용된다.
• 훈련 데이터와 유사한 새로운 데이터를 생성하는 데 사용할 수 있는 강력한 기계 학습 알고리즘이다.

92 아래 글상자의 괄호 안에 들어갈 용어로 가장 옳은 것은?

> (   )은(는) 사물이 다른 사물과 상호작용할 수 있는 것으로, 현실 세계의 사물들과 가상 세계를 네트워크로 상호 연결해 사람과 사물, 사물과 사물 간 언제 어디서나 서로 소통할 수 있도록 하는 기술이다.

① 5G
② QR code
③ 메타버스(metabus)
④ 사물인터넷(IoT)
⑤ 전자가격표시기(electronic shelf label)

해 설 ① 5G : 4G LTE 대비 데이터 용량은 약 1,000배 많고 속도는 200배 빠른 차세대 이동통신으로, 초고속·초저지연·초연결 등의 특징을 가지며, 이를 토대로 가상·증강현실(VR·AR), 자율주행, 사물인터넷(IoT) 기술 등을 구현할 수 있다.
② QR code : 가로, 세로를 활용하여 숫자는 최대 7,089자, 문자는 최대 4,296자, 한자도 최대 1,817자 정도를 기록할 수 있는 2차원적 구성으로, 긴 문장의 인터넷 주소(URL)나 사진 및 동영상 정보, 지도 정보, 명함 정보 등을 모두 담을 수 있다.
③ 메타버스(metabus) : 현실에서 가능한 사회, 경제, 교육, 문화, 과학 기술 활동을 아바타(avatar)를 통하여 할 수 있도록 지원하는 가상의 3차원 공간 플랫폼이다.
⑤ 전자가격표시기 : 편의점, 대형마트, 백화점 등 유통 매장에서 과거 종이에 표시했던 상품명과 가격, 로고 등의 정보를 소형 디스플레이에 표시하는 디지털 장치다.

93 채찍효과(bullwhip effect)에 대한 설명으로 가장 옳지 않은 것은?

① 유통업체와 제조업체가 정보공유시스템을 도입하면, 채찍효과를 줄일 수 있다.

② 공급사슬관리에서 나타나는 문제로 정보왜곡 현상을 일컫는 용어이다.

③ 수요 예측에 있어, 공급사슬 상류에서 발생해 공급사슬 하류로 갈수록 오류가 증가된다.

④ 유통업체가 판매시점관리시스템을 도입해 판매정보를 제조업체에 제공해 준다면, 정보왜곡 문제를 줄일 수 있다.

⑤ 채찍효과가 발생하면, 제조업체와 유통업체는 생산과 판매 측면에서 비효율적인 문제가 발생한다.

해 설 하류의 고객주문정보가 상류로 전달되면서 정보가 왜곡되고 확대되는 증폭현상이 발생한다.

94 물류 및 배송관리시스템 구현에 있어서 동일지역과 업종을 중심으로 수 · 배송 효율을 높이고, 비용을 절감하기 위해 공동 수 · 배송을 추진할 경우 이를 달성하기 위한 전제 조건으로 가장 옳지 않은 것은?

① 배송지역이 일정지역 내에 위치해야 한다.

② 거리가 인접해서 화물의 집하가 용이해야 한다.

③ 화주 상호 간 원활한 커뮤니케이션이 가능해야 한다.

④ 참여 기업의 조건이 유사하고 대상화물의 공동화에 적합해야 한다.

⑤ 일정지역 내에서 공동 수 · 배송에 참여하는 단일 화주가 존재해야 한다.

해 설 일정지역 내에서 공동수 · 배송에 참여 가능한 복수기업이 존재해야 한다.

95 아래 글상자의 괄호 안에 공통적으로 들어갈 용어로 가장 옳은 것은?

> 공공데이터포털(www.data.go.kr)에서는 우리나라의 공공분야 데이터를 공개하고 있다. 데이터를 제공하는 방식은 여러 가지가 있으나, 일반적으로 데이터는 (   ) 방식으로 제공되고 있다. (   )(이)란 누구나 사용할 수 있도록 공개한 것으로 임의의 응용 프로그램을 쉽게 만들 수 있도록 준비된 프로토콜, 도구 같은 집합으로 프로그램 개발자는 운영체제의 상세한 기능을 몰라도 이를 이용하여 쉽게 응용프로그램을 개발할 수 있다.

① OTO

② Open API

③ data visualization

④ data service

⑤ data set

해 설 Open API

• 애플리케이션 프로그래밍 인터페이스(API ; Application Programming Interface)는 운영체제(OS)나 시스템, 애플리케이션(앱), 라이브러리 등을 활용하여 응용 프로그램을 작성할 수 있게 하는 다양한 인터페이스를 의미한다.

• 오픈 API는 누구나 사용할 수 있도록 공개된 API로 네이버, 카카오, 구글, 페이스북을 포함한 플랫폼 기업은 지도, 음악, 비즈니스, 날씨, 쇼핑, 누리소통망 서비스(SNS) 등 다양한 데이터를 오픈 API 방식으로 제공하고 있고, 국가도 전국 공공시설 정보나 대중교통 운행 정보와 같은 데이터를 공공 API로 개방한다.

96 최근 유통업계에서는 신기술을 적극적으로 활용하는 움직임이 늘고 있다. 아래 글상자의 내용과 관계 깊은 최신 기술로 가장 옳은 것은?

> H 백화점은 광고 카피, 판촉행사 소개문 등의 마케팅 문구 제작에 특화된 초대규모 카피라이팅 시스템인 루이스를 도입하였다. 루이스는 네이버의 '하이퍼클로바'를 기본 엔진으로 사용하며 H 백화점이 최근 3년간 광고 카피와 판촉 행사에서 사용한 문구 중 소비자 호응이 컸던 데이터 1만여 건을 집중적으로 학습했다. 앞으로도 3년치 데이터를 추가 학습시키는 등의 고도화 작업을 추진할 계획이다.
>
> (2023.2.28. 기사에서 발췌)

① 5G
② 메타버스
③ RPA
④ 사물인터넷
⑤ 인공지능

해 설 인공지능
- 컴퓨터가 인간의 지능 활동을 모방할 수 있도록 하는 것으로, 인간의 지능이 할 수 있는 사고·학습·모방·자기계발 등을 컴퓨터가 할 수 있도록 연구하는 컴퓨터공학 및 정보기술 분야를 말한다.
- 초기의 인공지능은 게임·바둑 등의 분야에 사용되는 정도였지만, 실생활에 응용되기 시작하면서 지능형 로봇 등 활용 분야가 비약적으로 발전하여 신경망, 퍼지이론, 패턴 인식, 전문가 시스템, 자연어 인식, 이미지 처리, 컴퓨터 시각, 로봇공학 등 다양한 분야가 인공지능의 일부분을 이루고 있다.

97 아래 글상자의 내용을 참조하여 ECR(efficient consumer response)시스템이 갖는 무형적 혜택 중 유통기관의 혜택에 속하는 것만을 모두 나열한 것으로 가장 옳은 것은?

> ㉠ 선택과 구매 편의 증가   ㉡ 신선도 증가
> ㉢ 소비자의 기관 애호도 증가   ㉣ 고객에 대한 이해도 증가
> ㉤ 소비자의 상표 신뢰도 증가

① ㉠, ㉡
② ㉠, ㉡, ㉢, ㉣
③ ㉠, ㉡, ㉢, ㉣, ㉤
④ ㉡, ㉢
⑤ ㉢, ㉣

해 설 ㉠·㉡·㉤은 소비자의 혜택에 해당한다.

98 데이터 웨어하우스(DW ; data warehouse)에 대한 설명으로 가장 옳지 않은 것은?

① 기업 운영시스템의 데이터베이스에 축적된 데이터를 표준화하는 등의 정보세탁을 거쳐 일원적으로 관리하도록 지원하는 기술이다.

② 고객의 구매 동향, 신제품에 대한 반응도, 제품별 수익률 등 세밀한 마케팅 정보를 획득하는 데 이용될 수 있다.

③ 주로 비정형적이고 외부로부터 발생하는 데이터를 중심으로 관리한다.

④ 올랩(OLAP) 툴 또는 OLAP 서버는 온라인 검색을 지원하는 데이터 웨어하우징 지원 도구인데 대규모 연산이 필요한 질의를 고속으로 지원한다.

⑤ DW 구축 시 관계형 데이터 모델을 활용할 경우 별도의 차원테이블과 팩트테이블로 구성하여 다양한 분석이 가능하도록 고려한다.

해 설 데이터 웨어하우스는 다양한 소스로부터 수집된 대규모의 정형 및 비정형 데이터를 저장·관리·분석하기 위한 중앙집중식 저장소이다.

99 유통매장에서 활용하는 IC칩을 이용한 휴대폰 결제방식 중 듀얼슬롯(dual slot) 방식에 대한 설명으로 가장 옳지 않은 것은?

① IC카드형 전자화폐(신용/직불카드)가 이용되는 곳에서는 별도의 장치없이 이용 가능하다.

② 지불정보와 SIM(subscriber identity module) 카드가 분리될 수 있어 금융기관이 선호하는 방식이다.

③ SIM 카드의 가입자 인증기능과 IC칩의 금융 애플리케이션을 결합하여 SIM 카드 하나에 저장하는 방식이다.

④ 휴대폰에 별도의 스마트카드 리더슬롯(reader-slot)을 장착하여 스마트카드(신용/직불/카드)를 삽입하여 지급 결제하는 방식이다.

⑤ 사용자는 기존의 스마트카드를 계속 사용하기 때문에 친숙하고, 스마트카드가 휴대폰과 별도로 분리되어 사용될 수 있으므로 보안성이 높다.

해 설 SIM 카드의 가입자 인증기능과 IC칩의 금융 애플리케이션을 결합하여 SIM 카드 하나에 저장하는 방식은 원칩(one-chip) 방식에 대한 설명이다.

100 일반적인 지식관리시스템을 실행하는 데 있어서 올바른 추진 방향으로 가장 옳지 않은 것은?

① 기업은 불필요한 지식을 삭제하고, 관련 지식을 개선하고 업데이트함으로써 지식의 진부화를 피해야 한다.

② 지식관리는 기업의 경쟁력 강화를 위해 단기적으로 급격하게 시행해야 하는 단발성 프로젝트이다.

③ 지식관리 프로그램을 활성화하기 위해서는 지식공유가 촉진될 수 있도록 지식을 공유하는 사람에 대한 적절한 보상체계가 마련되어야 한다.

④ 지식관리시스템의 데이터베이스에 저장된 데이터가 모두 유용한 것은 아니기 때문에 데이터는 사람들이 지식을 잘 활용할 수 있도록 체계적으로 저장되어야 한다.

⑤ 지식관리시스템 구현 시, 소규모 시스템을 도입하여 파일럿 테스트를 통해 검증한 후 기업 전체로 확장하여 구축하는 것이 안정적이다.

해 설 지식관리는 조직의 발전 전략에 직결되는 핵심 지식을 부단히 창출하고 이를 신속하게 전파·공유함으로써 모든 조직 구성원이 원하는 지식을 적기에 습득하고 업무 활동에 적용해서 고부가 가치를 창출할 수 있도록 하는 데 목적이 있기 때문에 장기적으로 시행해야 하는 지속적인 프로젝트이다.

정답 100 ②

좋은 책을 만드는 길, 독자님과 함께 하겠습니다.

2024 SD에듀 유통관리사 1급 기출문제해설

개정9판1쇄 발행	2024년 05월 15일 (인쇄 2024년 05월 09일)
초 판 발 행	2013년 07월 05일 (인쇄 2013년 05월 14일)
발 행 인	박영일
책 임 편 집	이해욱
편 저	안영일 · 유통관리연구소
편 집 진 행	김준일 · 이보영 · 남민우
표지디자인	김도연
편집디자인	안시영 · 하한우
발 행 처	(주)시대고시기획
출 판 등 록	제 10-1521호
주 소	서울시 마포구 큰우물로 75 [도화동 538 성지 B/D] 9F
전 화	1600-3600
팩 스	02-701-8823
홈 페 이 지	www.sdedu.co.kr

I S B N	979-11-383-7235-0 (13320)
정 가	25,000원

유통관리사 1급 자격시험 모의답안지
(100문항)

성명	서명

문제지 유형	
A형	Ⓐ
B형	Ⓑ

성명 / 주민등록번호 / 수험번호

주민등록번호	성명

이 시 험 지

0	⓪ ⓪ ⓪ ⓪ ⓪ ⓪ ⓪ ⓪
1	① ① ① ① ① ① ① ①
2	② ② ② ② ② ② ② ②
3	③ ③ ③ ③ ③ ③ ③ ③
4	④ ④ ④ ④ ④ ④ ④ ④
5	⑤ ⑤ ⑤ ⑤ ⑤ ⑤ ⑤ ⑤
6	⑥ ⑥ ⑥ ⑥ ⑥ ⑥ ⑥ ⑥
7	⑦ ⑦ ⑦ ⑦ ⑦ ⑦ ⑦ ⑦
8	⑧ ⑧ ⑧ ⑧ ⑧ ⑧ ⑧ ⑧
9	⑨ ⑨ ⑨ ⑨ ⑨ ⑨ ⑨ ⑨

● 인적사항(성명, 주민등록번호, 종목등급, 수험번호)이 정확히 인쇄되었을 경우에는 답안지에 정정하지 마시고 감독관에 보고서의 인적사항란에 정정 내용을 기록하시기 바랍니다.

● 답안작성은 컴퓨터용 사인펜을 사용하지 않으면 실격 처리됩니다.

● 답안작성 유의사항
① 필기구는 반드시 흑색 사인펜을 사용할 것
② 응시번호는 숫자로 기재하고 해당란에 마킹할 것
③ 문제지 유형란은 문제지 표지에 표시된 유형을 마킹할 것
④ 정답을 2개 이상 마킹하거나 정정 못 마킹한 경우에는 해당 문항을 무효 처리함
⑤ 감독위원 날인이 없는 답안지는 무효 처리됨

답 안 표 기 란

1교시

1과목 유통경영

문번	1	2	3	4	5
1	①	②	③	④	⑤
2	①	②	③	④	⑤
3	①	②	③	④	⑤
4	①	②	③	④	⑤
5	①	②	③	④	⑤
6	①	②	③	④	⑤
7	①	②	③	④	⑤
8	①	②	③	④	⑤
9	①	②	③	④	⑤
10	①	②	③	④	⑤
11	①	②	③	④	⑤
12	①	②	③	④	⑤
13	①	②	③	④	⑤
14	①	②	③	④	⑤
15	①	②	③	④	⑤
16	①	②	③	④	⑤
17	①	②	③	④	⑤
18	①	②	③	④	⑤
19	①	②	③	④	⑤
20	①	②	③	④	⑤

2과목 물류경영

문번	1	2	3	4	5
21	①	②	③	④	⑤
22	①	②	③	④	⑤
23	①	②	③	④	⑤
24	①	②	③	④	⑤
25	①	②	③	④	⑤
26	①	②	③	④	⑤
27	①	②	③	④	⑤
28	①	②	③	④	⑤
29	①	②	③	④	⑤
30	①	②	③	④	⑤
31	①	②	③	④	⑤
32	①	②	③	④	⑤
33	①	②	③	④	⑤
34	①	②	③	④	⑤
35	①	②	③	④	⑤
36	①	②	③	④	⑤
37	①	②	③	④	⑤
38	①	②	③	④	⑤
39	①	②	③	④	⑤
40	①	②	③	④	⑤

3과목 상권분석

문번	1	2	3	4	5
41	①	②	③	④	⑤
42	①	②	③	④	⑤
43	①	②	③	④	⑤
44	①	②	③	④	⑤
45	①	②	③	④	⑤
46	①	②	③	④	⑤
47	①	②	③	④	⑤
48	①	②	③	④	⑤
49	①	②	③	④	⑤
50	①	②	③	④	⑤
51	①	②	③	④	⑤
52	①	②	③	④	⑤
53	①	②	③	④	⑤
54	①	②	③	④	⑤
55	①	②	③	④	⑤
56	①	②	③	④	⑤
57	①	②	③	④	⑤
58	①	②	③	④	⑤
59	①	②	③	④	⑤
60	①	②	③	④	⑤

2교시

4과목 유통마케팅

문번	1	2	3	4	5
61	①	②	③	④	⑤
62	①	②	③	④	⑤
63	①	②	③	④	⑤
64	①	②	③	④	⑤
65	①	②	③	④	⑤
66	①	②	③	④	⑤
67	①	②	③	④	⑤
68	①	②	③	④	⑤
69	①	②	③	④	⑤
70	①	②	③	④	⑤
71	①	②	③	④	⑤
72	①	②	③	④	⑤
73	①	②	③	④	⑤
74	①	②	③	④	⑤
75	①	②	③	④	⑤
76	①	②	③	④	⑤
77	①	②	③	④	⑤
78	①	②	③	④	⑤
79	①	②	③	④	⑤
80	①	②	③	④	⑤

5과목 유통정보

문번	1	2	3	4	5
81	①	②	③	④	⑤
82	①	②	③	④	⑤
83	①	②	③	④	⑤
84	①	②	③	④	⑤
85	①	②	③	④	⑤
86	①	②	③	④	⑤
87	①	②	③	④	⑤
88	①	②	③	④	⑤
89	①	②	③	④	⑤
90	①	②	③	④	⑤
91	①	②	③	④	⑤
92	①	②	③	④	⑤
93	①	②	③	④	⑤
94	①	②	③	④	⑤
95	①	②	③	④	⑤
96	①	②	③	④	⑤
97	①	②	③	④	⑤
98	①	②	③	④	⑤
99	①	②	③	④	⑤
100	①	②	③	④	⑤

유통관리사 1급 자격시험 모의답안지
(100문항)

답 안 표 기 란

1교시

1과목 유통경영

문번	1	2	3	4	5
1	①	②	③	④	⑤
2	①	②	③	④	⑤
3	①	②	③	④	⑤
4	①	②	③	④	⑤
5	①	②	③	④	⑤
6	①	②	③	④	⑤
7	①	②	③	④	⑤
8	①	②	③	④	⑤
9	①	②	③	④	⑤
10	①	②	③	④	⑤
11	①	②	③	④	⑤
12	①	②	③	④	⑤
13	①	②	③	④	⑤
14	①	②	③	④	⑤
15	①	②	③	④	⑤
16	①	②	③	④	⑤
17	①	②	③	④	⑤
18	①	②	③	④	⑤
19	①	②	③	④	⑤
20	①	②	③	④	⑤

2과목 물류경영

문번	1	2	3	4	5
21	①	②	③	④	⑤
22	①	②	③	④	⑤
23	①	②	③	④	⑤
24	①	②	③	④	⑤
25	①	②	③	④	⑤
26	①	②	③	④	⑤
27	①	②	③	④	⑤
28	①	②	③	④	⑤
29	①	②	③	④	⑤
30	①	②	③	④	⑤
31	①	②	③	④	⑤
32	①	②	③	④	⑤
33	①	②	③	④	⑤
34	①	②	③	④	⑤
35	①	②	③	④	⑤
36	①	②	③	④	⑤
37	①	②	③	④	⑤
38	①	②	③	④	⑤
39	①	②	③	④	⑤
40	①	②	③	④	⑤

3과목 상권분석

문번	1	2	3	4	5
41	①	②	③	④	⑤
42	①	②	③	④	⑤
43	①	②	③	④	⑤
44	①	②	③	④	⑤
45	①	②	③	④	⑤
46	①	②	③	④	⑤
47	①	②	③	④	⑤
48	①	②	③	④	⑤
49	①	②	③	④	⑤
50	①	②	③	④	⑤
51	①	②	③	④	⑤
52	①	②	③	④	⑤
53	①	②	③	④	⑤
54	①	②	③	④	⑤
55	①	②	③	④	⑤
56	①	②	③	④	⑤
57	①	②	③	④	⑤
58	①	②	③	④	⑤
59	①	②	③	④	⑤
60	①	②	③	④	⑤

2교시

4과목 유통마케팅

문번	1	2	3	4	5
61	①	②	③	④	⑤
62	①	②	③	④	⑤
63	①	②	③	④	⑤
64	①	②	③	④	⑤
65	①	②	③	④	⑤
66	①	②	③	④	⑤
67	①	②	③	④	⑤
68	①	②	③	④	⑤
69	①	②	③	④	⑤
70	①	②	③	④	⑤
71	①	②	③	④	⑤
72	①	②	③	④	⑤
73	①	②	③	④	⑤
74	①	②	③	④	⑤
75	①	②	③	④	⑤
76	①	②	③	④	⑤
77	①	②	③	④	⑤
78	①	②	③	④	⑤
79	①	②	③	④	⑤
80	①	②	③	④	⑤

5과목 유통정보

문번	1	2	3	4	5
81	①	②	③	④	⑤
82	①	②	③	④	⑤
83	①	②	③	④	⑤
84	①	②	③	④	⑤
85	①	②	③	④	⑤
86	①	②	③	④	⑤
87	①	②	③	④	⑤
88	①	②	③	④	⑤
89	①	②	③	④	⑤
90	①	②	③	④	⑤
91	①	②	③	④	⑤
92	①	②	③	④	⑤
93	①	②	③	④	⑤
94	①	②	③	④	⑤
95	①	②	③	④	⑤
96	①	②	③	④	⑤
97	①	②	③	④	⑤
98	①	②	③	④	⑤
99	①	②	③	④	⑤
100	①	②	③	④	⑤

* 본 답안지는 모의답안지이므로 실제 답안지와 다를 수 있습니다.

※ 감독위원 확인란
*감독위원 서명이 없으면 무효 처리됩니다.

성 명	서 명
주민등록번호	
종목등급	

※ 결시자 표기 시 란
*감독위원이 결시자란 표기하십시오.
*수험자는 표기하지 마십시오.

문제지 형별
A형 Ⓐ
B형 Ⓑ

● 인적사항(성명, 주민등록번호, 종목등급, 수험번호)이 잘못 인쇄되었을 경우에는 답안지에 정정하지 마시고 감독결과 보고서의 인적상이자현황에 정정 내용을 기록하시기 바랍니다.

● 답안작성은 컴퓨터용 사인펜을 사용하지 않으면 실격 처리됩니다.

● 답안작성 유의사항
① 필기구는 반드시 흑색 사인펜만을 사용할 것
② 응시번호는 숫자로 기재하고 해당란에 마킹할 것
③ 문제지 형별란은 문제지 표지에 표시된 형별을 마킹할 것
④ 정답을 2개 이상 마킹하거나 정정, 잘못 마킹한 경우에는 해당 문항을 무효로 처리함
⑤ 감독위원 날인이 없는 답안지는 무효 처리됨

응시번호					
	⓪	⓪	⓪	⓪	⓪
	①	①	①	①	①
	②	②	②	②	②
	③	③	③	③	③
	④	④	④	④	④
	⑤	⑤	⑤	⑤	⑤
	⑥	⑥	⑥	⑥	⑥
	⑦	⑦	⑦	⑦	⑦
	⑧	⑧	⑧	⑧	⑧
	⑨	⑨	⑨	⑨	⑨
0	1	2	3	4	5	6	7	8	9

물류관리사

합격을 꿈꾸는 수험생에게

물류관리사 자격시험의 합격을 위해 정성을 다해 만든 물류관리사 도서들을
꿈을 향해 도전하는 수험생 여러분들께 드립니다.

P.S. 단계별 교재를 선택하기 위한 팁!

한권으로 끝내기

이론 파악으로
기본다지기

시험의 중요개념과
핵심이론을 파악하고
기초를 잡고 싶은 수험생

시험에 출제되는 핵심이론
부터 적중예상문제와 최근
에 시행된 기출문제까지 한
권에 담았습니다.

동영상 강의 교재

5개년 첨삭식 기출문제해설

기출문제 정복으로
실력다지기

최신 기출문제와 상세한
첨삭식 해설을 통해 학습
내용을 확인하고 실전감
각을 키우고 싶은 수험생

최근 5개년 기출문제를 상세한
첨삭식 해설과 함께 한권에 담
았습니다.

기출동형 최종모의고사

꼼꼼하게
실전마무리

모의고사를 통해
기출문제를 보완하고
시험 전 완벽한 마무리를
원하는 수험생

최신 출제경향이 반
영된 최종모의고사를
통해 합격에 가까이
다가갈 수 있습니다.

동영상 강의 교재

단기완성 핵심요약집

초단기
합격 PROJECT

시험에 출제된 필수 핵심
이론을 테마별로 체계적
으로 정리하여 단기간에
합격하고 싶은 수험생

실제 시험에 출제된 중요이론
을 압축하여 테마별로 수록하
였습니다.

달달달 외우는 물류관련법규 암기노트

과락탈출
필수도서

가장 과락이 많이 나오는 물류
관련법규 과목을 효율적으로
학습하여 과락을 피하고 싶은
수험생

암기용 셀로판지를 이용
하여 시험에 출제된 핵심
문구만 가려서 암기할 수
있습니다.

물류관리사 합격!

SD에듀와 함께라면 문제없습니다.